国家科学思想库

科学文化系列

科学与人生

中国科学院院士传记

郭光灿传

星　河／著

科学出版社

北　京

内 容 简 介

郭光灿是中国科学技术大学教授、中国科学院院士、发展中国家科学院院士、中国量子光学和量子信息科学的开拓者、先行者与奠基人。20世纪80年代，郭光灿率先将量子光学理论体系引入国内，并身体力行地推进相关研究和教育工作。20世纪90年代，郭光灿又率先将目光投向量子信息领域，在缺乏支持和经费的情况下努力开展相关的理论研究和实验，承担国家"973计划"项目，谋篇布局，培养人才，最终使量子信息科学在中国获得了长足发展，实现了中国量子信息研究与国际同行并驾齐驱的局面。本书对郭光灿的工作、生活与科研经历进行了细致入微的详尽评述，概括了郭光灿在量子光学与量子信息领域所走过的道路和所获得的成就。

本书具有一定的文学性和科普性，适合各类读者阅读。

图书在版编目（CIP）数据

郭光灿传 / 星河著. —北京：科学出版社，2021.7
（科学与人生：中国科学院院士传记）
ISBN 978-7-03-069143-9

Ⅰ. ①郭…　Ⅱ. ①星…　Ⅲ. ①郭光灿–传记　Ⅳ. ①K826.11

中国版本图书馆 CIP 数据核字（2021）第 109896 号

丛书策划：侯俊琳
责任编辑：张　莉 / 责任校对：郑金红
责任印制：李　彤 / 封面设计：有道文化

科学出版社出版
北京东黄城根北街 16 号
邮政编码：100717
http：// www.sciencep.com
北京虎彩文化传播有限公司印刷
科学出版社发行　各地新华书店经销
*
2021 年 7 月第 一 版　开本：720×1000　1/16
2022 年 6 月第三次印刷　印张：21　插页：6
字数：330 000
定价：98.00 元
（如有印装质量问题，我社负责调换）

郭光灿（1942—　）

郭光灿，中国量子光学和量子信息科学的开拓者、先行者与奠基人。1965年毕业于中国科学技术大学，之后留校任教。长期从事量子光学与量子信息的教学和科研工作。2003年当选为中国科学院院士，2009年当选为发展中国家科学院院士。现任中国科学技术大学教授，中国光学学会常务理事。迄今培养博士90余人，其中全国百篇优秀博士论文获得者5人，国家杰出青年科学基金获得者7人，优秀青年科学基金获得者11人，中国青年科技奖获得者3人。2003年获国家自然科学奖二等奖、何梁何利基金科学与技术进步奖，2006年获安徽省科学技术奖一等奖，2007年获安徽省重大科技成就奖，2013年获教育部高校技术发明奖一等奖、“CCTV年度科技创新人物”称号，2014年获高等学校科学研究优秀成果奖自然科学奖一等奖、军队科技进步奖一等奖，2018年获安徽省科学技术进步奖一等奖，2020年获国家自然科学奖二等奖。

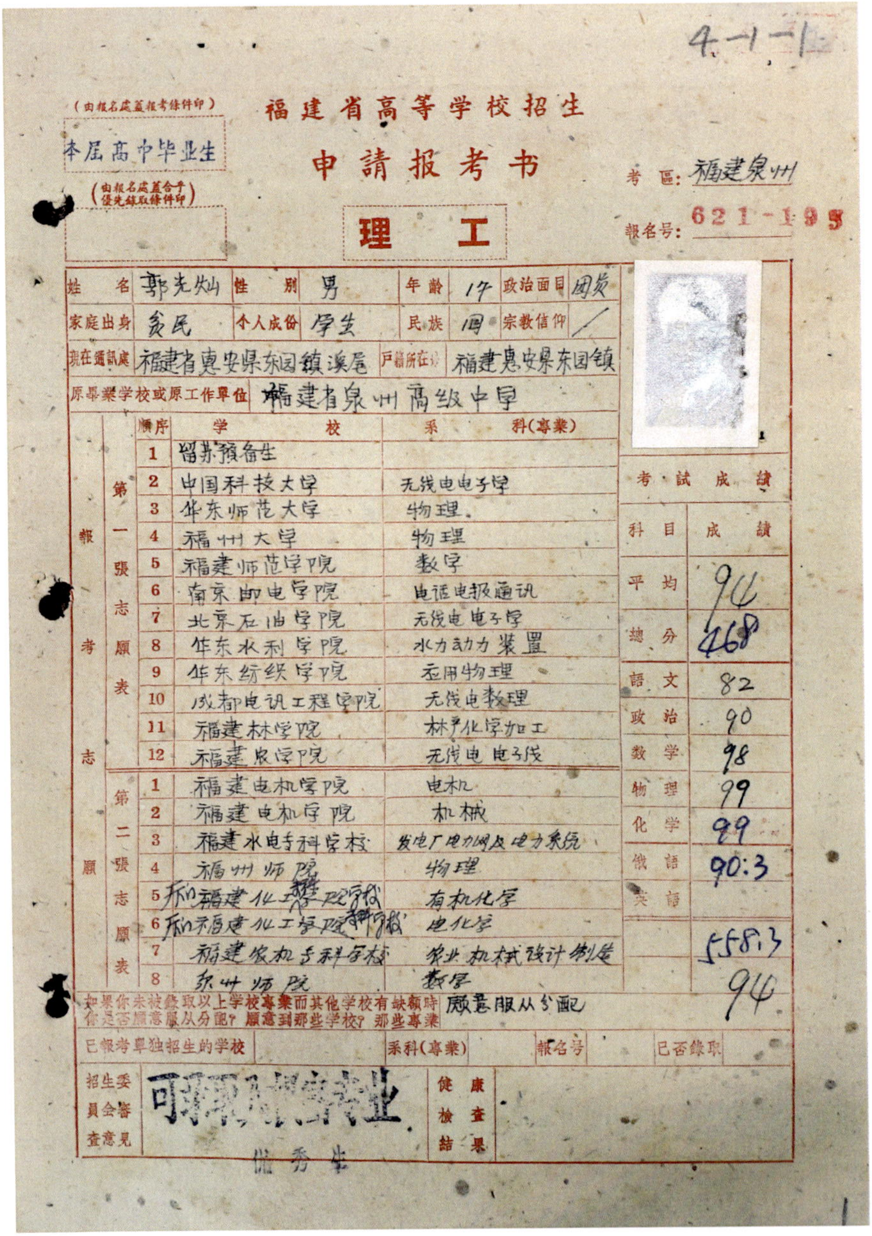

4-1-1

（由报名處蓋报考條件印）

本屆高中毕业生

（由报名處蓋合乎優先錄取條件印）

福建省高等学校招生

申請报考书

理 工

考 區：福建泉州

报名号：621-195

姓名	郭光灿	性别	男	年龄	17	政治面目	团员
家庭出身	贫民	个人成份	学生	民族	回	宗教信仰	/
現在通訊處	福建省惠安县东园镇溪尾			戶籍所在地	福建惠安县东园镇		
原畢業学校或原工作單位	福建省泉州高级中学						

报考志願		順序	学校	系科（專業）
	第一張志願表	1	留苏預备生	
		2	中国科技大学	无线电电子学
		3	华东师范大学	物理
		4	福州大学	物理
		5	福建师范学院	数学
		6	南京邮电学院	电话电报通讯
		7	北京石油学院	无线电电子学
		8	华东水利学院	水力动力装置
		9	华东纺织学院	应用物理
		10	成都电讯工程学院	无线电物理
		11	福建林学院	林产化学加工
		12	福建农学院	无线电电子线
	第二張志願表	1	福建电机学院	电机
		2	福建电机学院	机械
		3	福建水电专科学校	发电厂电力网及电力系统
		4	福州师院	物理
		5	福建化工学院	有机化学
		6	福建化工学院	电化学
		7	福建农机专科学校	农业机械设计制造
		8	泉州师院	数学

考試成績

科目	成績
平均	94
總分	468
語文	82
政治	90
数学	98
物理	99
化学	99
俄語	90.3
英語	
	558.3
	94

如果你未被錄取以上学校專業而其他学校有缺額時你是否願意服从分配？願意到那些学校？那些專業：願意服从分配

已報考單独招生的学校		系科（專業）		報名号		已否錄取	

招生委員会審查意見	可[illegible]专业	健康檢查結果	

優秀生

郭光灿的高考报名表

2012 年，郭光灿（左五）出席福建省泉州市第五中学建校 110 周年纪念活动

1960 年，郭光灿（后排左一）与大学同学在天安门合影留念

1960 年，郭光灿（后排右三）在中国科学技术大学参加国庆游行彩排时留影

郭光灿（后排右一）在大学期间参加班级排球队

郭光灿大学毕业后留校任教

2010 年，昔日同窗再聚首庆祝中国科学技术大学6005 级入学50 周年
（郭光灿位于前排右六）

思考

郭光灿在多伦多大学物理系图书馆查找资料

1981 年，郭光灿在加拿大多伦多

1984 年 8 月，在安徽滁州琅琊寺举行的首届全国量子光学讨论会
（郭光灿位于第一排左一）

2019 年 8 月，故地重游琅琊寺（郭光灿位于第一排右三），
后面的“揽秀堂”即为当年会址

2019 年 8 月，在安徽滁州举行的首届全国光量子科学与技术学术会议暨
全国量子光学学术会议 35 周年纪念会议（郭光灿位于前排正中）

郭光灿（右）与量子信息学家
贝内特交谈

郭光灿（右）在诺贝尔物理学奖获得者
西格巴恩（中）家中做客

郭光灿（左）与钱临照（中）、
汪克林（右）合影

2012 年，郭光灿（左）与大学老师王文涛（中）、
大学同学陈世平（右）在“严济慈星”命名仪式暨
严济慈科学教育思想座谈会上合影

中国科学院第二十次院士大会信息技术科学部院士合影
（郭光灿位于第一排右一）

郭光灿在实验室

郭光灿在讲台上

郭光灿、赵兰英与郭涛一家三口

郭光灿与儿子郭涛和孙女郭萱琦

2016 年，郭光灿与张绪珍在青岛

展望未来

总　　序

中国科学院学部科普和出版工作委员会决定组织出版“科学与人生：中国科学院院士传记”丛书，这是一件很有意义的文化工程。首批入传的22位院士都是由各学部常委会认真遴选推荐的。他们中有学科领域的奠基者和开拓者，有做出过重大科学成就的著名科学家，也有毕生在专门学科领域默默耕耘的一流学者。每一部传记，既是中国科学家探索科学真理、勇攀科学高峰的真实情景再现，又是他们追求科学强国、科教兴国的一部生动的爱国主义教材。丛书注重思想性、科学性与可读性相统一，以翔实、准确的史料为依据，多侧面、多角度、客观真实地再现院士的科学人生。相信广大读者一定能够从这套丛书中汲取宝贵的精神营养，获得有益的感悟、借鉴和启迪。

中国科学院学部成立于1955年，经过50多年的发展，共选举院士千余人，荟萃了几代科学精英。他们中有中国近代科学的奠基人，新中国的主要学科领域的开拓者，也有今天我国科技领域的领军人物，他们在中国的各个历史时期为科学技术的发展做出了历史性的贡献。“五四”新文化运动以来，一批中国知识精英走上了科学救国的道路，他们在政治动荡、战乱连绵的艰难岁月里，在中国播下了科学的火种，推动中国科技开始了建制化发展的历程。新中国成立后，大批优秀科学家毅然选择留在大陆，一批海外学子纷纷回到祖国，在中国共产党的领导下，开创了中国科学技术发展的新篇章。广大院士团结我国科技工作者，发扬爱国奉献、顽强拼搏、团结合作、开拓创新的精神，勇攀世界科技高峰，创造了举世瞩目的科技成就，为增强我国综合国力、提升自主创新能力做出了重要贡献，为国家赢得了荣誉。他们的奋斗历程，是中国科学技术发展的历史缩影；他们的科学人生，是中华民族追求现代化的集中写照。

当今世界，科学技术已成为支撑、引领经济社会发展的主要动力和人类文明进步的主要基石。广大院士不仅是科学技术发展的开拓者，同时也是先进文化的传播者，在承担科技研究工作重任的同时，还承担着向全社会传播科学知识、科学方法、科学思想、科学精神的社会责任。希望这套丛书的出版能够使我国公众走近科学、了解科学、支持科学，为全民族科学素养的提高和良好社会风尚的形成做出应有的贡献。

科学技术本质是创新，科技事业需要后继有人。广大院士作为优秀的科技工作者，建设并领导了一个个优秀的科技创新团队；作为教育工作者，诲人不倦，桃李满天下。他们甘当人梯、提携后学的精神已成为我国科技界的光荣传统。希望这套丛书能够为广大青年提供有益的人生教材，帮助他们吸取院士们追求真理、严谨治学的科学精神与方法，领悟爱国奉献、造福人民的科技价值观和人生观，激励更多的有志青年献身科学。

记述院士投身我国科学技术事业的历程和做出的贡献，不仅可为研究我国近现代科学发展史提供生动翔实的新史料，而且对发掘几代献身科学的中国知识分子的精神文化财富具有重要意义。希望“科学与人生：中国科学院院士传记”丛书能够成为广大读者喜爱的高品位文化读物，并以此为我国先进文化的发展做出一份特有的贡献。

是为序。

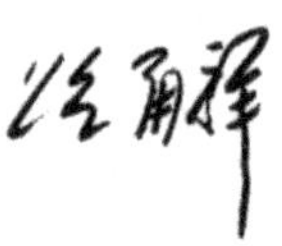

2010年3月

序

郭光灿算是我的同事，也做过我的邻居，还是我的朋友，所以我很高兴为他的传记作序。

我与郭光灿一起在中国科学技术大学工作多年，十分了解他的为人和学识。现在这部传记，比较全面和完整地反映出他的工作与生活，有助于大家尤其是年轻人了解郭光灿和中国量子科学发展的历史。特别地，我还要格外强调传记中所表达的几点。

第一是郭光灿作为一代学人的家国情怀。

郭光灿出身寒门，幼年丧父，生活清苦，但他聪颖好学，酷爱读书，凭借自己的努力考入中国科学技术大学并留校任教。可惜还没来得及真正从事他所心爱的科研工作，就遭遇社会动荡，学校下迁，耽误了年轻时代的大好时光。直到改革开放之后，国家重视知识与教育，郭光灿也抖擞上阵，出国访学，重新寻找自己的科研方向。可以说，郭光灿把自己的全部精力都奉献给了祖国的科研和教育事业，显示出一代学人报效祖国的拳拳之心。

第二是郭光灿敏锐的科学洞察力。

改革开放之后，国家百废待兴，科研领域相对落后。这时，郭光灿凭借敏锐的科学洞察力，独辟蹊径，振臂而起，揭开了中国量子光学研究与教育的序幕，尤其是对其传播起到了积极的推动作用。20 世纪 90 年代，郭光灿又敏锐地认识到量子信息已成为当时国际研究领域的前沿学科，未来将对整个国家产生十分重要的非凡意义，于是在前途尚不明朗和许多人极不理解的情况下，郭光灿毅然投身于量子信息领域，当时他既没有经费，又要顶住各种压力，经过长时间的巨大努力，终于争取到国家“973 计划”项目，而且这一项目还“催生”出好几位院士。

第三是郭光灿对科研团队建设的重视。

从事科研工作，人才非常重要，需要后继有人。郭光灿在这点上做得十分到位，他不但能及时发现人才，还会刻意培养人才。在他的团队中，大多数人是他昔日的学生，他们刚到实验室时，很多人没有科研基础，全都是郭光灿手把手带出来的。郭光灿不但培养他们的科研能力，而且注重他们的个人特点，尽量发挥他们的主观能动性。如今这些年轻人大多能独当一面，在各自不同的领域做出了成绩。

总之，郭光灿对于国家的贡献，对于科研的敏锐，对于教育的付出，都可谓难能可贵。他对中国量子光学和量子信息的贡献，更是功不可没。将其誉为中国量子光学和量子信息科学的开拓者、先行者与奠基人，郭光灿当之无愧。

当然，传记中还记录了郭光灿平时工作与生活中的许多细节，很多资料都是第一次面世，即使我与郭光灿这般熟悉，很多故事也是初次读到，颇觉新鲜。这将使读者更加清晰且深入地认识郭光灿，一个生动立体的形象呼之欲出。

寥寥数语，不再赘述，还是请读者自己到传记中领略和体味吧！

晶体物理学家，中国科学技术大学原党委书记、原校长

2021 年 4 月

目录 CONTENTS

序幕　传递信息的少年

在经历了两次世界大战的旷世浩劫之后，20 世纪终于蹒跚而疲惫地走过了一半的行程。弥漫在亚洲上空的硝烟战火逐渐开始退散，和平与合作的呼声日渐高涨起来。朝鲜停战协定在板门店签署之后没多久，以“保卫和平”为主题的万隆会议就在万隆隆重召开。

从朝鲜半岛的板门店向印度尼西亚的万隆画一条假想的航线，飞行器可以在沿途的俯瞰中饱览蔚蓝色的海洋风光。航行到大约 1/3 处的时候，我们不妨在云端驻足小憩，手搭凉棚俯瞰。将下方的画面放大放大再放大，一直放大到能够看清人类聚居栖息的石屋村落，一直放大到能够看清那群嬉笑玩耍的八闽少年……

这支队伍里的孩子年龄各异，从几岁的儿童到十几岁的少年应有尽有。他们丝毫不了解外界动荡的世界局势，甚至对本村之外的情况也只知一二，这些高矮不一的灵巧身影主要活跃在村里屋间的一条条夹道当中。这里的民居不外乎两种形式：一种是纯粹的石质建筑，另外一种则由用贝壳灰加上红土在窑中烧制出的砖头搭建而成。有无数条曲折的小径穿过这些密集的房群，不及一米的窄道被称作“小巷”，超过两米的宽道则被称为“大巷”。

这里是中国福建省泉州市惠安县百崎乡白奇村。

此时此刻，就在一条足够热闹的大巷里，这群孩子正在严肃地筹备着一场神奇的仪式。

出生于 1950 年 1 月 23 日的郭秋其当时不过六七岁的光景，基本上属于这群孩子中年岁最小的一个，所以他总是听命于那些年龄更大的孩子的指挥和召唤。在他身旁，他的堂兄、那个大他七八岁的大男孩俨然一副统帅模样，正在凝神设计和仔细安排着什么，如同学校里一丝不苟的实验操作员。

那个年龄大一些的男孩先是拉开两条并列的线绳，然后在线绳两端固定好自制的终端“装置”——一边是一个用过的空火柴盒，打孔后把线绳穿过其间并牢牢系紧；另一边是一个废旧的空木线轴，半松半紧地绑在线绳上。两条线绳在其他小伙伴的共同合作下被远远地拉开，拉出了足有 10 米远的距离。这时大男孩让郭秋其把火柴盒放在耳边，随即自己跑到线绳的另一端，轻轻拨动起那个木线轴来。轻微的震动导致木线轴发出“嗡嗡”的鸣响，悦耳的声音沿着线绳绵延不绝地一波波荡漾过来传入郭秋其的耳中，他的脸上不禁露出一抹惊奇的笑意。

原本平常的震动声竟然在这一瞬间变得如此美妙，铮铮然有如天籁之声，在耳边回荡良久，挥之不去。

足足一个甲子之后，年近古稀的郭秋其在回忆起这件往事时，依旧能够清晰地复述出当时的细节和场景。

有必要介绍一下那个领导“实验”的大男孩“首领”，他的名字叫作郭光灿。

我们是否可以这样描述这次“实验”——

这也许是一次十分成功的预演，是后来成为中国科学院院士、发展中国家科学院院士、中国科学技术大学教授、中国量子光学和量子信息科学的开拓者、先行者与奠基人的著名科学家郭光灿有生以来第一次带领他的“团队”，凭借自己“研发”的“通信装置”，完成了一次准确而有效的“信息”传递。

光灿，汉语词汇，意指“光辉灿烂”。

第一章 八闽岁月

一、特别的 1942

查福建泉州地方志，会发现有这样一段记载：

1929 年，一个幼年随父母侨居缅甸的少年辗转香港进入福建。在此后的 8 年时间里，这位 15 岁便投身革命的年轻侨胞一直活跃在厦门和泉州一带，宣传革命，筹建组织，发展队伍，抗日救亡，在当地群众中颇有名气。也许是因为他太过劳累，积劳成疾，1937 年底即因病去世，年仅 23 岁。

这位在中华人民共和国成立后被追认为烈士的革命者曾化名鲁默，此外他还用过丁英、独晃以及郭灿等名字，但他真正的名字却是郭光灿。

这位郭光灿，1914 年出生于福建省泉州市南安县蓬华乡山城村，应该也是泉州地区众多的郭姓后裔之一。

就在上述这位郭光灿谢世整整 5 年之后，距他家乡不足 100 千米的惠安县百崎乡白奇村，一个婴儿呱呱落地，后来他所取的名字，同样也是郭光灿。

这后一位郭光灿，就是本书的传主——中国科学院院士、中国科学技术大学教授、中国量子光学和量子信息科学的开拓者、先行者与奠基人。

1942 年 12 月 9 日，福建省泉州市惠安县百崎乡白奇村。

12月9日，这是一个值得大书特书的日子。

7年前的1935年12月9日，当时的北平学生举行了旨在抗日救亡的示威游行，反对华北自治，同时敦促国民政府抗日，史称“一二·九运动”。而在1941年12月7日，日本突袭珍珠港，对美不宣而战，太平洋战争遂告爆发，同时也意味着第二次世界大战在整个世界范围内全面爆发；两天后的12月9日，中国正式对日宣战，此时美国、英国已对日本宣战，与日本同盟的德国、意大利两国也对美宣战，自此欧亚两大战场正式合流。

1942年，这是一个值得大书特书的年份。

对于世界反法西斯战争而言，1942年是相当重要的一年。在这一年元旦，“联合国”一词在《联合国家宣言》中被首次提出，这标志着世界反法西斯统一阵线的正式形成，同时也意味着世界各国对战后联合国机构的最初酝酿。不过接下来，中国中原地区的河南省便遭遇了特大的旱灾与蝗灾，颗粒无收的数百万饥民背井离乡，流离失所，一时间饿殍遍地，尸横遍野，这在电影《一九四二》中有着全景式的体现。我们不无悲哀地发现，在这些年里，多灾多难的中华民族一直在忍受着战乱与饥荒的双重威胁。

这里还要特别考证一下与本书及传主后来密切相关的物理学界在1942年发生了什么。

此时此刻，近代物理学的革命大潮已风起云涌，轰轰烈烈。1900年，著名物理学家开尔文勋爵（Lord Kelvin）在英国皇家学会发表演说，声称物理学的大厦已经建成，只不过天空中还飘浮着两朵小小的乌云——迈克耳孙-莫雷实验与黑体辐射问题。当然，在后来的一些资料传播当中，开尔文勋爵对经典物理学大厦的肯定和对这两朵小小乌云的轻视被大大地夸大了，其实这位科学泰斗对于这两朵乌云的态度还是十分审慎的。那句盛传的“未来的物理学真理只能在第六位小数中寻找”的豪言壮语似乎从未存在过，而对两朵小小乌云充满信心的“很容易就能解决”的说法应该也不准确。事实上，开尔文勋爵在演讲伊始便开宗明义地重视到了这两朵小小乌云的巨大威力——“动力学理论断言热和光都是运动的方式，现在这种理论的优美性和明晰性被两朵乌云遮蔽得黯然失色了”。但不管怎么说，当时普遍的乐观情绪的确弥漫在整个物理学界，就算有人认识到这两朵小小乌云的重要性也并不等于大家就一致认同整个物理学即将发生一场革命性的变化。然而这两朵小小乌云还是在逐渐成长壮大，最终演变成两场席卷整个物理学的巨大风暴，后来催生出相对论和量子力学这两大新兴理论。在那段时间里，各种难以解释的现象与矛盾纷至沓来，曾经充满自信的物理学家茫然失措，无法应对，著名物理学家洛伦兹（Lorenz）甚至抱怨说：我真后悔没有在这些矛盾出现之前五年死去。

然而，这恰恰意味着，物理学即将开辟一个新时代，开启一个新纪元。

此时此刻，对于这个新时代和新纪元具有举足轻重地位的科学家已经老迈年高。量子力学的创始人、1918 年度诺贝尔物理学奖得主、时年 84 岁的普朗克（Planck）此时早已不再思考物理问题。为了表彰和纪念普朗克对现代物理学的丰功伟绩，在他 80 寿辰的时候，第 1069 号小行星以他的名字进行了命名。如今的普朗克随心所欲，颐养天年，5 年后他将告别尘世，撒手人寰。毫不夸张地说，正是由于普朗克的出现，近代物理学的发展方向才得以改写。

此时此刻，战争的乌云笼罩在所有人的头上，科学家自然也无法置身事外。相对论的创立者、因提出光量子假设来解释光电效应的 1921 年度诺贝尔物理学奖得主、时年 63 岁的爱因斯坦（Einstein），此时已去国离乡整整十年，并终生没再踏上德国土地一步。量子力学的翘楚、哥本哈根学派的首领、1922 年度诺贝尔物理学奖得主、时年 57 岁的玻尔（Bohr），却依然在丹麦首都哥本哈根苦苦支撑，直到一年后才远遁他乡。令人遗憾的是，与玻尔一同创建哥本哈根学派、1932 年度诺贝尔物理学奖得主、时年 41 岁的海森堡（Heisenberg）却决定留在德国，协助纳粹势力研制原子武器。科学家很难脱离开社会环境的影响，在战争年代从事纯粹的科研工作恐怕是一件相当不易的事情。

此时此刻，另外一些量子力学奠基人也在孜孜不倦地探索着量子领域的隐秘地带。1933 年度诺贝尔物理学奖的两位得主——曾提出著名的“薛定谔猫”悖论、时年 55 岁的薛定谔（Schrödinger）与提出“狄拉克方程”并预言反物质存在、时年 40 岁的狄拉克（Dirac），以及 1954 年度诺贝尔物理学奖得主、时年 60 岁的玻恩（Born），都在认真思考着有关统一场的理论，他们以人类虽然有限但充满气魄的睿智试图窥视整个宇宙的秘密。

此时此刻，那些后世为量子信息领域做出卓越贡献的科学家尚未崭露头角。后来提出量子信息设想、1965 年度诺贝尔物理学奖得主、时年 24 岁的费曼（Feynman），刚刚才获得普林斯顿大学理论物理学博士学位，即将开始他那充满浪漫与传奇的科研生涯。著名的量子信息学家贝内特（Bennet）和多伊奇（Deutsch）分别还有 1 年和 11 年才会降生到这个世界。

此时此刻，还有一件物理学界的大事特别值得一提，它发生在郭光灿出生前的一个星期：一年之前，1938 年度诺贝尔物理学奖得主、时年 41 岁的费米（Fermi）在哥伦比亚大学主持建造了世界上第一座原子反应堆。1942 年 12 月 2 日，在费米指导下设计和制造的这座核反应堆首次运转成功。这是人类第一次成功进行的核链式反应，可以认为是人类文明中原子时代的真正开端。这无疑是近代物理学又一次从理论走向实践的一个重要标志，但同时也意味着人类已为核能武器化打开了大门……

当然，上述所有这些，刚刚呱呱落地的郭光灿自然不会知晓，就连他的父母和村里的乡亲也都不会清楚。在这个消息相对闭塞的小渔村里，最大的事情恐怕不过是邻家的婚丧嫁娶，连泉州传来的零星消息都算是特大新闻。

距离郭光灿真正接触令人痴迷的科学真理并走上崎岖而艰辛的科研之路，还有很长很长的一段道路。

二、一千八百万分之一

按照一般传记的通例，总要追溯一下传主郭光灿的家世传承和谱牒史料，我们照例也要在这里简单交代一番。

作为姓氏来说，郭姓是中华大地上一个典型的多民族、多源流姓氏。郭姓在宋版《百家姓》中位列第 144 位，目前占中国总人口的 1%以上，是中国第十八大姓。不过这大约 1800 万的郭氏后人，其身世来源却并不单一。

郭姓最早源于姬姓——西周时武王封其叔虢仲于陕西宝鸡（即西虢国），“虢”通“郭”，后人即以郭为姓；此一郭姓，是中华郭氏最庞大也是最主要的支派。郭姓的另一支源于任姓——黄帝子部落禺虢为任姓，任氏族是黄帝时代 12 个重要氏族之一，后人建立郭国并以郭为姓。此外还有郭姓源于地名——以“城郭”之“郭”为姓，或以居城郭不同方位而姓东郭、南郭、西郭、北郭，其后人多改单姓郭氏。

以上就是汉族郭氏的主要由来。还有很大一部分郭姓来自少数民族，比如源于蒙古族改汉姓，比如源于满族改汉姓，此外在这里特别要指出的与郭光灿密切相关的——源于回族改汉姓。

综合当地地方志以及诸多相关史料的详细记载，可以大体勾勒出百崎郭氏的发展历程。对此，百崎地方也确有不少文字资料，但有些说法似欠考证或存在矛盾，在此只能选取流传最广、资料较多且无矛盾之说。

比如有一种资料如是描述：百崎郭氏先祖郭文宪原本生活于浙江省杭州府富阳县郭家村，其子郭章（名钦）因担任宣慰使之职初来泉州。郭章生有二子，长子郭德广，次子郭德昭。郭德广生子郭子洪，郭子洪的次子名郭仲远。有些民间传说更为具体，称郭文宪本系来华经商之波斯或阿拉伯某国王公贵胄，盖因国内突生变乱，返乡不得，不得已流落于中华大地，最终落籍于浙江省杭州府富阳县郭家村。

上述人物情况与关系是否可考姑且不论，但至少出任宣慰使一事与郭德广的相关记载有较大矛盾。假如后来的郭德广出任宣慰使为真，则不大可能先有郭章出任宣慰使并定居泉州再有郭德广出任宣慰使并定居泉州，二者必有一讹——想必是某些资料辗转传抄之误。

郭德广出任宣慰使的说法则比较可信。

元武宗至大年间（1308—1311 年），郭德广以宣慰使之职督运军需粮草前来泉州。元朝时的宣慰使应该不是一个常设固定官职，大抵在行省与郡县长官之间。时值泉州烽火连天，兵荒马乱，郭德广为避战乱，没有再行还朝，就地娶妻生子，定居下来。根据《郭氏家谱》记载，“以宣差微禄奉命来泉，督糈供应。其时干戈扰攘，弗克还朝，遂纳室于泉而家焉”，随后才有上述的“郭德广生子郭子洪，郭子洪次子名郭仲远”。

而这位郭仲远，将是影响后世郭家的一位重要人物。未来的百崎地方发展，此后的郭氏家族兴旺，都与他有着十分密切的关系。

郭仲远（1348—1422），名泰，字仲远，号毅轩。说起来郭氏的祖辈和父辈本来确系元朝自“海上丝绸之路”来华经商的波斯人，最初似乎也确曾定居于浙江省杭州府富阳县郭家村。后来这些郭姓人家在泉州定居之后，开始还保留有一些原来的风俗习惯，但历经多年之后，当代郭氏家族的各种生活习惯早已与当地汉族无异，仅有丧葬等个别习俗还有所区别，不过在正式确信身份之前，他们对此的态度也只是作为一种历史沿袭而不知其真正缘由，总之多年来这些郭氏后人从未怀疑过自己的汉族身份。

1974 年，泉州海外交通史博物馆在泉州的东海法石发现一块元代墓碑，碑中正文竖刻“晋、惠元郭氏世祖坟茔”，两角则用小篆刻有“坡庭”“百奇”字样。最令人惊奇的是，碑额处居然有阿拉伯文字，音译为“伊本·库斯·德广贡□□”。这位“郭氏世祖”就是《华山郭氏四房家谱》中所载的郭德广。郭德广本名译音应为“伊本·库斯·德广贡”，而“库斯”与“郭氏”谐音，由此可知“库斯”正是这一支郭姓的最初由来。

郭德广定居泉州后，最初应该居住在东街行春门外，后改迁到晋江东海法石村。至于后代如何来到百奇，也有两种说法：一种说法是其孙郭仲远在元末明初时为避战乱，迁来百奇；另一种说法是郭仲远一直以养鸭维生，所以经常自东海法石赶鸭来到百奇一带，明洪武九年（1376 年）家族分支时，郭仲远索性偕妻陈氏（1351—1433）及两子迁居惠安，择居奇水之滨百奇山下。总之自郭仲远开始，这一支郭氏正式定居百奇，郭仲远也成为百奇等九乡郭姓的开基始祖。

这里还需要解释一下当地的地理背景。百崎地方的称谓有多种指代：百奇，最早应该来自所谓百奇山，现在此山似已不复存在；此前当地人称呼此地又多为“白崎”。后来按照国务院有关地域地名的规定，乡名与乡所在地的村名不能使用同一名称，故改“白崎”为“百崎”。所以现在的正式名称如下：百崎，乡名；白奇，村名。

而百崎之名的由来，也有几种不同的说法，一说称早年郭姓人家肇基此地之时，是从对面克圃村跨下百二石阶越滩而来，故称“百崎”；一说则称此百级石阶系郭仲远为方便路人所修。

此外，百崎历史上隶属惠安县东园，历经东园人民公社、东园乡、东园镇，直至 2010 年 3 月福建省政府批准设立泉州台商投资区，百崎回族乡才从惠安县划归泉州台商投资区管委会托管。

世事沧桑，风云变幻，无论后世如何发展，但确实是自郭仲远开始，百崎郭氏才有了明确的时间开端与史料记载。

三、“汾阳郭”与“洛阳桥”

加上从法石带来的两个儿子，郭仲远与妻子和侧室共育有五男二女七个孩子。五子成家之后，郭仲远将其分为仁、义、礼、智、信五房，分居白奇、里春、山兜、埭上、梁墓五个村落。长房郭仕初居白奇，二房郭仕源和五房郭仕昭居里春，三房郭仕璧居山兜（后出祖漳州、同安、南靖），四房郭仕敏居埭上——不过有关上述分支的居住地在不同的资料记载中出入较大，此处只取其中一种说法。但有一点可以确信，那就是郭光灿属白奇长房这一支，系郭氏第 18 世后裔。

有关郭仲远的故事传说很多，不胜枚举，此处只采撷一二。

相传郭仲远夫妇在世时，从当地陈姓人那里获赠墓地一处。修墓时风水先生称："（墓地）进前三宰相，退后万人丁。"郭仲远的妻子陈氏希望人丁兴旺更胜于后代为官，故而选择了后者。郭仲远夫妇百年之后即合葬此处。

如今六个半世纪倏忽而过，郭氏家族开枝散叶，人口过万，占百崎总人口的 80%以上，最初的几个村落早已不够居住，郭氏后代逐渐遍及白奇、下埭、莲埭、田吟、里春、大山、贺厝、山兜和后海九个乡村，俗称"九乡郭"，倒是应了当初"万人丁"的预言。

又相传郭仲远到百崎后雇工养鸭，长工在白奇村盖起一个鸭寮，不想鸭寮中鸭子生长极好，母鸭都能下出双黄蛋来，风水先生称鸭寮下必是风水宝地。于是郭仲远当即买下这块土地，后人在其上建宅造屋，这一建筑就是如今的郭氏家庙。

在百崎地方，文化交融的现象可谓俯拾皆是，其中郭氏家庙的建造就是其中一个良好的例证。

郭氏家庙是当地最有名的古代建筑之一，属于木石结构。据历史记载，郭氏家庙始建于明宣德七年（1432 年，即郭仲远去世 10 年之后），依山面海，云蒸霞蔚，素有"东北凤麟钟甲第，西南龙马壮江山"之雅称。清光绪二十四年（1898 年）失火被毁，先后于宣统年间及民国初年两度重建，这才得以恢复原貌。1992 年被惠安县人民政府列为县级文物保护单位，2017 年被福建省人民政府列为省级文物保护单位。

郭氏家庙大门上的匾额题有"汾阳衍派"的字样，似在追溯前辈先人的漫漫足迹。但宗祠楹柱上那幅引人注目的楹联——"祖汾阳派富阳族螺阳三阳开泰，原晋水分法水聚奇水万水朝宗"却颇为耐人寻味，隐晦地道出了郭氏家族伪托望族、流亡迁徙及至最终定居此地的一系列曲折经历。

因为郭德广曾任宣慰使之职，所以也被称为“宣慰公”，是以郭氏家庙也称“宣慰府”。家庙正厅高悬有“宣慰府”之匾额，而在两侧墙上则挂有显示历代名人成就的匾额，诸如“捕盗官”“儒林郎”“宣武大夫”“修职佐郎”，有些已带有明显的近代色彩——“抗日英烈”“将军”，等等，其中有一块更加显眼——“院士”，下面的小字注解是：百奇十八世裔孙光灿任博士生导师于二〇〇三年入选中国科学院院士。

既然百崎郭氏来自波斯，缘何又自称山西汾阳郭子仪之后？盖因元朝时有一股强烈的“反色目”倾向，郭氏家族为求生存，只好假托于汉族望族名下以自保，而唐代名将郭子仪曾任山西汾阳郡王。所以及至近日，百崎地方如遇家中丧事，仍依旧俗，在白色的灯笼上写有“汾阳郭”的字样，同时标明第几代，送终时持灯者走在队伍的最前列。而“洛阳桥”的名字，同样也反映出此地居民的某种来源传说。

然而由于环境变迁，郭氏后裔与汉民族长期混居、频繁交往并相互通婚，无论在文化观念还是生活习俗方面都深受汉文化的影响，最终完成了一次完美的文化融合。

历史上祭祖活动每年都有，中华人民共和国成立之后还有延续，但自“文化大革命”开始停办了足有20个年头，改革开放之后自20世纪80年代开始恢复。祭祖活动主要以捐资的形式进行，目前由3个经济实力尚可的村子主持，每三年轮换一次——2017年是白奇，2018年是里春，2019年是莲埭，以此类推。

2017年4月3日由白奇村主办的这次祭祖活动，恰逢郭仲远诞辰670年（当地习惯以虚岁计），再加上长房白奇对祭祖活动一向比较重视，是以此次活动规模十分盛大，持续了整整一个上午。来自福建、浙江甚至港台的各地郭姓后裔参加者达650人以上，整个祭祖活动充分展现出各种传统的仪式与礼节，实可谓盛况空前。

郭氏家庙此前一直是县级文物保护单位，在此次祭祖半年之后，郭氏家庙被正式列入省级文物保护单位。此外，在2019年10月7日国务院关于核定并公布第八批全国重点文物保护单位的通知中，“百崎郭氏墓群”也位列其中。

现在的白奇，与当初早已大不相同。尽管很多老房子依然存在，但各种多层的新式小楼也已拔地而起。想当年村里只有几口老井，而在多年之前这里就已通上了自来水。目前村里的有些院墙上还留有各个时期的老旧标语，宛若历史文物一般，但各种新型的宣传形式俯拾皆是，显示出与时俱进的时代气息。总之，时光荏苒，旧貌换新颜，今天的白奇村早已非昔日模样。

除了全体氏族的郭氏家庙，郭氏各支也都有自己的祖厅。大部分祖厅已修建多年，历时长久也需维护修缮，否则将会出现腐烂、漏雨甚至垮塌等一系列问题。目前郭光灿和郭秋其所在家族的祖厅为边贝与护厝两个分支共用，分为东西两侧。2011 年为修祖厅，郭秋其远赴浙江寻访另一位堂兄，在那一脉筹集到 8 万元，郭秋其自己拿出 10 万元，郭秋其在安徽的堂兄郭光灿则拿出 5 万元——但他在捐资落款时写了三个人的名字：大哥郭辉煌、二哥郭辉钦之子郭伟强以及郭光灿本人。往年遇到这种情况，本来家族中这一支有男丁的家庭都要出钱捐资，但由于郭秋其等人的努力筹措，有了 20 万元以上的主要部分，每户每丁就只需再象征性地出一点钱即可。最后他们总共筹集到 50 多万元。

郭光灿不仅为边贝祖厅二次重修题写匾额——“恩泽后昆”，在修缮结束正式上匾的时候，郭秋其还专门请郭光灿回乡主持仪式，红地毯从村口一直铺到了祖厅门口，规模相当盛大。其实此前还有一个小插曲：依照当地习俗，本来祖厅修缮完成之后，必须等待 4 个月之后才能正式开门，除非这一支中的某个家庭诞下男丁。也是天公作美，恰巧在 2012 年 1 月 24 日正月初二这一天，刚好有一家生下一个男孩——仪式这才得以顺利进行。

1990 年 8 月，经福建省人民政府批准，独立建制百崎回族乡。目前百崎是福建省 18 个少数民族乡中唯一的回族乡，也是泉州市唯一的少数民族乡。其实早在建乡之前多年，在刚刚确定古墓墓主身份之后，百崎就被认定为回族聚集地，政府同意当地居民将民族改为回族。当时远在位于北京的中国科学技术大学读书的郭光灿得到消息后，也希望能够更改民族。事实上，在郭光灿填写福建省高等学校招生申请报考书的时候，就已经自作主张地在民族一栏填写了“回族”，但其实他户口本上的民族当时依旧是汉族，当年对学生信息的要求显然没有那么严格。为此，大哥郭辉煌已为郭光灿开好了证明，但证明寄到北京之后，经过相关部门最终核定，只有久居当地的居民才能更改，远走他乡者不在此列，所以最终郭光灿还是没能改成。

所以至今，郭光灿的身份证上的民族一栏仍是汉族。

泉州回族以及百崎郭氏的故事，都是值得大书特书的文化历史，但在这里我们不得不寥寥数语，浅尝辄止。有兴趣的读者可参阅泉州回族发展、百崎郭氏族谱以及其他相关资料，其中均有详细记载。

四、客死他乡的父亲

1930 年 5 月，中原大战爆发，十九路军正式成立，广东将领蔡廷锴被任命为军长。此后十九路军命运多舛，曾参与“围剿”中央苏区红军，也曾参与淞沪抗日。因受进步思想影响，1933 年 11 月 20 日，蔡廷锴与李济深、陈铭枢、蒋光鼐等人在福建成立“中华共和国”人民革命政府，史称“福建事变”。但仅两个月后，事变宣告失败，不敌中央军的十九路军被彻底击溃，番号取消，蔡廷锴等人逃往香港，其他官兵或被整编留用或被就地遣散。

在这批被遣散的官兵中，有一个来自河北廊坊市郊王常甫村的年轻人，名叫李克勤。李克勤 16 岁入伍当兵，此时被留在了当地，后来落户惠安地区的后海加坑，并入赘郑家，改名郑开成，娶妻生子，成为当地的一名盐警，专门抓捕贩卖私盐的人。

如今的加坑自然村属于后海社区，加坑大部分人都姓郑。郑姓也是这一带的一个大姓，据称系“国姓爷”郑成功之后。1914 年 1 月 1 日，后来郑开成的邻居、加坑另一户郑姓人家诞下一个女孩，起名郑算。这位郑算，后来成为郭光灿的母亲。

放下加坑，暂且回到百崎郭氏这一边。

据传郭氏族谱在“文化大革命”中的动乱年代本已丢失，不想改革开放之后，有人种地时在山洞中无意发现了藏于其中的家谱，细观俨然是郭氏家族的重要历史资料，于是供奉重修，这才得以保留下来。目前郭氏家族已出版有厚厚的两卷本家谱，离家在外的乡亲也全都上家谱，书前的序言详细介绍了族谱及重修的具体情况。

据百崎郭氏族谱记载，郭光灿属于引后二支三，也就是五世文昭公的后代，这一支俗称“边贝”世系；文昭公生有五子，故称“边贝”大五家，分为长支、二支、三支、四支、五支。郭光灿属于“长支”世系，“修”字一辈，这一代被认为是郭氏第18代传人。

在“长支”这一世系中，郭氏第16世传人郭鹄仔生子二人，分别是郭胜发和郭添发。这位郭胜发，就是郭光灿的祖父。郭胜发生子郭福才，郭添发生子郭成鱼。这位郭福才，就是郭光灿的父亲。

郭福才生于1903年11月4日。其父郭胜发身体抱恙，据说刚过而立之年即在南洋撒手人寰，其妻改嫁，留下年幼的郭福才孤苦伶仃。

郭鹄仔有一兄弟郭焕仰，生子郭良发。于是郭福才被堂伯父郭良发收为养子，悉心照料，视同己出，最终将郭福才养育成人。据称郭良发身故之前，甚至嘱将家产由自己的亲生儿子郭进财与养子郭福才平分。

郭福才成人后，娶郑算为妻，生子三人，分别是生于1932年的郭辉煌、生于1938年的郭辉钦和生于1942年的郭光灿。

在农村，孩子生下来一般先起一个小名，两三岁时才取一个大名。不过到郭光灿起大名的时候，他的父亲应该已经不在人世了。

假如严格按照族谱，郭家三兄弟都应该是“修”字辈，名字都应取作“郭修某”。据郭辉煌回忆，他们兄弟三人的名字，应该都是算命先生所起。至于为什么要这样起，三兄弟名字的形式又为什么有所不同，这些事情就连大哥郭辉煌本人也不甚清楚。

总之，“光灿”这一名字当初是由算命先生写在纸上的，大意很像是后来美籍华人歌星费翔唱后红遍大江南北的那首歌——《冬天里的一把火》。因为郭光灿生于寒冷的冬季，火能驱寒，亦能照亮，故取此名。至于说郭光灿为什么没有像两位兄长一样以“辉”字为序，就没有人知道了。三兄弟中名字格外独特的郭光灿，后来偏巧从事了有关光学的教学与研究，总有人说其中秉承着一种冥冥中的天意。

百崎地方号称“海上丝绸之路”的起点之一，在清末时期相当富庶，盖因水陆交通发达，航运业兴旺，赶上顺风顺水的时候，从泉州湾的崇武驶往台湾岛，也只需一个晚上而已。此外这里拥有直达上海、天津等地的诸多航线，前往南洋做生意也十分方便。但在经过日军侵华战争的浩劫之后，航运业开始日薄西山。日本空军频繁轰炸，航船损毁严重，甚至发生过船只为躲避轰炸而不幸触礁全船遇难的灾祸，总之这里的航运经济开始日趋衰落。其实仔细分析，除了有战争的原因之外，也与彼时传统航运经济本身不复景气有很大关系。所以中华人民共和国成立前后，百崎已经变成惠安县最穷的地方，后来每年都要靠国家救济度日，直到改革开放后才再次恢复元气富裕起来。

郭福才没有什么文化，因而半生劳累，上山下海，什么粗活都做过。成年之后他的主要职业还是船工，为船主四处运货。不过帆船航运的特点，主要是靠自然风力——南风来时“上”去，北风来时“下”来，出海一趟至少要离家七八个月。

有关父亲郭福才，在郭光灿的记忆里几乎没有留下一点印象。因为在郭光灿刚刚出生之后，郭福才就被日本人拉去运货，结果不堪艰辛，积劳成疾，不幸于 1945 年 7 月 10 日客死他乡上海，享年刚及不惑。

五、母亲郑算

郭福才去世的消息没有马上传回家乡，但当它真的被送抵郑算耳中时，无疑是十分残酷又令人震惊的。这一噩耗对郭光灿一家来说不啻晴天霹雳，原本勉强还可维持的生活迅速跌至谷底。其时郭光灿刚刚年满 3 岁。

母亲郑算是郑家的独女，朴实善良，与人为善。只可惜加坑一带依旧传统守旧，尽管时代已经变迁，但郑算童年时还是没有逃脱缠足陋习的束缚。即便如此，成年后郑算的个子还是长到了 1.68 米，就是在今天的女性中这个个头也不能算矮。如今丈夫撒手西归，郑算身边还有三个未成年的孩子嗷嗷待哺，生活之艰辛可想而知。

这是一名极为坚强的惠安妇女，自然绝不会向生活屈服低头。郑算毅然放足，投身生产劳动，开始了她养家糊口的艰辛生涯。她上山下海，独自一人含辛茹苦地拉扯起三个孩子来。

现在百崎乡的总面积为 16.7 平方千米，其实陆地面积只占到不过一半，另外一半面积全是海洋。郭光灿小的时候，海洋面积的占比恐怕还要更大一些，据说如今百崎乡政府大楼的所在地过去也是一片滩涂之地，全都是后来填埋起来的。白奇地方更是有海无地，从而导致当地居民贫困异常。曾与郭光灿二哥郭辉钦做过多年同学、格外喜欢文学的郭家齐曾写过这样一首打油诗，形象地描述了白奇当时的情形：

春天下海捡虎苔，冬天上山拾小薯，一年三百六十天，薯渣野菜连根煮。

虎苔是一种生长在海中的藻类植物，有别于海带，晒干后一般当作饲料。

由于没有土地，白奇当地村民基本上不事耕种，有的人家倒是也象征性地种上一点地，但粮食、蔬菜主要还是依靠购买。不过海边也有海边的特点，也有“地”，而且也像内地的耕地一样，分属各家所有。只不过内地的“地”是耕地，用来种植农作物；海边的“地”则用来养殖海产品，即所谓“靠海吃海”。

早先郭光灿家也有大约两分滩涂地。与内地农民种地相似，在相应的季节里，郑算像其他村民一样，翻好细沙土地，围好围栏，待海水退去后收拾干净，然后把购置来的海蛏幼种撒进地里，养殖一段时间之后，就可以挖出成年的海蛏来卖。百崎地方的海蛏远近闻名，虽然这里海蛏的个头比其他地方的个头略小，但肉味格外鲜美，据说是这一带最好吃的海蛏。当然也可以不待海蛏正式成熟就来挖出——把它们从沙土里一一翻拣出来，就像在沙里淘金一样，把那些米粒大小的海蛏幼仔全部拣出来，然后当作“种子”来卖。

这种看起来十分简单的工作，其劳动强度也不能算低，独自“种”了一段时间海蛏，郑算感觉实在无力打理，只好将这些地转让给他人。

所幸郑算在加坑的娘家还有几分薄田，那边的村民依山而居，种地打粮，即所谓“靠山吃山”。郑算的父母就种了一些地，而且当地的地瓜（白薯）和花生产量都还算不错，包菜（圆白菜）、菜花一类的蔬菜也有不少。有时郑算也会从娘家拿回一些地瓜，郭光灿的外公外婆也会隔三岔五来到白奇，手头有什么吃食就顺便带过来一些，接济一下丧夫寡居的独女以及三个年幼的外孙。郭秋其的二姐郭细燕至今还能记得他们，大家都叫他们“加坑公”和“加坑奶”。

为数不多的地瓜是放在木桶里挑过来的。那种木桶像一个上大下小的空心圆台，30 多厘米的口径，60 厘米高，不装东西的时候自重就不算轻。郭光灿的外婆还是小脚，所以重担都是由郭光灿的外公来挑，要走上将近 4000 米才能来到女儿在白奇的家。木桶下面垫上一些草来放地瓜，回去的时候还要挑回一些粪便做肥料，就是这些粪便有时也不得不到各家去购买，花上两分钱买一家七八个人的排泄物（白奇这里不种地，所以无须粪肥），回去后水溶发酵，充作地肥。

郭光灿小时候的主要食物，大部分都是地瓜，要说不单调的时候，就是偶尔还要配上地瓜叶或地瓜蒂。虽说生活在海边，但在郭光灿的印象里却很少能够吃上鱼虾。有时在海边也会种上少量的荠菜，或者从海滩上捡拾回一些虎苔晒干，以此权充蔬菜。

即便如此，也还是不能满足最基本的生活需要，所以郑算还要操持其他一些活计，有时甚至还要到对岸去讨生活，而这种需要远行的劳动，不放足根本不可能做到。

在白奇，郑算有两个比较要好的女伴——林楚以及后来去了台湾的王算，三个人经常结伴出去捡拾柴火，有时还会一起冒险去偷卖私盐。白奇地方一面是山三面环海，所以经常缺少烧火用的柴火，需要到外乡去捡，但这种事只能偷偷去做，否则当地人看到一定会前来驱赶——他们就连这一点柴火也不愿意肥水流了外人田。所以，有时郑算她们只能捡些树枝割些杂草，遇到树枝分杈较多的时候，还经常会把手掌扎破，甚至满臂带伤。她们偶尔也会从地里捡拾一些漏网的小地瓜粗根，带回家来权做粮食的补充。而卖私盐就是相对比较危险的举动了，因为在历朝历代盐类都属于官家专卖，私自贩卖是要受到严厉惩处的。郑算她们必须在天不亮时就去进货，从附近私人晒盐的盐场里批发一点盐，天亮后回到白奇，再坐船到晋江那边走街串巷地偷偷去卖，万一遭遇像郑开成这样的盐警就会遭到抓捕，所以也只能偷偷卖一点而已。

但就是在这种捉襟见肘的窘迫生活状态下，郑算依旧坚持让她的三个孩子上学读书。

其实郑算本人的文化程度并不高，甚至可以说几乎目不识丁，但在她的内心，却有着一种极为朴素的教育思想。这些思想有可能一部分来自她原生家庭的影响，另一部分则来自她自己善于学习的性格与习惯。

好在三个儿子都十分聪明，后来也都特别为郑算争气，没有辜负她的一番苦心。

当时白奇村没有开办小学，年长郭光灿10岁的大哥郭辉煌到了适龄的年纪时，就到邻村莲埭去上小学了。

六、蚣蚮

福建沿海曾有这样一些俗语——“蚣蚮不死死蛏子”，意为“该死的对象错了”；“猪毋肥肥狗，蛏子毋肥肥蚣蚮”，意为“照顾的对象错了”。总之无论什么好事，似乎永远也不该让这个“蚣蚮”摊上，而坏事却一定要由这个“蚣蚮”顶缸背锅。这些俗语，显然表明了蚣蚮卑微低贱的地位。

那么，这个“蚣蚮”究竟是什么呢？

蚣蚮也称公代。在厦门最早的地方志、乾隆年间编纂的《鹭江志》的“介之属”中则称之为“公逮”，描述其“形似蛏而短小，壳似银，亦曰银蛏；筼筜港出者肥美”。明朝浙江人屠本畯所著福建水产著作《闽中海错疏》则在“白蛤”条目下记载道：“一名空豸，泉人呼为江大，似蛤而小，壳薄色白。又名泥星。”其名称“空豸”“江大”与现在泉州话读音的“公代”相差不远。这种奇特的软体动物现在一般写作“蚣蚮”，学名不详，有称“截尾薄壳蛤”“薄壳白蛤”者，存疑。

按照当代白奇人郭志波的介绍，蚣蚮比海蛏要短，贝壳较薄，肉比海蛏更小，而且口感较差，入口绵软无力。收拾起来自然更加费劲，需要先将蚣蚮那浅褐色的两足鞘膜去除，俗称“褪裤”，因为那里再怎么煮也根本无法嚼烂。

在过去，百崎这里满滩涂都是蚣蚮，有时候一晚上可以挖上数十斤，盛夏尤多，而这些小动物在 9 月入秋繁殖后就会自然死掉。有钱人家一般用蚣蚮喂养鸭子，据说鸭子食用后也十分健康，有着各种无与伦比的优势（不妨联想一下前述郭仲远在这里养鸭的故事）。而穷人则把蚣蚮当作餐盘里的蛋白质补充。现在蚣蚮已经很少了，有些地方还有，就算是拿来食用，基本上也只是用来熬汤提味，或者作为一种忆旧的点缀。

在这里浪费这么多笔墨描述蚣蚮，是因为这种小动物在郭光灿的童年生活中占据着举足轻重的地位。挖蚣蚮，是当时郭光灿和他的小伙伴们最重要的业余活动，也是郭光灿帮家里分忧解难的最主要方式之一。

俗话说“靠山吃山，靠海吃海”，赶海是海边居民尤其是孩子们最热衷的活动之一。每天都会有两次潮汐，一般来说总有一次是在晚上，所以大哥郭辉煌和二哥郭辉钦每天晚上都要去赶海，以便捕捞一些海货，而每次幼小的郭光灿也都要跟随前往。本来哥哥们觉得他岁数太小，并不想带上他，但他却执意前往，如影随形。

海边沙地的领主一般会在属地的周边挂起渔网，当海潮退去后，一些大小鱼儿就会被拦在网中，正所谓“临渊羡鱼不如退而结网”的现实版。但难免还有漏网的更小的小鱼，主家根本不屑一顾，孩子们便兴奋地去捡拾。还有一些无主的海滩，随着潮涨潮落，沙滩上会留下诸多水坑，海水把水和鱼一起送上沙滩，当海水退去之后，小鱼小虾则滞留坑中，成为孩子们的囊中之物。

实话实说的话，小孩子还是以玩为主，兼做家务，甚至往往是玩到差不多了再应付两下。所以当郭光灿兴高采烈地跟着两个哥哥去赶海的时候，很难说他不是因为玩耍而高兴。

当然劳动成果也还是有的，有时还可谓硕果累累。每次抓到的小鱼都会以盘中美味的形式用于改善生活，偶尔有幸抓到大一点的鱼还可以出售换钱。有一次郭光灿捕到一条不小的鳗鱼，这种鱼十分滑溜，非常难捉，郭光灿算是取得了不小的成绩，郑算便让他拿去出售。所谓“出售”，其实并没有什么摊点，也没有专人收购，就是沿街端着盆叫卖而已，看看哪家需要，双方议好价钱即可交易。那天郭光灿头顶着小盆，高兴地沿途叫卖，结果被一个正在修缮房屋的瓦匠看中，以五角钱的价格成交，于是郭光灿拿着这笔“不菲”的收入欢天喜地地回了家。

等到再大一点时，郭光灿就和小伙伴们一起去挖蚣蚍了。

1943年出生的郭珊燕是郭光灿的堂妹，她称郭光灿为“三哥”，小时候他们经常结伴去挖蚣蚍，捡海苔，总之都是一些零零碎碎的海产品，当地人称之为“小杂海”。在这支“蚣蚍挖掘集团军”中，大家公认大郭光灿6岁、与之同辈的郭汉森成绩最好，挖得最多，而郭光灿一般屈居亚军。不过不但要挖得多，还要能挑得动，有时郭光灿与两个哥哥以及堂姐郭玉燕、堂妹郭珊燕一起去挖蚣蚍时，他虽然挖得最多，但因为个子太小，根本挑不回来，不但需要两个哥哥帮忙，就连两个堂妹郭细燕和郭珊燕也都帮郭光灿挑过。

就当时的价格而言，这一大堆让孩子挑起来都困难的蚣蚍，也不过只能卖到几分钱而已。

七、“蟹钳泥药膏”

及至冬天，清晨奇冷无比，但郭光灿还是要与同伴郭廷金一起去挖学名沙蚕的“海蜈蚣”，这是一种很好的鱼饵。等到下午潮水退去，在滩涂上每隔两步插上一根筷子，再连上一尺多长的线，把海蜈蚣挂上去，等待着钓一种栖息在洛阳江底的小鱼。钓完之后，两人再结伴一起去卖。

孩子们能够捕捉到的，除了鱼类和蚣蚶，自然还有其他一些小生物。一般来说，翻起海边的每一块石头，下面都会跑出一只小螃蟹来。不过，郭光灿他们并不满足于挖到这些石头下的螃蟹，还要深挖藏在沙滩下面的螃蟹，而这往往就会遭到螃蟹的强烈抵抗，最终的结果就是手指被螃蟹钳子狠狠地夹住，严重时甚至会肿胀流血。

少年们总有自己的仪式与想象。每逢此时，郭光灿就会卸下螃蟹行凶的那只钳子，把它捣碎做成糊状，再把这种自制的“蟹钳泥药膏”涂在受伤的手指上——孩子们认定，这种来自伤害者本体的原生“药膏”，一定会成为一种疗伤的灵丹妙药，受伤的手指必将很快痊愈。

除了海边的劳作，有时他们也会去摘地瓜叶，毕竟枯枝太少，所以地瓜叶也成为烧火的主力能源。有时那些淘气的孩子也会去挖别人家的地瓜、花生或者摘别人家的龙眼，被人发现后就一哄而散四下奔逃。不过这种陆上的活动毕竟较少，最主要的场地还是集中在海边。

但无论郭光灿他们怎么活跃、怎么撒欢，有一点是被郑算绝对禁止的，那就是绝不允许郭家三兄弟下海游泳，尤其对郭光灿更是格外严格要求。因为在她的心目当中，游泳太过危险，在水里什么事情都有可能发生，而孩子的生命高于一切。以至于生长在海边的郭光灿竟然始终不会游泳，直到多年之后上了大学，他才在北京的中国科学技术大学游泳池里学会了游泳。

总之，三个孩子都在尽自己最大的努力，希望能为母亲分担些许生活的重担。

堂弟郭秋其一家与郭光灿一家住在同一个大院落里面——郭秋其一家住在北面，称为“后房”；郭光灿一家住在东边，称为“小厅”。郭秋其的父亲郭祖恩比较好玩，经常与一群人在家里聚众玩耍，郭家兄弟就穿行其间，卖些香烟或花生米等吃食。玩客们拿了东西一般不会当场付账，都要等到最后一起结算，但这些人往往一玩就是一个通宵，一直玩到天亮，这样一来几个孩子就得在一旁无聊地等候。后来郭秋其的母亲黄木耳觉得这不是个办法，就与大家做出一个约定：午夜零点之前，所有人都要给郭家兄弟结清账目，好让他们早些回家睡觉。

黄木耳与郑算关系很好，可谓形同姐妹。黄木耳也是一名非常朴实的农村妇女，享年 93 岁。她的儿子郭秋其也非常努力，后来前往厦门发展，经历极其丰富，做过造船工，开过家具厂，如今已是一名成功人士，总之也是一路上进。

郭辉煌上学识字之后，每天都会找来图书为全家诵读。冬天的夜晚寒冷无比，一家人点燃油灯，围坐床榻，把双脚藏进被窝，聆听郭辉煌带给他们的各种奇妙故事。

每次郑算都听得十分入神，甚至比两个儿子都要认真。郭光灿人小易乏，往往听着听着就睡着了，而郑算却饶有兴味地一直听讲下去，不肯放过每一个字。她从《说岳全传》中学到了“精忠报国”的爱国思想，她为《白蛇传》里的悲情故事痛哭流涕，她从这些故事里学到了各种各样的道理，这为她对孩子的教育起到了相当重要的作用。

也许正是从这些故事中，郑算愈发意识到了文化的重要性，形成一种“人应该努力上进”的朴素观念。在她心里，“读书改变命运”的理念已被深深烙下。而郑算喜爱学习同时又善于学习的习惯，也深深地影响到了郭光灿三兄弟未来的人生。

遗憾的是，现实毕竟是现实，不似书中的故事那般理想与浪漫。郭辉煌勉强读到小学毕业，就不得不就此辍学，外出打工谋生。毕竟母亲郑算一个人实在忙不过来，而两个年幼的弟弟又需要照顾，为了缓解家庭的困难，长子郭辉煌不得不做出巨大的牺牲。

1946 年，14 岁的郭辉煌前往泉州打工。打工的道路也并非一帆风顺，郭辉煌先是在一家杂货铺打杂过几天，后又进入一家金银首饰店当学徒，很快就受到了老板的赏识，开始负责记账管钱。不料 1950 年的一个夜晚，郭辉煌正在店里值夜班，该店竟遭到了土匪抢劫，土匪抢走一些钱物，郭辉煌也挨了几下打，好在对方并没有往死里打，而当时店里的钱物也不算多。不过第二年的时候，这家金银首饰店还是宣告倒闭了。

在此期间，郭光灿上了小学。

八、遇险"斗门头"

每天早晨，伴随着清早的阳光，郭光灿在二哥郭辉钦的带领下，前往邻村莲埭读书。

这所小学原称"埭上中心小学"，是整个惠南地区仅有的两所公办小学之一，也是大哥郭辉煌曾经读书学习的学校。1946 年高中毕业的郭良枝应校长郭端秋之邀来此执教，并很快升为教导。没过多久郭端秋调往外地，校长一职空缺，经教师推荐及县教育科批准，郭良枝正式出任校长一职。郭良枝上任伊始，就颁布特惠政策：凡贫苦学生，学费免除或减半。当时民办小学的学费一般以大米计算，五年级以下的低年级学生一学期 10 斤大米，五六年级的高年级学生一学期 15 斤大米，虽说价格不算昂贵，但穷苦人家还是拿不出来。故而郭良枝此举，开当地义务教育之先河，受到当地百姓的盛赞。毕竟"九乡郭"自明初卜居白奇以来，不曾出过一名通过科举升任的官员；而自民国初年直到中华人民共和国成立前夕，这里也没有考出去过一个正规的本科大学生。其实当时里春、下埭、后海邓村也都相继办起了小学，但这些学校均属私立，而且时办时停，是以埭上中心小学基本上囊括了"九乡郭"全部的适龄学子。不过在郭光灿入学的时候，这所小学已经改名为"后港乡第二中心小学"。

像大多数仓促创办起来的基础教育学校一样，这所小学的校舍同样十分简陋，也被设在以前的宗庙祠堂里面。就是在这根本不像教室的教室里，郭光灿开始系统地学习算术（数学）、国文（语文）、公民（品德）、手作（手工）、美术等课程，而历史和地理等课程要等到高年级时才会开设。

当时学校要求晨读，所以学生们很早就要到校。郭辉钦、郭光灿小哥俩赤着双脚，一路欢欢喜喜地来到学堂。那时当地的孩子大多赤脚行路，基本上都没有鞋穿，就算上了学也是一样。最好的情况也只是穿一种十分简陋的木屐，而所谓"木屐"也就是在一块木板上钉上一块皮子而已。

鞋可以不穿，但衣服总还是要有。当时每年能拿到手里的布票不超过三尺，这个布量用于做衣服根本不够。即便想尽办法搞到的劣质布料，颜色也只有白色一种，还要进行再加工——需要从山上采摘来特殊的树叶，经过一番处理，自己把白布染黑，或者用红泥染红，再做成衣服来穿。这种衣服再补上几次，重量往往能达到几斤重。总之，郑算就是这样连染带缝地为自己的孩子们缝制衣裤。

不过郭光灿在这所小学只读了一年就休学了，因为这期间发生了一件十分吓人的事情。

从家里到学校的路途并不遥远，大概 1000 米，但对孩子来讲毕竟也算是一段不短的距离，而且不乏重重险境。

首先孩子们上下学都要经过莲埭村头，当时那里常年“驻扎”着一个来回游荡的“疯子”，他可能身患癫痫，经常犯病，每天肩背粪筐，守在路口，经常无缘无故地追打小孩。所以每天放学的时候，老师都要把学生们送出村口，“疯子”对大人有所忌惮，但有时也照常攻击，校长郭良枝就经常因为保护孩子，而被这个“疯子”的粪叉弄得长衫上满是粪便。

有必要借此侧写一下这位 20 岁就做了小学校长的知识分子。事实上郭良枝（1926—2012）在中华人民共和国成立前就参加了地下工作，对孩子、对教育都无比热爱。但 1951 年时他却因“特嫌”的罪名被捕。1956 年被释放后，虽然撤销原判，恢复政治权利，却没有获得实质性平反，也没有工资。郭良枝后被发配山区 28 年，直到由小儿子顶替工作后才提前退休。郭良枝有 3 个孩子：长子郭向阳（生于 1948），名字显然是向往革命，迎接解放；女儿郭怀阳（生于 1951），生下时郭良枝已被关押，在监狱中起下名字“怀阳”，意在感怀自己的不幸；幼子郭若阳（生于 1957），名字寓意“假若没有改判，这孩子怎能出世”。好在多年之后，1991 年惠安县政府下文件恢复郭良枝的干部待遇，1993 年终于下文件认可了他地下工作的经历。所以郭良枝是百崎回族乡唯一的离休干部。

郭良枝也曾为报刊撰写文章，曾用“逸云”“谷龙芝”两个笔名写作，所写文字激情澎湃，文采飞扬。在他身后，郭向阳想要将这些资料结集出版，希望能够得到郭光灿题写的书名。喜欢文学的郭家齐也做过郭良枝的学生，为这本即将出版的书写了长长的序言。郭家齐与郭光灿的二哥郭辉钦同岁同班，所以经常跑到郭光灿家去玩，在他的印象中郑算十分和蔼，有时还会招呼他一起吃饭。郭家齐后来同样境遇坎坷，不过改革开放后还是做过三届福建省政协委员，而且是终生的文学爱好者，在报刊上发表文章，至今订阅文学刊物。有关郭良枝和郭家齐的经历也是几多风雨，但那就是另外的故事了。正是这一个个普通人的故事，构成了我们民族多灾多难奋斗不屈的历史。

放学回家的郭光灿兄弟在告别“疯子”之后，又要走上外面那道长长的海堤。当时的白奇相当于一个三面环水的半岛，这是唯一一条通往其他地方的必经之路。

这里被称作“斗门头”，大约位于他们上学路途的中间，至今遗址尚在。“斗门头”的本意大约是指“涵洞”，这里即指代这道海堤。设在海堤上的涵洞，目的就是排出海水，但涨潮时外面的海水也会倒涌。每当此时，海水退去的时候都会发出巨大的轰响声，实可谓惊涛骇浪，振聋发聩。

有一天中午，郭光灿兄弟与同学一起放学回家，行至“斗门头”处，恰逢风急浪大，海水漫涌上来，整个没过了海堤。几个孩子站在那里，宛若置身孤岛，四下汪洋一片，孤立无援，有人甚至已经掉进水里了。郑算的担心就要变成现实……

也是机缘巧合，在附近草棚卖茶的老妪发现了孩子们的险境，与他们一起大声呼救。幸而此时“及时雨”赶到，人称“碰叔”的郭碰老人刚巧经过这里，这才把几个可怜的孩子救了出来。

有过这样一次历险经历，郑算便坚决不让孩子们再去邻村上学了，感觉这样实在过于危险。此后，郭光灿只得在白奇村里念了半年的私塾。

这时没有了生活着落的郭辉煌不得不离开泉州，返回家乡再谋生路。郭辉煌小时候唱歌很好，村里的民办小学正好缺少一名音乐教师，所以他就暂时留在这里教授音乐。只不过这份工作带有一定的义务性质，没有薪水，还要自己带饭。

有一点特别值得一提，那就是郭光灿三兄弟似乎都具有极高的音乐天赋，对音乐有一种不经雕琢与生俱来的内心感悟。后来二哥郭辉钦拉得一手好二胡，并对西洋乐器无师自通。郭光灿则一直喜爱音乐，至今散步时依旧要戴着耳机欣赏音乐。

不过，政府很快在白奇也办起了公办小学——白奇人民小学，校舍同样也是原来的宗庙。郭辉煌马上成为这所小学的正式教师，郭光灿则成为这所小学的正式学生。令郭光灿印象深刻的是，当时所有的祖宗牌位都被堆到了后面，前面的空间则供他们这些孩子读书写字。而且这次学校离家很近，从家走到学校不足百步。

多年以后，已成为中国科学院院士的郭光灿十分高兴地担任了已改名为白奇民族小学的学校荣誉董事长。

九、棉花与铁孰重?

从相貌上看，长子郭辉煌和次子郭辉钦长得更像母亲郑算，身材高大，肤色偏黑，幼子郭光灿也许长得更像他没有丝毫印象的父亲郭福才，同时因为家道中落营养缺乏而显得娇弱瘦小。在三兄弟里，郭辉煌稳重豁达，郭辉钦活泼乐观，郭光灿则比较斯文内向，长得也白净瘦小。小时候的郭光灿比他成年之后瘦弱很多，坐在教室里也总是个子最小的那一个。

多年以后，母亲郑算谈到这一点时总是感到十分愧疚。她认为老大郭辉煌成长的时候，家境还算可以，所以他长得比较高大；而老三郭光灿在长身体的时候，正赶上家境窘迫，营养不够，所以他才长得这般瘦小。

但在更多年以后，已经成为中国科学院院士、中国科学技术大学教授的郭光灿，虽然依旧保持着清瘦干练的体形，但与少年时代因营养不良而造成的消瘦相比，还是显得丰润了很多，而且他开始长得越来越像他的母亲郑算了，据说尤其是耳朵长得格外像。

对于小学生活，郭光灿的记忆不是十分清晰。虽说他也目睹过土地改革时清除封建残余的各种运动，但毕竟岁数太小印象不深。倒是有一件事情让他记忆犹新，那就是有一次他们正在上课，国民党的飞机突然前来轰炸，将港口的货船炸得起火。为了安全起见，老师带领孩子们逃到山上，躲进树林里。

有关郭光灿少年时代的印象，白奇村人的回忆各不相同，而且多少有些出入。

1945 年出生的郭其顺是家中的独子，他与郭光灿同辈，但比郭光灿要小 3 岁。郭其顺家当时就住在郭光灿家隔壁，算是郭光灿小学时最要好的朋友之一。多年后郭光灿回到家乡，无论是到厦门出差还是到泉州讲课，都会来找郭其顺话旧。郭其顺记得，小时候他经常与郭光灿玩一种“打铜钱”的游戏，当年铸有“光绪通宝”的清朝铜钱到处都是，孩子们把这些铜钱摞在一起，然后用一枚铜钱远远地去打，比的是眼力和手劲。在郭其顺的记忆中，两人技艺相当，各有输赢，反正谁赢了就能获得别人的铜钱。不过要是那种纯脑力的游戏，郭光灿就肯定没有对手了，比如说下象棋，从来都是郭光灿把别人杀得片甲不留，其他人绝无胜算。

但按照堂妹郭珊燕的说法，郭光灿小时候十分淘气，一起做游戏的时候一定要赢人家，输了还要作势打人，显示出他比较厉害的那一面。在白奇人民小学上学的时候，三年级的郭光灿曾拍着胸脯充满豪气地对一年级的郭珊燕说：假如有人欺负你，你就告诉我。那意思是他能为堂妹主持公道，堂妹可以把他当作靠山。

不过在郭光灿上学之后，玩耍的方式就与以前明显不同了。可以感觉到，郭光灿从小就对这个世界充满了一种因好奇而想要彻底揭秘的探索心理。

1949 年出生的郭青是与郑算一起去卖私盐的林楚之女，辈分比郭光灿低好几辈。但因为两家住得很近，所以她小时候特别喜欢去郭光灿家玩，一看到小哥俩放学回家就急忙跑进他们家里。

在郭青的记忆中，郭光灿的家可以说是家徒四壁，甚至没有一张正经的桌子，更不用说专门用来学习写字的书桌了。把一块铺板架在两条长板凳上，就勉强权充课桌，小哥俩就是在这张简陋的“课桌”上，认真地写完每天的家庭作业。

当时郭青毕竟年幼，所以她印象最深的不是他们的课业，而是他们制作的生物标本，其中大部分还是郭光灿一个人做的，他似乎比二哥郭辉钦更热衷于这项“科研”活动。郭光灿先是把一株植物或者一只昆虫放在书本里压上一段时间，然后用针线把它仔细地缝在一张正方形的纸片上，再写上它的名字，比如“金花草”之类。就这样，那些花草、树叶、蝴蝶、蜻蜓，有时甚至是看起来奇奇怪怪的东西，都被一一制成了精致的标本，贴的整个房间都是。这让郭青感到十分新鲜，因为所有的标本都显得那样活灵活现，栩栩如生。

在郭光灿做作业或做标本的时候，外面间或有走街串巷的游商小贩，有时会叫卖一种小张的脸谱，主要是一些古装人物形象，一两分钱一张，偶尔郭光灿也会买来照着临摹，有一次画好之后还送给郭青一张。

现如今，小时候与郭光灿一起“打电话”的郭秋其的哥哥和弟弟都已过世，但郭秋其的两个姐姐郭大燕和郭细燕仍十分健康。1944 年出生的郭细燕小郭光灿两岁，也曾与郭光灿一起去挖蚣蚍。按照她的说法，有时郭光灿会扮演“孩子头”的角色，但这种“孩子头”与那种带着别人聚众惹事的“孩子头”完全不同。郭光灿经常会像在学校里一样组织大家活动，有时是赛跑，有时是打篮球，有时则会带领大家一起做脑力体操。比如有一次郭光灿曾给大家出过那道著名的物理题：一斤棉花和一斤铁哪个重？这是一道延续至今的经典题目，考查的其实是答题者细致的观察力，即便是现在的孩子，第一次听到时大多也会被误导。郭细燕和小伙伴们自然上当受骗，纷纷说是铁重，毕竟这是“显而易见”的答案。但经过郭光灿的一番讲解教导，大家才如醍醐灌顶，恍然大悟——原来它们是一样重的啊！郭光灿这种组织孩子们一起学习和活动的角色，倒是很有一点后来的课题组组长或科研团队负责人的样子。

郭光灿还自己动手组装过矿石收音机，这似乎是那时在孩子当中十分流行的一个时髦项目，后来郭光灿的很多中学同学和大学同学，也都在少年时代做过类似的事情。郭光灿带领小伙伴们用竹竿把一根铁制的天线顶过房顶，下面连接着一个小喇叭，慢慢旋转那片从药店用一两角钱买来的矿石片，就可以接收到泉州广播电台的信号，不过信号很弱，时有时无。

不知道数年之后，当郭光灿走进高考考场的时候，是否还记得上述这些操作。因为在1960年全国统一高考的物理学试卷上，十道大题中的第八道大题就是：

> 绘出矿石收音机的线路图，并指出各主要部分的作用。此题8分。

当然，最著名的“学术活动”还是本书开篇所提到的那次“打电话”。

十、假装的梦话

孩子的无忧与无虑，更反衬出成人的无力与无奈。家境的艰难，让郑算总是终日愁眉不展，心神不宁。没钱就需要不停地借钱，而不停地借钱就需要不停地还钱，可今天还了明天可能还要再借……所有这些事情，让郑算不得不每天都要精打细算，谋划生计，她似乎总是在那里思索计算着什么，这在无意中竟应了她的名字——“算”。所有人都知道，郑算是一名相当聪明的女性，有人曾对郭光灿说过：你妈妈的脑袋简直就像是一个算盘。这也许反映出了郑算那朴素而无奈的数学天赋吧！

只可惜再精巧的算盘，也打不赢没有进项的开支，家里依旧入不敷出，无以为继。在最艰难的时候，郑算也动摇过，一度也曾动过让郭光灿辍学打工的念头。郑算曾经随口与人聊过此事，称郭光灿小学毕业之后就不打算让他继续再念书了。偏巧这话让细心的郭光灿听到了，他又怎么能够接受半路中断读书这种安排呢？他实在是太想继续念书了。于是某一天夜晚，郭光灿假装睡着说起了“梦话”，含含糊糊地说出了“想要念书”之类的假梦话。这些话郑算一定是听到了，虽说她从未提及此事，但后来她再也没有说起过让郭光灿辍学的话题。

大哥郭辉煌并没有在白奇人民小学工作很久，因为这时中华人民共和国成立伊始，土地改革运动已轰轰烈烈地展开，国家急需各类基层干部，尤其是具有一定文化水平的干部——那时所谓的高小毕业就算是高级知识分子了。于是郭辉煌当选为乡财粮委员，只不过暂时还是没有什么现金收入，只有一些微薄的粮食补贴。1952 年郭辉煌开始在东园区公署担任文书，掌管着公署的印章，可谓责任重大。在此期间，1953 年郭辉煌与和自己同岁的郭艳玉结婚。郭艳玉在东园供销社工作，也算是当时经济收入不错的工作。大约在 1955 年，郭辉煌又被调到山腰区公署，依旧是掌管印章的文书。

按理说这下大哥郭辉煌手头应该稍微宽裕一些了，为家里、为弟弟做得可以更多一些。但郭辉煌也有自己的难处，这时小家庭里的两个女儿都已出生，分别是大女儿郭慧清（生于 1954）和小女儿郭丽清（生于 1956），家里的日子也只能算是勉强可过。

泉州是一个相当奇特的地方，各种传统习俗与现代意识错综复杂地交织在一起。比如，坊间一直盛传泉州人不娶外地女，但对家里男丁兴旺这种历史上的传宗接代概念似乎又不那么在意，至少从百崎乃至惠安当时的情形来看的确如此。郑算就曾亲口对郭光灿说过：像咱们这种家庭，你上面已经有了两个哥哥，你还不如是个女儿呢，至少能帮我做做家务。她甚至还对郭光灿开玩笑说：一些家庭在过于困难的时候，三个儿子说不定还会卖掉一个。

说将儿子卖掉自然是开玩笑，但当时的郑算已经穷尽了自己所有的精力与能力，确实已无力再独自抚养三个孩子了。为了能让他们都过上更好的日子，受到更好的教育，同时也满足其他家庭的需求，郑算为膝下的三个孩子做出了如下安排——

长子郭辉煌已经成年，独立生活。

次子郭辉钦，过继到加坑娘家。郑算是家里的独女，家中没有男丁，但后来她的父母又收养了一个女儿，并且招到一个来自浙江的上门女婿。这对夫妇开始也没有孩子，所以郭辉钦就被过继给他们家，改名郑达能，由那边接济他的生活和学业开销。郑达能开始还住在白奇，但名义上算是加坑那边的人了，后来干脆搬去加坑长住。不过后来养女也生了两个女儿，女婿则在建海堤的过程中患病身故。

幼子郭光灿，6 岁时名义上过继给郭成鱼家。郭成鱼系郭添发之子，郭福才的堂弟，郭光灿称其为“三叔”。郭成鱼膝下无子，早年间出海后一去不归，据传已经离世，总之白奇人再也没有见过他。其妻王来好与郑算关系很好，她自己没有生育，而且在中华人民共和国成立前像郭光灿兄弟三人这种家庭被抓壮丁的危险很大。其时郭光灿的二哥郭辉钦就差点儿被抓，只好到处躲藏。后来郭光灿还亲眼见过一次抓壮丁的过程，那是在国民党军队逃往台湾之前，几个士兵围住一个正在削扁担的青年，想要把他带走，否则就要交钱，其实带有一定的敲诈性质。在争吵推搡中郭光灿还被碰到，结果郭光灿大哭着跑回家去。

所以，郑算就把郭光灿过继给王来好，由郭成鱼的妻子王来好做郭光灿名义上的母亲，这样郭成鱼这一支也算是有了后代。

其时王来好在泉州城里给一个普通人家做女佣，洗衣做饭看孩子打理各种家务，但也就能做到自己吃饱穿暖，没有什么额外的报酬。王来好有时也帮别人裁剪一些衣服，能挣得几元钱的外快，不过还是无力资助郭光灿。郭光灿倒是记得，王来好每次从泉州回来，都会带许多菜回来，主要是菜花和包菜（圆白菜）两种。能吃上这些菜在当时就算不错的生活改善了，后来郭光灿对这两种菜很有感情，持续至今。

所以，郭光灿其实还是和母亲郑算住在一起。

十一、渡河赴考

说起平时的家庭教育，郑算对孩子的管教还是相当严厉的。在郭光灿的印象里，虽不能说是经常被罚，但确实也有过不少挨打的记忆，有时还被打得非常厉害。只是郑算打孩子有一个基本原则，那就是绝对不会打头，最多也就是打腿。曾经有邻居打孩子时打了头，郑算就冲上前去一把拦住，说道：万一打傻了怎么办？郑算这种相对理性的体罚，一方面是为了惩戒，更重要的则是为了让孩子记住错误吸取教训。

并不懂得高深教育理论的郑算有着自己十分朴素的教育观。男孩子淘气，在外面难免与人打架，郭光灿有时打输了哭着跑回来，郑算一定要问清起因缘由。假如是郭光灿无端被人欺负，郑算会毫不犹豫地带上儿子到那家去讨要说法，讲清道理；但假如是郭光灿自己的不对，郑算同样也会带着郭光灿到人家家里登门道歉。

母亲郑算这种凡事都要讲个是非曲直、寻求公平正义的习惯，对郭光灿有着非常巨大的影响。郭光灿成年以后，在很多事情上也总是希望有一个公平合理的解释和标准，而非其他什么虽被大家默认实则不合理的“规则”。当然，这也往往会导致另外一个后果——在一个规则多少有些模糊的社会里，这种人常常被认为是“认死理”“不变通”，有时也会吃亏，恐怕还不是小亏。

对于新成立的中华人民共和国来说，1955 年算是发展良好的一年。1953 年第一个“五年计划”被正式提出，1954 年通过了新中国第一部正式宪法，对于整个社会来说一切都在往好的方向发展。对于国家来说如是，对于福建对于泉州对于百崎亦如是。所以这一年新春，老百姓算是看到了一个相对不错的年景，元宵节那一天，郭光灿难得花钱买了一盏花灯，兴奋地上街游玩，憧憬着这一年以及未来很多年的美好。毕竟再过几个月，郭光灿就要小学毕业，要到泉州去考中学了。

在那个时代的百崎，孩子上学并非所有人家的默认选项。这一带读书的风气不够浓厚，即所谓“富人不唱戏，穷人不读书”。郭光灿家隔壁住有一家同宗，他们家里孩子也多，日子虽比较宽裕，却没有一人继续读进中学，全都在为家里帮工。那家的女主人有时会讽刺郑算：饭都吃不饱，还让孩子读那么多书，你是想让孩子将来做大官吗？

对此郑算气恼得不行，但毕竟家中缺少男人，一切都属弱势，所以她也很少出言反击。但有一次郑算实在有些气不过，居然想出一个好办法来：由她口述内容，让多才多艺的次子郭辉钦编词配曲，历数邻家的各种歪理并予以反驳，然后趁晚间乘凉的时候，让孩子们在屋顶上说唱回击，也算是出了一口埋藏在心底多年的恶气。旁人听着觉得十分好玩，但还是听出来这不像是传统戏文，不禁问道：“这是你们自己编的吧？”

总之，无论别人怎样冷嘲热讽，郑算依旧不改初衷，继续让郭光灿兄弟上学读书。毕竟她今天所做的一切，都是为了孩子未来的前途。

即将报考中学的郭光灿，可以选择惠安当地的学校，比如惠安一中、惠安六中等，也可以报考稍远一些的泉州的学校。当时泉州的中学优良次序基本上是泉州五中、泉州一中、泉州二中等。而此时二哥郑达能也就是郭辉钦已在泉州五中读书，于是郭光灿自然也想报考泉州五中。

升学考试那天，一叶小舟载上班里的十几名同学前往泉州城里，大家全都渴望进入这所当地人心目中最好的学校。

从白奇渡船过江之后，尚不算是进入了泉州城，还要再翻过一座山，走过弯弯曲曲的羊肠小道，再穿过山上一段破败的城墙——人称“破城”。据说此城墙是明朝抗倭时所修，基本上横亘在两座山之间的山谷中央。“破城”至今仍是泉州的一处地名，设有名为“破城”的公交车站，但自2017年就开始大兴土木，应该正在修建一座巨大的立交桥。

过了“破城”之后，眼前就出现了那条泉秀公路（泉州至秀涂）。这里依旧没有什么像样的公交，却有载客的“出租车”——自行车型“出租车”，费用一般是进城两角，但出城时要考虑回程空驶，所以收费五角。但不管单程价还是双程价，年少的郭光灿都不会去坐，剩下的路途依旧徒步前行。

从这边的渡口到泉州五中，还有超过10千米要走。

结果放榜之后，一船人唯有郭光灿一人考入泉州五中。

自此，郭光灿的生活轨迹就主要分布在泉州了。一种崭新的生活正在朝他展露笑容。

十二、泉州五中

20世纪90年代，有一款电脑游戏相当流行，那就是《大航海时代》。游戏的背景是欧洲海疆拓荒的“大航海时代”，几个角色为着不同的目的想要探索海洋。后来类似题材的游戏纷沓而至，各有千秋。

在游戏《大航海时代》所设置的年代，自然还没有苏伊士运河，北冰洋航线也未开通，想要自地中海出发前往太平洋，只有经大西洋绕过好望角再经印度洋前来。当航船穿过马六甲进入中国南海之后，顷刻之间就会发现一个洋溢着东方情调的新港口——泉州。

泉州地区历史悠久，源远流长，可考的历史甚至可以追溯到周、秦等遥远的朝代，而且是近代历史上最早开放的城市之一。1949 年 9 月泉州地区解放，设福建省第五行政督察区，下辖晋江、惠安、莆田、仙游、同安、安溪、德化数县，还包括尚未解放的金门，泉州作为城区也包括在内。如今泉州是福建省东南沿海的一个地级市，简称泉或鲤。

泉州隶属海洋文化，包容性很强，在这里可以看到诸多宗教文化融合的现象。这里的闽南话，则是中国古代语言的“活化石”。

泉州五中是近代一所相当有名的中学。甲午战争之后，戊戌变法，“废科举，兴学堂”的呼声遍及全国，各地纷纷开办新学，泉州为福建八府之一，素有“海滨邹鲁”之称，开办新式中学势在必行。泉州五中就是在这样的时代背景下，于清光绪二十八年（1902 年）正式创办的，当时称“福建泉州府官立中学堂”，这是八闽大地最早创办的公立中学之一。屈指数来，这所百年老校也曾历尽沧桑，曾十易其名，四易校址，单是叙述简略的校史就有厚厚一大本。目前泉州五中是福建省最大的公办完全中学，享有包括“中国百强中学”在内的各种国家级和省级荣誉称号，可谓硕果累累，桃李满天下。如今在泉州市图书馆挂有 27 张大幅照片，他们都是与泉州有渊源的中国科学院院士和中国工程院院士，其中自泉州五中走出来的就有 5 名，其中一名就是郭光灿。

泉州五中所谓的“十易其名”，指的是“福建泉州府官立中学堂”“泉州中学校”“福建省立第十一中学校”“福建省立晋江初级中学”“福建省立晋江中学”“福建省晋江第一中学”“福建省泉州第五中学”“福建省泉州高级中学”“福建省泉州向阳中学”“福建省泉州第五中学”这十个名字（有两次相同）。从各种校史资料来看，除“福建省泉州第五中学”之外，泉州五中似乎还特别迷恋“福建省立晋江中学”这一名称。而在郭光灿报考泉州五中初中部的时候，因为当时学校要以所在地区定校名，所以这所学校还被称为“福建省晋江第一中学”（1952 年 9 月至 1955 年 8 月），而到郭光灿入学报到时，学校已正式更名为“福建省泉州第五中学”（1955 年 9 月至 1958 年 8 月）了，因为这时泉州市已与晋江县行政区分开，其时泉州已有四所中学，所以被称为“福建省泉州第五中学”。而在郭光灿 1958

年被保送进泉州五中高中部的那一年至此后数年，泉州五中则改称“福建省泉州高级中学”（1958 年 9 月至 1969 年 8 月），有几年停止了初中部的招生。

开学报到那天，郭光灿与母亲郑算天不亮就从东园出发，因为这时大哥郭辉煌已经有了大女儿郭慧清，母亲为帮他带孩子就住在了他那里。那时从惠安到泉州有一种相当原始的公共交通工具，是一种烧木炭的汽车。这种木炭汽车时速可达 20 千米以上，每千米耗炭 0.5 千克，加炭一次可以行驶 4 小时。木炭汽车需要两人操作，除驾驶员之外，助手还要扒炉续炭，点火吹风。其实这种车坐起来并不舒服，颠簸剧烈，十分难受，唯一的好处就是省时省力。即便如此，郭光灿母子还是舍不得花这一笔钱，宁可半夜动身上路。

我们可以想象一下当时的画面。

一个高大而瘦弱的妇女，旁边是一个矮小且同样瘦弱的男孩，在拂晓尚未到来的漆黑之夜走出家门，踏上漫长的路途。两人背着沉重而简陋的行囊，拖着疲惫不堪的身躯，一步步朝着泉州城迈进。微弱的月光撒泻下来，在地面上拉出两道长长的身影……

总之，郑算与郭光灿母子凌晨三点从东园出发，计划先过洛阳桥，继而前往泉州城里，结果直到天亮时才走到杏田。说来也是凑巧，他们在这里刚好遇见白奇的一个熟人，也在挑担前行，郑算便把郭光灿托付给她。于是剩下的路，郭光灿便跟着这个熟人继续前行，最终来到泉州城里。

在惠安地区与泉州城之间，横亘着一条洛阳江。这条河虽然难称大河，宽度不过 2000 米，但风大浪急，无法涉水游泳而过。想要过江，只有两种办法：一是走很远的路绕道上游的洛阳桥，另一种是就地乘坐渡船。渡船的乘员人数不定，最多时甚至能达到十多个人，每人船资一角。但有时雾大，这边的人急于前往对岸，但等在渡口却召唤不到对岸的渡船，干着急直跺脚却也丝毫没有办法，所以该渡口也被称为“误人渡”。

在百崎渡口有一座“接官亭”，它与泉州后渚港隔海相望，系百崎回民始祖郭仲远于明初捐资建造，最初应该是供路人憩息的石亭。但还有一种传说，称明永乐十五年（1417 年）三保太监郑和第五次下西洋途中，船队在泉州后渚港一带候风，郑和不惜纡尊降贵，专程跨海探访郭仲远家族，而郭仲远一时苦无迎宾驿馆，只好在渡口凉亭摆设香案，带领合家子孙在此恭候钦差太监郑和大驾，是以后来将这座石亭被称为“接官亭”。以前该亭中央的石桌面上还刻有阴雕棋盘，据称郭仲远曾与郑和在亭中对弈。相传郑和第六次下西洋返回时，又在这里短暂逗留。后来这里就成为白奇人过江的渡口之一，不过往来于泉州与东园的郭光灿却不经常从这里过江，而是绕道洛阳桥。

十三、倒扣的饭碗

在白奇后山的高山顶上，种植有一大片相思树，寄托着此地居住者的种种情思。1969 年围海造田以前的百崎地区沿海一线，则密布着不怕盐碱的木麻黄。木麻黄原产于澳大利亚东北部、北部以及太平洋各岛的近海沙滩沙丘，中国福建、广东、广西、台湾等地沿海和南海诸岛屿上均有栽培。木麻黄耐干旱、抗风固沙、抗沙埋、耐盐碱，其生物特性颇似惠安地区的贫苦孩子——奋争不屈，努力向上。

每次郭光灿从家返回学校时，都要经过这一排排的坚韧植物。

泉州五中创办之初，落址于泉州东街新府口左侯祠及石栋府第碧梧轩，后迁往打锡巷泉州府贡院，该地俗称“旧考棚”，后来这里是泉州市鲤城区人民政府所在地，现为鲤城区行政服务中心。直到 1955 年，泉州五中的校址都固定在这里（1951 年秋曾为防空备战短暂内迁至南安官园），所以 1955 年郭光灿考入泉州五中初中部的时候，开始还在打锡巷的校园就读过一段时间，但应该在第二个学期就搬进了新址。

在打锡巷那里，郭光灿参加过教人识字的扫盲运动，也经历过台风带来的可怕洪灾。有一次台风很大，洪水竟然涌进了教室，桌椅脸盆全都飘了起来，把这些年少的孩子着实吓得够呛。不过此时位于桂坛巷伯府埕的新校园正在按照高标准迅速建设着，1957 年底全体学生就都转入新校址上课。后来担任郭光灿高中班主任的王德辉在 1956 年来校报到时，打锡巷校区已仅剩下四个初二班级了。

新校园投入使用之后，学生宿舍尚未完全建好，所以有些学生还要在打锡巷居住，到桂坛巷上课。有些学生为了方便，就在学校附近租房，郭光灿自然没有这笔钱，只好跑步往返于两个校园之间。桂坛巷有一口老井，井边的地很滑，有一次跑步时郭光灿曾在那里狠狠地摔倒过，但他爬起来后坚持继续跑。也许就是从这时起，郭光灿养成了跑步的习惯，后来一直坚持到了上大学。

白奇人郭其南与后来改名郑达能的郭光灿二哥郭辉钦同岁，在他们上学时白奇人民小学只有一至四年级而无五六年级，所以他们的“高小”是在庶山小学上的，当时他们称之为“高一”“高二”。在学校里，郑达能的语文成绩比较好，而郭其南的数学成绩比较好，但总分加起来郭其南还是不如郑达能，所以在庶山小学同班时，班里学生的排名总是郑达能第一郭其南第二。

临到上初中时，郑达能考入泉州五中，郭其南考入泉州中学（现泉州市第六中学）。三年之后，当郭光灿考入泉州五中初中部的时候，郑达能和郭其南两人一起考入泉州五中高中部，郑达能被分在甲班，郭其南被分在丁班。放假时郭其南曾与初中的郭光灿一起结伴回家。

郭其南家境尚可，所以在泉州中学上初中时感到生活状况还行，能够享受到最高档的伙食标准，而且那时粮食也没有定量，所以日子马马虎虎还过得去。但当郭其南在泉州五中上高一的时候粮食就开始定量了，也就是说郭光灿刚上初一就赶上了粮食定量。

在泉州五中，入伙的膳食标准相差很大，从甲等 9 元到乙等 7 元再到丙等 5 元各不相同。以郭光灿的经济能力，最差的丙等恐怕是唯一的选择。即便如此，他还是会时常挨饿，开始大哥郭辉煌的收入不高，还要养活自己的一大家人，所以每月对郭光灿的资助也就是 3 元到 5 元不等。当某个月郭辉煌只能拿出 3 元资助时，郭光灿的菜金自然就不够了，只能上顿不接下顿。

学校食堂的膳食管理采用如下方式：在巨大的蒸锅里摆满了写有各人编号的陶瓷罐、陶瓷碗，米可以由学校提供，也可以从家中自带，菜则按照交纳的菜金选择。家境尚可的同学带的全都是大米，家境稍差的同学有时就会放上两块地瓜干。郭光灿家居海边，这里不产稻米，所以只能选择学校的米。当哪位同学的菜金提前用尽时，蒸饭前他的瓷碗就不会装米，管理员会将碗倒扣起来，这一餐这位同学就没饭吃了。

郭光灿就经常遇到这种情况，及至大哥郭辉煌的资助到账才能重新吃上饭。没饭吃的时候，郭光灿就捧着书躺在床上生捱，此外也没有什么别的办法。据说管饭菜的职员心里有些阴暗，他觉得郭光灿的大哥是一名国家公职人员，怎么会没有钱呢？其实大哥郭辉煌只不过是一名收入不高的小公职人员而已。而据其他同学反映，这名食堂职员是中华人民共和国成立前的留用人员，所以多少有些心怀不满，有时在给学生量米的时候还会故意少放一些。

当时大家都吃不饱，感觉每个人的饭量都很大。有些同学会在米饭里尽量多加一些水，弄得稍微稀一点，这样吃起来就会显得多一些，这不过是一种自欺欺人的无奈之举。而且学生们也没有什么真正的副食，要说菜最多也就是萝卜干、咸菜或豆瓣酱之类，假如还不够，有些学生就会去附近的“中菜市”买一点点酱油，不过郭光灿是连这点酱油都买不起的。

学校的住宿条件倒是还算可以，只是面积狭小，一间宿舍里摆放着几张上下摞床，几个人就把房间挤得满满的。郭光灿本来连自己的被褥都没有，还是大嫂郭艳玉让大哥郭辉煌拿出两人结婚时的整套棉被送给郭光灿，这才解了他的铺盖缺乏之急。

开学后没多久就进入了初冬，郭光灿还是没有一双像样的鞋子。在福建沿海一带，赤脚似乎已经成为一种习惯，即便学生上学也是如此，不过说到底还是因为穷困，就算家里有鞋平时也舍不得穿。但毕竟已近冬日，于是郭辉煌又花几元钱给郭光灿买了一双鞋，是当时流行的那种绿色军用解放鞋，在那个年头也算价格不菲。

母亲郑算非常清楚幼子郭光灿的窘迫状况，当然她同样也非常清楚长子郭辉煌家的捉襟见肘，但她还是时常提醒郭辉煌，希望他能多给弟弟们一些帮助。当然郭辉煌也尽到了大哥的义务，对弟弟们是能帮则帮，据说有一次郭辉煌手里实在没有现钱，不得不把冬天的毛衣送进当铺，拿到钱后连忙给郭光灿送去，待手头宽裕些再去赎回毛衣。

好在郭辉煌的状况也是越来越好。1956 年县里干部大整编，郭辉煌调到惠安县工会，冬天的时候又调入县政府办公室，1958 年则调入惠安报社直到该报 1960 年左右停刊，1961 年进省委党校新闻班学习，学习结束后重新被短期分配到泉州华侨旅行社，还曾远赴广州驻点，1962 年调回惠安盐管处。1992 年从盐管处退休。

所以，后来除了饭费之外，每月郭辉煌还可以给郭光灿几元作为零花钱。

大哥郭辉煌对郭光灿可谓恩重如山，郭光灿的初中和高中都是靠大哥郭辉煌资助过来的。这些郭光灿都没有忘记，他永远也不会忘记。现在郭光灿每年都要给郭辉煌一家寄一些钱，而不管他们是否需要。所以大嫂郭艳玉也总是念叨，这个弟弟怎么怎么好。

学生的经济阶层不仅仅体现在菜金上面，在许多方面的贫富差距都十分巨大。初中时郭光灿应该被分在丁班，因为当时分班的原则大体上是按地域划分的，丁班多是来自农村的家境贫困的同学。但在泉州五中里还有不少华侨子女，他们的家境相对较好，手头也比较阔绰，不但菜吃甲等，而且口袋里总有零花钱，经常一起外出消费，事实上他们中的很多人根本就不住在学校里面，都是自己在外租房居住。当时学校里的农家子弟与华侨子弟比例大约是一半对一半，此外还有个别南下干部子弟和城市居民子弟，虽说不算有钱，但日子至少还算宽裕。

这与郭光灿窘迫的生活状况反差很大，截然不同。

不过在那时，那种近乎对立般的阶层歧视却不存在。一来得益于当时相对健康的社会风气，二来还有一个十分重要的因素——在学生群体中，还是十分看重学习成绩的，尤其是在泉州五中，成绩好那是绝对的硬指标。

而郭光灿的学习成绩，让人实在无法歧视。

十四、短暂的文学梦

总体而言，泉州五中的学习氛围很好，学风很正，师资水平优良，所以教学质量也很高。据郭光灿回忆，最重要的就是老师讲课讲得非常好，单是在课堂上，郭光灿就能完全理解并牢牢记住那些知识，根本无须课下再花工夫。当然课后郭光灿还是会认真复习，同时他的迅速理解也得益于他的课前预习，因为二哥郑达能的叮咛始终被郭光灿记在心里：上课要注意听讲，课前要预习，课后要复习。现在回想起来，郭光灿认为那一段的学习经历，自己掌握了众多的基础知识是一个方面，但更重要的是自己掌握了良好的学习方法。

初中代数第一节课，站在讲台上的是郑成业老师，课程题目是“数的发展历史”。郑老师知识丰富，旁征博引，讲到了很多课本上没有的内容。比如早期数学的产生来自古埃及的尼罗河泛滥，因为尼罗河的洪灾大水过后，土地到底是谁家的再也分不清楚，所以就开始了最初的丈量。类似这些内容，教材上本来没有，所以大家可能也就没有在意，左耳朵进右耳朵出了。没想到第二天郑老师居然随堂提问，正好点到了郭光灿，认真听讲记忆力又极好的郭光灿居然将内容清晰地全部复述了出来。

成绩优异的学生在班里总是会获得认可和大家的喜欢。经常有同学向郭光灿来请教问题，而郭光灿也是一律来者不拒地耐心解惑。当时有一个17岁的女生，岁数大郭光灿不少，应该是与一名华侨已有婚约，随时准备随夫出国定居，只是希望出国之前在这里多学一些文化知识，她就经常向郭光灿请教问题。也许是麻烦郭光灿的次数太多了，她感到有些过意不去，有一天晚上，她把郭光灿叫到校园，拿出五元钱来，像一个大姐姐一样对郭光灿说：你太瘦了，把这个拿去吧，多增加些营养。

对郭光灿来说，五元钱绝对是一笔巨款，那个女生给完钱之后便径自离去，而郭光灿也就稀里糊涂地接受了这五元钱。

这时郭光灿还不知道，这个女生不日即将远走他乡，这是她视郭光灿如弟弟一般的最后关爱、感激与叮咛。

当时的生活确实比较穷困，好在郭光灿对物质生活也没有过多的要求。郭光灿甚至记不起那一段时间自己是否购置过新衣。同在泉州的三婶、郭光灿名义上的养母王来好每个周末都会帮他们兄弟俩洗洗衣服，偶尔也会给郭光灿做上几件衣服。

二哥郑达能与郭光灿的关系很好，虽然二哥名义上已经改姓，但亲兄弟仍然是亲兄弟，深厚的兄弟情谊仍然存在。这时的郭光灿可以算是一名初级文学青年，郑达能则已成为一名真正意义上的高级文学青年了——他已经开始给报社投稿了。像当时很多泉州五中的文学青年一样，郑达能经常给当地的《泉州报》投稿，偶尔也会发上一个“豆腐块”，接着就能获得一笔稿酬，一般会有五角之“巨”。每逢此时，郑达能就拉上郭光灿，以及经常照料二人的王来好，三个人一起外出奢侈一番，比如花费三角“巨资”吃一餐豪华的炒米饭，改善生活，大快朵颐。还剩下两角钱干什么呢？其时电影是五分钱一场，他们因此可以一饱眼福，在享受一顿物质大餐之后再享受一场精神盛宴。每逢赶上这一天，恐怕都能算是郭光灿最高兴的时光了。

郑达能和郭光灿都对文艺有着极度的兴趣和钟爱。郑达能的文艺造诣不限于诗歌与散文，甚至不限于自编自演相声，他的音乐天分同样很高。

郑达能不但二胡拉得很好，而且能用蛇皮自制二胡，一旦接触了西洋乐器，他竟也能无师自通地迅速掌握，比如小提琴，后来郑达能的小提琴居然拉得与二胡一样好。只可惜在这样的生活环境下，郑达能的音乐天赋没有机会得到进一步的深造和提高。

在温饱都只能勉强满足的年代，平时郭光灿也不可能再有更多的文娱活动了。除了郑达能一年一两次的文学回报可以让他们在电影院里看场电影，也就剩下学校偶尔在操场放映的露天电影了，当然这种机会同样十分难得。

不过还是有一次文艺演出让郭光灿大开眼界，终生难忘。1955 年郭光灿上初中时，正是在 1954 年中国人民解放军第一次炮轰金门之后，所以有很多文艺团体来前线地区慰问演出。令郭光灿和所有当时在场同学记忆犹新的是总政歌舞团在打锡街礼堂的那场演出，当晚下着大雨，但观众的热情十分高涨，少先队员们怀着无比激动的心情为演员们献花。这场演出让郭光灿感到极为震撼，这些孩子从来没有观赏过来自解放军演员的高水平演出，郭光灿也没想到这个世界上还有如此伟大的艺术。多年以后，提及当时演唱的曲目《解放桥》，有的同学甚至能当场吟唱起来；而《春江花月夜》那有如天籁般的绝妙旋律，更是让郭光灿一生都难以忘怀。

有时候郭光灿想，也就是当年他不可能拥有钢琴这一类昂贵奢侈的乐器，否则说不定他也会很快上手这种高级音乐活动。他们兄弟从来不缺天赋，缺的只是条件。其实联想一下郭辉煌的歌喉和郑达能的器乐，也就不难理解成年之后的郭光灿为什么那么喜欢音乐了，这一家子三兄弟都有着与生俱来的音乐天赋，只是没有条件和机会刻意开发而已。

于是，缺乏条件的郭光灿在业余时间里就只剩下读书这一项活动了，读书恐怕是所有文艺爱好中成本最低的。在泉州五中的前后五年时光里，郭光灿几乎读遍了校图书馆内所有的图书，尤其钟爱小说一类的文学作品，所以有一段时间郭光灿甚至非常希望成为一名作家。

郭其南对少年时代郭光灿的印象言简意赅：“好书，肯读”。他记得每天下课后别人跑出校园玩耍时，郭光灿一定都会钻进学校的图书馆，到这片知识与文艺的海洋中畅快地遨游。当时郭光灿似乎比较青睐中国古典小说，类似《三国演义》之类。图书馆里还有很多报刊，包括各种科普刊物，而且都可以出借。

对自然科学同样迷恋的郭光灿自然也会去读那些科普刊物，比如《科学画报》，这是一本历史悠久的科普刊物，以画报的形式介绍先进的科学知识。还有《知识就是力量》，这本刊物创刊于1956年“向科学进军”的号召下，周恩来亲笔题写了刊名。不过，早期国内没有能力组编稿件，所以全刊基本上都是译自俄文版《知识就是力量》杂志的内容，后来也开始翻译介绍世界各国的最新科技信息。这些科普刊物让郭光灿开阔了眼界，开始了解到世界科技发展的某些前沿领域。

在泉州五中的图书馆里，郭光灿还做了一件十分重要的事情，那就是确定了自己的公历生日。此前郭光灿只知道自己的农历生日——壬午年冬月初二，如今国家使用公历，原来记下的日期在日历上就总会变来变去，所以在初一那一年，郭光灿通过学校图书馆里有关万年历的图书，确切地查清了自己的公历生日——1942年12月9日。

行将初中毕业之际，郭光灿对于自己未来的道路感到十分迷茫。他对于是否继续攻读高中着实有几分犹豫，毕竟家里的经济压力实在太大，也许早些参加工作才是正途？

然而这时，泉州五中决定保送这名品学兼优的学生升入高中。很多人梦寐以求地想要报考泉州五中而不得入，现在郭光灿能被保送，岂有不上之理？

值得一提的是，这一年郑达能也考取了福建师范学院（现福建师范大学）的专科。当时郑算实在有些供不起了，希望郑达能不再继续读书。但大哥郭辉煌说：既然都考上了，那就一定要去上。大哥郭辉煌帮了两个弟弟太多的忙，对家里贡献非常之大。同样是这一年，郑达能那位数学不错的同学郭其南也从泉州五中高中毕业，直接做了中学数学老师，从21岁开始执教，一直教到62岁退休。

十五、三年学业两年完成

郭光灿升入高中那一年，正好是1958年。

提到1958年，很多人都会把这个年份与一个叫作“大跃进”的词汇联系起来。1957年11月13日，《人民日报》发表社论，提出了“大跃进”的口号。1958年5月，在中国共产党第八次全国代表大会第二次会议上，正式通过了社会主义建设总路线，明确提出国民经济要全面“大跃进”，发出“超英赶美”的号召。会后，全国各条战线迅速掀起了“大跃进”的高潮，包括但不限于后来的“全民大炼钢铁”“农业亩产万斤”等。

这里姑且不讨论“大跃进”的是是非非，只看它对郭光灿的直接影响。

工业需要“大跃进”，农业需要“大跃进”，各行各业都需要“大跃进”，教育自然也不例外。这种教育“大跃进”，具体的体现就是早出多出快出人才。当时担任福建省教育厅厅长的是时任省委书记叶飞之妻王于畊，她希望能在一些学校进行试点，压缩学时，提高效率，争取早出人才快出人才。撇开时代背景，王于畊抓学习、抓高考在福建省内多年来一直口碑不错，人们认为之所以有“福建高考，红旗不倒”的说法，王于畊功不可没。

作为一所一贯优秀的名校，泉州五中自然接受了挑战，决定在原本高中学制三年的基础上，搞出一个两年制的理科班。这有点儿像后来的实验班，三年的知识用两年时间学完。类似这样的实验班，后来全省也不过开设了十个。

按照原来的惯例，泉州五中每个年级都是八个班。1958 年升入泉州五中的高中学生也是八个班，但报到第二天就要考试。这一点郭光灿后来的同班同学王建成印象极深，因为他是来自惠安一中的保送生，已经有一两个月没有读书学习了，这次考试让他多少有些手忙脚乱。根据这次考试的成绩，开学一个月后先选拔出五个班来，作为两年理工班的预备，其他三个班依旧还是三年。

当然还要学生自己同意。

郭光灿怎么可能不同意呢？这可是能够节省整整一年的生活费啊！对于生活窘迫的郭光灿来说，一年的生活费可是一个天文数字，他自然别无选择。郭光灿被迫放弃自己心爱的“作家梦”，毅然进入理科班。当然放弃“作家梦”并不等于放弃对文学的热爱。同班同学唐建忠印象最深的是，后来每次作文课，郭光灿的作文成绩总是优秀，被贴到墙上的范文几乎每一次都有他的。

不容回避的是，郭光灿一度真的想过要当作家。不过后来他总是对此心有余悸：幸亏没有当上，否则历经反右派斗争、“文化大革命”等诸项运动，被打成右派遭遇批斗的概率，恐怕比搞理工科要大上许多。

一学期之后，学校又从这五个班里选出两个班来，这次不再单独考试，而是以期末成绩为准，正式选出两个理科班——理工甲和理工乙，所以最终的入选比例不会超过1/4。

理科班的课程安排还是十分紧张的。谢强成记得，当时大家都忙着读书，时间安排十分紧张。一般春节的时候孩子们会穿上新衣服过年，但还没等到换下新衣服就要匆匆赶回来上课。在这两个班的课程表安排上，历史课和地理课被完全取消，体育课那就更不用说了，只剩下数学、物理、化学和语文、外语、政治。按照如今的说法，这显然是一种牺牲副科的高度强化，一切为了冲刺高考。

在桂坛巷的泉州五中新址，有平房也有楼房。宿舍是平房，宛如“同”字框的“同字壳”教室也是平房。但理科班却被分到了楼房里，享受特殊待遇。

“红砖楼”本是办公楼，此时楼上作为教师办公室，楼下则作为班级教室。“红砖楼”一层东面第一个教室，就是理工甲班的教室。郭光灿与何庆平、王建成、王志鹏、唐建忠、吴忠泽、谢强成等人都被分在理工甲班，他们的班主任是物理教师王德辉，数学则由教务处副主任亲自执教。

王德辉，1931年11月10日生人，1956年自福建师范学院两年专科毕业，毕业后就被分配到泉州五中，而且直接安排他教高中。学校开始让王德辉教1957年入学的高中一年级，这一届学生应该在1960年毕业。王德辉忐忑地对校领导说：我从没教过书，能否先从初中教起？也许是由于学校对王德辉的信任，也许是由于实在缺乏师资，总之学校还是决定让他教高中。不料一年后的1958年，学校突然又通知他做理工甲班的班主任。这下王德辉更感到责任更大，肩上的担子明显更重了。而且说是两年，现在一个月已经过去，压力实在太大。王德辉对校领导说自己没教过毕业班，所以十分担心，但校领导还是对他表示出足够的信任，坚持原来的决定，让王德辉放手一搏。

于是王德辉只好放手一搏，悉心制订出独特的教学计划。首先他让学生们自己每半个学期制订一个详细的学习计划，做好自己的学习安排。王德辉希望同学们格外注意预习，就像看电影为了便于理解可以先看简介一样，让他们对将要学习的内容有一个大致的了解。此外，王德辉还会认真批改作业，发现某一名同学的问题，自习课时就直接来到这名同学的座位上进行单独辅导。

在自己教授的物理课上，王德辉自然更是格外重视，悉心准备。他不断强调物理学的重要性，比如蒸汽机的发明对社会变革的深刻影响，火车的发明对人类生活方式的巨大改变，第二次世界大战期间德国发明的武器在战争中的作用，等等。同时王德辉让学生们搞清物理概念，抓住重点部分。他记得当时在一次考试中，有一道有关重心的题目原本相当绕，结果全班同学基本上都做对了。

尽管时间十分紧张，但这些学生也不全是在死读书，这与泉州五中的教学特点有关。一般在下午第三四节课的时间里，学校会开设各种学术讲座，内容几乎囊括了各个学科。这种讲座的要求比较宽松，不强制学生听讲，但大家都非常爱听，因为讲座的讲授方式比较活泼，同时内容又与课内学习紧密结合，比如“用物理思路求解数学问题”，等等。学校还专门开设有植物园、地理园等课外园地，分别有各种植物苗圃和百叶箱等气象设施。泉州五中的校园非常漂亮，操场上种满了龙眼树，校园里到处开满了鲜花，有些同学还把种子带回家去培植。

理科班里来自惠安的学生比较多，大多数家境比较穷困，一个显著的特征就是许多人都打着赤脚，但同时这些孩子也格外勤奋。王德辉每次从“红砖楼”楼上的办公室下来，只要经过位于一层东边的理工甲班教室，就能看到里面的学生坐得满满的，下课很久之后都还在自习——中午从不午睡，晚上熬到很晚。

尽管这些学生都很刻苦，也都有天分，但三年学业两年完成，真正操作起来还是相当辛苦的。同学们大多都会住校，难得回家一次，即使回家也是来去匆匆，有时周日回家就是为了换洗一下衣服，然后再背一些米回来。即便是那些不住校的同学，也要在学校上完晚自习之后很晚才走，毕竟回家后想要学习就只能靠昏黄的煤油灯了。

据王德辉回忆，那两年里他对学生的要求十分严格。时隔多年，很多细节王德辉都忘了，但他对郭光灿学习比较用功这一点还是记忆深刻。当时的随堂考试也进行得十分频繁，经常是在上课的时候，老师随手拿出一张卷子就要考试。而且整体学习时间相当紧张，说起来是两年的时间，但在当时的社会大背景下，各种各样的社会活动总是接二连三，比如“大炼钢铁”这样的运动，他们一个不落地全都经历过。郭光灿记得，那一段时间大家晚上分头捡废铁和柴火，各种杂活全都做过。后来负责泉州五中校友会的郭思明老师生于1934年，当时不过25岁，尚在泉州一中，他同样记得自己当年带领学生“大炼钢铁”的情形。所以仔细算下来，郭光灿他们真正读书的时间，两年里只有一年多一点而已。

十六、智与体

一个时期以来，在我们的记者和作家笔下，科学家的形象往往被过分“脸谱化”。比较集中的体现，是对科学家勤奋刻苦的详细描述，似乎他们非要头悬梁锥刺股才能有所成就，才能报效祖国，才能无愧于科学家这一称号。在这种专业上的执着之外，往往伴随有他们因刻苦努力不问世事、情商过低、生活荒唐而引发的笑话——这简直成为一个标准范式了。改革开放以后，随着对国外科学家了解的增多，以及对国外描写科学家文艺作品了解的增多，另外一个倾向又开始成为主流，似乎科学家都是一个个不食人间烟火的“怪胎”，身上总要有一些与众不同（多为贬义）的地方。说实话，这两种“脸谱化”科学家的做法，对于青少年了解科学家毫无裨益——他们不是被罩上光环就是被妖魔化：前者难免让青少年心生畏难情绪，后者则让青少年为自己身上的种种毛病辩解开脱。

科学家为什么就不能是普通人、正常人呢？科学家为什么就不能靠着自己的天赋和悟性而非只是靠汗水来学习呢？正确的学习方法不是比简单的刻苦更有意义吗？要知道，有些人大器晚成，有些人则少年早慧；有些人孜孜不倦，有些人则天资聪颖；有些人苦思冥想，有些人则瞬间顿悟……其实无所谓谁对谁错，只是所走的道路不同罢了。

具体到郭光灿身上，就体现出了一位正常而健康的科学家，正常而健康地学习，正常而健康地从事科研工作，正常而健康地取得了诸多的成就。

早在泉州五中时，作为一名保送生，郭光灿确实有他刻苦的一面，但同时也有他轻松学习的一面。也许对于郭光灿来说，高中时代的很多知识并没有让他感觉多么深奥。

其实不只是郭光灿，能够进入理科班学习的学生原本个个都十分优秀，很多也都是保送生，比如何庆平、王建成、唐建忠等。不管怎么说，这些被选拔出来的学生毕竟都是特别优秀的优等生，当然也会偶有马失前蹄的时候。王建成来自惠安洛阳，与郭光灿关系比较近，有一件事曾让王建成刻骨铭心，那是第一单元的物理考试，王建成居然考了一个不及格！多年以后王建成回忆说，这辈子自己经历过大大小小无数次考试，只有这一次考过不及格。为此王建成十分紧张，感觉没有面子，毕竟别人都 90 多分而自己才 50 多分，再说自己还是保送入校的。于是王建成给班主任兼物理老师王德辉老师写了一封短信，内容是检讨加决心。但写完信并没有让王建成真正心情放松，他心里还是很不舒服，在待人接物的时候这种情绪自然有所流露。当时郭光灿应该是学习委员，他一定是看出了王建成情绪上的不对头，于是找他谈心聊天，着力地开导了一番，这让王建成顿感心情大好。最后郭光灿拍拍王建成的肩膀说，“你肯定能学好的”，这让王建成感觉到一股巨大的力量传递，心中生出无限的感激与信心。

除了学风很正，努力和刻苦同样弥漫于整个校园中，泉州五中在综合素质方面也显得出类拔萃，各种课外活动应有尽有。此前总政歌舞团的演出被安排在泉州五中这样的学校，也是因为这里的文化氛围比较好，包括好几位理科老师的音乐水平都很高。学校里每个星期都有文艺晚会，或者共青团联欢，一般老师和同学全都参加，他们的美术和音乐造诣都非常高。不过，对于这类活动郭光灿好像不是特别热衷，他的身影主要还是活跃在运动场上。

虽说体育课被取消了，但郭光灿还是没有忘记运动。郭光灿个子不高，但很爱打球，读书之外的闲暇时光，他大多都是在球场上度过的。郭光灿还坚持每天跑步，泉州五中的管理比较严格，早晨要出操跑步，已经算是一番消耗不小的锻炼了，但郭光灿还自己主动增加跑步锻炼，这一良好习惯一直坚持到大学时代。郭光灿自知先天营养不良，是以后天更加努力，加强锻炼强身健体，按照当时的口号，只有这样才能“为祖国健康地工作 50 年”。事实上，体育锻炼对郭光灿的身体产生了巨大影响，颇有裨益，尤其是 17 至 22 岁这段时间的体育锻炼，为他今后的身体健康打下了十分坚实的基础。

从中学到大学，除了一次因生病请假之外，所有的课程郭光灿从未缺席，自然也没有迟到或早退。

不过在高中期间郭光灿就开始近视了，只是度数不算很高，也就 200 度上下，所以他只有在上课时才戴眼镜，这个习惯也一直保持到大学期间。

后来数十年间，郭光灿的视力似乎没有更大的减退。

当时理科班里的女生不多，一个班50名同学的话女生也就是七八个，她们个子都比较矮，自然都坐在教室前面。当时郭光灿的个子依旧不高，又很瘦小，直到高中毕业时也只有1.60米左右，所以也被安排坐在第一排。有时后排那些身材高大的男生，看着座位在前排、年龄与身形都小他们很多的郭光灿，多少有些迷惑不解：平时也没看到郭光灿怎么用功，为什么他的考试成绩总是那么好呢？

十七、险些未能入团

上述就是郭光灿在泉州五中高中理科班所谓的“智”与“体”，除此之外自然还有“德”需要阐述。

不过那时的德，其实不单指学生个人的品行与操守，往往还与更大社会环境下的政治背景相联系。

中华人民共和国成立以来，一些重大的政治运动都不可回避地将烙印打在每个人身上，对于年少的郭光灿来说自然也不例外。

关于中华人民共和国成立初期的抗美援朝战争，郭光灿几乎没有什么记忆，毕竟那时他的年龄还太小。而福建作为台湾海峡最前沿的阵地，双方剑拔弩张始终十分紧张，这一点郭光灿还是深有感受的。这里有一个十分有意思的故事：郭光灿他们在泉州五中学习的时候，作为宣传需要有大陆对台广播，其发射装置功率十分强大，结果有的同学发现，很多人家都自制线圈，利用这个能量点灯！后来有关部门不得不出面禁止。不过这种军事对峙对郭光灿的影响似乎也不是很大，他能记住的只是一些点滴小事，比如炮击金门时也有部队士兵进驻学校，而且安排学生们每夜轮流值班，并教授他们如何在暗夜中发现潜伏登陆的台湾特务，比如用手电光“晃一晃”。

郭光灿对于针对自然灾害的抗灾活动倒是还有些印象，比如在高考刚刚结束之后，台风突袭泉州地方，晋江的防洪大堤告急，一时间风大浪大，学校动员同学们前去抗灾，加高防护堤。郭光灿虽然因幼年营养不良，身体孱弱，但是真干起力气活来还是不输别人，他迅速加入防风抗灾的大军当中。一时间师生全都身披麻袋，扛起麻包，迎风破浪地冲上前去，一干就是将近一个通宵。当时王建成同样个子瘦小，干了没多久就累得不行了，趴在那里一动不动，后来竟然睡着了，醒来后发现身上盖着麻袋，恍惚中他感觉就是郭光灿给他盖上的。当天晚上，为了避免学生们风寒感冒，学校为大家煮了姜汤，还有几个调皮的学生溜进学校的植物园摘梨解馋。

难免有因政治运动而倒霉的时候，年轻人口无遮拦，时而祸从口出。有一次郭光灿大概是感到经常吃不饱饭，或者是对吃忆苦饭有所怨言，不禁有感而发，随口抱怨了一句什么。有同学听到后马上向班主任王德辉报告，认为郭光灿这是在对“三面红旗”之一的人民公社发泄不满。王德辉自己也被人贴过“大字报”，深知这种事情可大可小，上纲上线就是大事，轻描淡写就是小事，于是息事宁人地对那名同学说，“我们不能随便这样讲”，就把这件事压了下去。

虽然有这种小插曲，但总体上理工甲班还是比较团结的，大家基本上没有什么矛盾，也是因为主要精力都放在学习上，一心一意，无暇旁顾。

不过有一起政治事件却让郭光灿印象很深，甚至在多年以后，这件事还像阴影一般一直追随着他，直接影响到他那一阶段的政治生命。

郭光灿上初中的时候，正赶上1957年的“大鸣大放”，这场运动在历史上已被讨论过许多。我们姑且不论因果初衷，至少写在历史上的定论是：先是大肆鼓励“鸣放”，其后很多人被视为恶意向党进攻，并被打成右派。

一般来说，事情在后来将如何发展，在事情刚开始发生的时候，人们自然不会知道，郭光灿同样也不知道。他天真地认为这就像他此前参加的扫盲运动等各类运动一样，既然是上面号召的运动，自然应该积极参与。于是，他充满热情地参与了张贴“大字报”的活动，但其中的某些提法却不禁令人咋舌，比如他在“大字报”中竟然提出诸如“苏联应该归还以前沙皇俄国抢走的中国领土”等“鸣放”意见，而其时“老大哥”苏联尚是中国在国际上关系最为亲密的朋友。按照郭光灿后来的说法，当年的自己十分幼稚，很多观点也是从各种报刊上零散读到的。

当运动开始往回收的时候，这无疑成为郭光灿身上的一个严重“污点”。虽说当时没被学校过分追究，但还是被有些人暗暗地记在了心里。高一郭光灿申请入团时，这个问题被重新摆上了桌面。当时的团支部书记是一名教师，觉得这一问题性质相当严重，不但当场冻结了郭光灿的入团申请，还勒令他做出深刻的书面检查。

为此郭光灿郁郁寡欢，但也没有办法，只得伏案去写检查，深刻检讨自己的错误和问题。

直到高二毕业前夕，由于郭光灿的学习成绩实在过于优秀，学校考虑到高考政审对于政治面貌的在意，还是让郭光灿加入了共青团。

郭光灿当时还不知道，这件事情对他的影响还远远没有结束。

十八、血压陡升的体检

光阴似箭，岁月如梭，两年的高中时光倏忽而过。郭光灿就这样从容地学习，从容地迎考，一切都如呼吸一般轻松而简单，除了那段“大鸣大放影响入团”的小插曲，其间倒也没有遭遇其他重大挫折。郭光灿在泉州五中学习到了各种各样的知识，更是深入接触到了物理学中的力学、电学尤其是光学，现代物理学的大门正在友好地朝他缓缓打开。大哥郭辉煌的长女郭慧清还记得，在自己四五岁的时候，三叔郭光灿带着自己外出玩耍，两人经过树荫下，一阵风吹过来，树叶纷纷晃动，郭光灿便让她追着去踩树荫的光影。

不过此时的郭光灿还是没有明确的理想和志向，更谈不上有清晰具体的人生规划。对于未来的道路，将要报考的专业，以及想要学习的知识，郭光灿依旧十分懵懂，一无所知。不过既然已经读到了高中，自己又有着这般出色的成绩，那么参加高考后进入高等学府继续深造自然是一条理所当然的未来之路。

临近高考时分，大家全都挥汗如雨地努力备战，将要报考的高校和专业暂且被放到了一边，暂时不去考虑。然而有一天，校长突然神色凝重地走进班里，将几张体检表交给几名同学，其中就包括郭光灿。体检表是卷着发下来的，校长又不曾交代此次体检的目的，是以郭光灿等人也不知缘由，心中颇感神秘。

于是，郭光灿、朱水根（后考入复旦大学）、叶自珍（女，后考入北京大学）、张长水一行人走在了前往指定医院的路上，这种神秘感始终伴随在他们左右。

不过这种神秘感到底没能持续多久，因为校长并未刻意向医院方面交代保密。体检医生在看到体检表之后，不禁随口发了几句感慨：你们不简单嘛，小小的年纪就有机会去留苏。医生的语气中颇多羡慕，而郭光灿几个半大孩子却显得茫然无措，不知所云，但接着便大喜过望——没想到这等好事竟会落到自己头上！

直到这时，郭光灿等人才恍然大悟：原来这是为留学苏联而做的体检！一时间他们激动地不能自已。对于这些年轻的学子来说，世界上第一个社会主义国家苏联原本只是书本上、言谈中、脑海里的一个抽象概念，而现在他们居然真的有望踏出国门，前往报纸上、广播中的“老大哥”国度学习，自然会有一种喜从天降之感。

每个人兴奋激动的表现方式不同，具体到处于青春期的郭光灿身上，则是血压无端地急剧升高，医生量了几次高压都超过150。其他孩子也有类似情况发生，几个人不禁面面相觑：假如真的超标，留学这事说不定就黄了，但这也实在太过冤枉——看来校长没有说明情况的确有他的道理。但医生心里十分明白，他知道孩子们是因为情绪波动导致的血压异常，于是宽容地说道：我知道你们太激动了，这样吧，我就给你们写150吧！

为此，后来很长一段时间，郭光灿还真的担心过自己是否血压过高。上了大学后体检时再测，再无这种情况，他才确信自己当初实在是太过激动了。

带着即将留苏的巨大热忱，带着能够前往一个理想国度去学习的无比向往，郭光灿等人对于即将到来的高考更加期盼。

自国内有高考以来，依时间来看有过几种填报志愿的方式：现在的考生大多是考后知道成绩后再填报志愿；此前也曾有过考生考后不知道成绩就填报志愿；最早的考生则是考前即填报志愿。显然，“考前即填报志愿”的方式难度最大，但在改革开放恢复高考后很长的一段时间里，一直都采取这种方式。

郭光灿是在20世纪60年代参加高考的，这时同样也是“考前即填报志愿”。

上次的体检完全合格，意味着郭光灿已默认自己高考所报的第一志愿应该是苏联的高等院校，其身份等同于一名留苏预备生，所以在志愿表的第一栏填写的自然是“留苏预备生”，当时他心目中的学校应该是莫斯科大学。不过这一志愿只能停留在这一层面，因为一旦被录取之后，还要在国内进修一年俄语，然后才能具体选择学校和专业方向。

第二志愿就是中国科学技术大学无线电电子学系。

客观地说，及至此时，仍然不能说这时的郭光灿就有志于科学研究，促使他报考中国科学技术大学无线电电子学系，完全是出于一个相当偶然的原因。

现在的学生在高考填报志愿时，可以得到家长的建议和老师的指点，但依旧觉得不够专业，因此还有高年级师兄师姐的介绍，以及各种培训学校的专门解读。但在那时，几乎没有人懂这些。别说郭光灿的家人丝毫帮不上忙，就连一般的中学老师对此也不是特别清楚。

当时的中国科学技术大学才是第三年招生，在边远的福建地区，这所学校远不如清华大学和北京大学这些高校那如雷贯耳的名声，所以多少有些神秘。当时在一些大城市，在后来郭光灿的那些来自北京和上海的大学同学心目中，中国科学技术大学已是超越清华大学、北京大学的神圣所在，但在泉州这样的小地方，没有校长的点头首肯，学生自己还是不敢擅自填报。而促使郭光灿报考中国科学技术大学的唯一原因，只是因为偶然看到的一张报纸。

1960 年，郭光灿无意中在报纸上读到一篇文章，谈到科技工作者对半导体的相关研究。据郭光灿记忆所及，那个项目的研究团队应该是北京大学的某个小组，当时在北京大学成立了一个半导体训练班，负责人就是中国固体物理学和半导体物理学的奠基人之一、2001 年度国家最高科学技术奖获得者黄昆。全国很多学校都有人加入该项目，其中应该也有厦门大学无线电系的人参与其中，最终似乎取得了某种突破性的进展。郭光灿在当地的报纸上读到这则消息，心中激动不已。要知道在那个年代，半导体技术的前沿性恐怕不亚于今天的量子信息科学，这对于年轻且理想化的郭光灿来说，是极大的诱惑。

就因为这则小小的信息，郭光灿想要学习半导体专业，而据他所知，当时北京大学的半导体专业是设在无线电系的，所以他理所当然地报考了中国科学技术大学的无线电电子学系。当然入校之后郭光灿才发现，中国科学技术大学的半导体专业其实是设在物理系的，当年学子们报考专业的盲目性由此可见一斑。其实即便是在改革开放很多年之后，很多处在消息相对闭塞地区的孩子，也还是凭借专业的名字和字面意思理解来选择专业的。

好在当年无线电专业也如现在的金融专业一般十分热门，所以郭光灿的选择也不能算是特别吃亏。郭光灿的很多大学同学，当时都是因为迷恋这一“时髦”专业才填报了这个系，而他们以及郭光灿的中学同学，几乎都有过自己组装矿石收音机的经历。

让我们来看一下郭光灿档案中的“福建省高等学校招生申请报考书”。

第一志愿自然是“留苏预备生”，第二志愿就是“中国科技大学，无线电电子学”，再往下则是“华东师范大学，物理”“福州大学，物理”“福建师范学院，数学”“南京邮电学院，电话电报通讯”“北京石油学院，无线电电子学”等，以上一共 12 项，都属于所谓“第一张志愿表”，其中的学校应该是后来“重点院校”的意思。按照郭光灿的说法，后面那些志愿他都没有特别在意。而在“第二张志愿表”（非重点院校）的 8 项中，郭光灿填报的志愿就更加随意了，第一志愿是“福建电机学院，电机”，最后一项则是“泉州师院，数学”。估计郭光灿觉得，最不济自己也能到中学里做一名数学教师——当然他根本不相信自己会走到这一步。

在这张志愿表上，还有一个颇具时代特征的细节：在“招生委员会审查意见”一栏，除了标明郭光灿属于“优秀生”之外，还有一行巨大的粗体字——可录取入机密专业。

十九、物理试卷上的光学题

万事俱备，只欠东风，接下来的程序，就是高考了。这场近乎庄严神圣的考试，对无数人来说都是决定终身命运的一次考试，对郭光灿自然也不例外。

现在全国高考比较统一的主体时间是 6 月 7 日与 8 日。而改革开放后恢复高考直到 2003 年严重急性呼吸综合征（SARS）暴发之前，很长一段时间高考的日子都被固定在了 7 月 7—9 日三天（1977 年为 11—12 月，1978 年为 7 月 20—23 日，1979—2002 年只有 1983 年曾改至 7 月 15—17 日）。2020 年因为新型冠状病毒肺炎（COVID-19）疫情，大部分地区的高考再次被推迟至 7 月 7 日和 8 日。不过在 20 世纪 60 年代不是这样，1960 年的高考日期是 7 月 20—22 日三天。

但是 1960 年的 7 月 7 日这一天依旧意义非凡。这一天距离年轻的郭光灿踏进考场还有不到两个星期，当天的《纽约时报》率先披露，美国休斯研究实验室的物理学家西奥多·梅曼（Theodore Maiman）成功研制出世界上第一台红宝石激光器。梅曼将闪光灯的光线照射进一根手指头大小的特殊红宝石晶体，创造出了相干脉冲激光光束。这一成果后来震惊了全世界，因为这意味着世界上第一台激光器问世了。

多年以后的2017年，联合国教科文组织将每年的5月16日定为“国际光日”(IDL)，因为梅曼就是在这一天第一次成功地制造出了激光。2018年5月16日，世界迎来了第一个“国际光日”。

当然郭光灿并不知道这些，并不知道自己所报的专业与激光这样当时十分前沿的科技联系在一起。当时他全部的生活，除了课本知识，只不过就是半饥半饱的地瓜饭而已。

高考开始了。

高考结束了。

对于郭光灿来说，高考不是过于沉重的负担，整个考期都感觉十分轻松，甚至在考试结束之后，郭光灿也没有太当回事，甚至都没有与其他同学对题。只是偶尔听到别人在那里对答案，郭光灿才随口指出这个是对的那个是错的，不过说完也没有真正放在心上。

尽管郭光灿本人并不在意，不过在这里，他所参加的这次高考还是特别值得一提。

不知道是不是机缘巧合，还是冥冥中的某种暗示，在那一年高考的物理试卷上，光学题似乎格外多，总共10道大题，第三和第四两道大题都涉及光学知识。不妨抄录于下：

> 三、用焦距是5厘米的放大镜观察物体，为了使所成的虚像距放大镜25厘米，物体应放在什么地方？画出成像的光路图。(10分)

——这道题，属于基本的几何光学。

> 四、在下列四题中任意选作三题［如四题都做，必须划去一题，否则，按(1)、(2)、(3)题给分］(9分)
>
> (1)单色光从空气进入水中，它的波长、频率和传播速度，什么改变？什么保持不变？
>
> (2)把红外线、伦琴射线、无线电波、紫外线和可见光线，按照

频率由大到小的次序排列出来。

(3)下图是用来开动或停止电动机的光控替续器的示意图，试简要说明其工作原理。

(4)已知氢原子的核外电子在第二条轨道上运动时的能量是 $E2$，在第三条轨道上运动时的能量是 $E3$，普朗克恒量是 H，试求氢的核外电子从第三条轨道跃入第二条轨道时所发出的光的频率。

——第四题里的四道小题，前两道属于经典光学范畴，第三道在光学部分考查的是光敏电阻，第四道甚至已经涉及量子理论初步了。

两道大题，整整占了 19 分！

不妨对比一下 1959 年的考题，只有一道仅 6 分的光学题；再对比一下 1961 年的考题，也不过才有两道共 8 分的光学题。

不过时隔多年，郭光灿早已忘记了自己当初是选了哪三道小题来做的。

二十、高考成绩

不管怎么说，就是在整个中学阶段都相当贫困的生活状态下，郭光灿的高考成绩依旧高居榜首。

让我们来看一下郭光灿的高考成绩单。

数学 98 分，物理 99 分，化学 99 分，政治 90 分，俄语 90.3 分。只有语文稍低，82 分——那一年的语文题目，语文基础知识部分是翻译那篇“艾子行水”用佛像垫脚最后得出结论“鬼怕恶人”的文言文，而作文题是在“我在劳动中受到了锻炼”和“‘大跃进’中的新事物”中任选一题写作文。据郭光灿记忆所及，自己应该是作文没有写好——相比往日里时常上墙的范文来说，这个分数确实有些低了。

总之，郭光灿的平均分大约是 94 分，总分 558.3 分。

后来王德辉告诉过王建成：物理你考得不错，98 分，但郭光灿考了 99 分，他是班里第一名。

不过在当时，郭光灿自己却并不知道这些分数，当年高考是不对考生本人公布高考成绩的，接到录取通知书就去大学报到，没有接到录取通知书就是名落孙山。直到 20 世纪 80 年代，郭光灿即将前往加拿大访学，对方要求提供当年的高考成绩，郭光灿这才到学校开具证明。中国科学技术大学学生处处长邓国华是与郭光灿同年考入该校的 1960 级学生，后来转行做了行政工作，他告诉郭光灿说：据查，你的高考分数是那年中国科学技术大学在福建省所招学生中最高的。

当年高考之后留苏未成，郭光灿还以为是因为自己考得不好呢！他哪里知道，那时中苏关系出现巨大裂痕，只不过当时这种分歧尚未公之于世，所以普通老百姓还不太清楚罢了。其实那一届全国的留苏预备生都未能成行。

高考结束之后，大家各奔前程。何庆平考入厦门大学，王建成考入西安交通大学，王志鹏考入西北工业大学，唐建忠考入同济大学，吴忠泽考入福州大学，谢强成考入北京铁道学院（现北京交通大学）。他们的专业各不相同，但大的方向都是物理，这不能不说是理科班和王德辉老师的功劳。他们在高中期间学习物理时，并不像后来的高中物理课一样，在课本的最后部分还有少量的相对论与量子力学基础，所以他们当时都没有学过这些高深的近代物理学知识，更没有接触过激光等前沿科学，所学内容最多涉及一点原子物理学初步。不过在大学里，他们也都学习到了量子力学。

毕业之后，他们分散到祖国的五湖四海，为国家、为民族各自做出了自己的一番贡献。退休之后，他们又全都落叶归根，定居泉州老家。

总之，这两个理科班总计 104 人最后有 103 人参加高考，全部考入大学。加上原来 1957 年入校的三年制高中毕业生，当年泉州五中总共有 10 个班参加了高考，所以泉州五中 1960 届的高中毕业生是前后几年最多的，达到了 480 人之多。但在所有班级当中，还是这两个理科实验班的高考成绩最好——两年制超过了三年制。

由于成绩斐然，泉州五中的这一举措获得了福建省教育厅厅长王于畊的充分肯定，由此证明这两年的试验显然非常成功。王德辉因此获得特别表彰，并为此给他涨了一级工资——这一级工资的级差是 8 元！对于王德辉来说这可是一笔“巨款”，收入整整上了一个台阶，当时王德辉的妻子尚在乡下务农，出工一天的收入不过只有 0.182 元。就算是把这 8 元平均到一个月的每一天里，也顶得上农村的一个半工呢！王德辉十分感激这个班，认为自己是沾了这些学生的光，后来但凡提到这一段的教书生涯，他总是要津津乐道地讲起这个“涨工资”的故事。

就这样，郭光灿第一次远离家乡，第一次离开泉州，第一次走出福建，即将前往一个崭新的地方——首都北京。

郭光灿考入中国科学技术大学的消息，可以说是轰动了白奇乃至整个百崎。说起来像后港乡第二中心小学校长郭良枝这样的“大知识分子”，在当地已经算是拥有相当高的学历了——他细心地保留下了从小学到中学所有的毕业证书。郭良枝高中毕业时，来报喜的人甚至敲锣打鼓地来讨赏钱，如同当年秀才考中状元一般，这种高学历人才在当地凤毛麟角由此可见一斑。后来郭良枝也曾想投笔从戎，放弃校长职位投考中国人民解放军华东军政大学并被录取，但他母亲以自杀相要挟不准儿子离家求学，郭良枝只得作罢。而如今，郭光灿却考上了中国科学技术大学，考进了首都北京的最高学府之一。

在郭光灿动身前往北京要到中国科学技术大学报到之日，母亲郑算陪着他走了三个多小时的路，一路上都在向这个从未出过远门、从此要孤身在外求学的儿子交代各种注意事项。郑算还特别嘱咐郭光灿说：进了学校不要自卑，你一点也不比别人差。

游子即将离开慈母远行，慈母终究放心不下。

二十一、永远的母校

尽管已离开泉州五中多年，但多年来郭光灿对母校的情愫一直很深，愿意为母校做出自己力所能及的贡献，对老师、对同学的感情也十分深厚，遇事总是能帮则帮。

1965 年，王建成第一次来到北京。当时郭光灿已在中国科学技术大学读书，他们在农业展览馆一带见了面，还一起去看望了他们的第一任班主任，那是一位从上海来到泉州五中、后来又调到北京农业大学附属中学（现中国农业大学附属中学）的老师。多年后王建成调到泉州的华侨大学，他第一次带研究生时，对于硕士研究生的毕业论文比较慎重，特请郭光灿帮忙审阅。郭光灿不但认真地阅读了论文，而且给予了很高的评价，认为完全可以发表到级别比较高的刊物上。这个学生后来从东南大学博士毕业。还有一次，泉州的一个女生想要报考中国科学技术大学计算机系的研究生，王建成认为这个难度较大，因为据他所知，中国科学技术大学考研复习一般不对外。这个女生出身贫寒，但志向高远，于是王建成抱着试试看的心态，带着她和另一个男生去找郭光灿。郭光灿当即表示欢迎，他对出身贫寒的孩子总是格外关爱，亲自带着他们去找相关导师，希望能得到支持与关注。后来这个女生顺利考取了中国科学技术大学的研究生，现在上海工作。

在郭光灿状况还不是那么好的情况下，他也尽自己所能地为母校贡献力量。1995 年，也就是他们从泉州五中毕业 35 周年之际，大家组织为母校捐款捐物。那时的大学教师相对清贫，郭光灿从遥远的安徽合肥寄来自己的两本书和一封信，信封里面装有 20 元钱，同时表示“感谢母校对我的栽培”。当时可能是因为沟通的问题，郭光灿不是很了解集资情况，因为当时其他同学都交了 50 元钱，结果大家不禁唏嘘，借此感叹大学教师的清贫，“就算养鸡养鸭都不会只拿出 20 元来”。但后来郭光灿经济状况好了，2012 年泉州五中新校址动工的时候，他捐资 5 万元。如今坐落在泉州市丰泽区安吉南路的新校址已经完全建好，成为泉州五中的主校区，学校建筑巍峨挺拔，豪华气派。

2002 年泉州五中百年校庆之际，校友们为学校捐赠了两座华表。东边的华表由北京校友会捐赠，西边的华表由 1960 年毕业生捐赠，这其中也寄托着郭光灿的一份感情。

郭光灿还多次返校参加校庆活动并举办讲座。2002 年 10 月泉州五中建校 100 周年“百年华诞”庆典、2010 年 10 月 1960 届校友“5070”聚会，以及 2012 年泉州五中建校 110 周年纪念，这几次活动郭光灿都回到母校座谈与举办讲座。所谓“5070”聚会最初来源于 1990 年，其时 1960 届校友发起了“3050”聚会，寓意为“离校 30 年，平均年龄 50 岁”之意，开创了泉州五中校友聚会的一种新形式，此后便一发不可收拾，又经历过“3555”“4060”“4565”等数次聚会，2010 年则迎来了“5070”聚会。2004 年 10 月 21 日下午，郭光灿在校领导的陪同下参观了泉州五中的新校园，他称赞美丽的校园如同一件精雕细琢的工艺品一般，之后又为高二理科学生做了题为“当代知识与科技创新”的讲座。2010 年 10 月 25 日下午，郭光灿又来到泉州五中与学校领导和教师交流座谈，并为高三理科学生做了题为“量子信息技术”的讲座。

郭光灿回到母校时，总是念及那些曾经对他有过重要影响的老师，包括王庆元老师、戴琪兰老师、郑成业老师、黄则兴老师、王德辉老师等，甚至对他们的教学风格如数家珍，感谢他们教会了自己正确有效的学习方法。郭光灿在为年轻的高中学子做有关量子信息技术的讲座时，他昔日的同学也都去听讲，听众中甚至包括他以前的那些老师。20 世纪 50 年代末，王德辉在上面讲课，郭光灿在下面听讲；多年以后 21 世纪初的百年校庆，郭光灿在上面做报告，王德辉在下面听讲。郭光灿见到王德辉，伸出双手握着他的手，恭敬地执弟子大礼。王德辉谦虚地说：以前我是你的老师，现在你是我的老师。但郭光灿不认可，他说：老师就是老师，您永远是我的老师。数学老师黄则兴是教研组组长，他已经不记得自己教过郭光灿了，但郭光灿却牢牢地记得他，而且对他十分尊敬，始终记在心里，百年校庆时点名要见黄老师。

泉州五中 110 周年校庆时，郭光灿再次来到泉州。时任泉州市市长黄少萍代表市领导讲话，郭光灿代表校友讲话，而黄则兴老师的女儿、福建省数学学科带头人、泉州市名班主任郑鸣鸣则代表教师讲话。如今 1933 年出生的黄则兴也是“80 后”（80 岁以上）了，同样担任过数学教研组组长的郑鸣鸣也已从泉州五中退休了。郑鸣鸣总是对王德辉说：您要向郭光灿老师学习，看人家的身体有多健康，心态有多好。

第二章　科 大 生 涯

一、“中科大”画卷

北京地铁 1 号线是北京乃至全中国最早修建的一条地铁线路，其最初的运行路线东起北京站西至古城站（后延至苹果园站），几乎全程都建在长安街及其延长线地下。线路横跨当时的四个区，包括崇文区、宣武区、海淀区和石景山区。在地铁 1 号线路西侧有一个现在标号为 107 号的地铁站，即玉泉路站。

玉泉路是一条南北走向的宽阔马路，在此将东西走向的长安街西延长线分为两段：复兴路与石景山路，同时它也构成了海淀区与石景山区的分界线。

在玉泉路西石景山一侧，有一座标有“中国科学院大学”的高等学府，其门牌是玉泉路 19 号甲。这所高校的简称是“国科大”，这一简称让一些人尤其是年轻人深感困惑，因为无论从语言学还是从逻辑和习惯的角度来看，这个简称里的“国”字都没有“中”字更为贴切。

原因十分简单，因为所谓的“中科大”早已存在，而且与今天的“国科大”有着千丝万缕的密切联系。事实上，中国科学技术大学最初的校址就坐落在今天中国科学院大学的这个位置上。

中国科学院大学的前身是 1978 年成立的中国科学院研究生院，自

2014年起才开始招收本科生；它始终位于北京，除了玉泉路校区，在怀柔还有一片面积巨大的美丽校园。中国科学技术大学于1958年创建于北京，当时的门牌是玉泉路19号，目前坐落于安徽省合肥市。

1988年，原北京钢铁学院更名为北京科技大学，简称“北科大”，随即被一些人不科学地简称为“科大”，进一步加剧了一些年轻人的困惑。

有关中国科学技术大学的创立和发展，非常值得大书特书，但已有不少现成的资料可供查询阅读，更重要的是本书是有关郭光灿的传记而非中国科学技术大学的校史，所以这里只撷取与郭光灿直接相关至少是准相关的部分资料作为背景材料。

中国科学技术大学成立于1958年，首任校长由郭沫若兼任。当年春天提出动议，夏天开始动工，秋天即正式招生。当时批给中国科学技术大学的校址，是中央党校位于北京西郊玉泉路的二部，人员、图书和设备则由中国科学院院部和各研究所协助提供。事实上最早考入该校的1958级北京新生，还在正式开学前提前到校参加了建校劳动。不过当1960级新生报到的时候，这所新兴的高等院校已初具规模，并于前一年跻身全国重点大学的行列——只不过这时距离地铁1号线玉泉路站的启用，还有10年的光景。

在1960年这一批新生里面，就有来自福建泉州的郭光灿。

1960年夏秋之交，郭光灿第一次离开家乡福建，来到北京，走进中国科学技术大学的美丽校园。9月1日，郭光灿与众多新生一起走进中国科学技术大学的校门，迎面映入眼帘的是一个巨大的地球仪。随后则能看见一座大礼堂，大礼堂后面的教学楼就是当年的中国科学技术大学主楼。虽说校园的面积不大，建筑不多，但当时中国科学技术大学的基础建设，在各方面来看都是相当不错的。

与郭光灿一同入校的，还有来自全国各地五湖四海的年轻学子。与郭光灿同系的同学包括赵立平、朱敏慧、单焕炎、许子明等新人。同年考入中国科学技术大学的邓国华也来自福建，后来他曾在中国科学技术大学学生处工作。在这里，郭光灿还遇到了二哥郑达能当时在泉州五中的同学，郭光灿上初中时他们就认识他，没想到现在当年的“小弟弟”也考到了中国科学技术大学。

事实上，在当时这些年轻学子的心目中，中国科学技术大学的地位极高。毕竟这是中华人民共和国成立后创建的第一所理工科大学，她所倡导的育人宗旨是“红专并进”，旨在培养既红又专的尖端科技人才，因而在年轻人眼里无疑具有理想与浪漫的光环。

与郭光灿同时考入中国科学技术大学的同班同学，也许比郭光灿更了解这所新兴的高等学府。比郭光灿小一岁、来自上海第三女子中学的朱敏慧，自幼就想成为一名科学家，无线电专业当时位列时代科技的前沿，显然有助于她实现自己的科研梦想，所以她毅然将中国科学技术大学无线电电子学系列为自己的第一志愿。同样，与郭光灿同岁、来自北京第二中学的赵立平，以及比郭光灿大两岁、来自上海北虹中学的单焕炎等人，也都在志愿表中把中国科学技术大学列为第一志愿。这些刚刚脱去稚气的孩子都是来自全国各地的少年精英，都是祖国未来建设的栋梁之材。不仅郭光灿对高考应对自如，其他很多同学也都一样，据说赵立平的数理分数极高，分别是 98 分和满分 100 分，而中学学英语的朱敏慧同样感觉高考十分简单轻松。比郭光灿大两岁、来自大连第一中学的许子明，中学时动手能力极强，特别喜欢拆装一些电子仪器（自然也包括当时的“通配”矿石收音机），所以也考到了中国科学技术大学无线电电子学系。

中国科学技术大学将本科生的学习年限设置为 5 年，当时全国另一所五年制的高校就是清华大学。在郭光灿到来之前的 1959 年 5 月，中国科学技术大学便与清华大学、北京大学等另外 15 所历史悠久的高等院校一起，被列为全国 16 所重点大学之一。

当时很多高校的系别都以数字标注，中国科学技术大学无线电电子学系被称为“五系”，所以 1960 级的学生所在的班被称为“6005 班”。这个被称为“大班”的班级又被分成 5 个小班，学生共计 191 人，其中女生 40 人。后来 1958 级的常葆林留校后做了他们的班主任，张妙兰则担任团支部书记。在这个集体当中，还有一位 1958 年福建前线的女民兵英雄蔡玉霜。郭光灿当时属于 6005-4 班，他的学号是 6005-142。

1960 年 9 月一入学，6005 班就在宿舍楼楼顶举行了新生联欢会，后来中秋节时又在这里举行了中秋联欢会。不过在中秋节之前，这些刚刚走进中国科学技术大学校园的新生们，还要参加盛大的国庆游行以及天安门广场的彻夜狂欢，需要大家加班加点地彩排练习。来自女中的朱敏慧一时间还不习惯与男生一起活动，比如唱歌时女生的细声细气中突然夹杂了男生的豪迈粗犷，比如要和男生手拉手围成一圈跳集体舞。尤其让她惊讶的是，很多来自南方的男生，特别是那些来自福建的男生，居然就这么光着脚跳舞，光着脚上课，光着脚学习和生活。

前面说过，在福建的一些地方，赤脚似乎已成为一种习惯，但归根结底还是因为鞋的珍贵。当时郭光灿的脚上已经穿上了大哥郭辉煌给他买的鞋，但仍旧没有袜子，说起来让现在的年轻人完全无法理解：居然会穷到没有袜子穿，但这在当时就是一个事实。住在郭光灿母亲郑算隔壁的惠南中学校长黄泰南知道此事后，送来一双有破洞的旧袜子，郑算补好以后寄到北京，郭光灿这才过上了鞋袜双全的生活——连一双袜子都要捡别人穿旧的穿，郭光灿当时的经济状况可想而知。与此同时，郭光灿的衣服虽说依旧捉襟见肘，但总比在福建时要稍好一些。总之进入大学之后，郭光灿的衣食住行中至少“食”与“住”都“由国家管了”，所以生活还是比在中学时要好上很多。

国庆节的游行与联欢确实让人无比兴奋，游行的时候大家身穿白衬衫蓝裤子，部分男生负责扛炮——每三个男生一组扛起一门无后坐力炮，女生同样英姿飒爽地背起了步枪，以首都民兵的身份自豪地列队走过天安门广场。在队列里，郭光灿是一名背枪的男生队员，从当时的留影来看，郭光灿挺胸而立，文静而英武，一头微微自来卷的头发下是一双炯炯有神的眼睛，也没有戴着平时上课才需要戴的眼镜。

二、难以下咽的馒头

国庆的喧嚣与热闹只是短暂一瞬，并不能掩盖大学生活的日常窘迫。毕竟 1960 年是我国困难时期开始的一年，这也不可避免地影响到了中国科学技术大学的年轻学子们。

按照郭光灿的说法，其实国家当时已对大学生相当照顾了。

当郭光灿他们入校时，虽说中国科学技术大学已经正式落成，但各种设施还是相对简陋，学校四周依旧是大量的村落农田，在当时可以被称为现代化高等学府的中国科学技术大学，如同鹤立鸡群一般孑然孤立。夜间会从周围的村落中传来阵阵驴叫声，这种听起来宛如婴儿啼哭的噪声搞得同学们心烦意乱，夜不能寐，单焕炎为此颇感心灰意冷。也许是与上海生活的巨大反差，以至于朱敏慧后来认为，即便是四年后在顺义农村搞“四清”运动时，都没有大一生活这般艰辛。

上述感受恐怕带有一定的情绪，可以视为孩子们暂时离家的不适反应，又因他们的思乡之情而被无限放大。但困难时期永远吃不饱这一状态却是无比真实的，成为这些同学永远难忘的共同记忆。那时的学校乃至整个社会，大家一起陷入食不果腹的尴尬境地，因为你有钱也未必能买到足量的粮食。

早晨清汤一般的稀饭甚至能够清晰地照出人脸，开始男生们还是一碗一碗地去买，后来他们发现分两次买盛出两个半碗更加合适，因为总量加起来会比一碗更多一些，于是这种方法迅速推广开来。身高 1.78 米、正值食欲旺盛期的赵立平记得在食堂吃饭时，桌长要将一大脸盆米饭平均分成 8 份，但永远有人抱怨分得不够公平。其实能有米饭吃已是上上之选了，因为在他们的粮食定量中只有 20%的米。次一等的主食是馒头，馒头同样属于奢侈品，更多的时候餐桌上只有玉米面或白薯面窝头，或者就是白薯，有时还要在窝头里面掺进一些野菜。单焕炎第一次吃窝头时，开始吃两口还觉得十分香甜，但接下来就难以下咽了，结果连一个完整的窝头都没能吃下去。

当时的粮食定量标准，以所谓的“自报公议”来厘定——自己申报，官方评议。不过出于当时的觉悟水平，大家都不好意思往高往多报，所以总还是有人挨饿。不过对于吃饭的问题，郭光灿的感觉倒是与其他同学不尽相同。首先他没有感觉过于饥饿，按照他自己近乎戏谑的说法，自己从小挨饿，胃没有被撑大，所以只要稍微能吃饱一点，就不会感觉太饿。其实当时国家对大学生还是相当照顾的，大学的伙食条件已经让郭光灿十分知足，毕竟与泉州五中时的挨饿不可同日而语。但与此同时，郭光灿对面食却深恶痛绝，尤其是馒头，他根本无法下咽，甚至觉得还不如吃窝头。郭光灿自己认为，也许是因为自己的唾液分泌不足，所以一吃馒头就会感到嘴里很干，这是令他难以容忍的事情，所以他宁可选择吃窝头也不吃馒头。

主食如此，副食也好不到哪里去，大多数时候只有最简单的熬白菜，有时候干脆就是酱油汤，里面连一丁点油花都没有。在这种几乎没有副食辅菜的情况下，32 斤的粮食定量总是让人感觉不够，持续的吃不饱状态导致很多同学营养不良，身体浮肿。唯一让郭光灿他们庆幸的是，按照定量每人每月配有半斤肉，一般来说食堂会把这些肉一次炖好，让大家一餐吃光，也算是在食物匮乏年代难得的大快朵颐。真正物质富足的时候是逢年过节，那时每人都能有二两糖票发到手里，可以凭票到商场去买水果糖之类的糖果，还有花生、瓜子之类平时难得一见的零食。此外，每年还会发半斤糕点，因为肚子里的“馋虫”忍受太久了，所以有人会领到糕点马上开吃，郭光灿就亲眼见过一名湖南同学当场把糕点吃得一干二净。

总的来说，在吃的方面，郭光灿的不满似乎没有其他同学那么明显，毕竟这比他原来的生活要高了一个档次。虽说各种面食依然让他有些不适，但偶尔吃饱的愿望还算能够实现。而且当时贫困生都可以申请助学金，包括以伙食费形式发放的 12.50 元和 1 至 3 元零用钱，郭光灿可以申请到最高一档——甲等 15.50 元，外加大哥郭辉煌的偶尔资助，总还可以勉强度日。

同学们的家境虽有一定差距，但总体而言，当时中国科学技术大学的风气还是以勤俭朴实为主，因为农民子弟生源占了很大的比例，当然干部子弟生源同样也占有一定的比例。不过说实话，后者往往与前者一样简朴，绝大多数干部子弟的衣服上也都缀满了补丁。陈毅的儿子陈昊苏与单焕炎是同宿室友，同样也是身材消瘦，一身补丁。毛泽东秘书叶子龙的女儿叶丽亚每周回家，回来时也只会带一点辣椒粉分给同学，让她们夹在馒头里改善伙食。许子明的生活来源主要来自他姐姐每两个月寄来的 15 元和每月 7 元的三等助学金。赵立平和朱敏慧都算家境尚可，但每月家里也只给 20 元生活费，就连朱敏慧寒暑假回家的路费也是出自这些生活费的俭省。

在衣食住行当中，恐怕只有住的条件还算上乘。当时的学生宿舍是 12 平方米，一间宿舍摆放 4 张摞床，满员应该是 8 人。女生受到照顾，6 人一间，男生宿舍一般也不会满员，总会空出一个铺位来放行李。

像所有穷困的南方孩子一样，郭光灿的行李十分简单，基本上就是一套十分单薄的被褥，到了冬天就会感到异常寒冷。据大家记忆所及，1960 年北京的冬季似乎奇冷无比，当然这也可能是吃不饱饭热量缺乏的缘故。总之，南方来的同学非常不适应，就连来自上海的朱敏慧和单焕炎都觉得极为难受，更何况来自福建的郭光灿了。后来为了照顾同学们，部队送来一些冬天穿的棉衣和大头鞋，发给大家驱寒保暖。

北方有暖气，但当时暖气的温度却低到了极限，只不过摸上去稍微有点温热而已。教室里的暖气同样如此，黑板下面装有一个水池，供老师偶尔洗手用，但这个位于室内的水池都能结冰，由此可见教室内的温度也已达到了零下。上面老师板书的手被冻得通红，下面同学的双脚同样冻得不行，开始他们还是零散地轻轻跺脚驱寒，随着阵阵袭来的寒气，变成了集体性的共振式跺脚，声音也变得越来越响。朱敏慧记得，那时候就盼着早点下课，下课后拼命跑回宿舍，脱下鞋来把脚放到暖气片上，以汲取那点可怜的热量。

其他的生活细节就更加索然无味了。周末的时候北京的同学可以回家，而郭光灿他们就只有继续坐在教室里读书自习。当时中国科学技术大学校门外似乎只有37路和38路两条公交线路可以通往北京城里（其中一条线路可以到达西单），最近的小商场则在1000米以外的永定路，大家只有在星期天下午才会步行过去买一点日常用品。现在很多年轻人也许不知道那时每星期只有一个星期日单休日。

郭光灿在大学期间依旧坚持锻炼，还是排球队的队员。总体来说，他的身体一直很好，没有生过什么大病。只是在大五那一年的秋天，郭光灿曾因患急性肺炎在北京大学第三医院住院一个星期，时间是1964年10月中旬。郭光灿对这一时间印象特别深刻，是因为他住院期间从广播中听到了中国第一颗原子弹成功爆炸的消息，而那一天是1964年10月16日。

文娱活动同样少得可怜，偶尔校方也会组织一些活动，比如时任校长郭沫若曾请这些年轻学子看过由他创作、由北京人民艺术剧院演出的话剧《蔡文姬》，当时还因中国科学技术大学校礼堂太小，所以演出是在与学校相邻的中国人民解放军政治学院大礼堂举行的。学校正门前那座不大的礼堂如同现在的多功能厅，除了用于大型集会之外，也作为文娱活动场所。礼堂的墙上是毛泽东为中国人民抗日军政大学制定的校训——“团结、紧张、严肃、活泼”，所以时而也可以在这里看到一些“活泼”的景象，比如周末这里经常举办舞会，有些时髦的女生也会换上裙子，精心打扮一番前去跳舞。过年时舞会门口甚至还预备有“洋饮料”——咖啡，当然是大桶装的，拧开龙头接了来喝。许子明第一次喝咖啡就是在这里，还因为中式的肠胃不习惯这种西式的饮品而闹了肚子。

三、交心引来外调

但上述这些“活泼”都与郭光灿无缘，他似乎听不到那悠扬的舞曲，也闻不到那幽香的咖啡，依旧每天自习苦读到很晚。

说起来中国科学技术大学是一所理工兼重的理工科院校，但实际上它的办学方针是很注重基础的，即使工科系的教学安排也是偏理科的，所以像无线电电子学系这样的工科系，其教学与科研工作也都属于钱学森所提出的技术科学领域，而不是一般的工程技术范畴，因而其基础课教学中的数学和物理都选用了Ⅰ型，与物理系的课程设置完全相同。当然在中国科学技术大学的时候，郭光灿也像在泉州五中一样，不但学习非常用功，而且相对轻松，成绩也依旧十分优异。在他的毕业成绩表上，大部分科目的成绩都是 5 分。

除了学习和联欢之外，当时能引发大家激动的，恐怕只有世界乒乓球锦标赛了。1959 年第 25 届世界乒乓球锦标赛在联邦德国多特蒙德举行，容国团夺得男子单打冠军，为中国夺得世界体育比赛中的第一个世界冠军。1961 年第 26 届世界乒乓球锦标赛在北京举行，容国团、王传耀、徐寅生、庄则栋、李富荣组成的中国队以 5∶3 的成绩击败日本队，首获男子团体世界冠军。这场令人振奋的比赛牵动着所有中国人的心，郭光灿自然也不例外。当时在学校大礼堂里摆有一台小小的黑白电视，想要看得更清楚就一定要提前来占位置。

即便是在紧张的学习期间，有时班里也会组织一些集体活动，比如郭光灿就多次与班里的同学们一起外出游玩。大一时他们去参观过距离学校比较近的军事博物馆，也去游览过距离学校比较远的八大处。大三时他们不但去爬过香山，还因为 1963 年春天在南口农场劳动，所以其间利用一个休息日前往 15 千米外的八达岭长城——先乘火车到青龙桥车站，再步行走到八达岭长城。当然这些景点中必然少不了天安门，而且大家去过不止一次。班里每次出游，大都是叶丽亚帮大家照相，她喜欢摄影，也喜欢自己冲洗照片。据同学们回忆，叶丽亚天生丽质，性格开朗，喜爱舞蹈和摄影，而且一点儿都没有高干子女的架子，每次班级活动她都会为同学们摄影并冲洗好送给大家，这在当时可属于非常难得的礼物，为他们记录下了很多珍贵的影像。后来每当大家看到这些大学时的老照片时，都会自然而然地想起叶丽亚来。翻看那些业已泛黄的黑白照片，从郭光灿与几位同学 1961 年“五一”劳动节在天安门的合影到 1962 年 3 月在北京展览馆的合影上看，不到一年的时光就让郭光灿迅速变得成熟起来。

郭光灿是一个对生活充满热情的人，精力十分旺盛。许子明清楚地记得，他们大四期间在 774 厂实习，一行人在等班车时，郭光灿与同学玩一种相互打手的游戏，显得十分活跃。

尽管生活上颇为窘迫，但在学习上大家还是非常努力，十分珍惜这一宝贵的学习机会和良好的学习环境，更何况郭光灿他们还能得天独厚地享受到科学大师们的亲自教诲。中国科学技术大学成立时，最初本想请苏联专家前来授课，但中苏关系恶化之后，中国科学院决定由院属研究所的科学大师们亲自授课，所以在建校初期中国科学院每年到校授课的科研人员多达 300 人次。马大猷、贝时璋、严济慈、华罗庚、钱学森、吴有训、柳大纲、赵九章、赵忠尧等一批国内最有声望的科学家纷纷亲自登台授课。物理学家钱临照为郭光灿他们讲授普通物理学。中国科学技术大学时任副校长、物理学家严济慈也亲自为郭光灿他们上过课，给 8 个系超过 500 名学生讲授电磁学和电动力学。严济慈的课每周讲授 3 次，连续讲授 6 年，每次都有很多外校的学生慕名前来“蹭”课。郭光灿和他的同学全都听过严济慈的课，毕业多年后依旧记忆犹新。多年以后，第 10611 号小行星被命名为“严济慈星”，2012 年 5 月 28 日在北京的中国科学院学术会堂曾举办过一场“严济慈星”命名仪式暨严济慈科学教育思想座谈会，郭光灿以中国科学技术大学校友的身份出席了这次大会。

在学习方面，郭光灿同样面临着一定的经济压力，虽说大学教育完全免费，无须再考虑学费和书本费的开支，但作业本总还是要自己花钱购买的。所以他也是能省则省，尽量节俭。为了压缩开支，郭光灿用来记笔记的本子都是选用那种最便宜的，纸张黑黄，他还尽量把字写得很小，因为这样就可以更有效地利用有限的纸张。朱敏慧清楚地记得，就是在这种简陋廉价的本子上，郭光灿的笔记依旧记得干干净净，整整齐齐，每一页纸上都密密麻麻地写满了工整的蝇头小楷，完美地记录下后来被他全部吸收进脑海的所有知识。事实上，郭光灿早在中学时代就是这样认真记笔记的。

在这座“红专并进”的校园里，在政治上积极要求进步自然也是所有学子的正常追求，能够加入中国共产党令人十分向往，这是一件十分严肃且格外光荣的事情。有些同学在入学之前就已是中共党员，比如上将王平的女儿王可立等人，还有一些调干生也在入学之前就已入了党，郭光灿则是在大学期间提出的入党申请。

学生党员应该做到德才兼备，品学兼优，这一点郭光灿当之无愧。因为在大三时，整个大班评出了两名优秀学生，其中之一就是郭光灿。接下来党组织就准备将这两名已经提交过入党申请书的学生吸收入党。在支部开会讨论时，大家本无异议，郭光灿被吸收加入组织似乎已顺理成章。

但在最后的关键时刻却出了问题。

大家讨论完毕之后，由郭光灿本人陈述。郭光灿实在是太过老实，在对组织交心时，把中学期间“大鸣大放”那件事主动说了出来。其实后来去查郭光灿的档案，发现里面根本就没有这一条——泉州五中根本没有在郭光灿的档案中记录下这件事！这件事本来没有人知道，这下却一下子被摆上了桌面。当时党支部里有不少调干生老党员，在政治上相对敏感，听罢之后觉得此事“恐怕是个问题”，还需慎重考虑，必须在彻底搞清之后才能通过他的入党申请。是以在那次支部会上，连投票表决的程序都没有进行，郭光灿入党的事情就这样被搁置了。

按照组织程序，接下来便是正式的外调，所幸泉州五中很快便为郭光灿出具了十分客观的证明，才使这一幕暂时揭了过去。郭光灿由此成为一名中国共产党预备党员。

不过这一“预备”就是很久，这回倒不是因为郭光灿本人的问题，而是后来各种运动频繁，组织上也无暇他顾。所以直到“四清”运动结束之后，郭光灿才得以正式转正。郭光灿清楚地记得，当天下午与他一同进入转正讨论程序的还有陈毅的儿子陈昊苏。

后来班里很多同学都在“四清”运动中入了党。最后毕业时，全班应该有 14 名同学是中共党员。

四、量子“分水岭”

1963 年这一年，还有一件事特别值得一提，那就是郭光灿第一次接触到“量子力学”这个概念。

大学期间，几乎所有同学对郭光灿的印象都是他认真刻苦、朴实正直、与人为善，同样也都对他的成绩优异印象深刻。如同中学时一样，尽管课业紧张，但郭光灿学习起来依旧相对轻松。认真刻苦归认真刻苦，但也没有什么特别不理解或需要反复琢磨才能明白的知识概念，郭光灿似乎天生就是一块学习的料。

然而，这次的量子力学却是一个例外。

郭光灿初次接触“量子力学”这一概念，就是在这一年。其时郭光灿他们正值大三，学校为他们正式开设了“量子力学”课程。这是一门算学分的必修课，学时是一学期90学时，任课教师是张家铝（1938—2016）。张家铝1959年毕业于武汉大学物理系，刚刚从教不久，因为当时还十分年轻的他长着一张娃娃脸，所以同学们私下里都称他为“小量子”。

也可能是因为量子力学实在太过玄虚，也可能是因为年轻的老师执教不久经验不足，总之当时听课的学生几乎完全没有听懂。其实张家铝也算是特别尽力了，还经常打一些通俗的比方来解释那些艰深的概念，比如，他在描述不确定的量子状态时曾比喻说：“鲤鱼吃过吧？鲫鱼吃过吧？两种鱼都吃过吧？现在这道菜两种鱼的味道都有，这就像是量子状态。”但张家铝不打比方还好，打了比方同学们反而更糊涂了。

总之，很多同学最终还是不理解量子力学这门课究竟在讲些什么，甚至根本不理解量子力学究竟是怎么回事。尽管有些人也生吞活剥地掌握了一定的解题技巧，但涉及量子力学的真正概念与内涵，大家还是感觉云山雾罩，不知所云。其实后来张家铝在科研上的贡献非常大，他主要从事理论天体物理研究，是我国相对论天体物理的奠基人之一，2005年当选为中国科学院院士。张家铝在中国科学技术大学长期执教，后来与郭光灿的关系始终不错，并在20世纪80年代的中国科学技术大学中美联合培养物理类研究生计划（CUSPEA）培训中有过密切合作。

最关键的是这门课的结业考试。这里还有一个背景，郭光灿他们刚上学那一年，可能是因为赶上了困难时期，上级似乎有专门规定，没有举行考试。而三年级一下上了十余门课，而且全都要考试，所以这一年大家本就压力很大，偏偏又赶上量子力学这只可怕的“拦路虎”。

考试的时候，全体同学都如临大敌，即便是如郭光灿这种平时成绩很好的同学也全无把握。朱敏慧和许子明都非常清楚地记得，上午8：00开始考试，考到 12：00 还没有考完，很多同学都做不出那些题目，自然也交不出考卷。眼看到了午饭时间，老师破天荒允许他们先去食堂吃饭，吃完回来后下午继续考试。当时大家似乎都很守规矩，午饭期间也没有人交流讨论，只是心情都十分不好，食不甘味，味同嚼蜡。回到考场之后，依旧抓耳挠腮，不知如何答卷，勉强考到 14：00，老师不得不强行收卷。不过郭光灿有印象，自己好像在上午就答完交卷了，下午没有再回到考场“返工”。

多年之后也有同学分析，大家也可能不是概念糊涂的问题，而是这次考试的题目出得过于难了。按理说当时学校教务处有个规定，大家的考试分数应该呈正态分布，也就是说，满分与不及格的同学都应该是少数，而那次量子力学的考试显然没有把握好试题的难易度。朱敏慧的先生柳怀祖是 1958 级无线电电子学系的师兄，据他说自己也赶上过一次类似的考试，那次应该是考数学，几乎全班都不及格，最后不得不全体重考。

这么多年过去，现在已经无法分清那次考试失利的原因了，但那次考试改变了很多人的命运。许子明只得了 3 分——这是他大学期间唯一的一个 3 分，是以多年以后许子明感慨地说：“看来我是搞不了量子理论了。”朱敏慧得了 4 分，赵立平得了 5 分，单焕炎得了 5 分，郭光灿同样也得了 5 分。考试过关者毕竟凤毛麟角，有一半同学都只得了 2 分——也就是不及格的分数。即便是得 5 分的这几位同学，后来也全都坦承：自己只是掌握了解题技巧，其实根本没有听懂，甚至可以说是完全没有理解。

这次考试还有一个相关的后续故事。大家考完交卷后，6005 班全体同学马上到操场集合，因为下学期就要按专业分班了，所以要最后合影一次，没想到这张照片很好地反映出量子力学这一“杀手”的后遗影响。现在再来看这张照片，其中多数同学都显得愁眉苦脸，有些女生的神态更不好看，按照许子明的说法，可以从照片中看到许多同学的表情十分沮丧，因为他们“还没有从刚刚结束的考试中解脱出来”。

总之，量子力学这门学科，给大家留下的印象就是太难理解了，实在太不好学了。郭光灿自然同样也是这样的感觉，但除此之外给他留下的印象，大概就是量子力学确实格外神奇。

后来许多人补考也没有及格。按照规定，补考依旧不及格的，就不得不留级。当时中国科学技术大学规定，一门不及格留一级，两门不及格留两级，所以有的同学甚至留到了1962级。还有一些同学，比如基础稍差的调干生，实在坚持不下去，无法完成学业，不得不遗憾地退学。朱敏慧至今还记得，当时有一个男生和一个女生是哭着离开学校的。

说句题外话，那些留级尤其是留两级的同学，命运真的就此发生了巨大的变化。像郭光灿这些1965年毕业的同学，都正常被分配到了高等学府和研究机构，而留到1967级才毕业的同学，正赶上“文化大革命”期间的留校闹革命，暂缓分配，有些人甚至到1970年才分配完毕，而且不可能再进研究单位，而是被直接下放到农村接受再教育。这些人从此一直都拿着未转正的工资46元，一拿就是许多年（本来一年后应该转正，改拿56元），后来多次提级涨薪也都没有赶上，工作和生活各方面都受到了严重的影响，令人不禁唏嘘。

不过插曲就是插曲，只是一段插曲而已。量子力学学习和考试这一页翻过去之后，无论是在读书阶段还是工作期间，未来十余年间，郭光灿与量子力学几乎再无接触，全无交集，再相遇则是很久之后的事情了。

2013年，郭光灿在接受《中国科学报》采访时回忆道，当时自己就觉得，“量子世界太神秘了，很陌生，但又很诱惑我”“我这个人就是有这样的兴趣，我不了解的，就想弄明白”。

在这里，我们不妨武断地推测一下，恐怕当时在量子力学学习和考试中的郭光灿，其实目的并没有后来那么清晰和明确。

五、专业与专门化

大三基础课全部学完之后，学年末就面临整个大班重新划分专业。参照学生的个人申请，由学校来具体安排。

最后原来的大班一共分为四个专业——第一专业：电子线路专业；第二专业：微波专业；第三专业：电真空专业；第四专业：声学专业。

关于上述“专业”与下述“专门化”，似乎每个人的记忆都不尽相同，回忆起来的名字五花八门，而且有些专业名称似乎经过修改，在不同届别又不完全相同。所以以上专业名称只是根据各人回忆的一种综合性命名，未必准确。比如在郭光灿的应届毕业生成绩表上，填写的就分别是电子物理专业和电子物理专门组。

郭光灿、赵立平、朱敏慧、单焕炎、许子明都被分到第三专业，也就是电真空和电子物理专业。原来在 2 班的赵立平和许子明分别担任班长和团支部书记，单焕炎是生活干事，朱敏慧是班里的几个团小组组长之一，郭光灿则是系学生会成员。张妙兰担任三专业的班主任。

当时还有几位老师，后来与同学们的关系也比较密切，多年后还参加过他们的同学聚会。其中，李相林是一专业的班主任，张维成是二专业的班主任；一专业还有一位曾经留苏的王文涛老师，为他们讲授过电子线路，后来应该担任过系主任助理。

郭光灿所在的第三专业，又被细分为四个“专门化”组，应该类似于后来的具体专业方向——电真空 1 组（301 组）：赵立平就在这一组；电真空 2 组（302 组）：朱慧敏就在这一组；气体放电组（303 组）：郭光灿和单焕炎就在这一组；阴极组（304 组）：许子明和王可立就在这一组。

郭光灿所在的这个气体放电组，专门研究激光，当时主要涉及霓光灯等，所以这个组也被认为就是激光组。

1964 年，学校对各系重新大整合，原五系（无线电电子学系）与原六系（自动化系）合并为新六系，所以在毕业时原来五系的一至四专业分别变成 6061 至 6064 班。郭光灿所在的是 6063 班。

在大四这一年里，大家主要学习一些专业课程。在大学的第五个年头，他们则要开始实习和毕业设计，完成毕业论文。

在最后这一年里，郭光灿仍然是系学生会成员。按照当年的资料记录，1964 至 1965 年度的学生会设主席 1 人，副主席 3 人，文体委员 3 人，宣传委员 2 人，生活委员 2 人，学习委员 2 人——学习委员分别是 6005-3 班的郭光灿和 6006-3 班的雷世钧。不过按郭光灿自己的说法：主要是因为我学习成绩比较好，可以起到标兵示范的作用，其实我的工作能力并不算强，未必适合当干部。

1964 年暑假结束之后的 9 月，全部同学就都各自奔赴实习单位了。第三专业同学的实习单位是电子管厂，赵立平、朱敏慧、王明尔等人所在的 301 组和 302 组前往南京 772 厂实习，郭光灿、单焕炎和许子明所在的 303 组和 304 组则前往北京 774 厂实习。

774 厂特别值得一说，20 世纪 60 年代它是全亚洲最大的电子管厂，号称是一个拥有 3000 名员工的大厂。

1952 年，电子工业 798 联合厂在京郊酒仙桥地区筹建，1954 年开始土建施工，1957 年即告开工生产。与 718 联合厂同时筹建的还有 774 厂和 738 厂，成为新中国电子工业的肇始之端。多年过去，原为北京电子管厂的 774 厂已发展成为京东方科技集团，而 798 联合厂原址则变成了著名的 798 艺术区。

这些在当时看起来颇具现代化色彩的工厂确实让青年学子们大开眼界，一排排自动化生产线让他们从感性上了解了各种元器件的生产流程，此前通过黑板和书本沉淀进他们脑海的知识全都具象化了。

遗憾的是，所有的同学都没能完成实习任务，郭光灿他们只在厂里待了不过一两个月，刚到了用眼睛“见习”尚未进入动手“实习”的阶段，就被匆匆召回学校，要求他们参加“社会主义教育”运动，也就是所谓的“四清”运动，这也是为了贯彻当时提出的所谓“毕业论文都到农村去做”“学好阶级斗争这堂最好的大课”等指示。

其实早在此前的上学期间，每逢农忙时节，郭光灿他们就经常到北京的各个郊区参加农业生产劳动，只不过这一次是要彻底扎到农村去了。

六、意想不到的留校

“四清”运动时郭光灿没有直接下到队里，而是被分配在分团政治部，这属于“四清”运动中的管理部门。他们几个中国科学技术大学的学生与北京市西城区的一些干部混合编队，驻扎在北京顺义沿河公社的团部。那些干部做组长和骨干，他们这些学生做组员。同来的另外两名学生被分在宣传组，郭光灿则被分在组织组。

组织组共有三人，包括两名干部和学生郭光灿，其中一名干部担任组长，属于上面的培养对象。在组织组里，郭光灿的日常工作就是考察工作队队员情况——工作队考察当地干部，组织组则监督工作队干部，有点儿像现在的纪检部门。所以郭光灿经常会参加队里的一些会议，观察工作队干部的工作能力如何，是否犯有什么错误，等等。

与郭光灿不同的是，那些下到队里的同学要与当地老乡同吃同住——集体睡在老乡家的大炕上，吃着老乡提供的派饭（指派农户给临时来村工作的干部提供饭食），共同揭发当地干部的“四不清”问题。

深入农村的生活让大家对社会有了全新的认识，很多东西也让他们感到新奇。初冬时节，当地的老乡会脱下外黑内白的棉袄，光着上身坐在那里晒太阳抓虱子。据朱敏慧回忆，在这里吃住都还可以，应该是派饭给哪家哪家就可以不出工但仍计工分，所以老乡都招待得不错，说是同吃，其实老乡往往会做得比较精细，比如专门给他们烙饼或包饺子，虽说馅里只有菜没有肉，而且他们基本上没吃过窝头。晚上睡大炕的时候，同学们睡在一头，老乡睡在另一头，因为炕下通着外面的灶火，所以也不感觉有多么寒冷。唯一让人发愁的是上厕所，一些玉米秆围着一个厕坑，只要一蹲下就会有猪拱过来，十分吓人。

“四清”运动一搞就是8个月，及至1964年5月回校，大家就面临毕业了，连毕业设计都没来得及做。其实在此之前，班里各个同学的毕业设计导师都被分配好了，郭光灿的导师是中国科学院电子学研究所一位自英国回国的老教授。早在1964年9月，郭光灿就已经拜访过这位导师，两人也进行了一些初步交流和探讨，郭光灿打算在毕业设计中设计一种新型的气体激光器。但“四清”运动一开始，这些计划就全都被打乱了。所以在郭光灿的应届毕业生成绩表中，像其他同学一样盖有“参加‘四清’免作毕业论文”的长方形红章。值得一提的是，在这张成绩表上，郭光灿的各科成绩以5分居多，占了将近七成。不过郭光灿的动手能力似乎不是很强，比如他的“电子线路”课成绩就不是很高，而他的这一特点后来也为不同时期的同事所证实。

就这样，中国科学技术大学无线电电子学系的全体毕业生在1965年7月拍完毕业大合影之后，这群命运多舛的学子便匆匆毕业了。郭光灿获得了无线电电子学学士学位，同时被评为学校的优秀毕业生。

郭光灿所在的班级，最后的毕业人数为178人，其中女生28人。

从入学到毕业这段时间，这些来自祖国各地的年轻学子的理想与志向原本完全一致，然而最终的道路却各不相同。在他们当中，有因为结婚怀孕而早早退学的，有精神状态出了问题的，也有被判刑入狱的，还有不少人因为学业问题留级或退学的。一个时代有一个时代的社会影响和个体命运，一个时代有一个时代的喜怒哀乐与悲欢离合。现如今，这些同学有的在国内外安度晚年，但也有不少已英年早逝或在晚年谢世。

毕业分配的时候，位于现在中国科学院图书馆东面、中国科学院力学研究所西面的中国科学院电子学研究所，接纳了三专业的15名同学，包括赵立平、单焕炎和朱敏慧，当然同时被分去的也有个别来自一专业的同学。其实当年学校也曾找赵立平谈过留校事宜，但他兴趣不是很大——“谁愿意留校？”据许子明回忆，毕业分配时唯一申请留校的是江泽宁，因为江泽宁的母亲曾告诉他：他出身于教育世家，祖父和父亲都曾做过教师，所以希望他也做一名教师——遗憾的是江泽宁最终没能如愿。而许子明则像赵立平一样，从本人意愿来说并不想留校。但命运就是这样：想当教师的没能留校，不想当教师的反而留校了。据这一代的大学生前辈介绍说，当年分配的时候，校方有时会故意与你的个人意愿反着来——想留在大城市的故意把你分配到边远地区，想去最艰苦地方的反而让你留在大城市里。好在江泽宁还是被分到了大城市，只是一个北京人从此开始了在上海的定居生活。

其实郭光灿像赵立平和许子明一样，填报的志愿也是中国科学院电子学研究所，本来并不想留校——当时大多数同学都不想留校。因为在他们看来，留校执教就意味着从此远离科研，而投身科研才是他们真正的理想方向，所以郭光灿的毕业志愿也填写了中国科学院电子学研究所。在计划经济时代，什么都讲究计划，当时高校的教学与分配也是按计划进行的，三专业的同学大部分都留在了中国科学院电子学研究所，二专业的同学大部分都被分到了中国科学院光学精密机械研究所上海分所，所以中国科学院电子学研究所本来就应该是郭光灿等人的注定归宿。不过当时并没有人来和郭光灿商讨他的毕业意向问题，据说在决定他留校之后还时常给他一些“假消息”，诸如“你去了电子所怎样怎样”，这究竟是在考察郭光灿还是真的尚未最后确定就不得而知了。而同期留校的许子明甚至事先都已拿到了前往中国科学院电子学研究所报到的报到证。总之，最后宣布正式分配方案的时候，直接宣布郭光灿留校任教。

值得一提的是，像大部分福建人一样，直到大学毕业时郭光灿的普通话也不过关，5年的时间根本没能让他掌握好流利的普通话。即便是现在，郭光灿的普通话也依旧不好——当然这又要看与谁相比，与他同为福建老乡的一些中国科学技术大学同事相比，郭光灿的普通话又属于其中的佼佼者了，至少还能让人听懂。

总之，郭光灿和许子明就这样留校做了大学教师，当年整个大班应该共有 7 人留校任教。郭光灿被留在了无线电电子学系的电真空专业教研室。

七、校友情深

郭光灿始终没有忘记中国科学技术大学 6005 这个集体，始终没有忘记中国科学技术大学对自己的栽培和哺育。

2008 年，在中国科学技术大学校庆即将举行的前夕，受 6005 级校友的委托，尚在安徽合肥中国科学技术大学任职的郭光灿、丁瑞良和张贻升，将在景德镇特制的雕龙青瓷巨型花瓶献给母校，作为中国科学技术大学建校 50 周年的永久纪念，以表达无线电电子学系 1960 届全体毕业生的心意。这对精致的花瓶刻着的献词是：

强基固本建精品大学，海纳百川育创新英才。

当时班里特意为此征集了对联，陈昊苏、丁瑞良、王德顺、许子明等人等都草拟了对联，最后选用了丁瑞良的。短短的 18 个字是 6005 班全体校友对母校特色和期望的精辟表达。

2007 年，郭光灿获得安徽省重大科技成就奖，奖金 30 万元。于是郭光灿向原来的大学同学提议，大家是否愿意在入学 50 周年纪念也就是 2010 年时来如今的中国科学技术大学一聚，他愿意用自己的奖金解决全部费用。郭光灿希望同学们在还能走得动的时候，到已经迁到安徽合肥的母校来看一看，到自己所在的中国科学院量子信息重点实验室来看一看，同时也到黄山等名胜古迹来看一看。

于是，2010 年 6 月 1—4 日，中国科学技术大学原 6005 级部分校友前往安徽合肥参加庆祝 6005 级入学 50 周年活动，有些人甚至专程从国外赶来。大家在东校区参观了校史馆和郭光灿领导建立的中国科学院量子信息重点实验室，在西校区参观了“娘家”无线电电子学系。1970 年中国科学技术大学迁到合肥之后，无线电电子学系落户现在的西校区。1993 年，无线电电子学系更名为电子工程与信息科学系。1999 年 6 月信息科学技术学院成立，将电子工程与信息科学系纳入其中。大家还与时任校领导进行了座谈。虽然这些昔日同窗已经离开学校整整 45 年，但依然非常关心母校的发展和前途。

参加这次校友聚会的主要是三专业的同学，原年级主任常葆林、班主任王宝成，四专业的史润水、二专业的赵恩惠和沈宗珍也参加了聚会，加上一些校友家属（如赵立平夫人傅波），共计34人。

6月1日在两位昔日同窗丁瑞良、张怡升和实验室老师王涛的陪伴下，大家一起参观了位于合肥的李鸿章故居、安徽名人馆和包公祠。随后这些校友又一起游览了黄山，此次行程郭光灿因事未能陪同，但特意让实验室具有丰富组织经验的王涛负责安排和接待，同时王涛还要联系派车和导游等事宜。6月4日上午大家又参观了宏村，下午还参观了花山谜窟和棠樾牌坊。考虑到大家都已是年近古稀的老人，郭光灿再三嘱咐王涛：校友年事已高，安排活动时一定要相对宽松，吃住标准要高。为了保证大家的健康与安全，郭光灿特地从校医院请来赵振国院士的夫人、资深心血管医生、在美国拥有行医执照的邱肃医生随团保健。一路上郭光灿还不时地打电话询问情况，直到全部校友平平安安地顺利完成了这次愉快的旅行。

大家在安徽的游览费用全都由郭光灿个人赞助，各位同学只要自行解决前来合肥的交通费用即可，甚至有一位老师来往合肥的路费郭光灿也给掏了。按照原来班长赵立平的说法：郭光灿这样做，完全是出于当年的同学情谊。否则他请谁，都比请我们要强，因为请我们是最没有功利意义的了，是对他最不会有实际帮助的。

后来郭光灿回忆说，自己当选为中国科学院院士之后，赵立平曾经对他说过：现在你是院士了，以后你肯定会和以前不一样了。郭光灿摇头说不会。过了几年之后，赵立平见到郭光灿，发现他真的没有什么变化，还是原来的郭光灿，不禁感慨道：你还真是没有什么变化。后来赵立平曾经发自肺腑地说：自己这辈子佩服的人并不多，郭光灿算是一个。

在这次安徽之行之后，各位校友还专门给郭光灿写来一封感谢信。

光灿校友：

在你的全力支持和精心的安排下，我们愉快地回到母校，参加了6005级入学50周年庆祝活动。在这里我们非常感谢你给我们提供的这次机会！

50年前，我们来自五湖四海的学子，经历了各种艰苦的环境磨炼，勤奋苦学五载，心怀壮志奔向祖国各地，为我国的科学事业贡献了自己的一生。可以说，60 级是科大为国家做出突出贡献的一批人才；而你在量子信息科学上的开拓性的成就尤其令我们校友感到高兴和自豪。

这次 6005 级入学 50 周年活动，不仅使我们了解了母校 52 年的发展进程，也为校友的重逢提供了难得的机会。回首我们相识的 50 年，当年朝气蓬勃的青年，现已变成银发满头的老人，但只要我们相聚在一起，仿佛又回到学生时代，沉浸在美好的幸福回忆之中。

我们大家很珍惜你提供的这次聚会。我们再一次感谢你为我们创造了这次难得的机会！我们也希望你身体健康，为我国科学做出更大的贡献！我们也希望以后有机会再一次相聚！

6005 级赴合肥全体校友

2010 年 6 月 6 日

2015 年 9 月 6 日，6005 级同学在中国科学技术大学的北京玉泉路旧址举行了庆祝 6005 级毕业 50 周年聚会，到会校友和老师共 55 人，其中京外校友 8 人，这 8 人中就有郭光灿。在这次聚会上，郭光灿与大家一起高唱校歌，深情致辞，合影留念，举杯欢宴。

2015 年 10 月，老同学谢虎臣在美国因病去世。谢虎臣也是当年留校的七位同学之一，后来调离中国科学技术大学。郭光灿知道此事之后，通过在美国的朋友从花店订购了花篮，代表中国科学技术大学 6005 级校友送到告别仪式上，并向家属表示慰问。为此郭光灿放下手头的工作，整整忙了一天，此举让同学们十分感动。

2016 年 5 月 19 日上午，朱敏慧邀请郭光灿到中国科学院电子学研究所做有关量子信息技术进展的学术报告。报告厅座无虚席，除了中国科学院电子学研究所的专家学者，多名校友也闻讯赶来参加。中午朱敏慧设宴招待郭光灿和校友，席间大家谈论的还是有关量子信息的话题，郭光灿也介绍了自己一路走来的曲折与坎坷。许子明把同学师华在合肥所拍照片的光盘送给郭光灿，还转达了同学李萱曾回到加拿大后发来的感谢微信；同学周群弟也把珍藏的一张 2012 年的《北京晚报》送给郭光灿，上面刊载有郭光灿谈诺贝尔奖的采访报道。

班里出了一位院士，全班师生自然都以郭光灿为荣。同样，在郭光灿心里，也以自己的班级为荣，他始终惦念着这个青年时代共同读书的良好集体。

八、夭折的激光武器

不无讽刺的是，无论是前往科研院所还是留在高等学府，这些志愿投身于科研的学子们都没能马上从事真正的科研工作。

留在中国科学院电子学研究所的那批毕业生，一进所就被派往安徽六安继续参加“四清”运动，自 1965 年下半年一直搞到 1966 年上半年。朱敏慧报到晚了，被分进中国科学院高能物理研究所“四清”队，在这里结识了后来的先生柳怀祖。柳怀祖的父亲柳大纲是中国科学院院士，中国科学院化学研究所所长，同时兼任中国科学技术大学化学物理系主任，至今朱敏慧家里还摆放着他人为柳大纲院士绘制的油画。在朱敏慧的记忆里，这一段可要比在北京顺义的时候苦多了。而在 1966 年 6 月返回北京后，她又开始接待来自各地的“串联”红卫兵，安排他们吃住游行，一路风风雨雨，直到改革开放，才有了新的生机。后来朱敏慧从事微波遥感和雷达技术和信号与信息处理研究，做过中国科学院电子学研究所所长，担任过博士生导师，还是第十届和第十一届全国政协委员（2003—2013 年），2013 年 70 岁时退休。单焕炎后来一直从事与激光器相关的科研工作，退休以后还热衷于科普演讲活动。赵立平自称在中国科学院电子学研究所“一干就是二十年”，改革开放后调到中国科学院院部从事进出口工作，“一干又是二十年”。赵立平是一个相当聪明的人，许子明至今记得上学时他就与自己讨论过有关四维空间的问题。

留在中国科学技术大学的郭光灿和许子明境遇类似。1965 年郭光灿他们毕业留校之后，并没有真正登上讲台，同样再次前往农村参加“四清”运动。这一次郭光灿下乡的地点是北京顺义的高丽营大队张喜庄——其实早在大一那年夏天，他们班就到高丽营参加过夏收劳动。不过这时郭光灿已是教师身份，所以顺理成章地成为工作队的组长。

几乎是前脚刚毕业，后脚就下乡，前后将近一年，可以说留校后就没在学校里面待上几天。不想“四清”工作还没结束，“文化大革命”又开始了，于是郭光灿被召回学校，参加“文化大革命”运动。

其实单从时间上来看，郭光灿实在算是幸运的。

郭光灿1965年留校，1966年5月“文化大革命”就在全国范围内爆发，中国科学技术大学停止招生，教学和科研工作全部陷入停顿，1961级的学生在校长达六年半之久，直到1967年12月才完成毕业分配。而对于郭光灿来说，“文化大革命”前他已在中国科学技术大学站稳了脚跟。

“文化大革命”期间，中国科学技术大学也算是一个重灾区，师生全都“停课闹革命”，各种拉帮结派搞运动。就是在一个教研室里，也会分为两派，想要学习和做科研纯属痴心妄想。虽说自己返校了，但郭光灿还是属于那种逍遥派，不太热衷于这些事情。不过当时每天上班也没有什么具体工作可做，三天两头就是政治学习，科研云云就根本不要想了。而且颇为讽刺的是，郭光灿印象中自己也不是一年后就转正的，好像是在很久之后才转正，每月46元的工资拿了很多年，从经济角度来说与那些因留级推迟毕业的下乡同学没有什么太大区别。职称什么的更不要谈了，“文化大革命”期间根本没有人来管这些事情。

“文化大革命”期间还有很多近乎滑稽的事情，但轮到当事人头上可就不那么好玩了。据说远在吉林的中国科学院长春光机所挖出了“潜伏特务”，“招供”之后殃及中国科学技术大学一些老教师，包括化学系等很多人都涉案牵连。无线电电子学系的向仁生（1917—1985）教授也被“招供”出来。向仁生是微波磁学专家，1942年毕业于清华大学物理系，1949年获美国罗格斯大学物理学博士学位，曾任亚特兰大大学副教授，1951年回国。在有关供词中，甚至有向仁生在西单从事特务接头等活动的荒唐供述。为此，系里专门成立了专案组，对向仁生的特务嫌疑进行调查，政治清白的年轻教师郭光灿也被安排其中。当时有两种意见，一种是“有罪推定”，认为向仁生就是特务，现在要按照这个结论发掘证据；郭光灿则坚持“无罪推定”，认为应该先调查找证据，根据证据再做出结论。郭光灿的意见自然不合时宜，不符合斗争大方向，因而被批为右倾。但郭光灿还是坚持己见，认真调查，最后辗转查到了申健（1915—1992）身上。申健是一位传奇式人物，属于中共情报工作“后三杰”之一，中华人民共和国成立后首任驻古巴大使，“文化大革命”中身陷囹圄。申健出具证明，向仁生年轻时属于进步青年，积极参加抗日活动，自己曾介绍向仁生入党。

最后的结论是：向仁生不但没有重大历史问题，而且还是进步人士，甚至参加过中国共产党。

好在最混乱的日子并没有持续很久。在最初的无序状态过去之后，学校开始“复课闹革命”，科研工作也得到了部分的恢复。当时郭光灿参加了一项科研项目，具体工作是用二氧化碳激光研制武器。这一研究具有明显的时代特征，完全服务于当时的“备战”需要，估计也是上级给中国科学技术大学下达的任务。现在看来这一想法显然不切实际，因为当时的愿望是研制出一种能够打下导弹的激光武器，但就当年的技术而言这多少有些天方夜谭。不过按照郭光灿的说法，学校里的这些知识分子，归根到底还是有一种科研情结，只要能够参与科研工作就会感到非常高兴。

这里有必要简单介绍一下激光。因为在很长一段时间里，郭光灿科研的主要领域就是激光。

激光（light amplification by stimulated emission of radiation，LASER），意即“受激辐射光放大”。一般的光波属于低能量、低密度，而激光的瞬时功率非常强。激光被视为20世纪继原子能、半导体、电脑之后人类的又一重大发明，被誉为“最快的刀”“最准的尺”“最亮的光”。激光的应用非常广泛，由于激光有方向性强、单色性好、亮度高、相干性好等特征，所以作为武器应用的前景也被十分看好。简单来说，激光武器是用高能激光对远距离目标进行精确射击或用于防御导弹的武器，其实古希腊科学家阿基米德（Archimedes）用镜面反射聚焦日光点燃敌人战船的传说，就有些类似激光武器积聚能量的意思。

当时的课题组代号被称为“23号平房”，学校组织了一批人马，大张旗鼓，攻坚攻关。开始是无线电电子学系搞激光的人与力学系搞风洞的人联合研究，后期则是独立从事激光武器的筹备工作。郭光灿与王宝成一起承担了这一任务，王宝成没有学过气体激光，但是郭光灿学过，所以工作起来还算是得心应手，具体工作就是研制二氧化碳激光器。可惜刚刚筹备了几个月，连各种仪器材料都还没有买全，中国科学技术大学就开始了下迁行动，此事也就不了了之了。

“文化大革命”中还有一项活动，那就是全国性的“大串联”。中华大地上的年轻学子们，通过免票乘坐火车、没有钱和粮票却能吃遍各地食堂的方式，走遍了中国的大江南北，名义上是为了交流革命经验，其实很多人借此第一次游历了祖国的大好河山。

也是借着“大串联”的机会，1966 年 6 月，郭光灿终于再次回到了阔别多年的故乡。当时学校里有很多学生是郭光灿的福建同乡，要“串联”时就拉上这位年轻的教师一起返乡。这是郭光灿自到中国科学技术大学上学以来第一次回到福建，第一次回到泉州，第一次回到那个童年时代的小村子白奇。

自从到北京上学之后，郭光灿就再也没机会回过一次家，这里有时间的问题，不过经济因素是更主要的。但郭光灿无时无刻不在惦念着家人，他把自己参加工作后领到的第一个月的工资，除了留下必不可少的饭费，其他全部都寄给了母亲郑算。

在郭光灿上学期间，应该是 1962 年，郭光灿那位曾经挑着担子给女儿和外孙送菜的外祖父谢世。郑老先生生前喜欢抽烟，但又没钱去买烟叶，只好抽地瓜叶，然而用烟油混合过的地瓜叶十分呛人。从某种意义来说，郑老先生可以说是因为生计困窘而死。

九、马尾“老头子”与白奇“眼镜蛇”

当年被就地遣散的十九路军士兵李克勤留在当地成为一名盐警，后在惠安地区的后海加坑入赘郑家，改名郑开成。郑开成婚后育有一子，名叫郑显裕。少年时代的郭光灿随母亲郑算回加坑娘家的时候，郑显裕就与他熟识并经常一起玩耍。

这次郭光灿回加坑看望母亲，还是喜欢找同岁的郑显裕和小几岁的郑金宝一起乱逛闲聊。他们上山游玩时，发现一些植物七零八落地凋谢，郭光灿不禁指责道：“森林怎么不保护？”也许郭光灿那时就有了环保的意识，也许他只是从书本上学到了抽象的概念，因为当地人都知道那些植物本就是一年生，每逢秋天就会死去，从来不会有什么保护的意识。

当郭光灿看到那些人在凿炮眼开山打石头时，再次发出了感慨。这些石材几乎是当地盖房子的唯一建筑材料，当地人一直就是这么埋炸药炸山开石的，但郭光灿却摇摇头说：你们打石头的方式太落后了，一点也不科学。其实根本不用那么费力，以后可以用激光来采石头。一束激光射过来，你要多大多深都可以，半亩大的石头一下子就解决了。郑显裕他们听罢郭光灿的言论，都感到既奇怪又好笑，问他激光采石需要花多少钱呢？郭光灿想了想说：就算把打下来的全部石头都卖掉，恐怕也不够这个钱吧！郑显裕他们听罢不禁哈哈大笑。

在北京读书的郭光灿为家乡的青年带来了新鲜感，也带来了十足的欢乐，他们并不把郭光灿说的话当真，反而觉得那都是异想天开。联想到让郭光灿到地里帮忙拔草却把禾苗拔掉的种种可笑之处，他们一致认为郭光灿一定是读书读傻了，根本不了解乡下的风土人情。很可能就是郑显裕对郭光灿的母亲郑算说：你儿子学到脑袋坏掉了。但多年以后，郑显裕笑着不承认自己说过这话，或者推说忘掉了，同时又坚称确实有人这样说过。

1960 年郭光灿去北京上学时，大专毕业的二哥郑达能已经开始在南平中学教书，教授语文和政治，后来又调到龙岩。郑达能不但教课，还在文娱活动中表现突出，他的音乐造诣始终很高，他的二胡演奏在省里拿过两个一等奖。

郑达能在龙岩的时候，于 1971 年与东园公社龙苍大队小他 12 岁的杨明珠结婚。在这前一年，郭光灿的堂弟郭秋其已到厦门工作，并于 1972 年结婚。郭秋其的母亲黄木耳与郑算十分要好，两人亲如姐妹，所以郭秋其陪黄木耳去东园看过郑算，在租住的房子里见到了生病的郑达能。郑达能患病的原因，大家都认为是水土不服。郑达能年过四十就患上肾病，同时还伴有高血压等病症。郑达能后来调到惠南中学，为了减轻他的工作量，学校也没有让他再教课，而是安排他在图书馆工作。为了照顾郑达能，郑算就在惠南中学校长黄泰南的隔壁租下了房子，所以才有了后来送旧袜子的故事。

郭秋其与郑达能聊到自己想要出门去玩，郑达能说：那很好，坐火车，一路上可以看到很多东西。郑达能对生活的渴望溢于言表。

郑算一方面要照顾儿子郑达能，一方面还要照顾自己年迈的母亲。1988 年 50 岁的儿子郑达能去世之后，94 岁的母亲也离世了，前后只差了 58 天。

郑达能去世之后，郑算一直帮助儿媳杨明珠照顾家庭，看孩子，做家务。值得一提的是，后来这两女一男姐弟三个，又都改回了郭姓，归入族谱。但每年的烧香祭祖，不管爷爷那边还是奶奶那边他们全都照做不误。

郭丙丁的儿子郭廷祥（属于“修”下面一辈，即比郭光灿低一辈）生于 1936 年的中秋之夜。1966 郭廷祥去福州开“学毛主席著作积极分子”

代表大会，在福州日报社正好遇到借“串联”活动回家的郭光灿。当时郭廷祥的工作单位是马尾轮船公司，于是他邀请郭光灿到他那里去。本来郭光灿应该回惠安去看大哥郭辉煌的，但郭辉煌当时也受到了一定的冲击，作为从北京前来的郭光灿为了避嫌，不便出面，所以才来到了福州。

不料一到马尾轮船公司，郭光灿马上便陷入一场大辩论当中。当时全国各地都在举行大辩论，北京来人自然不能放过，郭光灿也是年轻气盛，当即应战辩论。一时间马尾机场聚集起黑压压的一众人，双方唇枪舌剑，你来我往。在那里，郭光灿被大家称为“老头子”，也许是因为旅途劳顿，他的形象比较邋遢。

尽管外形不好，但到底是中国科学技术大学来的老师，在福州人民看来也是“从北京毛主席身边来的”。再加上郭光灿逻辑清晰，口齿伶俐，尤其是对政策把握十分到位，诸如“文化大革命”十六条（即《关于无产阶级文化大革命的决定》）、《全国农业发展纲要四十条》之类脱口而出，如数家珍。在辩论中，郭光灿这边占了压倒性的优势。

虽然没能去看望大哥郭辉煌，但郭光灿还是悄悄回了一趟白奇。在这里，他获得了另一个称谓——“眼镜蛇”，因为他戴着乡下人很少见到的眼镜。让郭清贵（郭良发之孙，郭进财之子，郭光灿之堂兄弟）印象很深的是，他还随身带回一大袋毛泽东像章，各种各样的都有。郭光灿与村里那些童年时代的老友见面聚会，海阔天空地神侃海聊。最后郭光灿特意去看望了黄木耳，然后站在已经不再属于自家的老宅前面，驻足片刻，随后便义无反顾地怅然离去。

几年之后，应该是 1969 年，在中国科学技术大学下迁之前，郭廷祥到北京出差，专程到中国科学技术大学去看望郭光灿。郭光灿带他游览了天安门、颐和园以及当时已改名为“工农兵公园”的北海公园和“红卫兵公园”的景山公园，郭廷祥对景山上那棵崇祯自缢的“罪槐”印象颇深，但其时这棵老槐树已因 1966 年大“串联”期间老树树皮和树枝被各地前来景山公园的红卫兵剥去做纪念品而致死亡，只剩一个光秃秃的枯树干留在那里。

郭廷祥去找郭光灿还有一个目的，那就是想要给他介绍一个女友。他来北京出差的目的是外调，对接单位里有一名小学教师，家就住在景山公园附近。郭廷祥感觉那个女孩挺不错，所以想要介绍给郭光灿，但是郭光灿却没有答应。想必这时郭光灿已经开始与中国科学技术大学的另一位老师赵兰英恋爱了，只是暂时还不愿正式公开而已。

十、饿着肚子下迁

像每一座历史悠久的城市一样，安徽省的省会城市合肥市也有一个经典的中心地区。如今的中国科学技术大学，就坐落在这个中心区域。

与中国科学技术大学戏剧般的迅速建立一样，它的下迁同样颇具戏剧性。只不过前者是一幕喜剧，后者却是一幕悲剧。

有关中国科学技术大学的被迫迁徙，也有着浩如烟海的众多资料。这里所撷取的片段，仍是与郭光灿密切相关的部分。

“文化大革命”伊始，各大高校内部管理瘫痪，几年来不但没有新生招生与毕业生分配，而且学校内部还陷入了彻底的混乱。与此同时，中国与苏联边境摩擦不断，关系极度紧张。据传是为了战备疏散的需要，根据林彪“第一号通令”，部分人员开始向外疏散。没想到这种临时性的疏散，后来引发了一场更大的社会波动。

1969 年 10 月 26 日，中共中央发出《关于高等院校下放问题的通知》，决定将中国科学技术大学、北京建筑工业学院、北京轻工业学院、北京机械学院、北京电力学院、北京水利水电学院、北京石油学院、北京地质学院、北京矿业学院、北京农业大学、北京农业机械化学院、北京林学院、北京铁道学院 13 所农林地矿油水电等工科院校迁出北京，外迁至河北、陕西、山东、安徽、湖北等地，史称“京校外迁”。

中国科学技术大学下迁的选址问题，目前有很多说法，但大抵不外乎以下几种——首先调研人员前往湖北和河南，全都无功而返。先是在湖北遭拒；而在河南南阳，当地负责人坦诚：我们这里土地有的是，3000 亩 5000 亩都没有问题，但实在没有接收一所大学的能力——而这个“没有接收能力”，据说是担心挤占当地的副食指标。继而中国科学技术大学又把目光投向江西和安徽，江西明确表示拒绝，而调研人员感到安徽宣城也不合适。与此同时，当时的中国科学院负责人刘西尧经与安徽省革命委员会主任李德生协商，指令中国科学技术大学战备疏散到安徽省安庆市。

于是，中国科学技术大学的先遣人员 90 人于 1969 年 12 月初赶赴安庆，随后 900 人到达该市。这些人被安置在安庆市委党校的一栋三层小楼里，拥挤不堪，食宿等基本生活根本无法维持，脸都没法洗，饭也吃不上，条件极为艰苦。有个段子描述在安庆居住的拥挤，说是几百号人挤睡在一个房间里，晚上想要翻身都需要喊着“一二三”的号子一起翻才能过去。加上之后发生的几起意外事件，在安庆的中国科学技术大学人员怨声载道，情绪极不稳定。

最终还是由李德生拍板，确定中国科学技术大学落户合肥。其实早在 1969 年 4 月 28 日，李德生就在中国共产党第九届中央委员会第一次全体会议上当选为中共中央政治局候补委员，7 月下旬李德生即被调往北京，参加中央工作，成为中央政治局、国务院业务组与军委办事组的成员，1970 年李德生又被任命为总政治部主任。但李德生同时仍继续兼任安徽省委书记、省革委会主任、南京军区副司令员一系列地方和部队职务，所以还在兼管安徽的具体事宜。

1970 年 1 月，校军宣队政委贺魁民、革委会副主任杨秀清随同中国科学院军代表尚可、革委会副主任王锡鹏到合肥向安徽省革委会主任李德生、副主任娄学政汇报工作并办理移交手续，商定学校搬迁到合肥市，在原合肥师范学院校址办学。据说被占用的合肥师范学院就地解散，其师资后来分散流入安徽其他高校——理工科教师大多调入安徽农学院（现安徽农业大学），文科教师大多调入安徽师范学院（现安徽师范大学）。多年之后有人感喟道：李德生本是一个河南人，却眼看着河南与中国科学技术大学失之交臂，而为安徽做了一件天大的好事。

在中国科学技术大学下迁合肥的同时，全校人员被分散到淮南、马鞍山、铜陵、白湖农场、寿县农场和合肥等地搞“斗、批、改”，半天参加劳动，半天搞“运动”。而所谓“占领反占领”“改造反改造”“搬迁反搬迁”在很长一段时间里也是中国科学技术大学搬到安徽合肥后“斗、批、改”的主旋律。

大约从 1970 年春天起，学校就开始陆续拆除各种实验仪器设备，装箱运往安徽合肥。当时地铁 1 号线玉泉路段已经开挖，校门外延展着长长的深沟，一片狼藉的气氛更加剧了学校下迁的悲壮。中国科学技术大学门口附近原有一段铁路，这时正好派上用场。运输途中行李车需要有人押车，因为郭光灿比较年轻，所以系里就派给他这个任务。郭光灿整理好自己那点家当，在玉泉路的临时车站把行李扔上车，然后自己跳上车，随即开始了漫长的押车之旅。当时他们有好几个车厢，也就有好几个人押车。

这是一节闷罐车，里面堆满了各种办公家具和科研仪器，郭光灿在车厢的角落找了一个空地坐下。火车就这么一路走一路停，整个旅途中人根本没有饭吃，事先也没有人通知他们要自己带饭，后来郭光灿都不记得这几天是怎么熬过来的了。半夜时分，郭光灿也不知到了哪一站，就看到铁路工人拿着手电筒在那里喊来喊去。很可能这么晃晃悠悠地走了足足三天，才最终到达安徽合肥。

十一、落地合肥

中国科学技术大学刚刚落地安徽合肥的时候，完全可以用“狼狈不堪”一词来形容。郭光灿押车到达当时的合肥南站，下车就看到一片泥土地，破旧的就像是一个临时站，很可能当时那里就是一个货运站。而所谓的新校园里更是一片狼藉，到处都是堆满了桌椅家具的竹棚，放眼望去满目凄凉。学校原有的院系建制完全被打乱，各系甚至没有固定的教学场所。原来的合肥师范学院面积本就不大，根本没有几栋像样的教学楼，标志性的建筑就是正对着后来中国科学技术大学老北门的第一教学楼，此外还有图书馆等几栋建筑。在本就不多的教室和实验室里，堆满了陆续运来但还没有拆箱的仪器设备。而周围的农民就在这里养猪放牛，安排他们的畜牧养殖活动。据说当时想要买到一套合适的螺钉螺母，都要返回北京去采购。因为缺少足够的家属宿舍，有些举家下迁的教职工不得不暂时栖身于学生宿舍当中。

明海是中国科学技术大学物理系 1965 级本科生，也是福建人，他 1970 年一毕业留校就赶上了中国科学技术大学从北京向合肥搬迁这一重大历史事件。后来理学院编纂过一部《中国科学技术大学物理五十年》，由中国科学技术大学出版社于 2009 年 11 月出版，这是一部与中国科学技术大学物理学科相关的珍贵历史资料，明海参与了其中大量的编写工作，对搬迁中的诸多往事做了翔实的记录。

总体而言，中国科学技术大学在合肥的状况与在北京的时候可谓天壤之别。

自此，郭光灿就这样留在了安徽合肥。

中国科学技术大学人员与物资的搬迁工作到1970年10月基本结束。根据相关记载，这次搬迁总计组织货运装车超过70次，运货量865吨，装运仪器、器材、图书、档案等35 000箱；迁出家属多达470户，组织职工、学生、家属客运超过20批，约6000人次，用火车皮至少510节，搬迁费达77万元。学校迁入合肥时，设备、物资堆放零乱，仪器设备损失2/3，教师流失50%以上。教学、生活用房严重不足，校舍面积不到6万平方米。1972年，全校讲师以上职称的教师不足百人。即便省会合肥不比安庆艰苦，但与北京相比还是不可同日而语。只看一个数据——刚到合肥的时候，只有6万平方米的房子（可以比较一下如今中国科学技术大学至少有130多万平方米的房子），而在北京时至少有24万平方米的房子，这就相当于是四家人挤到一家去了，条件自然十分艰苦。就是这区区6万平方米，还包括了那些茅草棚。总之不管初衷如何，眼下的情况就是最初的“战备疏散”演变成了学校的整体迁址。

这时“文化大革命”初期的混乱已经过去，运动也已相对平缓，北京大学和清华大学这些高校已经开始招收工农兵学员入学了，但中国科学技术大学却还处在清理和恢复当中，只能力所能及地为全面恢复教学活动做一些准备工作。

郭光灿当时还是单身一人，被安排住进作为教师集体宿舍的筒子楼。在其他老师搬进来之前，郭光灿甚至是一人独享那个12平方米的单间。在后来很长一段时间里，各大高校的筒子楼成为大学教师的标准住宅，大家在宿舍里结婚生子，在楼道里生火做饭，共同使用一个大水房和大厕所。现在，中国科学技术大学里面的这些旧筒子楼早已被全部拆除。

当时无线电电子学系所在的教学楼，就是现在校史馆所在的位置。物理系则设在121楼，位置就在现在图书馆的前面，如今已被拆除。所有的安排都带有一种临时的性质。

尽管说起来所有校舍都是现成的，但教学楼毕竟十分破旧，运送过来的仪器也有很多都已损坏，根本无法再用，所以搬迁到安徽合肥的中国科学技术大学，依旧等于是在废墟上从零重建。物质上的匮乏还在其次，主要是在精神层面大家都人心惶惶，不知道将来会如何发展。当时在学校里是军宣队和工宣队管理一切，虽说运动初期过后也有一些昔日被排挤到一边的学校干部获得解放，但给人的总体感觉还是一切都是未定之数，人们对未来的前途充满忧虑与彷徨。

中国科学技术大学下迁的时候，不少教师做出了不同的选择。有些人在北京原地调换了工作，有些人索性调往其他城市，而有些人则选择继续留在中国科学技术大学。不过此时，很多教师在行政上虽然归属中国科学技术大学，却被下放到全国各地不同的地方。

在这些被下放的教师当中，有一位与郭光灿同岁的年轻女教师，她的名字叫赵兰英。

十二、恋爱

郭沫若开始担任中国科学技术大学校长的时候，还住在西四大院胡同5号。1963年11月，也就是在郭光灿参加量子力学考试之后，郭沫若迁入前海西沿18号居住。这里原是清朝和珅的一座花园，后成为恭亲王（奕䜣）府的草料场和马厩，民国年间恭亲王的后代将王府和花园卖给辅仁大学，并将此处卖给中医世家达仁堂乐家药铺作宅园。这里的主体建筑是建于20世纪20年代的一座两进四合院，20世纪50年代曾做过蒙古驻华大使馆和宋庆龄寓所。1963年4月宋庆龄迁居距此不到2000米的后海北沿46号，半年后郭沫若迁入此地，并一直居住到1978年6月去世。

从这里向北偏东走上不过300米，就到达了前井胡同。前井胡同颇有历史渊源——在清朝乾隆年间始称南官府胡同，清末称前井儿胡同，民国时期将东侧支巷分出称后井儿胡同，1965年改称小井胡同。前井胡同15号为末代皇帝溥仪胞妹金韫馨住宅，1959年溥仪被特赦后曾暂居此处。据说乾隆时期著名将领兆惠的府邸也在前井胡同。

这是一条几乎正南正北走向的胡同。从南边胡同口向北走不了几步，就到了前井胡同18号。这里就是赵兰英的家。

多年以后时过境迁，现在这个院落应该归属于一个名为“北京景里胡同四合院”的传统四合院中，可能也已被作为后海旅游者的观览地之一。

赵兰英家中人丁兴旺，赵兰英的父亲在中华人民共和国成立前曾做过账房先生，中华人民共和国成立后算是职员，赵兰英的母亲无业在家。赵家有五女一子，赵兰英的大姐、二姐都不在北京，家里除了赵兰英之外，还有两个妹妹，以及还在上中学的年龄最小的弟弟。

赵兰英毕业于一所名为北京科技学校的中专学校，毕业后被分配到中国科学技术大学无线电电子学系做实验员。赵兰英与郭光灿同岁，但在1965年郭光灿还是学生的时候，她就已是实验室老师了，并带过郭光灿的实验课。其实赵兰英生于1942年12月23日，比郭光灿还要小半个月。

此次中国科学技术大学下迁，赵兰英的人事关系也随校南下。但无论原来就是北京人的赵兰英还是后来分配到中国科学技术大学的郭光灿，尽管身在安徽合肥，但始终保留着北京户籍——这是中国科学技术大学对所有下迁教职工的政策，包括他们未来的子女的户籍。

郭光灿上大学的时候，大班里的女生人数在1/4左右。学校规定严禁谈恋爱，但照样还是有地下恋情存在，只是直到毕业后甚至毕业多年后才得以公开。当时的总参代培生李金龙总是很晚才回宿舍，大家都以为他在自习室“开夜车”读书，2008年李金龙与王苏炎夫妇到北京参加中国科学技术大学建校50周年纪念活动时，许子明与李金龙聊起此事，李金龙大笑着自己承认，当初其实是在偷偷与王苏炎谈恋爱。多年以后，郭光灿的同班同学史润水在班级博客上戏称：英国威廉王子回到母校圣安德鲁斯大学，提及该校每十名学生中就有一对学生成为恋人并成为终身伴侣，被誉为最浪漫的学校。其实咱们6005班里也有不少地下恋人，只是当初大家并不知情。最后在同班同学张济康的协助下，他们一共统计出13对来。不过许子明站出来评论说：按191人算，才15人中有一对，还是不够“浪漫”。

多年以来总有这样一些误解，在高校学子当中甚至在社会上流传，比如理工科院校的女生稀少，比如理工科女生不解风情，甚至衍生出各种段子。很多人认为理工科女生不够漂亮，至少不如文史类和艺术类专业的女生漂亮。

事实上，当年走在北京的中国科学技术大学校园里的那些女生，全都健康而美丽。

只不过大学期间的郭光灿终日里忙于学业，愁于生活，自然不会有这些额外的想法。但眼下随着工作正常生活稳定，个人问题自然也会被提到议事日程上来。

郭光灿留校之后，热心的同事帮忙介绍撮合，郭光灿与赵兰英两人便开始了初步交往。慢慢地见过几次面，也有过一些交流，这在当时就算是开始“处对象”了。

中国科学技术大学下迁合肥之后，工宣队管理学校，全校师生都被下放到各个工厂。当时 1964 级和 1965 级的学生都没有毕业，继续“留校闹革命”，郭光灿作为教师，带着 1964 级三专业的学生来到安徽淮南造纸厂，参加“清理思想政治”活动。在此之前，当郭光灿还在北京的时候，赵兰英就已被下放到广西桂林电子管厂，因为据说中国科学技术大学下迁前也曾考虑过选址桂林。不过后来赵兰英也来到了淮南，与二专业的张维成老师一起，应该是在淮南电厂。

在赵兰英即将下放之际，郭光灿和赵兰英两人就意识到他们即将天各一方。所以在此之前，郭光灿特意来到前井胡同 18 号登门拜访，算是见过未来的岳父岳母，获得了赵兰英一家的认可。

郭光灿来到合肥之后，在与赵兰英保持联系的同时，继续着自己的工作。所谓工作，其实也就是各种运动与学习。其时学校早已停课，学生们也都在参加轰轰烈烈的运动，所以教师也就没有什么正式的教学工作。另外，这一时期郭光灿的大部分时间都在工厂里带学生劳动，并没有在合肥的中国科学技术大学校园生活多久。

即便如此，我们还是要回首描绘一下这里的校园。

随着局势的逐渐稳定，后来中国科学技术大学也为教师盖了不少住宅楼，当然有些楼还要等上数年甚至数十年才能入住。后来郭光灿也搬过很多次家，辗转住过不少房子，有些还是与他人合住。如今这些低矮老旧的昔日住宅楼早已破败不堪，在这些建筑身边矗立的参天大树也许比这些建筑还要年长，大树从它们建起那天起就在注视着它们，也许还会注视很长的时间，从那艳丽的外表一直看到颜色褪尽，直到如今的外墙上贴满了斑驳陆离的求租广告。

现在，这些住宅里往往都住着一些老人。像所有的名校、老校一样，高等学府里的老龄化比社会上更加明显。很多教师的孩子都在国外，而留下这些耄耋之年的父辈留守校园。北京如此，上海如此，全国各地都如此，中国科学技术大学也不例外。

可是又有谁知道，在这片即将被遗忘的楼群里，又曾住过哪些声名显赫的院士和学者？在这些蹒跚的年迈者中，又有多少人培养出过众多闻名于世的科研英才？

在中国科学技术大学校园外的东面，宿松路上有一座古色古香的建筑，外形像极了上海汇丰银行的旧址（现上海浦东发展银行）。笔者想象着它多少年来一直站在那里，注视着中国科学技术大学校园的发展变迁，颇为感慨。但后来郭光灿的学术秘书段开敏道出真相：那是电业局新盖的仿古建筑。当年他在物理楼的实验室里，眼看着它一点一点地在 2000 年才被建起来。

即便没有那么多的历史沧桑感，我们依旧能够看到一个具有深厚底蕴又越来越美丽的中国科学技术大学校园。

而如今，走在中国科学技术大学校园里的那些女生，依旧健康而美丽。

十三、第一次乘坐飞机

当郭光灿还在淮南造纸厂的时候，“文化大革命”最混乱阶段的浪潮就已开始逐渐退去，“复课闹革命”成为各高校的主流思潮。中国科学技术大学自然也有同样的动作，成立了等同于原来教务处机构的教改组。但原来负责教务的老师也都被下放了，让谁回来参与新时期的教改呢？

首先需要考察人选，至少在政治上要清白干净，没有争议。学校打算从 6 个系的每个系里抽调一名留校的年轻教师，临时调入教改组参加工作，负责制订学校的教学计划以及安排未来招生的相关事宜。郭光灿所在的无线电电子学系是一个大系，自然要出一个人选，而郭光灿又属于不参与任何派别的逍遥派人士，所以是合适人选。于是系里就把他单独招了回来，而那些与他同去的 1964 级学生还留在工厂继续劳动。

自此，郭光灿开始了他一生中短暂的行政生涯。

1971 年 4 月 15 日至 7 月 31 日，全国教育工作会议在北京召开，这是对中国教育未来数年具有十分重要意义的会议。虽然会上全面否定了中华人民共和国成立 17 年来的教育方针，但毕竟是要研究恢复高等院校招生等事宜，所以在那个特殊的年代里还是具有一定的积极意义。参加这次会议的有各省（自治区、直辖市）以及国务院有关部委、军委各总部和各军兵种主管教育工作的负责人，自然还有 198 所高等院校（包括军队系统院校）的代表，共计 631 人。

这一会议对郭光灿的影响十分巨大。中国科学技术大学派出两名代表参加这次会议，分别是学校的党委副书记、军宣队政委姜智敏和主管教学的副校长钱志道。钱志道教授是化工专家，1935 年毕业于浙江大学化学系，1938 年即到达延安，在那里担任制造炸药的总工程师，曾获毛泽东的亲笔题词——“热心创造”。为出席这次会议，他们两位代表需要配备一名秘书，于是郭光灿被要求作为秘书同行。

这是郭光灿有生以来第一次乘坐飞机。

从历史记载来看，这次会议旷日持久，但郭光灿记得他们所参加的会议部分持续了一两个星期。在这次会议上，有关教育的问题争论很大。也正是在这次会议上，做出了一个重要决定：高等学校恢复招收新生——招收初中毕业并经过两年以上劳动锻炼的工农兵学员。所以会议结束之后，郭光灿一回到学校，即开始着手策划全校的招生工作与课程安排。

虽说郭光灿不是会议代表，没有资格参与会议讨论，但因他主要负责记录和整理资料，所以还是了解到会议的许多具体内容。令他印象最深的一个问题是“中科大将来由谁来管”。因为当时中国科学院的有些领导似乎不想再继续管理中国科学技术大学，想要甩掉这个“包袱”，一时间中国科学技术大学几乎要成为一个没娘的孩子；而当时第三机械工业部却对中国科学技术大学产生了十分浓厚的兴趣，想要将其收入囊中。

此后不久，第三机械工业部与学校军宣队便开始了漫长的谈判与交涉。

这些谈判郭光灿也全都参与了，亲历了整个过程。起初基本上大局已定，连文件都批下来了，但第三机械工业部却有自己的想法，最后双方分歧很大。

原来，中国科学技术大学原本是一所具备较强理工基础的高等院校，而第三机械工业部当时的想法却比较实际，希望这所大学能够直接为军工生产服务，所以希望对现有的中国科学技术大学院系进行大规模改造，可谓是大动干戈。对于中国科学技术大学的现有专业，第三机械工业部认为，有些专业可以全盘接收，有些专业需要大力改造，而有些专业则想完全弃之不用，最终的目的是将其改造成为一所纯粹的工科院校。第三机械工业部的这一初衷，自然与中国科学技术大学校方的原本预期出入较大，所以第三机械工业部算是勉强管理了中国科学技术大学两年，最后这件事还是无疾而终，不了了之。

简单还原一下整个事件大体历程的官方说法——1971 年 9 月，国务院决定将中国科学技术大学改为由安徽省与第三机械工业部双重领导，以安徽省为主，之后中国科学技术大学确实进行了一些系和专业的调整。1973 年 1 月，国务院决定中国科学技术大学的基建和经费等仍由中国科学院归口安排。1975 年 9 月，中国科学院经请示国务院，决定中国科学技术大学由以安徽省领导为主改为以中国科学院领导为主，由中国科学院和安徽省双重领导。

对郭光灿个人来说，这次会议与这些谈判，让他开阔了眼界，增长了见识，丰富了阅历，也为他今后的工作奠定了一定的基础。

十四、结婚与“回炉班”

虽说已相隔两地，天各一方，但郭光灿与赵兰英的感情仍在持续升温。郭光灿在京开会期间，会议方曾请与会者看戏，郭光灿还特意拿着戏票来到赵兰英家，叫上未来的岳母和小舅子一起去看戏。

这时赵兰英也已重返中国科学技术大学校园，只不过时过境迁物是人非，校址已从北京变成了合肥。既然郭赵两人都已回到校园，大家也算暂时安定踏实下来，于是开始筹备结婚成家的事宜。

其实也没有什么可筹备的，那时结婚不像现在的年轻人这样精心筹划，恨不得一年前就要提前预订好举办婚礼的酒店。1971 年秋天，郭光灿与赵兰英在安徽合肥登记结婚，也没有搞什么特别的仪式，就是回北京见了一下赵兰英的家人，勉强算作当时还算时髦的旅行结婚。到了北京之后，郭光灿与赵兰英全家一起吃了一顿饭，回合肥之后两人又在各自单位里发了一圈糖，所谓大婚之事也就这样简单地办下来了。

郭光灿与赵兰英结婚之后，学校为这对年轻的新婚夫妇分了房子。不过那只是一套大单元房中的一个小房间，也就是说，郭光灿要与另外两家合住在一个单元里面，厨房与厕所全都共用——这种情况在当年的高校中也非常普遍。郭光灿与赵兰英分到的那间房子大概不足 8 平方米，勉强能放下一张双人床。可事实上他们连张双人床都没有，新婚的卧榻就是用两张单人床拼起来的。

在这种条件下，生活的艰辛可想而知。当时郭光灿每个月的工资是56元，还要拿出10元给远在福建的母亲郑算汇去，赵兰英每个月的工资只有37.5元，两人就靠着这80多元过上一个月。

虽然手头并不宽裕，但两个人的生活毕竟还能凑合，1972年儿子郭涛的诞生，更让原本就已捉襟见肘的窘迫生活雪上加霜。对于一个双职工家庭来说，他们根本没有时间和精力自己抚养孩子。好在赵兰英待产期间就在北京休养，所以郭涛1972年7月4日生于北京。一休完产假，赵兰英就返回合肥上班，刚出生不久的郭涛只能被留在北京的外祖父母家，靠喝牛奶长大。

经过迁校与几年的动乱，此时的中国科学技术大学已元气大伤。说是恢复招生，但其时学校的师资力量奇缺，毕竟那些从北京跟来后又长期留任的教师十分稀少，算下来最后只剩下一两百人，很多课程都难以为继，根本开不下去。

1972年，随校下迁的刘达被恢复了校党委书记职务，重新接手中国科学技术大学的烂摊子。其时中国科学技术大学已处于濒临解体的边缘，如今来管理它不啻第二次创业。学校先是重建了数理化基础教研室，广大师生在如此恶劣的条件下重新开始了教学科研工作，只可惜整个学校的师资力量依旧严重不足。所以从1972年下半年开始，校党委书记、革委会主任刘达多次召开会议，讨论师资队伍建设问题。刘达提出一个建议：既然师资力量欠缺，就应该让此前那些分配到社会上的学生返校进修，以补充现有的教师队伍力量。事实上刘达对师资问题一直十分重视，早在中国科学技术大学成立之初，他就从其他院校和科研单位调入第一批师资力量，继而又在中国科学技术大学前三届毕业生中留下一批师资力量（郭光灿就属于这批留校教师中的一员），现在历史又要让他选择第三批师资力量。

经过反复讨论之后，中国科学技术大学决定采取两项重要措施：第一项是举办教师培训班，第二项是从全国各地不拘一格地调入一批教师。第一期教师进修班是把分配在中国科学技术大学各部门的1964级和1965级学生集中起来，学习高等数学和四大力学等基础课程，结业后主要分配在数学教研室和物理教研室担任学校基础课教师，物理系的留校教师明海就是进修班的一员。为这些学员上课的都是学校里水平最高的教师，包括钱临照、史济怀、张家铝等。第二期教师进修班则是把部分分配到全国各地的1964级和1965级毕业生召回中国科学技术大学，在全国范围内“回收”这些毕业生，从中挑选出300余名学生参加“回炉班”，组织和安排他们回校学习。1975年，经过两年多时间的培训之后，这些人被补充到学校师资力量当中，迅速走上教师岗位，成为中国科学技术大学教学的骨干力量。后来很多在中国科学技术大学独当一面的学者，有不少都是当年的“回炉”学子。郭光灿当时的工作之一，就是为这些“回炉”重修的学员安排课程计划。

两期教师进修班为中国科学技术大学培养了大批优秀教师，后来这些人中的大部分人都曾出国进修，成为中国科学技术大学教学和科研的骨干力量。

与此同时，中国科学技术大学又从全国各地物色调入200名教师，师资队伍建设取得了重要进展，为后来形成以年轻人才为主体的师资队伍奠定了良好的基础。

话说远了，到20世纪80年代时，中国科学技术大学已形成以当年下迁合肥后留在学校工作的中青年教师为主体与调入的教师和各届毕业生结合在一起的教师队伍。说当初留在中国科学技术大学的教师是主体，不仅是因为他们人数较多，已成为各系各专业的业务骨干，更重要的是，他们全面继承了老一辈教师与科研人员共同创立的中国科学技术大学优良学风和校风，起到了一种承上启下的作用，保持了中国科学技术大学的鲜明特色。这些主体教师当中，自然也包括郭光灿。

十五、“基辛格博士”

郭涛是在三四岁的时候被接来合肥的。也许是因为孩子不习惯，也许是因为年轻的郭光灿和赵兰英在做父母方面缺乏经验，郭涛晚上总是不肯睡觉，啼哭不止，搞得郭光灿夫妇疲惫不堪，只能轮流抱着孩子哄睡。因为没有人照看年幼的郭涛，太小的孩子又上不了幼儿园，白天只好把他送到别人家，给人家一些钱，算是帮忙看护。

郭涛来到合肥之后，郭光灿和赵兰英两人的生活就显得更加拮据了，有时到了月末的时候，在书架上偶然发现一张五角的纸币都会让他们夫妻二人兴奋不已。那时做饭都是烧煤，无论是煤球还是蜂窝煤，都要自己到三孝口去拉，算下来也要走上3500米。夫妻俩平时几乎没有什么娱乐活动，顶多是一起走上一刻钟，到当时还算是繁华区的合肥南七里站看一场电影，此外也就是看学校放映的免费露天电影了。

好在在这一时期的各项工作中，郭光灿受到了学校很大程度上的重视。在涉及有关中国科学技术大学的一些重大问题上，有关领导都希望郭光灿能够参与意见，这显然是对他工作能力的一种认可与赞许，当时甚至有人戏称郭光灿为中国科学技术大学的“基辛格博士”。只要稍微了解一些历史背景的人就应该知道，其时中国与美国刚开始初步接触，美国国务卿基辛格在包括尼克松访华等一系列中美交往活动中起到了举足轻重的作用，是以中国人民对他多有了解，当年社会上还流传有一套内部参考资料版的基辛格传记。事实上作为美国国务卿，基辛格在美国的影响非常大，故而这一戏称自然是同事对郭光灿工作能力的赞誉。

这时的郭光灿，因为没有机会搞科研，空有一身聪明才智却无用武之地，所以才在行政工作中崭露头角。

不过郭光灿的“行政生涯”还是没能坚持下去，这在很大程度上基于他对一件事情的认识。1973年发生了“张铁生白卷事件”，即下乡知青张铁生凭借白卷升入大学一事。这件事让郭光灿深感自己的思想跟不上形势发展，也许不适合目前这种教学与科研之外的工作。这件事对郭光灿的触动很大，他认为在这种环境下，自己还是去搞业务更加合适，同时也更加“安全”。再说搞业务不但是自己的长项，而且自己也真心喜欢。于是，郭光灿坚决要求离开教改组。

当时负责教务的领导是何作涛。何作涛以前做过无线电电子学系的总支书记，部队出身，有一定的知识背景，但说起话来比较直率，在“文化大革命”中自然会挨整，如今算是以“被解放的干部”的身份参与教改工作。何作涛希望郭光灿能留下来，并承诺将来提拔他为教改组的副组长(相当于现在的副处级)。但郭光灿这人有时也比较“轴”，一旦决定下来的事情九头牛也拉不回来，还是坚决要走，扔下这摊行政事务只身来到物理系。

早在1972年，学校为了加强物理系激光教研室的力量，就已将无线电电子学系的电真空教研室并入物理系激光教研室，所以从关系上郭光灿和王宝成等人等于被调入物理系，与物理系原有的一些科研人员一起从事气体激光研究，此举可以说是促进了物理系激光教研室的发展。所以，郭光灿想要回到业务口，就只能是回到物理系。

不过当时就有一些资格较老的教师对郭光灿的行为摇头不认可，他们在“文化大革命”中挨过批受过整，所以总是心有余悸。他们私下劝说郭光灿：你怎么能和领导这样直接顶牛呢？这对你是相当不利的啊！但郭光灿不听劝阻，执意要离开。

也许是因为郭光灿的态度非常坚决，后来领导经过一番研究，认为他上学时学习成绩就很好，也许搞业务工作更适合他，只得同意他回到物理系。

郭光灿来到物理系后，参与的工作是气体激光研究，这也算是他的老本行了。当时物理系已经有人在搞激光研究的项目，但都属于固体激光范畴，没有人搞气体激光研究，于是郭光灿等原无线电电子学系的人就参与了进来。这应该是在 1975 年之前的事情。

郭光灿所在的物理系激光教研室气体激光组，被安排在原来 121 楼东边的艺术楼里，也就是现在的校行政楼。他们组在楼的最西边，在这里，郭光灿担任气体激光组的组长，他选择的课题是氮分子激光器，后来这一课题一直延续到改革开放之初，后荣获 1978 年全国科学大会科技成果奖和中国科学院重要科研成果奖。

有些事情也许只是偶然，也许就是命中注定。另外一位原来也是物理专业出身的同事，没有像郭光灿一样离开教改组，而是继续留在那里工作，后来也确实被提拔为副组长，还到了外办等其他部门。但在政治风波迭起的年代，一个真正的知识分子往往很难游刃有余地应对自如，最后果然出了问题，不得不重回系里再执教鞭。而这时郭光灿的科研工作已有所起色，言谈间这位同事多少有些后悔外加羡慕。

关于这一点，郭光灿坦承：他之所以坚决离开行政岗位回归业务领域，一来是他觉得自己对形势的变化实在把握不足，心有恐慌；二来是自己不擅长上下打点，同事关系虽然比较好，但对领导的脸色难以了解又不擅判断，今后很难有所作为。一句话，郭光灿对自己处理人际关系的能力缺乏足够的信心。他认为，假如自己能遇到一位开明的领导，也许还能做好这类工作，否则肯定如履薄冰，寸步难行。

郭光灿来到物理系后，一方面参与有关激光研究的项目，一方面还要给学生上课。郭光灿先是给那些工农兵学员教授专业课——激光物理。事实上，物理系在 1964 年就正式为 1960 级光谱专门化的学生开设受激发射（激光）原理课程。1965 年，也就是从 1961 级开始，正式开设受激发射（激光）专业，这是我国高校设立的第一个激光专业。中国科学技术大学 1972—1976 级工农兵学员学制曾改为三年，在当时的知识体系安排方面要求讲求实用，所以激光物理课算是他们的重要课程之一。

在这段时间里，还有一件郭光灿直接负责的事情特别值得一提。

十六、招生插曲

其实早在李德生安排好中国科学技术大学搬迁这项工程之前，他就正式奉调进京前往中央供职了。当时安徽蚌埠是一个铁路枢纽，进京的火车大多要经过此地。也许那段时间李德生经常往返于京皖，也许就是他正式进京就职那次，总之有一次火车暂停蚌埠期间，他曾下车来走走看看，并与附近的孩子聊上几句天。

在这群半大孩子当中，有一个男孩叫刘文清。

刘文清 1954 年生于蚌埠。刘家祖籍江苏徐州，祖辈为避战祸迁居安徽蚌埠。刘文清家中贫寒，父亲在澡堂做服务员，母亲无业在家，两人均不识字。此外家里还有年迈的祖母和年幼的妹妹，一家人全靠父亲一个月 42 元的收入勉强度日。

刘文清上小学五年级时，“文化大革命”开始，学校停课。对于孩子来说，这倒是一段颇为惬意的时光。刘文清开始涉猎各种运动，单杠、双杠、吊环、石锁样样精通。这帮孩子还经常结伴到淮河里游泳，甚至还有更加危险的举动——由于家就在铁道附近，那里的少年有扒火车外出游玩的习惯，他们甚至搭乘这种“顺风车”一直到过上海。而刘文清的一名同学，就因为扒火车失败而压断了双腿。

闲散了大约两年的时间，在“复课闹革命”的大潮中，刘文清进入蚌埠第三中学读书。该校历史悠久，中华人民共和国成立前后都很有名，其前身是一所教会学校，1958 年还接受过刘少奇的视察。不过基于当时的社会环境，再好的学校学习环境也就那么回事。当时学校里只开设两门课——工业基础知识和农业基础知识。所学的内容都是极为具体和贴近实际的知识，诸如播种耕作、机械操作等，各种数、理、化、地、生的知识也就这样融入其中，倒也真的联系实际。刘文清就这样在蚌埠第三中学学习了两年，即告初中毕业。

了解这一时期历史的人都知道，其时正是上山下乡运动开展得十分红火的年代，家里有孩子的总要有一个下乡“接受贫下中农再教育”，躲是躲不过去的。但刘文清十分幸运，他毕业时刚好赶上 1970 年这一年可以分配工作，而且有四个方向可供选择——农村、工厂、兵团、上学。

基于当时的现实情况，刘文清认为继续求学深造也未必就有什么更好的前途，而且家中又急需经济收入，是以选择了工厂。就这样，刘文清进了蚌埠无线电四厂，成为一名年轻的钳工，负责生产扬声器，也就是喇叭。刘文清第一年学徒期间月薪 18 元，出师后应该达到了 32 元——联想到大刘文清十多岁的大学教师郭光灿的月工资也不过 56 元，大学实验员赵兰英的月工资也不过 37.5 元，刘文清也算是收入不菲了。在“工人阶级领导一切”的年代，刘文清的这一选择无疑是十分正确的。

大约是在 1973 年，刘文清有一次到安徽合肥出差，下榻于长江饭店。他闲来无事想出去转转，于是就开始研究合肥地图，结果发现西南方向有一所中国科学技术大学。当时刘文清心想：这所大学的名字听起来很好，要是有机会能进这所学校学习倒是不错。

当然，当时刘文清也只是随便想想而已，毕竟这是一件完全不切实际的事情，过后他就把这一闪念抛到了脑后，根本没有放在心上。但刘文清没有想到的是，仅仅一年多之后，他居然真的梦想成真了。

说话就到了 1975 年，刘文清与郭光灿发生了第一次生活轨迹的交叉。

1975 年 1 月，复出后的邓小平开始主持中央和国务院的日常工作，针对“文化大革命”造成的混乱局面进行全面整顿，这次调整后来被定性为所谓的“右倾翻案风”。中国科学技术大学在招生工作中，不再像过去那样只是简单推荐，至少需要进行考试选拔。

于是在 1975 年，郭光灿来到蚌埠，为中国科学技术大学选拔人才。

虽说当年招生与后来的高考有诸多不同，比如首先必须过政审关，政审不合格根本不会再有下文，但同样也有专业考试。刘文清先是通过了笔试，郭光灿从中挑选了几个人，随后刘文清便参加了面试。

刘文清至今记得，郭光灿面试他的考核总题目，名曰“数理化在工作中的运用”。其中一个比较具体的问题是，在一个圆形铁板中截一块方形的铁板，最大的边长应该是多少？当时仅有初中文化的刘文清迅速而准确地回答了这个问题。对刘文清的考核让郭光灿非常满意。

那一年中国科学技术大学在蚌埠只有两个招生名额，但报考的人却很多，毕竟这也算是改变人生命运的一个重要途径。刘文清所属的工厂属于电子工业局，经由局里推荐的报名者就有四五十人之多。在名额奇缺的情况下，就难免会出现一些问题和争议。据说当时一个名额已被一名干部子弟获得，还有一名竞争者家境也相似。但由于科研需要，当时郭光灿非常需要一名懂钳工技术的人才，所以在招考中也有所侧重，自然更倾向于招收刘文清。当年的刘文清既有实际经验，又有一定程度的数理基础，所以郭光灿力荐刘文清。由于郭光灿的强烈主张和态度坚决，学校最终选择了刘文清。

结果同期竞争的那家人不干了，上告到有关部门，说郭光灿以权谋私，收受财物，当时流行的话还不叫“收贿受贿”，而是叫“走后门”。

中国科学技术大学校方对此十分重视，郭光灿则坦然接受了调查，他自然不怕，因为他根本不可能收受任何东西。真要调查的话，刘文清家即便不是家徒四壁，但那相对贫寒的家境也根本不足以让他行贿。

郭光灿不知道的是，学校还真的专门派人进行了外调。刘文清记得，当时应该是学校的后勤处长直接来蚌埠找到他，再次考问了一些基础知识，大有重考一遍的架势。

最后证明，刘文清完全符合入学条件，这才得以顺利入学。

1975 年 9 月正式开学，因为这一届学生基础相对薄弱，很多人都缺乏大学预备知识甚至是高中知识，需要系统补课。刘文清他们应该是中国科学技术大学最后一届工农兵学员，关于这批学生，中国科学技术大学教授黄吉虎曾讲过这样一个故事：一名女生前一天学到圆周是 360 度，第二天看到小一些的圆就认为圆周是 280 度——相比之下，上述郭光灿考刘文清的有关圆的题目，已经算是相当难的了。

大概是当年 7 月，这批新生被集中起来补课，但此时中国科学技术大学的往届学生尚未离校，因此补课被安排在后来的合肥市“科学岛”上，也就是刘文清后来供职的中国科学院安徽光学精密机械研究所所在的地方。

后来的事实证明，郭光灿的选择十分正确。刘文清不但在学习上进步很快，而且在实验技术方面充分发挥了应有的作用。

当然，刘文清本人的生活状况也由此得到了改变。他不但进入中国科学技术大学深造，而且由于他此前的五年工龄还能让他带薪读书，学习之余在生活中他的特长也发挥殆尽——他连脸盆架都会自己焊！

1978 年 11 月，刘文清自中国科学技术大学物理系毕业，被分配到中国科学院安徽光学精密机械研究所工作至今。

此后刘文清的道路可谓一帆风顺。1990 年获中国科学院安徽光学精密机械研究所理学硕士学位，1995 年获希腊克里特大学博士学位。现任中国科学院安徽光学精密机械研究所所长，国家环境光学监测仪器工程技术研究中心主任，研究员，博士生导师。

刘文清主要从事环境监测技术研究和应用方面的工作，成功地将光谱学技术应用于环境监测，开拓了我国环境光学监测技术新领域；发展了高灵敏环境监测新方法和新技术，达到了国际先进水平；研发了系列先进环境监测设备，促进了我国环境监测技术的进步。刘文清于 2007 年和 2011 年两次获得国家科学技术进步奖二等奖，2016 年获何梁何利基金科学与技术进步奖。2013 年 12 月，刘文清当选为中国工程院院士。

此后，刘文清与郭光灿在工作和科研上多有交集，在此不再一一赘述。

需要特别指出的是，不管怎样，刘文清的命运因郭光灿而彻底改变。多年之后，中国少了一个以八级钳工身份退休的工人，却多了一位中国工程院院士。

十七、特别的 1976

自现在郭光灿所在的中国科学院量子信息重点实验室出发，走不了几步就是几栋相当陈旧的居民楼，其中一栋就是四层的 136 楼。在很长一段时间里，郭光灿一家就住在 136 楼的二层。一个单元三个房间住三家人，厨房与厕所都是大家共用，郭光灿家就住在面积最小的 8 平方米的那一间里。后来其中一家搬走，郭光灿家被调到面积较大的一间，条件稍好一些。此后他们又搬过一次家，就是与 136 楼近在咫尺的 142 号楼。这次是两家合住，而他们家住在面积稍微大一点的那一间，条件比以前有了有限的提高。郭涛只记得及至改革开放之后还搬过一次，搬到176号楼，条件更好了一些。

再往前走几步，就是郭光灿现在所居住的、有诸多院士和专家居住其中的两栋新楼。在建这两栋住宅之前，这里本来是标号为1、2、3、4的四栋建筑。郭光灿家曾居住在这里的1号楼，那是他们第一次享受了独门独户的居住待遇——那已是多年以后的事情了。

不但居住条件窘迫，其他方面同样如此。当年很多高校教师家里的家具都是向学校借用的，买家具同样也算是一项奢侈的消费。1983年郭光灿出国回来后才自己花钱买了沙发，但买沙发要到北面很远的地方去拉，那是一座家具厂的仓库，郭光灿借来板车，自己在前面拉，赵兰英在后面推，硬是靠着肩挑人扛把沙发给拉了回来。

郭涛开始有童年印象和记忆的时候，已经生活在安徽合肥的中国科学技术大学院内了，婴幼儿时期的北京城对他来说模糊而遥远。

每天晚上，当郭涛和赵兰英都准备睡觉了，郭光灿还趴在那里读书，有时郭涛夜里起夜，还看到郭光灿依旧在灯下苦读。当时的郭光灿自然不可能有独立的书房，只有这么一间卧室，他只好坐靠在窗边读书，经常夜里两三点还不睡觉。按照当年的规定，合肥冬天没有暖气，但为了照顾学生，中国科学技术大学一迁来合肥就为学生宿舍安装了暖气——照顾学生一直是中国科学技术大学保持多年的优良传统，但却苦了宿舍没有暖气的教师，夜里十分寒冷，郭光灿就在这种寒冷的环境中研读。这些镜头给郭涛留下了太深的印象，以至于当他长大之后郭光灿希望他子承父业学习物理时，他大摇其头坚决不肯，说学习物理实在太辛苦了，从自己的父亲身上他就能深刻地体会到这一点。

其实在那个年代，尤其是在后来改革开放之后，像郭光灿这般年纪的知识分子都在发奋努力，希望能把“文化大革命”中浪费的时间抓紧补回来，以便再次迎头赶上，赶快取得一些能拿得出手的成绩来。毕竟老一代学人已功成名就无须努力，而更年轻的一代学子还有着大把的时间和机会，只有像郭光灿这一年龄段的人面临着一种十分尴尬的境地，努力与不努力的结果会差别巨大。

接下来郭涛便进了幼儿园，但由于工作繁忙，经济窘困，所以郭光灿夫妇一直也不敢再生二胎。

其实郭涛上的也不算是什么正式幼儿园，就是中国科学技术大学家属自己办的半家庭式幼儿班，由几个学校家属来照看几个学校教师的小孩。后来郭涛小学和中学也都没有离开中国科学技术大学，分别上的是学校附属小学和附属中学，大学则考到了北京。

由于年龄太小，所以对1976年政治上的多事之秋郭涛印象不深，但对盛夏时节的唐山大地震却记忆犹新。其实安徽合肥距离河北唐山十分遥远，所以当地并没有什么震感，但在中国科学技术大学里还是人心惶惶，因为传说李四光预言的所谓地震带上很多地方都发生了地震，而合肥恰巧也在其中一条线上。所以大家纷纷在校园里搭盖起地震棚来，并真在地震棚里住了短暂的一段时间。

他们当时搭建的所谓地震棚，基本上就是最简陋的那一种。郭涛记得他们在露天草地上固定了一顶蚊帐，就勉强算是地震棚了。郭光灿一家在地震棚里住了一个星期左右，有一天郭涛实在太饿了，郭光灿就把他带回楼上，也不记得当时炒了一个什么菜，郭涛觉得特别好吃，一直在心里牢记了很多年。后来郭涛还特意问过父亲，但郭光灿对此却毫无印象了。也许郭涛记住的不是那个菜的味道，而是鲜少做饭的父亲在那样一个特殊年代里给自己留下的父爱印记。

最终大家在地震棚里也就住了一个多星期，有一天突降暴雨，这些非地震灾区的“灾民”们实在熬不下去了，趁机各自跑回家中。毕竟河北唐山距离安徽合肥实在太远，所以中国科学技术大学校园的这场抗震工作也就这么匆匆忙忙地尴尬结束了。

对于中国人民来说，除了唐山大地震，1976年还是承上启下的标志性一年。只不过郭涛年纪太小，对此没有什么深刻体会罢了。

这一年是中华民族命运多舛的一年。年初周恩来去世，地震前朱德去世，地震后毛泽东去世，绝大多数老百姓都深感彷徨，对未来极度忧虑。但“四人帮”被打倒之后，郭光灿等人还是十分高兴的，因为在“文化大革命”中他们认为大家都在拥护毛主席，保卫毛主席，虽然也有分歧，但所有人的目标都是一致的，但为什么还那么乱呢？直到现在大家才知道，原来所有的问题都是“四人帮”搞出来的！所以郭光灿等人对粉碎“四人帮”还是非常高兴的，觉得国家幸甚，民族有望。上述这些看法，其实反映出当时中国科学技术大学师生乃至全社会老百姓朴素的“人心思定”的思想感情。

紧接着高考正式恢复招生，工作重点转移到经济建设上来，同时开始重新重视知识分子。这一系列的政策变化，让包括郭光灿在内的所有人觉得，中国社会真的要发生巨大变革了。

改革开放之后，从中央到地方都格外重视教育。上述外迁的13所高校，一部分返回北京复校，比如北京农业大学；一部分开始两地办学，原址设在北京的研究生部成立了另一个办学实体，比如中国石油大学、中国地质大学、中国矿业大学。但这些学校后来也陆续加强了在京力量，扩充了首都校园的教学工作；还有一部分就在地方扎根，其中最典型的就是中国科学技术大学。

不是没有回来的想法，事实上，中国科学技术大学从刚一外迁就有回京的念头，始终没有放弃。早在刚到安徽合肥不久，尚在教改组的郭光灿就曾与另外几名教师一起联名上书周恩来，希望中国科学技术大学能重返北京，但他们不知此信应该如何传递，于是找到校长郭沫若，希望郭沫若能够代呈。但郭沫若说，总理已经很忙了，不要再给他添麻烦，就没有帮忙转交。后来郭光灿等人又到华罗庚家里拜访，希望代转此信，华罗庚倒是非常热情，答应保证送到。但后来传回消息，周恩来说：中国科学院要在合肥搞一个科学城，现在不是正合适嘛。此后还有过种种呼吁，但都未能如愿。

改革开放之后，中国科学技术大学的返京申请依旧迟迟没被批复，据说其中一个原因是当时在玉泉路的校址已被其他单位占用，无法腾挪。当年与郭光灿一起留校的许子明等9人再次联名上书中央，直接给邓小平写信，提出希望中国科学技术大学迁回北京的想法，但当年许子明等人并没有得到回复，最终还是没有下文。中国科学技术大学回京无望让许多人感到格外失望，许子明就是其中一员。既然学校回京无望，许子明干脆自己离开，于1981年全家调回北京，先去了北京轻工业学院（后与北京商学院合并为北京工商大学），后来又开公司。

多年以后，许子明才辗转得知当年邓小平对此信有过批示，但最终还是没能改变中国科学技术大学无法回迁北京的事实。不过许子明等人在信中提出“直接从应届高中生中录取新生”的建议，对恢复高考起到了一定的积极推动作用，也算是功德无量。

事实上，当年郭光灿同班同学留校 7 人，最后只剩下 3 人，分别是郭光灿、张贻升、徐善驾。

1977 年，眼看着回京无望，中国科学技术大学师生提出了“扎根安徽，把科大建成一个能够独立进行高水平的教学和科研的重点大学”的豪迈口号，但大家心中到底是何滋味，就不为外人所知了。

有一个细节可以佐证这种说不清道不明的个中滋味。在中国科学技术大学的老北门内，有一条通往第一教学楼的宽阔道路，道路两边开满了美丽的樱花，现在的中国科学技术大学学生都称它为“樱花大道”，但老人们却称之为“玉泉北路”——这一带有明显地理特征的名称与记忆，成为中科大人对那个永远也回不去的地方的深深怀念。

十八、愤愤不平的年轻时代

好在当时的整体环境还是令人振奋的，校外校内都是一片改革之声。

1978 年，中国科学技术大学创建了国内第一个研究生院，创办了国内第一个少年班。在整个 20 世纪 80 年代，中国科学技术大学在中国高校中都位居前列，独领风骚。1984 年，英国《自然》杂志曾撰文赞誉：“在中国，最令人鼓舞的学校要数中国科学技术大学了，她的蓬勃朝气与成就给人以深刻的印象。”

与此同时，街上流行起了蛤蟆镜和喇叭裤，为此小青年热捧而老年人愤怒。单位的小黑白电视机则被摆到露天，大家一起兴奋地观看《追捕》之类的外国影视剧。总之，一切都在悄悄地发生着改变。

不管怎么说，当时像郭光灿这样的中青年知识分子都感到格外兴奋，因为眼下的趋势绝对是要走教育与科技强国之路的。对于他们这些正值壮年的高校教师与科研人员来说，尽管黄金十年已被荒废，但现在至少可以重回本行，重走科研之路，还是很有盼头的。

趁着改革开放振兴科技的春风，郭光灿又继续做了一段实验上的科研工作，而且做得也还可以。但在做了一段之后，郭光灿发现此路不通，毕竟在经历了“文化大革命”之后，经济崩溃，百废待兴。对于有限的国家财政来说，首先要解决的是基本的民生问题，虽然国家也在提倡科研强国，但真正的科研投入却凤毛麟角，杯水车薪。

郭光灿的实验科研，还是延续此前的气体激光研究。气体激光在当时也算是热门研究领域，当时国内各个单位都在搞气体激光器，但所有的研究基本上离不开传统的“三大样”，即所谓三大气体激光器——二氧化碳激光器（红外）、氦氖激光器（红色）、氩离子激光器（绿色）。

郭光灿不想简单重复他人的工作，希望能够搞出一点儿新意。经过一番审慎的调研，郭光灿将目光投向了氮分子气体激光器。氮分子气体激光器是一种以氮气为主要工作材料的激光发射装置，它所产生的紫外激光有很多新的用途，也可以充当其他染料激光器的泵浦。所谓“泵浦”，是一种用光将电子从原子或分子中的较低能级升高到较高能级的过程。在国外，氮分子气体激光器很早就被研制出来了，但在国内这一领域尚属空白。

于是郭光灿下定决心，另辟蹊径，开始着手研究氮分子激光器。用这种氮分子激光器将紫外激光打在染料上后，可以调谐不同波长的染料激光，这不但可以填补国内科研的一项空白，还具有相当的实用价值。氮分子激光器发射出的紫外光，打在荧光粉上可以发光，所以当人服用罗丹明6G之后，癌细胞在氮分子激光器的“扫视”下就可以“显形”，而这就可以作为检查皮肤癌的一种有力工具。因为这一研究项目的实用价值非常强，所以当时郭光灿甚至还计划与相关医院商谈合作，为诊断和治疗皮肤癌提供相应的检验指标。后来针对这两个项目发表了论文《N_2激光泵浦的可调谐染料激光器》和《氮分子激光器 Blumlein 电路的研究》，分别刊载于《中国科学技术大学学报》（1975 年）和《激光》（1979 年）。

1978 年 3 月 18 至 31 日，中共中央在人民大会堂召开全国科学大会。召开这一大会旨在制定科学技术发展规划，表彰知识界的先进单位和先进人物，奖励优秀研究成果，充分调动广大知识分子的积极性和创造性，以便实现党在新时期的总任务。在有 6000 人参加的开幕会上，中共中央副主席、国务院副总理邓小平发表重要讲话，号召“树雄心，立大志，向科学技术现代化进军”。邓小平特别指出，“现代化的关键是科学技术现代化”“知识分子是工人阶级的一部分”，并重申了“科学技术是生产力”这一马克思主义基本观点，从而澄清了长期束缚科学技术发展的重大理论是非问题，打开了“文化大革命”以来长期禁锢知识分子的桎梏，迎来了一个科学的春天。

这次全国科学大会，对全中国的知识分子尤其是科研人员，无疑是一次巨大的鞭策和鼓舞。郭光灿也不例外，心情格外激动，他所研究的“氮分子激光器的研制和应用”也荣幸地在这一次大会上获奖，这一项目还获得了中国科学院的各种奖励。不过郭光灿自己十分清醒，他知道其实氮分子激光器在国外早有研究，早在1963年就被研制出来了，“至今已觉不新鲜”，自己完全是读着国外文献“照葫芦画瓢”做出来的，算是“剑走偏锋”地填补了国内的空白。但毕竟当年国内的科研水平还比较低，所以国家对这一成果授奖以资鼓励。按照郭光灿自己的话说，这属于“矬子里面拔将军”。

不过研究和获奖的过程也不是一帆风顺。当时这个项目也算是多方合作，人员来源相对复杂，所以在这些科研人员当中也有不少矛盾。偏巧这时学校要派人到人民大会堂领奖，领导就决定派另一个人去，其实他进入这一项目的时间较晚，排名也在郭光灿之后，派他领奖实在没有什么道理。后来郭光灿坦承，自己当年也是年轻气盛，对此事表示出了极大的愤慨。结果这么一闹，最后的结果是学校谁也没派去北京领奖。

虽然郭光灿未能亲自去领奖，但这个奖最终还是被领回来了，所以在学校里还要再搞一次颁奖仪式。但这次领导依旧没让郭光灿上台去领奖，而是让教研室主任羊国光代为领奖，当然羊国光并不完全了解前因后果，只是代表教研室把这个奖领回来了。这件事让郭光灿感到非常生气，而且溢于言表，回到家后也是一言不发，坐在那里生了很长时间的闷气，赵兰英则在旁边开导劝说，让他不要因这点小事动气，实在是不值得、犯不着。

不要计较，不要在意……很多事情说起来都是这样，大家都明白这个道理，但是赶上自己的时候，情感上总还是过不去，所以这件事导致郭光灿的情绪低落了很久。他感到自己白辛苦了一场，三四年的努力就这么付之东流了，而且被彻底无视了。当时有句俗话“想吃红烧肉，就要先养猪”，现在“养猪”的人没获奖，“烧肉”的人却得了奖，郭光灿自然大不满意。即便是在多年之后，郭光灿谈起此事时依旧感到愤愤不平。

事实上，郭光灿所遭遇的并非个别现象。在那个时代，处于科研第一线的研究人员对于他人不劳而获、窃取劳动成果的行为就已深恶痛绝。宋代诗人张俞有诗云：“昨日入城市，归来泪满巾。遍身罗绮者，不是养蚕人。”而这首《蚕妇》据说曾被科研领域的不满者套用：“昨日庆功会，归来泪满巾。披红戴花者，不是科研人。”

还有一种说法，认为郭光灿之所以被无视，主要是领导不喜欢他，因为他属于那种“只专不红”的科研人员，而当年需要的却是“又红又专”的科研人员。对此郭光灿也感到十分困惑，即便是按照当时的标准来说，也不能说郭光灿不“红”——他不但为学校做过很多行政工作，政治面貌又是中共党员，如何就被归入“只专不红”之列呢？难道业务上突出者便可轻易被打上“只专不红”的标签，而只会耍嘴皮子者才能称得上“又红又专”不成？

十九、告别实验后的摸索

情绪的波动自然容易过去，但这件事给郭光灿带来的不仅是心理上的不满，同时也促使他开始认真思考这件事的来龙去脉，它从另一个侧面警醒了郭光灿。事实上，这时郭光灿就已经意识到，搞实验性科研项目需要足够的科研经费，说白了就是需要钱，所以当时在中国想要从事实验性的科研工作，几乎是没有可能的，因为在改革开放之初国民经济水平相对较低的前提下，实验所需要花费的钱完全不可估量，在当时可谓是“天文数字”。

在此之前，当郭光灿等人勉强搞一点实验性科研时，买不起的仪器就只能自己制作，很多板材也需要自己加工，全都是自己刷自己做。很多东西都要自己想办法，甚至连开关都需要自己制作，而且全都是土法上马，不是用电烙铁烫，就是亲自上车床加工。这就要求科学家必须掌握各种专业技术，既要是钳工又要是电工还要是车工，甚至还要负责采购和运输等各种具体事宜，每件事情都要亲自动手，亲力亲为。偶尔破费一次买到一台像样一点儿的仪器，也像捧着个宝贝一样小心翼翼地呵护。郭光灿就曾经亲手捧过这样一个“宝贝”——那可真的是“捧着”！那次为了购买一台测量数万伏高压的测量仪器，郭光灿专程前往北京，买到手之后一路小心呵护，两个“大球”被他抱着上了火车，恨不得从北京一直抱到合肥。

在这种条件下，要想搞出高水平的实验是非常困难的。此前郭光灿的获奖成果也不过就是填补了国内空白而已，在世界上其实没有什么地位。那时候，一笔科研经费根本都上不了万元，能有几千元就已经算是非常多了，而那台郭光灿小心呵护一路捧抱的仪器，不过区区几百元。

所以，在1978—1979年这段时间，郭光灿彻底告别了实验。

但放弃了实验不等于放弃了科研，郭光灿开始将目光投向理论研究领域。理论研究无须大量经费，比较适合这时的科研实际。

那么，从哪个方向着手进行理论研究呢？郭光灿开始对当时的一些前沿学科进行广泛的梳理，同时阅读大量的国外文献。这时，大学期间学过的量子力学再一次映入他的眼帘。假如用量子力学理论来研究光学，也就是所谓的量子光学，应该是一条新路——这绝对是一个好思路！

所以，20世纪80年代初，郭光灿就开始刻意地朝量子光学这一方向瞄准和进击。

在这里，我们不妨回顾一下有关光学的发展，尤其是身在安徽境内的中国古代科学家对光学的贡献。

光学（optics）是一门具有悠久历史的学科。古希腊数学家欧几里得的《反射光学》就研究了光的反射。西方一般将阿拉伯中世纪数学家、自然科学家和哲学家伊本·海赛姆（Ibnal Haitham）视为“光学之父”，他的五卷本《光学之书》对西方光学特别是开普勒和牛顿的光学研究产生过重要影响。

但其实光学的发展史还可以追溯到更早，早到至少2000多年前。公元前400年以后，中国的《墨经》中就记录了世界上最早的光学知识，其中有8条关于光学的详细记载。后来北宋科学家沈括所著的《梦溪笔谈》中，也对当时的光学研究有过详细记载。

及至近代，中国在光学方面乃至整个科学研究方面都有所落后，但研究者依旧存在。当17世纪上半叶光的反射定律和折射定律已在西方光学中确立地位时，在中国痴迷于光学研究者依旧大有人在。

这里要说两位安徽籍的光学研究者。

方以智（1611—1671），明代著名思想家、哲学家、科学家，南直隶桐城（今安徽桐城）人。方以智一生著述颇多，囊括诸多门类，其中对光学现象和理论也颇多涉及。方以智在其《物理小识》中曾提出过一种朴素的光波动学说，认为光的产生是气受到激发的缘故。由于气弥漫分布于所有空间，彼此间无任何空隙，被激发的气必然要与周围静止的气发生相互作用，将激发传递出去，这就形成了光的传播。

从这个所谓“气光波动说”的角度出发，方以智进一步提出了光不走直线的观点，将其称为“光肥影瘦”。他认为光在传播过程中，总要向几何光学的阴影范围内侵入，使有光区扩大而阴影区缩小。而由于“光肥影瘦”现象的存在，基于光线直进性质进行的测量得到的结果都不准确。为了证实自己的观点，他还做了小孔成像实验，并且努力用自己的理论去解释常见的光学现象。比如他就运用“光肥影瘦”理论，指出人眼所见的太阳圆面比实际发光体要大，因此按几何方法进行的测量并不准确。此外，方以智对于光的反射、折射、色散等现象也有独到的见解。

郑复光（1780—约 1853），清代著名科学家，安徽歙县人，精通数学、物理与机械制造。1846 年写成《镜镜詅痴》5 卷。郑复光在科学领域最出色的研究显然在光学方面。郑复光经过数十年观察、实验和研究，终于在道光十五年（1835 年）著成、道光二十六年（1846 年）出版有《镜镜詅痴》一书，集当时中西方光学知识和理论于大成。全书共 5 卷 7 万余字，对物体的颜色，光的直线传播、反射、折射，反射镜和透镜的成像，光学仪器的制造都进行了全面详细的阐述。书中还介绍了幻灯机的原理、装置和调制方法，介绍了用望远镜进行天文观测的多种方法。此外，作者还自创了一些光学概念和名词。从内容编排而言，该书深受欧几里得的《几何原本》和汤若望的《远镜说》影响，注重结构严谨和逻辑清晰，对光学诸多相关问题讨论得十分全面。梁启超在 1923 年所著的《中国近三百年学术史》中对郑复光极为推崇，而《中国光学史》一书则认为，《镜镜詅痴》“堪称一部几何光学专著，也是中国古代物理学史上第一部科学专著”。

虽说郑复光开辟了一个相对独立的光学理论系统，但对于后世光学发展的影响却不是很大，这主要是因为咸丰三年（1853 年，距《镜镜詅痴》出版仅 7 年），张福僖就与艾约瑟合译了西方光学著作《光论》，相对系统地介绍了近代科学中的光学理论。

当然，限于当年的条件和认识能力，方以智和郑复光对于许多光学现象和理论的解释并不正确，但至少展现出中国古代科学家，特别是安徽当地古代科学家对于光学研究的努力。

自近代科学引入中国以来，统治光学领域的一直是经典光学理论。事实上早在 20 世纪初，物理学界从光的干涉、衍射、偏振以及运动物体的光学现象确证了光是电磁波，同时从热辐射、光电效应、光压以及光的化学作用等方面毋庸置疑地证明了光的量子性特性。但在具体解释各种光学现象的时候，物理学界始终偏爱经典解释，尤其是在20世纪80年代之前的中国光学界。

现在，另外一位身在安徽的中国科学家郭光灿，试图重新诠释光这种现象了。

当时，国内搞激光研究的基本就是那么几家：中国科学院物理研究所和上海光学精密机械研究所，以及清华大学、北京大学、复旦大学等，这些科研院所在光学领域都比中国科学技术大学的水平要高。但是大家都不约而同地不搞量子光学研究，只搞经典光学理论，最多也就是复旦大学往前多走了半步，搞了一点半经典光学理论，但也就到此为止了。因为当时光学界的主流观点，也就是激光界的主流观点，认为经典光学理论已经完全成熟，半经典光学理论也趋于完善，用经典和半经典光学理论足以解释所有的激光现象，也就可以解决所有的具体问题，故而在他们看来，引入量子光学的概念实属多此一举，因为各种光学现象中的量子效应其实很低。所以，当郭光灿试图在量子光学方向深入研究的时候，几乎没有一个人支持他。

但郭光灿却不这样认为，他认为这里面一定有搞头。一方面，实验性的科研让他无法继续前行；另一方面，纯粹出于好奇，一种新理论在向他频频招手。郭光灿洞见这一貌似玄虚的概念后面，一定有一片无限广阔的天地，这让他产生了一种奋勇向前摸索的浓厚兴趣。

于是，郭光灿开始去听理论物理专业研究生的课程，他希望首先获得一种理论上的基本把握，同时继续关注国外的最新科技资料。遗憾的是，学校图书馆里的资料文献残缺不全，而且有很长时间的滞后，郭光灿能够从中获得的信息十分有限。

这时的郭光灿，就如同一个人在黑暗中摸索一般，小心翼翼，踯躅前行，逐步进入那个神秘而未知的量子世界当中。

第三章　开启量子之光

一、近乎“裸考”

就在郭光灿对量子光学初窥门径的时候，时间的列车驶进20世纪80年代，恰逢其时地为郭光灿带来了一个弥足珍贵的机会——出国进行学术交流。

其实早在1978年6月23日，邓小平就对留学工作做出过重要指示：“我赞成留学生的数量增大，主要搞自然科学。要成千成万地派，不是只派十个八个……”于是，教育部开始选派第一批赴美留学人员，从清华大学、北京大学、中国科学院等大学和科研机构选拔出50名学者前往美国。其时中美两国之间尚未正式建交，这些人不但赴美学习相关的前沿专业知识，同时也为两个大国的关系发展做了见证，打了前站。此后，自中国前往世界各地留学和访学的人员蜂拥而出，真正实现了邓小平所说的“成千成万”，甚至达到了数十万数百万之众。而郭光灿，即将成为这百万大军中的一员。

1980年，郭光灿终于获得了一个出国访学的机会，将以访问学者的身份前往国外进行学术交流。这次出国之行，在郭光灿的人生里程中将成为一个相当重要的节点，甚至可以说，郭光灿就是从这里开始真正洞悉了量子世界的秘密。

不过说到这次出国，从预备阶段直到最后踏出国门，全都颇具戏剧性，即便不能用“险象环生”这样的夸张词汇，至少用“好事多磨”一词来形容绝不为过。当时只要其中任何一个环节出了问题，郭光灿就会与这一宝贵的机会失之交臂，交肩错过。

首先是出国名额的问题。由于中国科学技术大学与中国科学院之间的密切关系，中国科学院给了中国科学技术大学不少的出国名额，但落实到物理系，名单上却没有郭光灿的名字。毕竟郭光灿是从无线电电子学系转到物理系来的，也许系里还不太了解郭光灿的情况，也许还有论资排辈远近亲疏等诸多因素，总之那些出国名额都给了原本就在物理系里的一些年轻教师。当郭光灿提出希望出国的申请时，中国科学院下拨的那些名额已经用完，郭光灿眼看就要与这次访学机会擦肩而过了。

好在当时中国科学技术大学人事处处长王溪松对郭光灿比较了解。王溪松于 1959 年考入中国科学技术大学，比郭光灿高一个年级，他为郭光灿不能出国交流而深感惋惜。王溪松知道，这一年教育部也给了安徽省两个光学领域的访问学者名额，于是他联系省教育厅，希望获得其中一个名额，但省教育厅认为这是省里的名额，很不情愿拨给以中国科学院领导为主的中国科学技术大学。不过这显然不是一个冠冕堂皇的理由，于是经过双方具体协商，省教育厅提出一个比较公正的方案：用考核的方式来决定人选。

郭光灿同意参加考核。

其实通过中国科学院获得出国名额的那些访问学者，根本无须参加什么考试。既然郭光灿没有走通那条路，在这条路上就多了这么几场考试。

考试由省属的安徽大学主持，由他们负责主考和出题。此时距离报名考试只剩下一个星期，于是郭光灿直接跑到安徽大学，问清考试的具体要求：专业方面都要考什么？外语需要考哪一门？等等。得到的答复是：专业课要考两门课程，一门应该是量子力学，另一门应该是电磁场理论。外语则可以自行选择，考生可以在三门语言——英语、俄语、日语中任选一门。

郭光灿考虑到专业课反正也来不及再准备了，凭借自己的专业知识应该可以应对自如。不过外语还是可以再突击一下的，这应该算是一个短期提分项。于是他又询问清楚外语考试的具体要求，以及可供复习的考试范围，然后回到学校图书馆寻找相关教材。

结果在图书馆里郭光灿却碰了壁。首先考试采用的英语教材，是当年风靡全国的《许国璋英语》，极为热门抢手，早就被人借光了。馆藏的俄语教材也残缺不全，只有考试选用的由湖南大学主编的日语教材还有完整的一套。

好吧，那就选择日语吧！毕竟郭光灿在大学期间自修过一段日语，也不能算是完全的零基础。于是，郭光灿临阵磨枪地突击了一个星期的日语，就这么仓促地上了考场，按现在的说法，就算不是纯粹的“裸考”，也近乎“衣不遮体”了。

平心而论，虽说是安徽大学出题，但他们做得十分公正，其时安徽大学内部同样也有人参加日语考试，但刚一考完安徽大学就将考卷直接密封交给省教育厅，由他们去评判。省教育厅同样也十分公正，只看分数不看人，郭光灿的分数确实比较高。就这样，郭光灿顺利地通过了这次出国名额考试。

二、过境被拒

虽说郭光灿参加的是日语考试，但这只是出国资格考试，只是表明具有基本的外语水平。郭光灿即将前往的毕竟是英语系国家，所以他还是要补习英语。

这时那些拿到中国科学院出国名额的访问学者，早已坐在学校的教室里学习了几个月的英语，由专门请来的一名女外教来教授。郭光灿只好半路插班听课，刚开始的时候基本上跟不上进度，就连老师叫他的英文名字时他都不知所云。对此郭光灿难免有些担心，几乎想要打退堂鼓。此时，妻子赵兰英在郭光灿的身后支持和鼓励他，让他千万不要因为这点挫折就放弃这一难得的机会。好在经过一番努力，在一两个月的强化学习之后，郭光灿的英语便掌握得相当好了，最终的笔试竟然获得了第一名，只不过口试还是稍差一些。

这时教育部开始安排具体的出国目的地，为郭光灿安排的国家居然是日本，理由是他参加的是日语考试！郭光灿申辩说，我申请的大学在加拿大，教育部答复因他当初考的是日语，郭光灿反驳说当时不是规定考哪一门都可以吗？一番口舌交涉，郭光灿这才被重新改派到加拿大。

加拿大对于访问学者的要求十分严格，需要申请者提供高考分数和大学学习分数。郭光灿只好请泉州五中和中国科学技术大学查档案、开证明。直到这时，郭光灿才第一次知道了自己的高考成绩。

当时与郭光灿一起开具高考成绩证明的还有学校里的另一位老师，他们一人申请去加拿大一人申请去法国。那位老师看到郭光灿的高考成绩单之后，摇摇头开了句玩笑说：幸亏我没申请去加拿大，我可不敢把自己的成绩单与你的成绩单放在一起送过去，否则人家一定会要你不要我。我还是辛苦学一年法语然后踏踏实实去法国吧！

当然郭光灿同样需要再学英语，学校的学习只是基础性的敲门砖，真要出国交流还要再强化学习整整一个学期的英语。出国这件事确定下来之后，郭光灿就开始正式学习英语，这回可不是一般性的基础学习了，而是进入上海外国语学院这种专业外语院校，编入出国留学生预备部三班，全脱产学习一个学期。在这段时间里，郭光灿的英语水平突飞猛进。1980 年的最后一天，这些来自全国各地的近 20 名同学，还与外教老师一起到照相馆合影留念。

经过前后一年的认真学习和准备，郭光灿自信已经从语言方面获得了走出国门的门票，打算前往加拿大施展拳脚了。可没想到已经万事俱备，临到国门边上，又出了一段额外的小插曲。

此前郭光灿从未踏出过国门一步，自从 1960 年与留苏之行失之交臂后，也确实没有过这种机会。现在，他就要前往大洋彼岸去读书学习了。

当时所有前往加拿大访学的学者，被组团安排到同一个航班上，郭光灿还被任命为这个临时小组的组长，他们计划到了加拿大首都渥太华之后再各自分开。临行之前，大家不但在教育部接受了数日的外事教育，还统一在出国人员服务部定制了黑色的西装——早年中国专家出国时都是这样，有统一的服饰和提包。最后所有人员集中在上海出关。

这个由 18 人组成的团队动身了。自北京起飞，在上海出关，结果一行人全部过关失败——全体被挡在了国门之内。

原来，这些前往加拿大的访学人员需要过境美国，但他们的美国签证却早已过期，因此被拒绝出境。当时所有外事活动都由上级安排，根本没有人懂得这些外交上的基本规则。

一行人只好暂时留在国内，但他们同样遭遇到巨大的困难。

现在的年轻人恐怕难以理解当时的很多政策，比如对于出国人员，无论长期还是短期，国家都要求他们将随身携带的人民币和粮票全部留在国内，一张钞票和粮票都不许带出国门。郭光灿一行事先早已将这些钱粮票据清理干净，现在身无分文（只有少量美元），无钱无粮，举目无亲，眼看就要饿肚子了。

这时，教育部伸出援手，临时安排上海第二外国语学院接收这批在大热天里挥汗如雨的“难民”，专门派了一辆车过来接他们。于是，这十几个人就这样在国内又耽搁了一个星期。

后来，这件事还被教育部作为外事教育中的一个典型，提醒其他出国人员格外注意。

1981 年 9 月，在经历了诸多坎坷之后，郭光灿终于得以成行。

于是，20 世纪 80 年代之初，郭光灿就这么磕磕绊绊地第一次走出国门，来到了加拿大的多伦多大学。

三、多伦多的阳光

多伦多大学坐落于加拿大第一大城市多伦多，在郭光灿走进这座美丽校园的时候，这座始建于 1827 年的名校已有超过一个半世纪的历史。

多伦多大学是世界著名公立研究型大学，是十大公立研究型大学之一，不但是享誉全球的顶尖高等学府，还是美国大学协会中仅有的两所非美国学府之一（另一所为位于加拿大蒙特利尔的麦吉尔大学）。多伦多大学治学严谨，管理严格，2019 年初的寒冬大雪之后曾传出过这样一个故事——多伦多大学自建校以来只有过四次停课经历，分别是因为第一次世界大战、第二次世界大战、学校发生火灾、2019 年 1 月 28 日暴风雪。不过在 2020 年全球新型冠状病毒肺炎疫情之后，这个故事恐怕又要改写。

在飞机上待了十多个小时之后，这一临时团队的成员在渥太华分别，当天晚上郭光灿终于到达多伦多，在当地留学生组织的接待下暂时安顿下来。

郭光灿出国属于国家公派，虽然国家被固定在加拿大，但学校可以自由选择，多伦多大学是加拿大最好的一所高校，郭光灿自然就选择了这所学校。在选择导师的时候，郭光灿也相应地选择了最接近自己专业的老师，物理系一位研究激光器的教授——道克・梅（D. May）。不过当时没有网络，资料很少，所以郭光灿对于未来导师的情况也不甚了解，这一选择多少有些盲目。

到了多伦多大学之后，郭光灿深感这确实是加拿大最好的一所学校，自己的导师也确实是这里最好的老师，但他所联系的这位导师依旧还是侧重实验方面的，从事激光器研究，并希望郭光灿与自己一起进行激光器研究。郭光灿心想：这样学完回去还是没法继续搞科研，因为当时国内没有实验条件，于是他便提出要学习量子光学。但这位导师老师自己并不搞量子光学，于是帮他联系到系里搞理论最好的一位老师——约翰・希普（John Sipe），由他们两人共同来带郭光灿，但名义上郭光灿还是道克・梅的学生。对于郭光灿改换门庭改弦更张，导师倒也不是很在意，反正这名学生不是导师这边提供经费，而是由中国的教育部出钱，所以郭光灿在选择上才有一定的自由度。

当时与郭光灿一起工作的，除了加拿大本国学生，还有与他一样的外国学生，比如一名来自波兰的女生。还有两名华人，一名是来自台湾的博士，一名是来自澳门的博士后，系里的秘书和一名实验室的玻璃工也是华人。每当周末，他们经常邀请郭光灿到家中吃饭聚会，十分友好。

20 世纪 80 年代，单就物价而言，国内与经济比较发达的国家相比，还是差距悬殊。在加拿大，不要说下饭馆，就是自己动手做饭，都会觉得奇贵无比。相对来说，面包、牛奶、鸡蛋还算便宜，肉类里面鸡肉属于最便宜的。当时刚出国的人都很不理解为什么鸡肉会如此便宜，更不理解“吃鸡阶层”为什么在国外被归为穷人阶层。所以郭光灿等人刚出国时还十分高兴，因为当时在国内吃鸡还属于改善生活之举，比较难得。他们用锅来炖鸡，上面漂着一层厚厚的油，现在想起来其实很不健康，但在当时也算是给肚子里增加了油水。他们把老母鸡炖好之后放在冰箱里，每天拿出来吃一些。但青菜几乎吃不起，好在还有一些水果可以吃，有些水果比较贵，有些水果因为不易保存而比较便宜，比如香蕉。所以，郭光灿等人经常会买一些快要烂掉的香蕉来吃，后来郭光灿回忆说，自己那段时间似乎是吃完了一辈子的香蕉。

也就是在这时，郭光灿养成了抽烟的习惯。但出于经济原因，抽的烟不是很多，毕竟一包烟要 1 加元。回国后，这一习惯延续了下来，抽烟最多的时候是 1985 年左右，郭光灿一天要抽上将近两盒烟。

为了节省生活费，郭光灿等人可以说是想尽了办法。多伦多满街都是自动售报机，当地的报纸里夹有很多广告和宣传单，有些直接就是可以用作折扣的优惠券——与现在国内的营销手段倒是十分相似。他们就拿着这些优惠券到处找便宜东西。开始的时候，他们偶尔也去旧货市场买一些廉价用品。还有一些家庭旧货处理，一般是周五在电线杆上张贴通知：某日几点在哪个地址出售旧货。郭光灿他们下班后就去寻找这些通知，到人家家里淘一些旧货，诸如沙发、电器等物品，每个上面都标有 5 加元、10 加元的低价，其实其中很多东西都还很新，使用起来毫无问题。但后来大使馆的人专门找他们开过一次会，担心这样会“有辱国格”，让他们不要再去购买旧货。

节约开支，还因为当时国内相对物资匮乏，留学人员回国的时候，都要带回政策允许的电器“八大件”之类，可以享受到极大的价格优惠。留学人员本来就只有这么一份微薄的固定经费，唯一的办法就是从嘴里省出来。

郭光灿出国时，郭涛不过上小学三四年级。在这两年里，无论是对时间因素的考虑还是对经济因素的考虑，郭光灿都不可能中途回国探亲。而赵兰英与郭涛母子两人在家的时候，很多时候还是有一定困难的，包括各种需要体力上的事情，有时不得不请别人援手帮忙。

那两年郭光灿与赵兰英夫妇、郭光灿与郭涛父子唯一的联系方式，就是写越洋信件。现在的年轻人可能无法想象，那时没有网络，也打不起国际长途电话，像如今这种微信式的即时联系更是毫无可能。唯一能够传递信息的，就是传统的飞鸿传书。

当时在中美之间，一封信至少要走上两个星期，来回就是一个月。赵兰英每次在给郭光灿写信的时候，都会问郭涛：你有什么想说的，我替你写给爸爸。

在郭光灿的回信里，有时会随信寄来一些照片，让郭涛看后觉得十分新鲜。当时国内的人很少有机会看到国外的场景，而且当时中国与发达国家之间的差距确实比较显著，单是那些带有异国风情的建筑和风景就足以令人眼前一亮。郭光灿还托人给家里带过各种各样的小东西，诸如衣服之类对郭涛没有太大的吸引力，但有些新奇的小玩意儿却让他十分兴奋。比如那种特制的圆珠笔，笔的尾部是一小块电子表显示屏——这种东西，当时似乎是从国外带回小礼品的标配，因为中国人实在没有见过这样“高级”的东西。郭涛成天把圆珠笔拿在手里把玩不止，这些笔还总是被同学借去赏玩。

不过，对于少年时代曾经挨过饿的郭光灿来说，生活上的小困难都属于再小不过的问题，他都完全可以克服。

刚到多伦多大学的时候，郭光灿住在事先联系好的住所。改革开放之初在国内还很少有付房租租房的概念，所以每月 300 加元的津贴中有 1/3 甚至一半要花在住宿上让这些留学生和访学者颇感心疼。所以郭光灿经常搬家，后来搬过三个地方，价格更便宜却更舒适，最后租到一个距离学校只有 10 分钟的 6 平方米的住所，虽说厨房公用，但也有自己的独立卫生间。

多伦多隶属于加拿大安大略省，是加拿大最大的城市，也是最南的城市。但其纬度基本上与吉林长春相似，所以这个“温暖的南方”依旧非常寒冷。郭光灿在这里经常遇到雪天。搬家的时候，有时要走 20—30 分钟，郭光灿拉着几个行李箱，就这么在雪地里走过去，有时箱子的把手还会断掉，十分狼狈。我们仿佛又能看到，当年那个与母亲一起扛着铺盖卷行走在前往泉州路上的白奇孩子。

四、量子光学大本营

郭光灿在多伦多大学学习期间，感觉自己的眼界一下子被打开了。

郭光灿选择量子光学这一领域来攻关，原本是想要揭开这一学科神秘面纱的一角以窥探一番，未承想这里面早就有了一个完整成形的世界，而且精彩绚丽，别有洞天。郭光灿这才意识到，国外对于量子光学的研究从 20 世纪 60 年代就已开始，其时至少已有整整 20 年的时光。换句话说，国内的相关研究已经落后了整整 20 年。

在这里，我们要简单介绍一下量子光学。

量子光学是应用辐射的量子理论研究光辐射的产生、相干统计性质、传输、检测以及光与物质相互作用中的基础物理问题的一门学科。量子光学与激光科学的发展息息相关。事实上，“量子光学”一词就是在激光出现之后才被提出的。

量子光学的最初起源，可以一直追溯到爱因斯坦时代。爱因斯坦在研究黑体辐射时曾提出受激辐射、受激吸收与自发辐射等概念，而受激辐射概念的提出最终导致了激光器的发明以及激光理论的诞生。不过大约有半个世纪的时间，光的量子理论尚未形成完整的理论体系。直到 20 世纪 60 年代之后，量子光学才开始逐步理论化和系统化。

让我们来回顾一下量子光学从诞生到逐渐发展壮大的历史。

1960 年，就在郭光灿即将考入中国科学技术大学之前，激光第一次出现在我们这颗星球上。

1963 年，也就是郭光灿和他的同学们艰难地应对量子力学考试那一年，美国科学家、哈佛大学物理学教授、量子光学的创立者罗伊·格劳伯（Roy J. Glauber）提出了光的量子相干理论。就在同一年，量子光学模型 JCM 问世，这一模型的建立标志着量子光学的正式诞生。

值得一提的是，2005 年罗伊·格劳伯因“对光学相干的量子理论”的贡献与美国科罗拉多大学的约翰·霍尔（John L. Hall）、德国慕尼黑路德维希-马克西米利安大学的特奥多尔·亨施（Theodor W. Hänsch）共同分享了当年的诺贝尔物理学奖。

1964 年，也就是郭光灿参加“四清”运动的那一年，爱尔兰物理学家约翰·斯图尔特·贝尔（John Stewart Bell）提出了后来以他名字命名的贝尔不等式，对两个分隔粒子同时被测量时其结果的可能关联程度建立了一个严格限制，再一次激起人们对量子纠缠的强烈关注。

1965 年，也就是郭光灿大学毕业留校任教那一年，国外做了热光和激光的光子数分布实验。

1970 年，也就是郭光灿从北京押车前来安徽合肥那一年，压缩态的概念被提出。

1975 年，也就是郭光灿前往安徽蚌埠把后来成为中国工程院院士的刘文清招进中国科学技术大学那一年，激光冷却原子的概念被提出。

1976 年，也就是唐山大地震、“四人帮”被粉碎、“文化大革命”正式结束那一年，国外做了反群聚实验。

1980 年，也就是郭光灿获得出国深造机会的那一年，量子计算的概念被提出。

但是上述所有这些，郭光灿在出国之前，几乎一无所知。

事实上，国外的量子光学理论的体系已经相当完整，很多基础理论研究都已经完成，相比之下国内的研究十分滞后，其时中国的量子光学研究可谓刚刚起步，颇有点井底之蛙的感觉。举一个简单的例子：1983 年郭光灿在参加国际量子光学会议时，突然听到有学者介绍“光场压缩态”，而这个名词他以前连听都没有听说过。在回去的路上，一起参会的中国留学生吴令安就在琢磨这个 squeezed state，觉得可以将其翻译成“压缩态”。

在多伦多大学两年的时间里，郭光灿的主要任务就是学习、阅读、分析，以及收集各种各样的资料，同时感受国外同行的研究氛围。不过说实话，那段时间郭光灿基本上等于自学，因为那位搞理论的导师实际上也是搞经典电磁场研究的，对于量子光学也不甚了解，所以每过几个星期，郭光灿就要向两位导师进行汇报，也就是说，他反过来要给导师和同学“讲课”。开始的时候，郭光灿的学习状态可谓夜以继日、废寝忘食——白天，他与那些研究生一起去听诸如量子场论这类理论物理基础课；晚上，他一个人在灯下伏案刻苦攻读到深夜两点。郭光灿要学习的东西非常多，毕竟有着长达 20 年的漫长征程需要追赶。

郭光灿非常喜欢多伦多大学的图书馆，因为这座图书馆的馆藏图书与资料都非常丰富，远非当年的中国科学技术大学图书馆可比，所以郭光灿几乎天天都泡在这里。同时，郭光灿每天晚上都会去复印资料，积累了大量有关量子光学的资料——当时复印资料全免费。等到回国的时候，他居然积攒下整整一大箱复印资料，全部都带回了国。

在访学交流期间，郭光灿也从事了一项相对完整的理论工作——光泵浦三能级激光器的全量子理论，而且发表了相关论文 *Full Quantum Theory of Optically Pumped Three-level Laser*。

1983 年 8 月，郭光灿出席了在美国罗切斯特大学召开的第五届国际量子光学会议。在此之前，这里已于 1960 年、1966 年、1972 年、1977 年分别召开过四届国际量子光学会议。很显然，罗切斯特大学是量子光学的大本营。

这次前来参加第五届量子光学会议的中国学者和学生共有 8 人，包括郭光灿、彭堃墀与谢常德夫妇、于良（山东海洋学院，现中国海洋大学）、陆启生（国防科技大学）5 名访问学者和吴令安、肖敏等 3 名研究生，这些中国同胞大部分也都是在这次会上才初次相识。

当时中国人想要参加国际会议不是十分容易。郭光灿访学是教育部出资，但就留学和访学安排，中国与加拿大之间有一个协议，其中一项就是导师有义务“送”一次国际会议。于是，郭光灿 3 个月之前就向美国大使馆提出申请，但却被拖了很久，直到开会前两周，美国大使馆才在郭光灿导师道克・梅的电话催促下为他办理了赴美签证，郭光灿这才得以在回国之前参加了这次重要会议。

其他的中国参会者也是各显神通。当时尚在美国得克萨斯大学奥斯汀分校读书的吴令安是自己开车前来参会的。吴令安的导师给了她 400 美元，于是她开着自己的二手车，从得克萨斯州的奥斯汀一直开到了纽约州的罗切斯特，全程超过 2600 千米。

吴令安的经历也颇具特色。她的父亲是著名红学家、词学家吴世昌，20 世纪 40 年代末应邀到牛津大学任教，所以吴令安是在英国长大的。吴令安 18 岁时随父回国准备高考，但有人告诉她，你中文近乎“文盲”，语文成绩肯定很差，于是吴令安还是在英国参加了高考，并以此成绩转入北京大学物理系。1972 年吴令安作为外语人才进入中国科学院物理研究所，翻译过许多英文科技资料，还承担过数百场外国专家学术报告的口译甚至同声传译工作，为出国及来访的科学代表团担任全程陪同翻译，还为华国锋、邓小平等国家领导人担任接见高层次外宾时的翻译。1981 年，已经 37 岁的吴令安前往得克萨斯大学奥斯汀分校攻读博士学位，并开始致力于量子光学研究。1987 年博士毕业后，吴令安回到中国科学院物理研究所，继续从事量子光学方面的研究。

在这 8 个人中，有一个学生特别值得一提，那就是正在罗切斯特大学攻读博士学位的邓质方。

邓质方是邓小平最小的儿子，曾就读于北京大学物理系，20 世纪 80 年代初赴美留学，获罗切斯特大学量子物理学博士学位。邓质方的妻子刘小元曾与他就读于美国同一所大学，获得生物物理学博士学位。

会议当晚，邓质方把大家请到他的家里。其时邓质方与刘小元的儿子、邓小平唯一的孙子邓卓棣还没有出生，刘小元本人也没有在家。邓质方与郭光灿他们一边吃西瓜和冰激凌，一边聚在一起聊天。在座的都是年轻人，大家充满活力，朝气蓬勃，血气方刚，满怀激情，谈及国内落后的科研现状，都有一种强烈的使命感和责任感。而在大会上目睹了国际量子光学研究的盛况之后，联想到国内量子光学研究的冷清和无人关注与重视，大家深感差距太大，反差也太大。他们决心回国之后，一定要共同推进中国量子光学学科的发展。是夜，几个人一直恳谈到深夜 2：00，大家相约，谁先回国谁就组织队伍，挑起量子光学这一摊。这恐怕是这次会后他们心中最大的共同愿望。

不到两个月后，郭光灿成为这群人中第一个回国的人。

五、等待黎明的前夜

1983 年 9 月下旬，郭光灿如期回国。

后来有很多针对郭光灿的采访，往往都比较套路化，比如刻意强调郭光灿心底的爱国主义，或者询问郭光灿当时是否有机会在加拿大留下来等。按照郭光灿的说法，留下来的机会肯定是有，但当初自己根本就没有想过这个问题。自己是公派出国，访学结束后必然会回国发展，这本是一件理所当然的事情。当然确实也有期满留在当地的，但至少郭光灿从来没有过这种想法。

在郭涛的记忆里，与父亲回国相伴随的，就是生活质量的明显提高——黑白电视换成了彩色电视，还有了性能更好的冰箱，尤其是带甩干功能的洗衣机替换了原来的洗衣机。因为当时出国人员回国的时候，可以有免税和减税的家用电器指标，自然可以让家庭生活有所改善。不过郭光灿心中惦念的，却是回国之后如何大力发展中国的量子光学。

除了白天工作，郭光灿的晚上也经常是在办公室里度过的。晚上去办公室时，郭光灿就会带上郭涛去写作业。有时父子俩不在一个房间，郭涛也会偷偷玩游戏。少年时代的郭涛比较迷恋计算机，而且确有不少心得——早在计算机的 386 时代，他就能自己动手编出最简陋的“导弹打飞机”的小游戏，还能独立破解一些游戏。不过既然是到了办公室，那就意味着不能只是随意玩耍，郭光灿让郭涛学着自己焊收音机。于是郭涛找来一本书，一边学一边焊，从最简单的开始，依旧是比较原始的那种矿石收音机。其实这原本是郭光灿少年时代的爱好，如今移植到了儿子郭涛身上——多年以后，郭涛又把这个爱好移植到了女儿郭萱琦身上，同样也是暑假，同样也是让她自己动手焊收音机。不过郭萱琦开焊的这个时代，已经可以买到各种整套的配件；而在少年郭涛的那个时代，却还没有现成的套装产品，需要自己去找各种电阻电容。

大部分元件都是郭光灿自己的“库存”，他积攒了多年的各种小东西、小器件，全都堆在家里的双人床底下。郭涛记得十分清楚，当时床底下除了有一捆捆的书，还有一些大箱子，那些箱子就像一间间杂货铺，里面全是各种元器件，零散错落地插在一些纸板上面，旁边都标好了各种数据。郭涛记得，郭光灿自己原来偶尔也用过它们，比如小时候家里的简陋电风扇原本只有简单的“开”和“关”两个选项，但郭光灿自己鼓捣了一通，加上了一个变速功能，生生给搞成了三挡。

不管怎么说，郭涛自己装出来的收音机出声了。

相对而言，郭光灿还是比较关心自己的学问，儿子郭涛的学习主要还是由母亲赵兰英在负责，为此两人还发生过一些矛盾，赵兰英经常抱怨郭光灿不管孩子。多年以后郭光灿回忆起来，也认为自己有些亏欠郭涛。郭涛考高中的时候分数不高，考上理想的高中感觉有点儿悬，为此赵兰英十分着急，催着郭光灿去找关系。但郭光灿哪里是一个求人的人，他找各种借口不肯去，为此，赵兰英无论嘴上还是心里自然都十分不满。

一般来说，假如郭涛在学习上遇到什么困惑去请教父亲，肯定会得到比较圆满的解答，但郭光灿确实很少主动关心儿子的学习。这种习惯后来也影响到了郭涛的教育理念，当他有了女儿郭萱琦之后，女儿的所有问题他都会耐心解答，但总体上他还是让孩子自己把握。直到多年以后，中央电视台为了做有关郭光灿的电视节目而采访郭涛时，他回忆起许多细节，才发现自己其实受父亲郭光灿的影响极大。

关于中央电视台的采访，还有一个小插曲。为了节目效果，电视台的编导很希望郭涛回忆一下年少时父亲对他的“谆谆教导”，但问了半天郭涛也说不出个所以然来，最后郭涛被逼问急了，脱口而出“我就记得他那时经常打我”。

郭涛挨打，主要还是因为功课不好。虽说按照物理系教授明海的说法，在中国科学技术大学子弟中，男孩总的来说都比较淘气，但郭涛小时候并不属于那种特别调皮的孩子，从来不会在外面惹是生非。但他每次拿回成绩单的时候，都会有一种大祸临头的感觉，回家的路上就开始惴惴不安。看了成绩单，郭光灿夫妇自然勃然大怒，父母两人分别斥责：为什么这门这么差？为什么那门那么差？斥责过后自然就是一场体罚，按照郭涛的说法，自己经常惨遭“男女混合双打”。当然从总体来说，小时候还是父亲郭光灿更严厉一些，母亲赵兰英宠溺得更多一些。

高中以前郭涛的成绩一直都不算太好，但高中以后就开始突飞猛进，也许是学习方法对头了，也许是他格外努力了，也许就是晚熟的男生自己突然开悟了。总之一年之间，郭涛在班里的名次就从 50 名以外前进到了 10 名之后，而这个名次在第二学期就变成个位数，郭涛终于迈入班级前几名的行列。

郭光灿一家住在 67 楼三层的时候，对门住的是后来做过中国科学技术大学校长的汤洪高，楼下住的则是后来搬来的明海。在明海的印象中，赵兰英为人非常随和，大方得体。郭涛聪明活泼，当然像所有的男孩一样，也有比较淘气的时候。

那个时期，似乎全国人民都十分迷恋照相，所以郭光灿一家也留下了不少珍贵的照片，积攒了好几本相册。从照片上看，那时的郭光灿一副那个时代典型的知识分子形象，戴着一副当时很时兴的秀郎架眼镜，意气风发，挥斥方遒，表情里充满了思索、期望以及竞争。赵兰英则是一副与世无争的神态，温厚善良，慈眉善目，圆圆的脸上充满了友爱与祥和。郭涛的内向模样则始终如一，从小到大相貌几乎也没有什么太大的变化。一家人看起来和谐美满，生活幸福。

刚回国的时候，郭光灿一家的住宿条件依旧很差，同时他也依旧十分努力地发愤学习，经常会挑灯夜读到深夜。家人对郭光灿的工作十分理解，赵兰英的性格非常好，所以二人之间没有什么大的矛盾和冲突。但毕竟房间有限，长此以往还是会影响到赵兰英和郭涛母子的休息，谁都忍受不了，据说有一次赵兰英也为此发了脾气，打开窗户把郭光灿的书本从楼上扔了下去。但总体来说，赵兰英对郭光灿的工作还是无条件支持的，郭光灿后来的学生宋克慧到中国科学技术大学读书时，赵兰英已经去世，但他还是在郭光灿那堆满资料的卧室里，看到许多赵兰英为郭光灿工整誊写的资料。宋克慧在那里整理了两三个小时，整理出一大堆文稿拿去复印。

赵兰英后来调到微波实验室工作，每学期都会有一段时间比较紧张，因为学生固定在那个阶段做实验。这种忙碌的时光往往会持续一两个月，一般是在下午，晚上赵兰英也经常不能按时回家，因为学生的实验往往被安排在晚上。在其他的时间里，赵兰英则相对比较清闲，只是偶尔有科研合作项目时会忙碌一番。

赵兰英属于单位里的老好人，平时谁也不会得罪，总是兢兢业业地做好自己的分内工作。业余时间全力照顾好家庭，照顾好自己的先生和孩子，家里的生活保障工作做得很好，一般家人的吃喝都能保证到最好的水平。郭涛小的时候，赵兰英买菜时也会带上他，骑车把他带在前面，到南七（里站）、安医等菜场去采购。

郭涛也记得在那些艰苦的岁月里，与父母一起去拉蜂窝煤的情形。他们一家三口，推着借来的两轮铁皮车，走到很远的三孝口去拉煤。其实学校里面就有卖煤的地方，只因为三孝口煤店的煤稍微便宜一些。就为了现在看起来微不足道的一点差价，一家人就要集体“远征”，来回至少要花费一个多小时。

撇开生活琐事不谈，事实上从这时起，郭光灿已经开始了自己推广量子光学的计划。

郭光灿回国以后，人事关系依旧还在物理系，但在激光教研室内自成一体，成立了一个单独的学术研究组——量子光学研究组，开始孤独地从事有关量子光学的理论研究。在很长一段时间里，这个组也只有郭光灿一个“光杆司令”。但不要小看这个研究组，可以说它就是多年以后中国科学院量子信息重点实验室的前身和雏形。

自此，中国的量子光学研究终于开始蹒跚着起步。在加拿大经过两年的学习之后，郭光灿对量子光学可谓初窥门径，踌躇满志地准备施展一番拳脚。

与此同时，郭光灿已经在计划如何在更大的范围内推广量子光学，一个相关的宏伟计划已经在他的心中逐渐成形。

六、2019年与1984年的滁州

宋仁宗庆历五年（1045年），被贬的宋代文学家欧阳修写下了著名的《醉翁亭记》，全篇第一句即“环滁皆山也”。这个“滁”，就是今天的安徽滁州，距合肥不到 150 千米，当然古代滁州与如今滁州市的辖境有所不同。

2019 年 8 月 21 至 24 日，在欧阳修写下《醉翁亭记》近千年（974 年）之后，由中国光学学会光量子科学与技术专业委员会主办、中国科学技术大学和滁州市人民政府承办的首届全国光量子科学与技术学术会议暨全国量子光学学术会议 35 周年纪念会议在安徽省滁州市南谯南路 2888 号温德姆至尊豪廷大酒店召开。

8 月 21 日当晚，主要是与会者报到和中国光学学会光量子科学与技术专业委员会委员会议。正是在这一次会议上，郭光灿等一批有关量子光学、量子信息的科研工作者，终于在中国光学学会之下，正式成立了光量子科学与技术专业委员会这一二级学会，算是弥补了当年未能成立量子光学专业委员会的遗憾——这个故事在后面还要交代。光量子科学与技术专业委员会的宗旨为：促进光量子科学的发展，深化光量子技术的研究；促进光量子科学知识的普及和青年人才的培养；提供相关科研人员的合作交流平台；为推进光量子技术的应用做出贡献。

这一天中午饭后，郭光灿即从合肥的中国科学技术大学动身前往滁州。已经 77 岁的郭光灿像往常一样，自己拉着一个小行李箱，登上了前往南京的火车，然后从南京转车去滁州。虽说同在安徽省内，但从合肥到滁州没有高铁，乘坐普通列车需要花费将近 5 个小时，而从合肥绕道南京南站大约 1 个小时，从南京南站到滁州只要 18 分钟。

在合肥火车站，一位对国家贡献卓著的院士就这样隐没进众多的候车人当中。郭光灿说：别人都和我说，你出差还是应该带一个秘书，但我不想那样。我说真到我走不动了的时候，我也就不出来开会了。

在南京火车站换车的时候，从站台上远远走过来一名年轻女性，她热情地与郭光灿打招呼。她是南京邮电大学通信与信息工程学院量子信息技术研究所的王琴教授，曾是郭光灿的学生。8 月 23 日上午在温德姆至尊豪廷大酒店的温德姆厅有 10 位学者做报告，第三个做报告的人就是王琴，她的报告题目为“基于机器学习的量子密码控制系统研究”。

王琴，1979 年生于安徽阜阳，1997 年考入安徽大学物理系。她了解郭光灿的量子光学十分偶然，消息来自室友男友的室友，这多少有点儿像是“远距离射门”。大三那年冬天考研之前，王琴终于见到了郭光灿，感到他平易近人，十分亲切，对她希望继续深造的想法也是鼓励有加。不过王琴面试时不是十分顺利，只好在心里抱着顺其自然的态度等待结果，好在她还是于 2001 年进了组，并于 2006 年获得博士学位。此后王琴在欧洲辗转于瑞典皇家理工学院（2006—2008 年）、丹麦技术大学（2008—2011 年）、尼尔斯·玻尔研究所（2011—2012 年）等著名的量子光学小组，进行量子密钥分配、量子点、光子晶体等方向的科学研究，在量子光场与物质的相互作用方面具有扎实的理论功底与丰富的实践经验。2012 年 7 月，王琴作为海外高层次人才受聘于南京邮电大学通信与信息工程学院。

8 月 22 日，大会才算是在温德姆至尊豪廷大酒店的温德姆厅正式开幕。按照当时的新闻通稿，出席者除了滁州市委副书记、市长许继伟等当地领导，还有中国光学学会前任理事长、中国科学技术大学郭光灿院士，南京大学祝世宁院士，中国光学学会副理事长任晓敏教授，上海交通大学致远讲席教授、中国光学学会光量子科学与技术专业委员会主任张卫平教授，山西大学副校长、中国物理学会量子光学专业委员会主任张天才教授，以及其他一些曾从事相关研究的前辈科研人员。

滁州市委副书记、市长许继伟代表滁州市委、市政府致欢迎辞。中国光学学会副理事长任晓敏教授向大会致辞。他代表中国光学学会理事长龚旗煌院士和中国光学学会，对光量子科学与技术专业委员会的成立、对这次学术会议的适时举办表示了热烈的祝贺，向全体与会者表示了真挚的问候和感谢，向郭光灿院士、向中国量子光学的所有开拓者表示了崇高的敬意。同时，他还向高度敬业的大会组委会和给予会议支持的滁州市委、市政府表示了由衷的感谢。他回顾并展望了量子力学和光量子科学与技术的发展进程，并分享了自己在量子理论研究方面的感悟和认识，进而强烈呼吁光量子界、光学界乃至整个物理学界的同人担起历史的重任，推动量子力学从工具主义走向逻辑主义。

整个上午有 4 个大会报告，第一位报告人就是郭光灿，他做了题为“传统量子力学向何处发展”的报告。这一报告讨论了传统量子力学一些可能的发展方向，主要从几个方面进行了探讨，包括介绍玻姆（Bohm）的非局域隐参数理论、探索比传统量子力学更普适的理论以及寻找量子世界演化到经典世界的机制等。

郭光灿做报告时依旧像以往一样充满激情，他昔日的学生李传锋等人坐在台下听得心潮澎湃。其实在巨大的会场中，前排就座的有不少人都是郭光灿的学生，或者听过郭光灿授课的人。放眼过去，一排桌签：叶柳、龚彦晓、林秀敏、王琴、李传锋、史保森、许金时……

郭光灿的报告是从 10：00 开始做的，而事实上上午 8：00 大会就正式开始了，由中国科学院量子信息重点实验室教授、时任中国科学技术大学物理学院光学与光学工程系执行主任周正威主持——在滁州市领导和中国光学学会的简短致辞之后，先是召开了一个全国量子光学学术会议 35 周年纪念会议。

因为早在 35 年之前的同一天——1984 年 8 月 22 日，在欧阳修写下《醉翁亭记》939 年之后，同样是在安徽滁州，召开了一场对中国量子光学界举足轻重、影响深远的会议。

郭光灿率先上台，并在讲话中对 35 年前的那次会议进行了深情回忆。他出示了一张黑白照片，那是当年留下来的唯一集体合影，应该是由周正威保留并提供的。照片上的 55 人分为 4 排，大家穿着的服饰简朴，典型的 20 世纪 80 年代的知识分子形象。照片的上方，用那个年代特有的方式题写着“全国量子光学讨论会 安徽·琅琊寺·八四、八”的字样。当年的郭光灿十分年轻，刚过不惑之年，坐在第一排最左边。

在讲话中，郭光灿还特意强调，当年量子光学不被认可，不受重视，几乎没有任何影响，完全就是一个冷门学科。而他自己当年的心态，同样是感到冷落寂寥，就如同后来歌手刀郎所唱的那首《孤独的牧羊人》：孤独、期待、努力、希望……

中国物理学会量子光学专业委员会主任、山西大学副校长张天才也贡献了许多回忆。他同样也出示了上述那张黑白照片，以及对很多珍贵文字资料拍摄的照片，其中很多资料来自北京大学的曹昌祺教授。这些照片所昭示的意义是：35 年前的这一天，来自 33 个单位的 53 名与会者，在琅琊山的简陋会场里完成了一次量子光学的播种与启蒙。那次的会期是 1984 年 8 月 22 至 25 日，历时 4 天之久。

其实在张天才的照片追忆中，最令人激动和神往的还是当年那些年轻学子的形象：在 1990 年四川成都举办第四届量子光学会议时，他们几名大学生顺便乘坐绿皮火车在天府之国四处游玩，20 世纪 80 年代大学生那欢乐而单纯的形象跃然纸上。1986 年在山东青岛举办第二届量子光学会议期间，一桌人举杯欢聚，其中一个满头浓密乌发、看似十分内向的穿格子衫的小伙子，则是现在的中国光学学会理事长龚旗煌，他于2013年当选为中国科学院院士。

在纪念会议的最后，那些曾亲历了中国量子光学起步的前辈们，全都被请上台去，享受鲜花与掌声。

在纪念会议之后是短暂的茶歇和合影，这次的合影阵容强大，郭光灿坐在了正中央的位置。

然后才是正式的大会学术报告，才是《传统量子力学向何处发展》，等等。

当天下午，郭光灿与另外一些年事已高的老同志，没有参加下午的学术交流，而是集体乘车前往琅琊山。他们是去寻找一个梦想，一个35年前的梦想。

七、“开讲啦”中的黑白照片

暂且把日历翻回到半年之前，2019年2月上旬的一个晚上，方位在建寺超过1300多年的琅琊山琅琊寺。

己亥年大年初一刚刚过去没几天，应该是正月初九的晚上，这座千年古刹中没有香客，清静非常。此时正在法堂静修的琅琊寺年轻的住持净瑞，突然接到一条来自昔日同窗的微信，上面是一张陈旧的黑白照片，背景是模糊不清的寺庙建筑。同学问他说：这个房子是不是你们那里的？净瑞马上认出，这个房间不但就在琅琊寺中，而且就是自己现在所在的房间——揽秀堂。其实这座建筑刚建好的时候并没有名字，后来老师父将其命名为“揽秀堂”，寓意坐在这座坐北朝南的房子里可以一览前方山坳的秀丽景色，正可谓“堂上春风暖，亭前众山清”。揽秀堂建成之后，多年来没有什么特别的用途，一直充作临时会议室，开会时搬来桌椅，开完会再搬走，平时近乎闲置。净瑞还记得，在这里举行的最后一次会议是当地市委统战部有关佛教相关管理的会议。2017年8月净瑞接手管理琅琊寺，感觉这个房间总是空着也不是一个办法，恰巧寺里缺少一个法堂，于是便将这里定为法堂，同时布置了一些字画来装饰。

那张照片来自中央电视台的一个节目——“开讲啦”。春节之前，郭光灿从合肥来到北京的中央电视台演播厅，专程录制了这个节目。在节目里，郭光灿特别提到了 1984 年那次著名的“琅琊会议”。净瑞的同学所看到的，应该是这个节目的重播。

2019 年 2 月 2 日，也就是戊戌年腊月二十八，第 312 期“开讲啦”在中央电视台综合频道播出。这一期“开讲啦”的分主题是“我的时代答卷”（第 9 讲），正式的题目是“奥妙的量子世界有何神奇之处”，嘉宾正是著名量子信息学家、中国科学院院士郭光灿。

在 2019 年 2 月 2 日那期节目录制的现场，主持人撒贝宁先是故弄玄虚地念了一段有关郭光灿的学术成就，“这位嘉宾率领团队针对量子密钥分发系统中单光子探测器实际特性展开研究，提出了包含后脉冲效应的系统优化模型，并利用雪崩过渡区非线性特性实现了量子黑客攻击”，这让台下的观众听后不禁一头雾水。之后撒贝宁又诙谐地说道，他由此悟出了对“不自量力”这一成语的新解——千万“不”要“自”学“量”子“力”学。他接着说，但是今天我们不必自学量子力学，因为有一位很好的引路人作为我们的导师，然后撒贝宁便请出了郭光灿院士。

与郭光灿两人寒暄之后，撒贝宁直截了当地对他说，刚才那段话普通人就是读下来都很费劲，郭光灿告诉他那你就不要读，我来告诉你它的意思——黑客你知道吧？其实这段话说的就是用量子的黑客来攻击量子密码。

郭光灿通俗易懂的解释，让节目录制现场的气氛顿时变得轻松起来，郭光灿也与在场的听众拉近了距离。这时撒贝宁的一席介绍让双方的距离变得更近了，他说其实这位科学家院士与我们大家一样，也喜欢流行歌曲，也喜欢追剧，比如时下正在热播的《知否知否应是绿肥红瘦》和《大江大河》之类，他追的都是年轻人很喜欢的剧，郭光灿则称这样“我跟他们心态还可以拉平一点”。撒贝宁还介绍说，郭光灿还是一名武侠迷，并戏言“据说在郭院士的书房里，一边摆着的是量子力学，另外一边摆着九阴真经”。

按照撒贝宁后来的比喻：郭光灿“每天起来，满脑子就在琢磨昨天那个实验，留下一个什么东西没弄完，就跟追剧一样，你老想知道后面还会发生什么。知道了以后，那还会发生什么呢？他真的是在追着自己内心的一种好奇和未知在前行，所以科学家真的是很幸福”。

调侃了一番之后，撒贝宁还是希望郭光灿在正式开讲之前，用一个比较通俗的方式介绍一下量子世界。于是郭光灿亮出了一幅漫画，画面中是一个人在滑雪，但他在滑过一棵树旁时，滑雪板竟然在树的左右各留下一道轨迹印痕。也就是说，除非这个人的身体穿树而过，否则这幅画上的画面是根本不可能出现的。但郭光灿解释说，这在量子世界却是可能的，因为当物质小到一定程度时，比如小到了量子尺度，它就不再遵从宏观世界的规律，其反映出来的表征就是概率性的。接着，郭光灿又举了一个例子：比如我从北京到合肥，可以乘高铁，也可以乘飞机，宏观的经典人只能选择一样，但假如我是一名“量子人”，就可以两样同时实施。

撒贝宁听后，表示有了一定的理解，随后便把话语权交给了郭光灿。

郭光灿的演讲，一下子就把时间拉回到了 40 年前，从大学毕业留校再到加拿大多伦多大学的访学，然后刻意强调了 35 年前的那个夏天。他当时就出示了那张著名的黑白照片。这张照片，也就是后来他在全国量子光学学术会议 35 周年纪念会议上出示的那张，也就是后来净瑞看到的那张照片。

净瑞回复同学说：房子是我们这里的，但我真不知道我们这里还开过一个这么高端的会议。后来净瑞还对主管部门的领导说起，想不到我们这间旧房子，还见证了这样一段历史。我在这里住了十几年，对此却一无所知。

回罢消息，净瑞便走出门外，面对清冷的黢黑山峰，看着满院的皑皑白雪，他靠在树下，浮想联翩。佛教中讲究因缘果报，在净瑞看来，有些东西就是冥冥中的注定。联想到寺中的那副楹联——“望之蔚然有千年明月梅花佛国都成空色相，飘忽到此作一日闲云野鹤名山小结旧因缘”，生于 1988 年、此时刚过而立之年的净瑞更是感慨万千。

毕竟，1984 年他还没有出生。但彼时彼刻，中国的量子光学，甚至后来中国的量子信息技术，诸多的辉煌已在这里开始孕育。

八、“琅琊会议”

事实上，早在 1984 年 8 月 22 日这次会议之前，也就是自加拿大回国之后，郭光灿就开始为量子光学鼓呼不止，播种培育，只可惜反响寥寥，收效甚微。所以郭光灿才希望能够举办一次学术会议，目的就是扩大影响，以正视听。

但在当年，想要召开一次学术会议谈何容易。

在20世纪80年代的中国，想要举办一次学术会议，其困难程度是现在的青年学者难以想象的，不但需要钱，还需要层层上报，最终只是为了寻求一个名义——你以什么理由，更重要的是要证明你有什么资格来开这个会。从理论上讲，任何没有民政部门批准的组织，都是非法组织；任何没有合法组织召开的会议，都属于非法集会。而在当时，名不见经传的小小讲师郭光灿自然是什么名义和资格都没有。

所幸中国光学学会的二级学会激光专业委员会要在当时的滁县召开一个例会，于是郭光灿向该委员会主任、时任中国科学院上海光学精密机械研究所副所长的邓锡铭（1993年当选为中国科学院院士）提出：我们想要召开一个量子光学会议，但没有名义，能否“寄生”在您这个会里面？等你们开完大会之后，我们再开一个小会。邓锡铭虽然十分为难，但最终还是点头同意。按照郭光灿后来的说法，这次会议就是“借巢下蛋”，因为他们当时连发出的会议通知最下面也需要盖人家专业委员会的公章。

名义有了，下一步就需要筹措经费了。邓锡铭同意挂靠，却拿不出这笔额外的钱来。于是，郭光灿只好回到中国科学技术大学申请资金。后来曾担任中国科学技术大学副校长的尹鸿钧时任学校教务长，他也是物理专业出身，十分支持郭光灿的计划，特批给郭光灿2000元钱——这笔钱在当时已经相当不少了，因为在那个年代，下海经商、财大气粗的有钱人也才被称为“万元户”而已。

但在发会议通知时，郭光灿再次犯了难，因为在当时，国内几乎没有人搞量子光学，很多人别说了解，甚至听都没听说过这一学科，所以会议通知都不知道应该发给谁。就算有人正在搞或者想要搞这方面的研究，在信息如此不发达的时代，郭光灿也根本不了解。最后郭光灿干脆广而告之，希望无论什么人，只要对量子光学感兴趣都可以来参会。

结果还真就引出这么一位有兴趣的学者来。

曹昌祺，1932年生于安徽安庆，是北京大学很知名的一位教授。曹昌祺自20世纪50年代起就在北京大学物理系教授电动力学，他28岁时所写的电动力学教材至今仍为这一学科的主要参考书。虽说曹昌祺本人不搞量子力学，但他写信来说自己很有兴趣参加这个会议。后来大家才知道，原来曹昌祺的女儿曹慧前往美国求学，所学的正是量子光学，是以曹昌祺才对这一学科产生了浓厚的兴趣。

接到信后郭光灿大喜过望，因为当时像他这样热衷于量子光学的科研人员还都十分年轻，大多数人都没有教授职称，许多人也只是副教授而已，郭光灿本人甚至还只是一名小小的讲师。现在有一名业内的资深教授学者愿意出席会议，郭光灿自然是高兴得不得了，盛情邀请，虚席以待。曹昌祺自己说是因兴趣而来旁听，但实际上后来他对量子光学给予了很大的支持，而且坚持了很多年。

于是，在激光专业委员会的相关会议结束之后，一些对量子光学颇感兴趣的人留了下来，召开了这场对中国量子光学的未来有着举足轻重意义的会议。

这次会议，后来被一些亲历者俗称为“琅琊会议”。

当时有个别极度热心者，但也有些人只是抱着“尽管一无所知但随便听听也无妨”的心态留下来的，总之最后参加会议的人数居然超过半百。其实很多与会者甚至都没有听说过量子光学，大多都是抱着看个热闹、瞧个新鲜的心态来参会的。即便如此，郭光灿也毫不在意，因为在他看来，至少有人愿意关注了，这就是一个不小的胜利，是一个非常良好的开端。

当时的会议条件与现在相比自然是大相径庭。郭光灿等人也像后来净瑞他们开会一样，从别的房间搬来一些桌椅，聚集一堂，坐而论道。当时参会的张智明记忆中，有些与会者甚至是坐在小板凳上开会的。大家在演讲发言的时候，自然也没有后来那些先进的电脑投影设施和演示文件，使用的还是最原始的幻灯机胶片投影。

关于量子光学本身，即便是在郭光灿进行了详细的介绍之后，很多人依旧听不太明白。与会者讨论来讨论去，很多人还是不甚清楚。不过大家还是非常感兴趣，对国内外的各种新观点和新方向进行了充分的讨论与梳理。现在看来，这应该算是对量子光学的一次初级科普。

令人惊讶的是，这次“半非法”的会议居然还收到了 29 篇论文，并当场宣读了 24 篇。不过出席者大多不了解量子光学领域，很多人对所谓“相干态”“压缩态”这些名词都深感陌生和新鲜。但相关讨论还是比较激烈的，让与会者印象比较深的一场争论恰恰与“压缩态”这一名词有关。

“squeezed state”是1970年提出的概念，最初被译为“压缩态”，但当时也有人认为译为“挤压态”似乎更为准确，比如曹昌祺就持这种观点。因为就字面意思而言，“压缩”应该是从四面八方向内压缩，而“挤压”则指在横向压缩的状态下纵向会自然拉长。目前学界两种说法都有，但更多的还是使用“压缩态”这一说法。针对这一点，在2019年的纪念会议上，曾在美国罗切斯特大学参加过第五届国际量子光学会议、回国后在中国科学院物理研究所工作的吴令安还专门谈到这个问题，尽管她没有参加1984年的那次会议，但还是认为自己对这一翻译负有一定的责任。

不过，多年来郭光灿依旧坚持“压缩态”的说法，他认为从物理本质来说就该如此命名。此外还有一些类似的名词，比如“纠缠态”“量子隐形传态”也都有其他译法，一段时期里在各种论文中并用，但郭光灿团队对于量子光学和量子信息研究最多，论文发表得也最多，所以后来这些名词基本上按照他们的命名流传开来。这是后话。

总之，量子光学的火苗已被引燃，马上就要烧起一片熊熊烈火。

现在想来，20世纪80年代，量子光学已经到了一定要在中国生根发芽的境地了，而郭光灿，责无旁贷地刚好就成了这样一位播种和哺育的园丁。

九、孤独的人不再孤独

一个人在苍茫的大地飘来飘去，

一个人在无尽的祈愿里承受风雨。

这是歌手刀郎《孤独牧羊人》那首歌的开篇之句。

郭光灿在回忆自己当年研究量子光学的窘境时，总是会谈到这首《孤独的牧羊人》。他说他当年的心态，就是这样。

实在是太孤独了。

好在当年还有一些对量子光学有所兴趣的人。

在2019年的纪念会议上，还有几位参加过1984年会议的老先生——除了郭光灿之外，还有李师群、马爱群和张智明。在2019年这次纪念会上，他们也都发言回顾了当年的情景。

清华大学的李师群最先上台发言。面对如此巨大的会场和如此众多的与会者，李师群十分感慨，因为当年的情况完全无法与现在比拟，当年的与会者也完全无法想象。他是当年的与会者之一，自然记得那间简陋狭小的会议室，以及那些为数不多的与会者。

1948 年出生的马爱群也是当年的与会者之一。当时马爱群供职于哈尔滨工业大学。“文化大革命”中，他下乡 10 年，1977 年考入哈尔滨工业大学，1979 年读研，1982 年硕士毕业留校，从事光学双稳性研究。当时马爱群对量子光学没有太多的了解，如今也不记得当时是怎么听说和为什么要来参会的，但来了之后发现还是很有收获的。他见到了一些学界前辈，了解到国外量子光学的发展，感觉量子光学这一领域还是“有干头”“有奔头”的，算是在眼前开启了一扇窗，打算回去之后格外关注。马爱群还记得，当时郭光灿还为大家分发格劳伯有关相干态的学术著作。

遗憾的是，当时在量子光学领域，我国与国外同行相比差距实在是太大了，也没有足够的经费用于做实验。4 年后，马爱群离开哈尔滨工业大学，曾出任哈尔滨太平区（该区已于 2004 年 3 月合并到道外区）副区长，还做过哈尔滨工业大学副校长，后又前往珠海，逐渐离开了科研一线，但他对科研领域始终十分关心。马爱群在高二下乡之前，喜欢在图书馆里博览群书，在读过一些古代汉语、诗歌导引之类的书之后开始学习写诗。多年之后，他特意为这次会议创作了一首诗。

七律·量子光学发展进程

安徽滁县策源基，宣告琅琊举大旗。
犀灿引航团队起，伟尧接续百家迷。
光学计算开新域，量子纠缠破旧题。
不惧前程多雨雪，奋勇进取展雄姿。

在全国量子光学学术会议 35 周年纪念会议的讲台上，马爱群深情地朗读了这首诗。

1956 年生于陕西的张智明在当年的与会者中算是小字辈，可谓青春年少。1982 年 2 月他获得兰州大学理学硕士学位，随后就职于中国科学院安徽光学精密机械研究所。在兰州大学物理系期间，张智明便跟随导师汪志诚从事相关研究，后来他的第一篇论文就是在《量子电子学报》上发表的《双光子光学双稳态和双光子激光器的全量子方程解》，可见这时的光学界在是否使用量子解释方面已有所萌动。中国科学院安徽光学精密机械研究所与中国科学技术大学关系密切，交往较多，所以张智明很快便得知了此次会议的消息，与中国科学院安徽光学精密机械研究所的何林生一起前来参加会议，而他的导师汪志诚也从兰州大学赶来赴会。

开会条件艰苦，生活条件也同样艰苦，不但吃住条件简陋，盛夏时节琅琊山的蚊子也十分猖獗。让张智明印象最深的就是，上一次厕所就能被蚊子叮出几个包来。

张智明家在西安，他于 1985 年调到西安交通大学。1998 年他又调到上海交通大学，2006 年则调到华南师范大学。尽管单位频频变动，但他一直在从事相关研究。张智明戏称 1984 年的“琅琊会议”是量子光学“一大”，而在这次开会之前，他是唯一参加过量子光学“一大”的、后来量子光学专业委员会的委员，但这次会后也准备退了，把机会让给年轻人。他在发言中还特别提议，希望在晚宴时能够播放一下那首 20 世纪 80 年代的著名歌曲《年轻的朋友来相会》，因为这首歌，会让他们这些年过花甲、年逾古稀的人回想起自己的青春时代。

还有很多人这次没能成行。在 35 年前的那次会议上，让郭光灿印象很深刻的是一个比自己小几岁的年轻人，他叫朱诗尧，当时还是上海交通大学一年级的博士研究生，在那次会议上第一次接触到量子光学。虽说朱诗尧本来并不了解相关领域的研究和发展，但他对此表现出相当大的兴趣，在会上与郭光灿讨论了很多。朱诗尧生于 1945 年，后来出国访学时也致力于量子光学方向，始终从事量子光学的研究，成为国内最早从事量子光学研究的学者之一，在量子光学、激光物理和光与物质相互作用等前沿研究领域都做出了相当重要的贡献。朱诗尧现在是浙江大学物理系教授，2015 年当选为中国科学院院士。35 年后的这次纪念会议，就是朱诗尧最先提议召开的——还在原来的时间，还在原来的地点。但真到开会的时候，他本人却因故未能出席。

尽管大家对量子光学的了解还十分肤浅，但最终与会者还是对量子光学给出了一个基本共识。按照当初会议纪要上的原始描述，“量子光学是研究光的量子相干及统计性质以及光与物质相互作用的量子特性的基础学科，是一门理论与实验密切结合的学科。当前这一领域推动了不少新的现象、效应与技术的发展，并在进一步应用中存在着广泛的前景”。

量子光学的种子就这样被种在了安徽滁州的琅琊山上。

十、量子光学专业委员会

虽说大家对量子光学的许多问题还是没有完全搞清，甚至还是半信半疑，但这次会议最大的具体成果就是，确定今后每两年开一次会。

此后这个会议果然一直持续开了下去：1986 年第二届在山东青岛，1988 年第三届在山西太原，1990 年第四届在四川成都……但开会的条件依旧十分艰苦，很多事情是现在无法想象的——当张天才他们几个年轻人欢乐地乘坐绿皮火车的时候，已年近花甲的曹昌祺同样也是坐着火车硬座从北京前往四川成都的，而那时京蓉之间的特快列车也要 36 小时，还经常晚点延时。

尽管举办了这次重要会议，但当年光学界的主流还是不太看好所谓的量子光学。郭光灿希望能在中国光学学会里面成立一个量子光学专业委员会。为此他找到了中国光学学会副理事长，希望能像激光专业委员会那样，成立一个量子光学专业委员会的二级学会。但在当时的大环境下，量子光学还是很让人难以理解和接受，所以郭光灿未能如愿，怅然而去。

1990 年，在曹昌祺的努力斡旋下，在已经“不明不白”地开过三次量子光学领域的会议之后，中国物理学会终于同意在其之下成立一个二级学会——量子光学专业委员会。不过，量子光学专业委员会主要还是挂靠在中国科学技术大学下面，所以当时这件事是由郭光灿的学生韩正甫具体操办的。

韩正甫，1962 年生于安徽寿县，1979 年考入安徽大学物理系，1983 年毕业后在合肥粮食学校教了 4 年物理课，1987 年考取中国科学技术大学物理系光学专业的硕士研究生，导师是白贵儒。当时白贵儒已被调入宁波大学，所以韩正甫在中国科学技术大学上完基础课就去宁波大学学习了一段时间。不过那时宁波经常停电，很难做实验，韩正甫只好返回中国科学技术大学，白贵儒为韩正甫在中国科学技术大学找到的导师就是郭光灿。1990 年韩正甫毕业之前，正赶上量子光学专业委员会成立，郭光灿就让韩正甫具体来操办这件事。

当时中国物理学会的秘书长是杨国桢，韩正甫在联系中国物理学会这边时一路绿灯，但在地方上则就颇费周折。首先是到安徽省民政局登记，这个还算顺利，然而到了刻公章这一步就出现了麻烦。韩正甫到派出所开证明，却拿不出所需的介绍信——到北京去开不现实，中国科学技术大学开的证明又不行，韩正甫一连去了两次都没能办成。第三次前往办理时，估计是精诚所至金石为开，加之当时的规章制度也没有现在这般严格规范，派出所民警叹了口气说：你们知识分子，几个中科大的老师，估计也干不了什么坏事，于是就给韩正甫开了证明。韩正甫这才拿着证明，到当时合肥唯一能刻公章的淮河路去刻了公章。

回来后，韩正甫就开始具体筹备量子光学专业委员会的第一次年会，给所有可能的参会者发会议通知。当时国内搞量子光学研究的没有几个人：吉林大学的高锦岳，华中师范大学的彭金生，华南理工大学的欧发，中国科学院上海光学精密机械研究所的谭维翰、安徽光学精密机械研究所的何林生和江海河、物理研究所的吴令安，再加上山西大学的彭堃墀和谢常德夫妇，所有搞量子光学或与量子光学沾边的主要也就是这些人了。

1990 年 10 月 24 日，中国物理学会量子光学专业委员会正式成立。按照比较正式的官方说法：量子光学专业委员会的宗旨是组织全国从事量子光学及其相关的量子信息、冷原子物理等方面的科技工作者，积极开展量子光学方面的国内外学术交流，办好专业委员会刊物《量子光学学报》，并进行科学普及方面的工作，积极促进我国量子光学从理论到实验到应用的全面发展，为科技进步、经济建设和社会发展做贡献。量子光学专业委员会的主要任务是：在中国物理学会的领导下，开展学术活动，活跃学术思想，促进学科建设，出版学术刊物，普及量子光学方面的科学知识，表彰优秀青年学者。

不管怎样，从这时起，量子光学的研究者有了一个“合法”组织，自此走上正轨。

量子光学专业委员会被批准成立之后，1990 年 11 月在四川师范大学召开的第四届量子光学会议上，通过了量子光学专业委员会的委员人选，主任为曹昌祺（北京大学教授），副主任为王育竹（中国科学院上海光学精密机械研究所研究员）、彭堃墀（山西大学教授）、郭光灿（中国科学技术大学教授）、谭维翰（中国科学院上海光学精密机械研究所研究员），秘书长为郭光灿教授（兼），副秘书长为陈天杰副教授。

这次会议让郭光灿心情大悦。会后郭光灿带着一行学生，自成都乘火车到重庆，第二天再从重庆上船，顺江而下，经过几天几夜到达安庆，再从安庆乘火车回到合肥。

十一、“量光缘此起”

此后，量子光学专业委员会例会与量子光学会议同期召开。第二届委员会的主任、副主任和秘书长都没有变化。自第三届起，郭光灿开始担任委员会主任。

以下是历届量子光学会议的开会时间、地点与简要情况。

1986 年，第二届，山东青岛。

1988 年，第三届，山西太原。

1990 年，第四届，四川成都。第一届量子光学专业委员会。

1992 年，第五届，上海。

1994 年，第六届，江西庐山。第二届量子光学专业委员会。本届会议决定创办《量子光学学报》，1995 年 8 月正式创刊。

1996 年，第七届，湖南长沙。

1998 年，第八届，陕西西安。第三届量子光学专业委员会。

2000 年，第九届，山西太原。

2002 年，第十届，福建武夷山。第四届量子光学专业委员会。

2004 年，第十一届，四川都江堰。

2006 年，第十二届，江西南昌。第五届量子光学专业委员会。

2008 年，第十三届，云南昆明。

2010 年，第十四届，山东曲阜。第六届量子光学专业委员会。

2012 年，第十五届，广东广州。

……

这些每两年召开一次的会议，始终没有中断过，都由郭光灿具体操办。与会人员从开始的半百之数人扩大了 10 倍，最后发展到每年 400 至 500 人。

35 年之后，郭光灿回忆说：20 世纪 80 年代大多数人并不看好量子光学，尤其是物理学界的一些大人物很不看好，认为这一学科没有前途。但后来的事实证明，我们这条路走得还是对的，量子光学其实非常重要。

按照郭光灿的看法，“琅琊会议”更大的意义在于一种精神上的启蒙，把“量子光学”的概念输入给中国的光学科学家，点燃了中国量子光学领域的第一把火。

回到2019年8月22日。

当天下午，郭光灿带领一行人重登琅琊山。大家先是观赏了“让泉”，并戏称这眼泉涌不定的名泉为“量子泉”。而后大家游览了醉翁亭，对于当年的与会者来说这也是故地重游。大家还请郭光灿和祝世宁两位院士在“二贤堂”前合影留念。最后，大家信步登上石阶，正式前往琅琊寺。

而琅琊寺住持净瑞早已在此恭候多时。

琅琊寺这座千年古刹，在历史上也算是命运多舛。琅琊寺始建于唐大历年间（766—770年），唐代宗赐名“宝应寺”。五代后周时期寺毁。宋朝几次重修扩建，宋太宗赐名“开化禅寺”。元朝末年寺毁。明朝洪武六年（1373年）重修。清朝嘉庆年间（1796—1820年）再次重建，改称“开化律寺”。咸丰年间（1851—1861年）寺毁。光绪三十年（1904年）重建。虽然因为多次重建，寺名多有变化，但自宋朝起就开始依山名而称为“琅琊寺”。1956年，安徽省政府将琅琊寺列为省级文物保护单位。1983年，被国务院列为全国重点寺庙。

住持净瑞十分健谈，为大家讲解了有关揽秀堂的历史变迁，以及一些有关佛学和文化典故。净瑞还特别对郭光灿说：当年你们能借我们这个小地方开会，让我们这里蓬荜生辉，否则谁又会知道我们这个小寺庙呢！当净瑞讲到当年开会就是“开会时搬来桌椅，开完会再搬走”时，郭光灿表示：我们当年开会时也是那样。

2019年8月22日下午，郭光灿与大家一样静静地坐在那里，倾听住持净瑞讲述那些故事。这段经历对郭光灿来说是陈年往事，但对很多人尤其是年轻人来说，则十分新鲜。

在那个盛夏的下午，大家坐在凉爽的琅琊寺内，抚今追昔，畅谈良久。

最后，在净瑞的请求下，郭光灿为琅琊寺留下墨宝：

量子琅琊光，灿日醉翁春。

接着，郭光灿又以同样的主题为净瑞个人题字留念：

量光缘此起。

2019 年 8 月 24 日，大会闭幕式由中国光学学会光量子科学与技术专业委员会主任张卫平教授主持。在闭幕式上，中国光学学会光量子科学与技术专业委员会秘书长许金时教授与下一届（2021 年）会议承办方南京邮电大学的王琴教授进行了工作交接。

所以，现在有两个与量子光学相关的二级学会，分别是：中国物理学会下的量子光学专业委员会，主任张天才，秘书长周正威；中国光学学会下的光量子科学与技术专业委员会，主任张卫平，秘书长许金时。李传锋在两个专业委员会中都担任副主任。

十二、沙漠灌溉

针对 20 世纪 80 年代中国量子光学领域近乎荒漠的现象，总要有人担负起耕耘与浇灌的责任。当时郭光灿认为，量子光学起码应该是研究生的必修课程。原来在大学里讲授光学部分，都只会涉及经典与半经典理论，但其实量子光学应该是一门不可或缺的基础课程。

郭光灿的判断没有错，在许多年后的今天，很多学校都开设有量子光学课程。事实上，量子光学在很多领域都有意义，不仅是光学，整个物理学界，甚至包括凝聚态物理研究，都需要用到量子光学，它显然是一门非常重要的基础学科。

所以，“琅琊会议”的第一个意义是扩大量子光学的影响，发出量子光学的声音，竖起量子光学的大旗；第二件十分重要的事情，就是要培养量子光学人才，要让量子光学开花结果，后继有人。

于是，自 1984 年以来，郭光灿正式开始授课，成为第一个在国内为研究生完整开设“量子光学”课程的人。当时国内根本没有量子光学的相关教材，所以在开课一年之后，郭光灿开始自己编纂教材。其实所谓的教材，不过就是几本油印的讲义，用中文打字机把内容打印到蜡纸上，然后用油印滚筒印成油印资料，最终形成上、中、下厚厚三大本“土教材”。

随着一期期的课程下来，对量子光学感兴趣的人越来越多，一届届一茬茬，都在追随郭光灿当年的脚步。这些人相当大一部分是来自中国科学院上海光学精密机械研究所的研究生，因为当时该所的研究生第一年都要到中国科学技术大学来听课，光学课也在其中，那些专业偏物理的学生自然都要选修量子光学。在这些人中，有如今依旧从事量子光学研究的澳大利亚两院院士、中国工程院外籍院士顾敏和华东师范大学的曾和平等人，他们当时都是上海光学精密机械研究所的研究生，所以都会来中国科学技术大学听郭光灿的课，并在这里第一次接触到量子光学。张卫平当时在安徽光学精密机械研究所读研，师承该所所长刘颂豪研究员（1999 年当选为中国科学院院士），1983 年张卫平与上海光学精密机械研究所的研究生一起在中国科学技术大学上课，但他忘记了当时自己为什么没有选修量子光学这门课，不过他还是特意找来同学的笔记认真研读。上述这些人，现在都是相关研究领域的骨干力量和学术权威。很多人现在碰到郭光灿，依旧会提起当年听他讲课的情景。张卫平如今也有一堆的头衔——上海交通大学致远讲席教授、中国光学学会光量子科学与技术专业委员会主任、“长江学者”、国家杰出青年科学基金获得者、国家重点基础研究发展计划（“973 计划”）首席科学家，等等。

后来这份简陋的讲义在 1990 年 6 月被高等教育出版社以“量子光学”为书名出版，成为正式教材。由于当时国内和国际都缺乏相关的量子光学教材，所以这本书成了许多学生学习量子光学的标配，影响非常之大，可以认为它是国内量子光学领域的“识字课本”或“扫盲课本”。按照郭光灿自己的说法，不敢说这本教材具有多么高的学术水平，但它至少起到了一个该领域的启蒙入门作用，许多人正是通过这本书第一次了解了量子光学。事实上，这本教材在整个华语地区都有巨大的影响，据说台湾地区一度有盗版版本销售，而郭光灿本人在香港中文大学做访问学者的时候则亲眼看见，有学生正在把这本书一页页地复印下来。

值得一提的是，那时想要出书，没有后来那些遍地都是的打字室为作者打字，成稿只能自己一一誊写清楚。郭光灿的很多著作，都是由赵兰英一笔一画地工整誊写出来的。

除了教学推广之外，郭光灿的量子光学研究组也做了一些基础理论研究，在光场压缩态等非经典效应方面取得了一系列重要研究成果。但在量子光学这个领域，国外把最基础的工作几乎已经做完了，学科本身再发展的空间十分有限，所以非常重大的突破也不大可能再有。

当时，郭光灿根本没有任何经费，也就缺少做实验的条件，所以主要是在做一些应用方面的研究，偶尔也做一些前沿课题。这一段比较有价值的理论工作，是提出了“奇相干态”与“偶相干态”等概念，还有一些涉及压缩态和非经典光能等领域的初步研究，这些都是当时国际上的科研方向。压缩态是当时比较热门的方向，用于减少噪声，在一定程度上比较吸引人，但是没有更为实际的应用。所以在实验方面，郭光灿也是有心无力，只能局限于理论研究。

当时国内几乎没人有能力或者说有财力做相关实验。中国科学院物理研究所的吴令安在全国量子光学学术会议35周年纪念会议上回忆说，当年自己没有一分钱，根本没法做实验，甚至都没有人能够帮忙做事。那时她手下没有学生，不像现在的导师可以有很多博士，那时两年才有一个招收硕士生的名额，所以她只能找清华大学和北京大学的一些本科生来帮忙。在搞研究时又没有合适的电脑，不得不从家里搬来在美国买到的二手电脑。吴令安感叹如今科研人员的条件实在太好了，她建议现在的科研人员也不要仪器一坏就买新的，不妨自己动手试着修理一番，因为修理本身也是一个学习的过程。

事实上，郭光灿的这个量子光学研究组所做的研究，应该算是一些准备工作，真正开花结果是在后来的量子信息方面。到了20世纪90年代初郭光灿团队开始向量子信息转向的时候，就已经可以用到此前的这些积累，把量子光学作为工具来从事进一步研究了。当然这是后话。

十三、搭台唱戏

说起当时国内“几乎没人有能力或者说有财力做相关实验”，其实也不尽然。这里要提到另一个在国内量子光学发展中比较重要的人，那就是山西大学的彭堃墀。

彭堃墀，山西大学教授，博士生导师。1991—2000年担任山西大学校长。2003年彭堃墀与郭光灿同期当选为中国科学院院士。在马爱群的《七律·量子光学发展进程》当中有一句“墀灿引航团队起”，其中的“灿”指的是郭光灿，“墀”指的就是彭堃墀。虽说“琅琊会议”时彭堃墀尚在国外，并没有出席那次会议，但他参加过自第二次会议以后的多次会议。

当时在邓质方家里聚会的几名学者当中，就有彭堃墀和谢常德夫妇，两人都是中国量子光学的重要开拓者。彭堃墀在山西大学，拥有全套量子光学的实验设备。

说起来彭堃墀的经历十分坎坷，颇为曲折且富有戏剧性，假如有机会实在值得大书特书。彭堃墀与谢常德毕业于四川大学，毕业后这两个四川人旋即被分配到相对于“天府之国”蜀地已是“北大荒”的山西，原因是两人的成分都比较“高”——彭堃墀的父亲是国民党财政要员，谢常德的兄长则是国民党飞行员。在当时这样的家庭背景是十分麻烦的，两人心里也都清楚自己的出身问题严重，所以在山西大学里一直谨小慎微，低调做人。有一次谢常德对郭光灿说：那时候，我们有时遛弯到黄河边，都想不如一下子跳下去算了。其压抑程度可想而知。

两人就这么一直低调地工作和生活，不料熬到改革开放之后，有关部门出于统战方面的需要，彭堃墀、谢常德二人突然感觉受到了格外重视，似乎一夜之间就变得与从前不一样了。

彭堃墀和谢常德不但成为第一批出国访学人员，而且回国后继续受到垂青，省里也格外重视，特批了足够的经费，承诺给彭堃墀足够的资金去购买各种实验设备，大有“你在国外用了什么仪器设备就全套买回”之势，所以彭堃墀“一夜暴富”，从国外买来全套仪器，甚至包括整个平台。于是，彭堃墀成为当时国内唯一能大规模从事量子光学实验的人，让人十分羡慕。

彭堃墀不仅“有钱”，管理能力还很强，把门下学生的能力都发挥到极致，极大地发挥了他们的主观能动性。

彭堃墀经济实力雄厚，有条件、有资金进行实验，郭光灿没有条件做实验，但因为动手较早，理论基础比较好，所以两人联手是一个最佳选择。

为了进一步培养人才，彭堃墀特意邀请郭光灿到山西大学给他的研究生上课。于是，郭光灿就带上那三本厚厚的油印教材，到山西大学一上就是一到三个月。作为一门完整的学科，这本应该是一学期 80 个学时的课程，但由于郭光灿是外请教师，所以当时在山西大学每天都上课，学生一口气学完。郭光灿在这里一连上了三年，所以彭堃墀的前三届学生都是郭光灿协助培养起来的，其中很多人后来成为量子光学的研究骨干，即便不再从事科研的人后续发展得也很不错，其中不乏山西大学校级领导和山西省委常委，比如山西大学原校长贾锁堂和现任副校长张天才，等等。当时还有一些不是彭堃墀研究生的学生也慕名前来听课，比如后来担任中国工程物理研究院（简称中物院，原简称九院或绵阳九院）院长的中国工程院院士赵宪庚，多年后对郭光灿提起这一课程时也是记忆犹新。

中国科学技术大学与山西大学是当时国内量子光学领域最重要的两方阵地，也是当时国内量子光学领域最重要的两支力量，开始的时候国内量子光学的人才主要都集中在这两个地方。中国量子光学的第一批力量，主要就是被郭光灿和彭堃墀这样的人培养起来的。郭彭二人共同苦撑，搭台唱戏，彭堃墀出钱，郭光灿出力，两人合力培养人才，以便让更多的人参与到这一研究领域当中。他们培养出了中国量子光学的第一批骨干力量，这也是后来相关研究领域中很大的一支力量。郭光灿与彭堃墀一起，撑起了国内量子光学研究的半壁江山，推动了国内量子光学研究的长足发展。

当前几届年轻人成长起来之后，可以独当一面了，郭光灿就不必再远征授课，因为他们自己可以继续培养下去了。彭堃墀门下弟子遍及各个岗位，他本人在山西大学也很有影响，后来一直做到山西大学校长。

那段时间，郭光灿不仅在山西大学讲课教学，还在其他很多地方讲授量子光学，到处推广量子光学。比如，郭光灿曾在吉林大学讲过一期课程，不过效果不是很明显，没能培植起一支特别的队伍来，可能是因为缺乏这种氛围，缺少像彭堃墀这样强有力的支持者。

总之，整个 20 世纪 80 年代，郭光灿基本上都在宣传和推广量子光学。郭光灿的量子光学课程，在中国量子光学的发展中起到了巨大的启蒙作用，后来活跃在国内量子光学领域的许多年轻学术带头人，都是得益于郭光灿的授业而迈入这一领域的。从这时起，量子光学慢慢变成被大家公认的基础学科。

20 世纪 90 年代左右，中国量子光学队伍所掌握的基础理论，已经达到当初郭光灿在加拿大访学时的国际水平了。人才队伍建立起来后，很多人又前往国外学习，了解到更多的新进展。

总之，就量子光学而言，学科建立了，知识储备了，队伍组建了，整个基础学科完善起来了，脚跟也算是彻底站稳了。这一段的主要工作就是积累、传播、筹备，以及各种基本知识的掌握，等等。

当然，虽说队伍正式建起来了，但当时郭光灿并不是很清楚未来将要怎么走、应该怎么走、究竟朝一个什么样的方向走。

等阳光融化了冰霜，

融化了寒冬就温暖了牧场。

这是歌手刀郎《孤独牧羊人》一歌的结尾之句，或许也是郭光灿当时的心情写照。

十四、没有 TOFEL 和 GRE 的年代

20 世纪 80 年代，郭光灿在国内量子光学研究这片荒漠上拓荒开垦的同时，还要负责中国科学技术大学常规的教书育人工作。

早在出国之前，自 1978 年起，郭光灿就开始正式为本科生教授光学课程。自加拿大访学归来后，郭光灿仍然继续为本科生上课，这才有了后来得意门生段路明和李传锋这些学生听课后投身郭光灿门下的故事。郭光灿授课的效果非常好，当初听课的一些学生在多年之后依然记得他在课堂上的风采，尤其是一些细节。有的学生从国外寄来明信片，正面是自己所在国外校园的风光，背面则是写给老师的话，其中一句写道：这么多年过去，依旧记得郭老师讲课时"美丽的小手"。郭光灿看罢哭笑不得，实在不理解什么叫作"美丽的小手"，想必是说自己讲课时身体语言比较丰富，手舞足蹈的形象让学生们记忆犹新吧！

事实上学生对于老师的印象，往往就会驻留在一些不经意的小地方。比如有一次，郭光灿讲罢光散射现象后，突然冒出一句解读：这就是为什么蔚蓝色的天空飘浮着白色云朵的原因。学生听完后先是一愣，旋即爆发出雷鸣般的掌声，也许他们对于在严肃的物理课上居然出现这样一抹诗意感到非常好玩吧！还有一次，当郭光灿讲到量子波函数的难以理解时，形容这就是所谓的"留一半清醒留一半醉"，其形容近乎叶倩文所演唱的流行歌曲《潇洒走一回》的歌词，是以也被学生们欣赏并牢记。

1985 年，郭光灿获得副教授职称。

当年中国科学技术大学的职称评定工作两年进行一次，郭光灿于 1983 年 9 月回国，1985 年秋天第一次申报就被评为副教授。在评审会上，

郭光灿的答辩获得了一致好评，结束后他出来时，张裕恒教授（2005当选为中国科学院院士）特意追了出来，他十分赞赏郭光灿的学识，认为他的答辩非常好，尽管此前他与郭光灿并不相熟。

拥有了副教授职称之后，郭光灿才有了招收硕士研究生的资格。他招收的第一名硕士研究生，名叫王小立。

接下来还有一件事特别值得一提，那就是在郭光灿的从教生涯中，曾担任过CUSPEA主教练一职。

如前所述，早在1978年6月23日，邓小平就对留学工作做出过重要指示，指出派遣留学生“要成千成万地派”，而“不是只派十个八个”，于是教育部开始选拔赴美留学人员。但在改革开放之初，派遣留学生的工作却不尽如人意。一个原因是“文化大革命”刚刚结束，具有一定水平和基础的留学人员数量极少；另一个原因是中国长时间与西方发达国家交流中断，国外大学很难有效判断中国派遣人员的水平，不敢贸然接受。而且赴美留学的正常程序是先要通过语言资格考试，即托福（TOFEL）和美国研究生入学考试（GRE），然后才能申请美国的大学，但在当时中国并未举办TOFEL和GRE考试；前往其他西欧国家留学也有类似的情况。

幸而华裔物理学家、1957年度诺贝尔物理学奖得主李政道于1979年在中国讲学之际，突发奇想，创立了后来为人格外称道的CUSPEA，这才为许多有志于出国留学的学子找到一条出路。

CUSPEA是“中美联合培养物理类研究生计划”（China-U.S. Physics Examination and Application）的字母简称。李政道提出CUSPEA后，得到我国领导人的赞同，并由国家教育委员会和中国科学院组织实施。其基本程序是：由美国的大学出卷命题，考查参加计划的中国学子的基本水平，再进行推荐招生工作。具体而言，由美方教授出物理试题（相当于美国研究生资格考试水平），由中方教授出英语试题；中方负责推荐学生考试以及相关的组织工作，包括阅卷评分等；最后考试成绩名列前茅者将获推荐，由学生自行选择学校；申请期间由美方教授面试学生，决定录取与否，再由学生决定选择哪一所学校。

为应对这一考试，中国科学技术大学专门设立了物理辅导班，俗称CUSPEA班。这个班主要由物理学科中已学完各种基础课的高年级学生组成，目的是通过强化集训，使学生的物理水平在短期内得到显著提高。

CUSPEA 班进行严格的科学管理，组织了有丰富教学经验和一定科研实验的教师担任主讲，改进教学方法，改革教材内容，广泛吸收国内外一流学校的各种先进做法。在学校领导及各有关部门的大力支持下，经过全体师生的共同努力，终于取得了优异的成绩，总结出了理科物理学教学的一些经验，并且已经产生了广泛而深远的影响。

中国科学技术大学的 CUSPEA 班从 1980 届到 1988 届一共举办了 9 届。为了有效管理，CUSPEA 班采取主教练负责制，即每届辅导班由学校选定一名主教练，全权负责辅导班的一切事宜。后来主教练还可以选定一名副教练作为助手，协助处理一些具体事务。事实上，这数届 CUSPEA 考试，真的很像中国物理教育的“全运会”，是国内各所高校互相竞争展示水平的集中窗口，各路健儿争相在此角逐，充分显示出各自学校的专业水平。

主教练的人选，自然是教学水平和管理水平都比较高的教师。前述为“琅琊会议”批给郭光灿 2000 元钱的尹鸿钧，就曾做过 1980 届、1981 届、1982 届三届主教练，郭光灿则是 1986 届的主教练。

十五、CUSPEA 主教练

对于一般人来说，当年中国科学技术大学在社会上有两个比较瞩目的亮点，一个是少年班，一个就是 CUSPEA。中国科学技术大学在 CUSPEA 考试中可谓战绩辉煌。

中国科学技术大学之所以会取得如此优异的成绩，与前述那支“以年轻人才为主体的师资队伍”想要重振科大、再创中兴的努力心理不无关系。所以一旦有了机会，他们就一定要抓住，整个学校从上到下对 CUSPEA 培训都非常重视，大家团结一心，共同努力，希望以最优秀的形象向全世界展示中国科学技术大学。所以在中国科学技术大学，这件事被认为是头等大事。

第一年仓促上阵，中国科学技术大学的 CUSPEA 成绩不是特别出色。但从第二年开始，就开始展现出了中国科学技术大学 CUSPEA 之战的辉煌战绩。此后中国科学技术大学的 CUSPEA 班开始由三个物理系（物理系、近代物理系以及后来发展为天文与应用物理系的物理教研室）的教师轮流担任主教练，1986年刚好轮到物理系。

本来1985年郭光灿刚刚被评为副教授，系里有一大批资格较老的教授和副教授都排在他的前面，按理说根本轮不到他，但由于有了前几年的优异成绩，所以后续主教练的压力日趋增大，并不是所有人都敢于承担这一责任。郭光灿也是初生牛犊不怕虎，披挂上阵，迎难而上，勇敢地接受了担任主教练的任务。

从1984年起，主教练还可以聘请一位副教练一同工作。郭光灿聘请的副教练是傅竹西。

如前所述，对此全校上下都高度重视，所有的物理教师都充满激情。郭光灿开始认真遴选，通过调研，了解到哪一位教师的哪一门课口碑最好，就选定这个人来授课。之后他便登门拜访，邀请这些教师前来担任这些课程的教职。

郭光灿的工作进行得非常顺利，那些被邀请到的教师全都十分支持，其中甚至包括郭光灿上学时的一些前辈老师，比如郭光灿上学时的量子力学老师张家铝。其实当时在学校里，郭光灿的资历算是比较浅的，毕竟才刚刚被提了副教授，但凡是接到他邀请的教师，全都欣然前往，这让郭光灿颇感欣慰。

每一届CUSPEA考试都被安排在暑假期间进行，这一次是在1986年的暑假。其实早在1985年9月，筹备工作就已经陆续展开，而且一搞就是将近一年。那一年郭光灿基本上相当于全脱产，系里也不再给他安排授课任务和其他工作。前半段时间主要是初期选拔，所有学生都可以自愿报名，但每一期都会筛选好几次，寒假之后才正式开始集训。在整个CUSPEA课程中，郭光灿也会教授光学部分的课程，但他更主要的工作还是总体统筹与安排。

郭光灿为此全力以赴，也着实动了一番脑筋，因为他知道自己责任重大，一旦搞砸了几乎可以说是千古罪人。结果这一年的成绩相当喜人。1986年的CUSPEA考试，全国被录取的人数为73名，中国科学技术大学的被录取人数是33名，居全国高校之首，占到将近一半。其中前十名中第一、第二、第四等7名都是中国科学技术大学学生，第一名是中国科学技术大学的洪江涛。事实上自1985年起，最后四年中国科学技术大学的被录取人数都是全国第一，保持了“四连冠”的荣誉。CUSPEA考试让外界更加了解了中国科学技术大学，大大地提升了学校在国外的知名度。

录取人数自然是一个方面，但郭光灿认为，CUSPEA 的最大成功，是吸引了更多的人才来报考物理系，立志学习物理，揭秘物理世界。CUSPEA 班结束后，郭光灿与朱栋培和程稼夫两位教师在 1990 年的《教育与现代化》上刊发了论述文章《风物长宜放眼量——科大物理辅导班回顾》，为整个 CUSPEA 班做出了一个总结。

参与 CUSPEA 培训的这些学生，在上课受训的时候，其实不仅仅是掌握到了一些物理知识，更重要的是吸收到了那些优秀教师的物理思想与理念，所以其效果不仅仅体现在一次考试当中，而是让他们一生都受益匪浅。而对于那些教师来说，也借此了解到了国外物理教学的水平与考核的方式，同样也开阔了视野。

国外在考查学生物理水平的时候，经常会把一些科研前沿的重要问题化简为基本的物理问题，这对于当时的国内学生来说，还是比较新鲜的。所以在整个培训过程中，物理系广而告之，发动那些已经出国的教师和已在美国攻读研究生的学生，大量收集美国大学历年的资格考试试题，然后寄回到中国科学技术大学。培训班再将这些试题一一分发下去，让学生们一次次试考，以便让他们先尝尝新鲜事物的“味道”，就好像是现在的学生一遍遍刷真题备考一样。

与此同时，主副教练与教师们一边在教学中参考使用这些题目，一边进行分析和分类整理工作，同时发动往届和在读的辅导班同学做出解答，再由教师进行审阅和讲授。

后来，这些试题在培训使用中被不断地补充完善，于 1986 年起开始结集成书，即后来受到了普遍欢迎的《美国物理试题与解答》。这套由中国科学技术大学物理辅导班主编的参考书共计 7 卷，由中国科学技术大学出版社陆续出版。后来这套书又由世界科技出版社出版了英文版。2005 年，这套书在整理扩充之后，又由科学出版社以“物理学大题典”为名出版。其中郭光灿是光学分册的审校者之一。而 CUSPEA 辅导班历届教师的教案，也在 1990 年以《高等物理精编》丛书（共计 5 卷）之名由中国科学技术大学出版社出版。这套丛书的主编是尹鸿钧，郭光灿与他当年的量子力学老师张家铝都是编委，郭光灿还是《光学・原子物理》卷的编著者之一。这些辅导教材，后来都对国内物理教学起到了非常重要的作用。

CUSPEA 使美国的大学有了不通过 TOEFL 和 GRE 选拔学生的客观依据。后来其他学科受 CUSPEA 成功的影响，也设立了类似的考试，比如生物化学领域的中美生物化学联合招生项目（CUSBEA）（由吴瑞创立）和数学领域的陈省身项目（由陈省身创立）。CUSPEA 在 1979—1989 年实行的十余年间，919 名学生通过这种选拔方式走出国门求学深造，进入全美多所著名大学攻读物理学，后来许多人已经成为知名的科学家与学者。其中中国科学技术大学物理辅导班的成绩最为优异，通过 CUSPEA 考试被录取赴美学习的学生多达 219 名，占全国被录取人数的 23.8%。

20 世纪 80 年代末，中国向外特别是向美国公派出国和自费出国体系建设日渐成熟，TOFEL 和 GRE 考试也在 20 世纪 80 年代中期相继举办，是而具有“救急”性质的 CUSPEA 的使命已经完成，但这一开创性的举措必将被人铭记，永载史册。

CUSPEA 项目结束后，学校开始思考如何将 CUSPEA 辅导班中积累总结出来的宝贵经验推广开来。经过广泛的讨论，决定按照甲、乙、丙三个学科群来安排中国科学技术大学的基础物理教学工作——甲型物理属于理科生所学的物理，乙型物理属于工科生所学的物理，丙型物理属于管理类等专业学生所学的物理。与此同时，各学科群的教师开始编写相关的物理教材。1991 年，《普通物理学教程》（5 册，甲型物理教材）由高等教育出版社出版。1996 年，《基础物理教程》（5 册，乙型物理教材）由中国科学技术大学出版社出版。在上述两套教材当中，郭光灿都是光学分册的编著者之一。

十六、遥远的回声

这次担任主教练的经历，不但为郭光灿的履历增色不少，而且昭示出他非凡的教学与管理能力，总之皆大欢喜。

有一些具体细节郭光灿至今仍记得十分清楚。当时有一个个子很高的男生，14 岁考入中国科学技术大学少年班，后来在分专业时被分配到了化学系。由于专业的缘故，他的物理成绩不是特别突出，所以在第一轮选拔时被刷了下来。结果这名学生找到郭光灿，说明了自己的情况。郭光灿感觉这是一个可塑之才，同时考虑到初期选拔也没有什么真正的意义，关键还要看最后的考试，于是便让他留了下来。后来这个学生果然不负众望，在 CUSPEA 考试中取得了十分优异的成绩，进入芝加哥大学物理系攻读硕士，后又考入加州大学伯克利分校物理系攻读博士……一步步走了下去。而在那一届考试当中，当初很多成绩排在他之前的物理系学生最终却名落孙山。

只不过时隔多年，郭光灿早已忘记了这个学生的名字。郭光灿只能记得考第一名的是洪江涛，现在美国硅谷工作，其他很多人的名字就都不记得了。

毋庸置疑，当年中国科学技术大学的物理实力是非常强的，而且在当时的环境下，各路学子对物理也会高看一眼，出国时自然是选择物理居多。但现实往往比较残酷，假如不能走到顶尖的位置，就没有继续深入从事物理研究的可能，真能像文小刚（1981 届 CUSPEA 考试第一名）那样坚持从事物理研究，最后做到麻省理工学院终身教授和美国科学院院士的，恐怕少之又少。所以迫于现实压力，很多人出国后不得不逐渐转行。后来投在郭光灿门下的李传锋，本科即将结束时就曾在出国和不出国之间徘徊与犹豫，因为他实在担心出国之后不能继续坚持从事自己所喜爱的物理研究，最后还是下定决心留在国内，加入郭光灿团队。

但那些没有从事物理研究的学子，无论转到哪个行业都能施展出自己非凡的才华，可以从事其他研究，也可以从事工程工作，甚至还有很多人转战金融界。现在华尔街上从事金融分析的人员，有近百人都是通过中国科学技术大学 CUSPEA 项目出去的。这些人十分聪明，建模能力很强，可以预测股票走向和金融发展。他们不仅仅是单纯的数学思维，用物理思维建模有时会考虑实际情况更多一些，所以这些人都做得十分成功。

有一次郭光灿在香港遇到了 1986 届 CUSPEA 考试考第二名的学员，他对郭光灿说：郭老师，我还是很对得起中国科学技术大学、很对得起物理学的，我出去之后还是搞了几年物理，先是读了博士后来又做了博士后，也发表了不少好文章，最后不得已才改行搞了金融。

但还是有不少人痴心不改地继续从事物理研究。在 CUSPEA 考试多年以后，中国科学院有一个与国际合作的人才计划，可以请国外科研人员回国工作一段时间。郭光灿发现有一个叫卢征天的学生非常不错，他的主要科研方向是超灵敏同位素痕量探测新技术，并在2000年获得美国青年科学家与工程师总统奖。郭光灿就把卢征天列为被邀请者之一，卢征天没有丝毫犹豫，当即就爽快地答应下来。

直到卢征天来到中国科学技术大学，与郭光灿见面握手的时候，他才道出原委，同时对郭光灿行弟子礼。原来，他就是当年那位少年班化学系的初选落榜者，正是郭光灿给了他那样一个难得的机会。卢征天对郭光灿说："我是您的学生。幸亏当初您给了我机会，否则就没有我的今天。"郭光灿十分感慨，只是时隔多年，郭光灿当时没能记住他的名字。

为了纪念当初轰轰烈烈的CUSPEA计划，中国科学技术大学也曾开过几次纪念会，但都赶上郭光灿不在校内，所以他都未能参加。即便郭光灿未能参加纪念活动，卢征天还是专门在会上讲述了这个故事——这个影响了他一生的故事。

2015年，卢征天正式回到中国科学技术大学工作。

后来很多因CUSPEA计划出国留学的学生，也曾特意"组团"来拜访过郭光灿。2017年，恰逢1986届CUSPEA项目30周年（1986年考试，1987年出国），十余名昔日的CUSPEA班同学来到郭光灿的中国科学院量子信息重点实验室参观，大家都对量子信息研究表现出极大兴趣。郭光灿为他们详细讲解，这些参观者听得非常认真，说道："我们又来听您讲课了。"

其中有一名来自斯坦福大学的王善祥教授，他不是1986届考生而是1985届考生，但此前也听过郭光灿的课。他被录取到斯坦福大学后曾给郭光灿写过信，还寄来了有他详细介绍的学校校刊。此时从王善祥听讲的神态中，郭光灿一下子就想起了他当年的模样。与当年相比，王善祥几乎就没变样子，当初他上课时眼神就特别专注，如今他听讲时眼神依旧特别专注。

十七、教授与常务副院长

早在改革开放之前的1972年，郭光灿就已正式调入物理系，并一直在这里工作至今。即便是后来在非线性科学研究中心以及现在的中国科学院量子信息重点实验室，郭光灿的人事关系依旧隶属于物理系，他所有学生的学籍也都在物理系。

1988—1992年的物理系主任是方容川。1987年，郭光灿被任命为负责教学的物理系副主任，这很大程度是因为他作为CUSPEA主教练格外成功。

1988年，学校要评正高职称。当时物理系有很多副教授都在申报，包括很多1958级和1959级毕业留校的老教师。相比之下，郭光灿的资历自然就显得有些低了，而且郭光灿还不是物理系的元老，属于“半路出家”的“外来户”。综上所述，郭光灿觉得自己被提职称的胜算很小，而且自己1985年刚被评为副教授，这次要想评教授，除非是破格，否则很难有什么希望。但还是有人动员郭光灿申报，于是他也就申报了，只是没有太当回事。最后算上郭光灿在内，全系一共有9人申报教授。

毕竟僧多粥少，所以竞争比较激烈，评委会上的争论和分歧也相当大。有的评委支持别人，也有的评委力推郭光灿——比如当年他评副教授时追出来的张裕恒教授。结果最后投票，郭光灿被评为教授——关键是那一年，整个物理系只评上了郭光灿这一位教授。

1989年，郭光灿又开始申报博士生导师。结果郭光灿同样是第一批就被批准。当时的博士生导师是要由国务院学位委员会批准承认的，当年可谓凤毛麟角。上海交通大学是一所工科学校，当时整个物理系也没有一个博士生导师，上海交通大学的校长曾对郭光灿说：你要是过来，我们马上给你88万元的科研经费，总之开出了各种优惠条件。

1992年郭光灿卸任物理系副主任。回想郭光灿在中国科学技术大学的历程，总是与行政岗位有一些交织，但就连郭光灿都认为自己并不适合从事行政工作，最终还是要回到学术研究上来。在他卸任物理系副主任之后，学校一度甚至想请他担任校图书馆的馆长，但郭光灿二话没说马上拒绝，他觉得自己根本不适合也不喜欢做那项工作。

1992年前后，中国科学技术大学部分教师学者希望和建议成立理学院。1994年1月7日，学校下发文件，正式宣布理学院成立。学院由数、理、化、天、地、生6个学科组成，具体的行政建制单位包括：数学系、物理系、化学物理系、近代物理系、地球物理系、生物物理系、应用化学系、材料科学与工程系8个系，以及非线性科学研究中心、基础物理中心和结构成分分析中心。第一届理学院院长为冯克勤，郭光灿为副院长之一。此外，理学院还成立了第一届院务工作委员会，郭光灿是委员之一。但成立之初理学院并不是一个实体，而是一个比较“虚”的机构，当时的理学院办公室设在学校行政楼，只有一名日常工作人员。这一阶段理学院的主要工作是举办一些学术活动，郭光灿参与了许多活动的组织与协调。

1996年底以化学物理系、应用化学系为基础的化学学科从理学院分离出来，单独成立化学与材料科学学院。是以1997年3月27日理学院第二届领导班子产生，院长为王水（1993年当选为中国科学院院士），郭光灿仍担任副院长之一和院务工作委员会委员。

1997年底至2000年，中国科学技术大学相继成立了生命科学学院、工程科学学院、地球与空间科学学院等一系列学院，而且它们和化学与材料科学学院一样都是实体。于是在2000年底，理学院也改为实体，其中包括数学系、物理系、近代物理系、天文与应用物理系，以及当时的结构分析研究开放实验室。第三届院长为杨国桢院士，郭光灿担任常务副院长，同时郭光灿还是学术委员会副主任和教学委员会主任。

杨国桢是1938年生人，1965年从北京大学物理系研究生毕业。自1966年至今一直在中国科学院物理研究所工作。1999年，杨国桢卸任物理研究所所长一职；同年，杨国桢当选为中国科学院院士。2000年，中国科学技术大学校领导盛邀杨国桢来理学院担任院长。

于是，2001—2009年杨国桢担任了两届中国科学技术大学理学院院长，前一届（2001—2004年）期间，杨国桢请郭光灿担任常务副院长。此前作为光学同行，杨国桢认识郭光灿，但并不熟悉，而这时选人任职，杨国桢看中的正是郭光灿独立工作的能力。

杨国桢就任理学院院长时，理学院的师资队伍很强，但科研经费很少，承担的项目也很少。在一系列举措之下，这种局面有所改观，他们一下子申请了7个重点学科，结果有6个获批，成为全国高校物理学科中最多的一个，中国科学技术大学的影响力一下子大大提高。假如不算卸任的王水，杨国桢担任理学院院长时，院里只有一名院士、杨国桢在北京大学读书时的老师吴杭生（1993年当选为中国科学院院士），后来在几年之内竟有包括郭光灿在内的四五位院士当选。杨国桢还很重视本科教学，主持编写教材。总之在此期间，他与郭光灿两人配合得十分默契。

十八、理学院后续

2003年11月，郭光灿当选为中国科学院院士。

2004年底，理学院再次换届。中国科学技术大学校领导找郭光灿谈话，希望他继续担任理学院常务副院长，但郭光灿拒绝了，他希望能够让更多的年轻人出人头地。理学院的第四届院长仍为杨国桢院士，但郭光灿却不再担任常务副院长，不过仍担任学术委员会主任。

杨国桢也于2009年卸任理学院院长，与郭光灿一直保持着深厚的友谊，至今他仍是郭光灿所在中国科学院量子信息重点实验室的学术委员会主任，每年总要到中国科学技术大学与郭光灿见上一两面，除了工作公务，也会吃饭聊天。杨国桢在巢湖边上买过一套房子，当时价格十分便宜，有一次他突然说想去住上几天，郭光灿听得兴起，说要与他一起去看。结果看到风景如画的巢湖后郭光灿马上动心，当场决定也买一套，只可惜身上没带钱无法交纳定金，杨国桢说，没关系，我这里有卡可以先借给你。

上面这个故事也从一个侧面展现出郭光灿率真随性的一面，他经常毫不掩饰自己的兴奋与情绪。2002年秋天，郭光灿带着学生李剑和薛鹏到日本开会，白天比较劳累，晚上郭光灿很想在宾馆里休息一下。但年轻人比较好玩，李剑和薛鹏一定要出去转转，尽管东京十分安全，但作为导师的郭光灿也不愿意两个孩子独自去逛，只好忍着劳累陪他们一起上街。两个年轻人在街上兴奋地到处拍照，郭光灿则不屑地说道：看吧，黑乎乎的，有什么可拍的？拍吧，拍吧，你们拍吧，什么都看不见！就像一个没有得到渴望中的玩具的小孩子一样。

在担任上述行政职务时，郭光灿有一套自己待人处事的办法和做事原则。最主要的是，郭光灿秉承一种信任的原则，对于下属郭光灿相信他们，希望最大限度地发挥他们的主观能动性——大事告诉我，小事你做主，有责任我来承担。郭光灿没有私心，没有权欲，从来不把自己看得有多么重要，平等待人，尊重他人。郭光灿与办公室主任叶琳秀以及其他一些秘书之间的关系都十分融洽，多年以后仍然保持着良好的关系。无论是郭光灿在物理系担任系副主任还是在理学院担任常务副院长的时候，可以说都是院系进步比较快的时代。

附带介绍一下理学院的后续发展。2009年，数学系也从理学院剥离，于是理学院正式更名为物理学院。同年，以光学学科及中国科学院量子信息重点实验室为基础，成立了光学与光学工程系；在物理实验教学中心建制独立后，天文与应用物理系更名为天文学系。2017年，核科学技术学院纳入物理学院，在此基础上成立了工程与应用物理系。这就是目前物理学院完整建制的全貌。

光学与光学工程系的成立，与郭光灿和韩正甫的力主有关。韩正甫一直倾向于科研应用方面，但这一建议开始不被大家所理解，不过最终还是得以实现。2009年，理学院成立了光学与光学工程系，首任系主任是许祖彦院士，韩正甫毅然辞去已做了两年的物理系主任来做光学与光学工程系的执行主任。在12月12日的成立庆典大会上，郭光灿也参加了揭牌仪式，副校长张淑林还与中国科学院安徽光学精密机械研究所所长刘文清签署了全方位合作的所系结合协议。现在光学与光学工程系的执行主任是孙方稳，也是郭光灿的学生。

值得一提的是，2015年被联合国命名为光和光基技术国际年（International Year of Light，IYL 2015）。“光和光基技术国际年”以宣传和普及人类历史上与光相关的重大科技成就来纪念千年来人类在光领域的重大发现。选择2015年，是因为在整整1000年前的1015年，被誉为“光学之父”的伊拉克物理学家伊本·海赛姆的光学开山之作、5卷本《光学之书》问世，系统地描述了人们对光和像的认识。尽管当时海赛姆无法洞悉光的本质，但通过对光影及其规律的观察，还是理解了光的一些基本性质。2015年还恰值光科学历史上一系列重要的里程碑事件周年纪念，包括1815年菲涅尔（Fresnel）提出的光波概念、1865年麦克斯韦（Maxwell）提出的光电磁传播理论、1905年爱因斯坦的光电效应理论和1915年通过广义相对论将光列为宇宙学的内在要素，以及1965年彭齐亚斯（Penzias）和威尔逊（Wilson）发现宇宙微波背景。

第四章　奠基量子大厦

一、闻风而动

1988年，郭光灿获得教授职称。1989年，郭光灿成为博士生导师。

而早在此之前，郭光灿就已经开始物色新的研究领域和新的研究方向了。

这时候，量子光学在中国光学领域已经有了长足的进展，但作为一个已经相对完善的基础学科来说，它的研究工作基本上也已走到了尽头。

下面的路应该怎么走？这是一个十分重要的问题。

1990年，郭光灿在国外文献中读到了有关量子信息的研究文章，不禁怦然心动。

看起来这是一个几乎全新的领域。量子信息在国际科技界也是刚刚被提出不久，看似有着无限广阔的远大前景，同时这又是一个非常便于投入的研究领域。而量子信息的基础理论，恰恰就是量子光学的基础理论。唯一不同的就是，把有关的量子理论移植到信息领域，使得有关计算机、密码等一系列经典概念都有了全新的诠释。毕竟量子光学本身只是一个基础学科，无法获得更广泛的实际应用，但它一旦被应用于信息领域，就会立刻产生出相当旺盛的生命力。因此，当郭光灿看到这些研究之后，眼前马上一亮，希望能在这些问题上进行深入研究。

正因为量子信息脱胎于量子光学，所以国外开始涉足量子信息领域的科研人员主体，也就是原来从事量子光学研究的那一批人。当时的研究情况是：只有少数人从事相关研究，暂时还没有形成大的气候，影响也不是很大，在学术界难称主流，属于相对冷门的研究。而在国内这一领域更是一片荒漠，几乎还没有人对此有所关注，了解这一领域的人更是凤毛麟角，郭光灿恐怕是最早的关注者之一。这时候的郭光灿，一直在思考如何将量子光学学科做大做强，一直在物色更加有意义的研究方向，如今恰好是一个绝佳的机会。

在这里，我们需要简单地回顾一下量子光学。

假如对量子光学给一个客观而审慎的考察，其最主要的功绩就是把光与物质相互作用的全量子理论搞清楚了。在此之前，经典光学从来不使用量子解释，比如郭光灿在中国科学技术大学里最早参与的激光等项目，也就是采用经典光学理论，最多是采用半经典光学理论对激光现象进行解释，而且这种解释看起来已近乎完美，足以解释各种现象。但在量子光学当中，则不再是将光简单地视为电磁波，而是将其作为由一个个光子组成的物质来看待，这样一来就会出现许多崭新的现象，严格地说就是“非经典现象”，比如“压缩态”“亚泊松分布”“福克态”，等等。这些现象与由此衍生出的物理概念，对光的量子效应给予了更加完美的解释。所以说，就其学科本身而言，量子光学最重要的功绩就是建立起一套完整的光量子理论。

但是，实事求是地说，量子光学在理论与实践的结合方面不是十分契合。套用一句俗话来说就是：量子光学“理论很丰满，现实很骨感”。在具体应用方面，似乎还没有更多更好或者说更为实用的技术开发。在量子光学研究的视野下光所表现出来的那些性质，基本上没有达到可以应用的地步。事实上，这也正是当初许多人对量子光学不够重视和不够看好的原因之一。比如，在激光现象中量子效应并不明显，在实际研究中基本上可以忽略不计；在医学领域倒是对单光子成像有过一定的研究，因为在单个光子的条件下，由于量子效应，仪器的敏感性确实有所提高，但最终似乎也没有什么突破性的显著成果和实际应用。

所以归根到底，可以说量子光学本身的科研成果，能够付诸实际应用的十分稀少。当然也不是完全没有，比如，压缩态就可以用来探测引力波。

在物理学中，对引力波有一个很好的比喻，称之为“时空弯曲中的涟漪”。引力波以引力辐射的形式向外传输能量，最早是由爱因斯坦在 1916 年通过广义相对论预言的。引力波非常微弱，微弱到比原有探测器的噪声还要小，所以它常常被噪声所淹没。假如能够制造出更加灵敏的探测器，将探测器的噪声降低到引力波信号强度之下，就有可能探测到引力波，这一点压缩态可以做到，所以一直有人在从事相关的研究和探测。自 2015 年以来，人类确实探测到几次引力波信号，可惜都不是通过压缩态方式探测到的，尽管如此，这种方案还是提出了量子光学应用的一种新思路。

由此可见，量子光学当中最实用的压缩态，都没能产生出特别有意义的实际效用，没有具体的重大突破，也没有取得显著的重大成果，其他方面恐怕更难有实际作用。

但我们不妨换一个思路，量子光学一旦与信息论并肩联手，马上就能显现出更为重要的作用。将信息量子化之后，显示出来的性能就会比经典信息要好很多，有巨大的潜在应用前景，而这将赋予量子光学以崭新的生命力。恰恰是这一点，牢牢地吸引住了郭光灿的目光。

郭光灿敏锐地意识到，这应该就是量子光学继续往下发展的一个新起点。毕竟量子信息与量子光学有着难以分割的内在联系，只不过后者目前已经发展得极为完善，想要取得比较重大的成果可谓难上加难，一味钻在其中只能是“事倍功半”。但是，量子光学理论却可以作为一种有效的工具，在量子信息研究当中发挥巨大的作用，那甚至都不仅是而且一定会超越所谓“事半功倍”的量级，也许还会产生出数十倍数百倍之功。

可以看出，量子光学的研究必然走向量子信息，量子光学和信息学结合而成的量子信息学必将是未来发展的重要方向，这一交叉学科一定会形成科研中新的学科生长点，更重要的是，它将是我们赶超国外科技界的重要机遇。更加令人欣慰的是，在量子信息这个看似全新的领域，国内科研人员与国外科研人员站到了完全相同的起跑线前，这与当年郭光灿最初接触到量子光学并将其引入中国时完全不可同日而语。毕竟量子信息的相关研究刚刚起步，目前所有的量子信息理论都是纸上谈兵，当初在量子光学领域我们与国外相差几十年需要慢慢追赶，而如今在量子信息领域我们与国外相差不过仅仅几年，完全有可能在这里弯道超车。

郭光灿按捺不住心中的激动，决定迅速转换未来的科研方向，这一次决不能因判断犹豫而错失良机。

曾有文章谈及郭光灿的科研历程，使用了一个“跳”字，形象地称他在不同的领域间“不断地跳”，对此郭光灿颇不以为然。在郭光灿看来，科研领域的转型，不能以简单的“跳”的概念来描述与形容。事实上，这应该是一种扩充，一种深入，一种升华，是始终战斗在一线的科研人员对未来科学研究方向的一种独到的敏锐。

毋庸置疑的是，郭光灿始终具有这种敏锐的学术嗅觉，他自己称之为“科学价值的鉴赏能力”。面对一件也许是价值连城的艺术品需要鉴赏力，面对科学进展中具有本质意义的现象与事物同样需要鉴赏力。在他看来，开拓新的学科生长点，着眼于未来，比紧紧追随所谓的学术热点更为重要。郭光灿认为：“刚一出现苗头时就要发现它，假如未来它有可能长成大树，就更要格外关注。”

既然看到了量子信息的美丽前景，既然觉察出了量子信息学的基础理论就是量子光学和量子力学等，郭光灿感到十分兴奋，希望立刻就能参与到这一新领域的学术竞争当中。

但大规模转型所要面临的一个十分现实的问题就是，当时他们连经典信息理论都一窍不通，遑论在此基础之上的量子信息理论。

所以，计划转型后的第一个要解决的问题就是，信息是什么？

二、“信息论补习班”

想要从事量子信息的研究，却对经典信息论一无所知，这在今天听起来似乎有些天方夜谭。但在当时，这的确是郭光灿团队所遭遇到的第一只“拦路虎”。

当时郭光灿与他的整个团队，对于信息科学的了解基本上只限于一些常识性的东西，大概也就比普通老百姓知道的多那么一点点而已。诚然，他们已经个个都是量子光学的专家或准专家，但在信息科学这一领域却是十足的门外汉和初学者，想要将量子科学与信息科学结合起来，就必须重打鼓另开张，重头学起。

郭光灿所做的第一件事，就是请有关专家来补课——他们要补经典信息理论这一课，从最基本的“ABC”学起。

为此，郭光灿专门请来了无线电电子学系从事信息研究的朱世康教授。朱世康也毕业于无线电电子学系，是比郭光灿低一级的师弟，是移动通信领域的最早研究者，事实上后来无线电电子学系就被并入信息学院。

朱世康为郭光灿的团队成员们讲授了整整一个下午，向他们介绍了有关经典信息理论的诸多内容，诸如信息是什么、克劳德·香农（Claude Shannon）的经典信息论、密码学，等等。同时，把“信息熵”“信源”“信宿”“信道”这类台下听众此前闻所未闻的生涩名词，尽力进行了解读，相当于做了一次有关信息理论的全方位科普讲座。

整个讲座当中，郭光灿全程在座，他与他的那些学生们一样，专心听讲，认真笔记。讲座之后，郭光灿觉得自己确实获得了很多新知识，脑海里产生出许多新想法。不过听完之后，郭光灿的感觉也和大家一样，总体上还是一头雾水。大家纷纷表示，似乎确实弄懂了一点，但大多数内容还是似懂非懂，甚至于完全不懂。看来如此匆忙的浅尝辄止还是远远不够，至少很多概念让人难以即刻消化，还需要慢慢厘清。于是，他们又请朱世康指定一本信息领域最经典的文献资料，以便大家课后仔细研读。

朱世康为这支即将踏上新征程的科研团队留下一本书——一本有关信息理论相对系统完备的英文教材。郭光灿让其研究生将这一文献全本复印，然后分发到所有人手中，要求每人深入研读一章，之后再集中讨论。

这一研读，就是三个月近百天的时间。

三个月之后，大家再次集中起来，每个成员为其他人讲授自己所研读的这一章内容。通过一番讲解和研讨，大家对目前已经成形的经典信息理论有了一个大致的了解。之后，大家再研读，再讨论，再汇总……就这样，一路磕磕碰碰地摸着石头过河，渐渐地总算是战胜了经典信息理论这只“拦路虎”。

在这里，需要简单粗浅地勾画和描述一下信息论。

信息论是一门运用概率论与数理统计的方法来研究信息、信息熵、通信系统、数据传输、密码学、数据压缩等问题的应用学科，是20世纪40年代后期从长期通信实践中总结发展出来的重要学科。事实上，人类从古代起就开始本能地使用“信息”，只是缺乏明确的概念而已。比如，最早的象形文字、早年的鸿雁传书、后来的电报编码，等等。20世纪20年代，奈奎斯特（H. Nyquist）和哈特莱（L. V. R. Hartley）最早研究了通信系统传输信息的能力，构建了现代信息论的雏形。1948 年克劳德 • 香农发表了论文《通信的数学理论》，第一次为通信过程建立了数学模型，这篇论文与 1949 年的另一篇论文一起，奠定了现代信息论的基础。用来度量信息量的单位，被称为“比特”（binary digit，bit）。比特就是二进制数字中的位，是信息量的最小单位。

吃透了经典信息理论之后，下一步要解决的问题则是：量子信息研究究竟要做些什么？

为此，郭光灿又开始了更为广泛的调研工作，认真研究当时国外的相关科学家正在关注什么，以寻找到更有价值的前沿课题。

简单回顾一下量子信息理论的发展脉络：1969 年，美国哥伦比亚大学的斯蒂芬 • 威斯纳（Stephen Wiesner）提出利用量子理论提升信息安全的设想。1979 年，美国国际商业机器公司（IBM）的贝内特和加拿大蒙特利尔大学的吉勒斯 • 布拉萨德（Gilles Brassard）提出量子通信传输的设想。1981 年，美国物理学家费曼提出量子模拟的概念，确立了量子信息论的开端。1982 年，法国物理学家阿兰 • 阿斯佩克特（Alain Aspect）通过实验证实了微观粒子存在“量子纠缠”现象。1984 年，贝内特和布拉萨德提出第一个量子密钥分发协议（BB 84 协议），标志着量子通信理论的诞生。

当然此时此刻，对于上述概念与研究，郭光灿团队的成员们还十分陌生。但是，他们可以学习，可以研究，可以奋起直追，迎头赶上。

其时，郭光灿的研究生每周都有一个例行组会，组会的学术风气非常好，这里提供了一个充分自由的交流空间。现在很多高校的很多导师都会采取这个方法，郭光灿自 20 世纪 80 年代回国之后就开始这样做了，也算是他从加拿大带回来的先进教育理念之一。参加者除了郭光灿的研究生，还包括他带毕业论文的本科生。郭光灿把自己所了解到的新知识介绍给大家，研究生们各自报告自己的研究进展，本科生们则汇报自己阅读到的参考资料。郭光灿正是通过这种形式，来锻炼学生们查找文献、分析问题和做报告的能力，同时观察他们的兴趣点在哪里，从而判断他们是不是未来搞科研的苗子。多年来，这种组会一直坚持下来，效果非常好，不但达到了郭光灿的预期目的，让很多年轻人对科研产生了极大的兴趣，而且潜移默化地影响到这些学生的未来人生。有些本科生毕业之后，因为种种原因没有进入郭光灿门下深造，但在出国多年后还会写信来告诉郭光灿：我很怀念当初的每周组会，因为在那种氛围下我每次都感觉收获极大。事实上，这种形式的组会已成为郭光灿团队的一个传统保留项目，现在中国科学院量子信息重点实验室里的每个小团队都有各自的组会，并已沿为惯例多年。

郭弘是中国科学院上海光学精密机械研究所邓锡铭的博士研究生，现在北京大学信息科学技术学院量子信息与测量教育部重点实验室工作。当年上海光学精密机械研究所的学生都要先来中国科学技术大学学习，所以20世纪90年代初郭光灿带过郭弘，几年后郭弘再次来到中国科学技术大学，在郭光灿的带领下做过科研，郭弘的第一篇论文就应该是在郭光灿手下做的，发表在《物理学报》上。郭光灿印象中，郭弘在各方面都十分活跃，比如积极参加歌咏比赛等活动。让郭弘记忆最深的还是在这里的科研经历，按照他的说法，一进中国科学技术大学就感觉气氛不同，大家都在搞业务，蒸蒸向上，非常红火。他最怀念的，就是郭光灿这里的组会。

在郭光灿提出科研转型后的几次组会上，大家进行了十分热烈的讨论。郭光灿介绍了自己所了解的前沿科研方向，学生们则各自分享了自己阅读过的论文文献，大家群策群力，出谋划策，看看有哪场“战役”值得一打。

20世纪90年代初期，在对经典信息理论有了初步了解之后，在对国外相关领域有了大致的调研之后，郭光灿的研究团队开始迅速转向。

犹如一支巨大的帆船船队，只见旗舰上帅旗迎风招展，猛然摇动，全体船队人员闻风而动，鼓乐齐鸣，大家合力调整风帆，调转方向，即刻驶向全新的航程。

就在一瞬之间，郭光灿带领麾下所有的科研人员，包括教师和学生，成建制地完成了一个漂亮的集体转型。

这时，郭光灿像一名运筹帷幄的统帅一般，向他的部下与战士正式提出了两个值得主攻的方向：一个是量子编码，一个是量子克隆。

就是在这个时间前后，郭光灿团队中的一名学生开始崭露头角，浮出水面，马上就要放手一搏大展宏图了。

按照郭光灿的说法，这名学生，可以说是他有史以来教过的最聪明也最用功，因而可以说是最优秀的学生。

他的名字叫段路明。

三、一名聪明且勤奋的学生

在中国科学技术大学东区校园，自老北门向南画线，自中门向东画线，交汇处就是郭沫若广场。广场中有郭沫若雕像、华罗庚雕像、郭永怀雕像（后迁至中国科学技术大学西区校园）、钱临照雕像以及校歌纪念碑、“中国科大星”纪念碑和一个名为 USTC19 58 的咖啡厅。

广场东边是天使路，广场北边是勤奋路。由于过去这里经常有鸟类排泄物从天而降，所以“天使路”中的“使”与“勤奋路”中的“奋”在学生嘴里有了别样的戏谑意味。

天使路东边，与广场隔路相对的是桃花坞的水上报告厅和著名的少年班所在地。勤奋路北边，与广场隔路相对的则是第一教学楼——这是一座见证了诸多历史的老建筑。

20 世纪 90 年代初，一位身材不高的教师站在教一楼阶梯教室的讲台上，信心十足，激情澎湃。在他面前，是两百多张本科生年轻的面孔。

这是郭光灿在给中国科学技术大学物理系本科二年级的学生讲授光学课。

也许是深受国外教学方式的影响，也许是想要在教学实践中尝试崭新的教育理念，郭光灿讲课的时候，一向不喜欢“填鸭式”地灌输，更愿意进行启发式地教学。他经常会在课堂上提出一些值得思考的问题，引发这些年轻的学子独立思考。比如在谈及某个具体的光学问题时，郭光灿会告诉大家：一般来说，解决它的传统方法会如何如何，那么现在，我们能否换一个思路，看看还有没有其他更好的解决办法？郭光灿这样做，主要是为了吸引学生们的注意力，引发他们对光学的兴趣，更好地开启大家的思路。

即便是在 20 世纪 90 年代的中国科学技术大学，这种教学方式依旧显得过于超前，或者说，当年本科生的学习方式还相对比较传统，所以郭光灿的问题往往得不到任何反馈，学生们固执地保持着他们惯有的宁静与沉默。

然而这种宁静与沉默，有一次却突然被打破了。

在一次课上，郭光灿照例提出了一个新的问题，希望大家能在下一次课给出自己的答案。对于这个问题，当时大多数同学都没有特别留意，甚至连郭光灿自己也没有格外在意，所以对此没有抱太大的期许。不料在下一次课后，一个物理系的男生走过来说：郭老师，您上次提出的那个问题，我有一个新的思路，我写了一个材料，想请您过目一下。

在这种人数超过 200 人的本科生大课上，郭光灿很难记住每一名学生的名字和相貌。但这时郭光灿的注意力却被眼前这个年轻面孔吸引住了，同时他还记住了这份作业上的名字——段路明。

郭光灿回去马上认真阅读了段路明的材料，跃动在纸上的数字与公式有如欢快的音符一般飘进郭光灿的脑海，他深感这是一个可塑之才。平心而论，不能说这份材料的学术价值有多么高，但它起码说明段路明确实是自己动了脑筋的。这份材料足以说明，段路明具有一定的分析问题和解决问题的能力，更重要的是他具有自己的思想、观点与见解，以及心底对科研的渴望与激情。

自此，段路明的身影正式进入郭光灿的视野范围当中。郭光灿凭直觉意识到，单靠本科生的一般课程，恐怕已经很难满足段路明的求知欲，这名如饥似渴的学生也许会有“吃不饱”的感觉，他非常希望能把段路明纳入自己的学术圈子当中。于是，郭光灿征求段路明本人的意见，询问他是否愿意前来参加自己的研究生组会，这样可以与大家一起学习和研讨。

段路明自然非常愿意，他本就对学术研究抱有极大的热情和兴趣，这正是一个求之不得的天赐良机。于是，段路明被郭光灿正式吸收到科研团队当中。自此，本科生段路明每周都会出现在郭光灿的博士研究生和硕士研究生的例行组会当中。

段路明没有辜负郭光灿的期望，在每一次组会上段路明都表现不俗。每当听取其他研究生的报告时，段路明总是勤于思考，总是能提出关键性的要害问题。在有些组会上，经常会出现这样的情况：段路明第一次接触某个课题时，就能准确地抓住其中的要点，表现出敏锐的思考能力和极强的分析能力。所有这一切，郭光灿都看在眼里，记在心中。

这就更加让郭光灿对段路明产生了格外的兴趣，他开始更加深入和广泛地了解段路明的背景。

1972 年 8 月，段路明出生于享有“文都”之称的安徽省安庆市所辖的桐城。桐城是文学史上著名的“桐城派”发祥地，作为江淮文化圈的发祥地和集中地，文化是桐城最具特质的资源，也是桐城最具代表性和最具影响力的资源。段路明自幼耳濡目染，受到的正是这种传统文化潜移默化的影响。

1990 年，也就是郭光灿刚刚开始将目光投向量子信息领域时，段路明从桐城中学高中毕业，因化学竞赛取得优异成绩而被保送至中国科学技术大学。进入中国科学技术大学之后，段路明的各门功课依然十分优秀，成绩始终名列前茅，一直稳居年级之首。

也许是由于段路明沉默寡言，也许是因为段路明看上去比较沉稳，所以段路明被同学们称为“老段”，有时候甚至戏称他为“段老”。段路明酷爱甚至可以说是痴迷物理学研究，大家都认为他就像爱因斯坦一样，所以也会称他为“我们班的爱因斯坦”。

继而郭光灿又了解到，段路明的家境比较贫困。他出生于桐城农村，父亲是一名小学教师，母亲是一名普通农民，段路明是家中长子，下面还有一个妹妹。由于家境贫寒，段路明平日的生活总是捉襟见肘，吃穿用度都过分节俭，这让郭光灿立刻回想起自己的中学时代，回想起自己躺在泉州五中床上挨饿的窘境。当然，20 世纪 90 年代的大学生段路明，还不至于像 20 世纪 50 年代的中学生郭光灿那样，要时常陷入挨饿的境地，但在艰苦条件下求学的状态却十分相似，估计段路明也就是勉强能吃饱饭而已。

这时，郭光灿便萌生出要收段路明为研究生的想法，无论从段路明对学业的孜孜追求还是郭光灿对段路明艰苦求学的同理心而言，这都是顺理成章的。郭光灿早就发现，段路明对于物理问题的认知，似乎有着一种近乎天然的直觉与敏锐，无论什么事情都是一点就透，指导起来得心应手。同时郭光灿还发现，段路明不但是一名十分聪明的学生，还非常用功，这两点集于一个人身上，其能量自然不可小觑。而段路明本人，也对郭光灿团队的科研项目有着十分浓厚的兴趣，同时他又具备极强的学术能力，自然愿意投到郭光灿门下。于是，两个人的思路完美地碰撞到了一起。

中国科学技术大学的学制，自创办之初郭光灿求学时开始，就一直是较其他学校漫长的 5 年。但大约是在 CUSPEA 之后，学生对未来的发展计划基本上有一个比较固定的模式——一般在大三的时候，学生们就会对未来的发展有一个大致的规划和打算，其中出国深造自然是最主要的途径之一，也是中国科学技术大学许多学子的首选目标。因此到了大四的时候，想要出国的学生一般就已申请完毕，选择毕业准备离校，不再占用保研名额。其他学生则从大三第二学期进行成绩排序，开始考虑保研事宜，这就是所谓的“分流”。再剩下的才是直接毕业，最后一年的时间往往就是实习。

在临近四年级分流的时候，在郭光灿的鼎力推荐之下，段路明获得了免试保送研究生的资格。事实上在此之前，段路明早已全身心地参与到郭光灿团队的科研工作中了。

然而就在这时，就在未来的光明前景向段路明微笑招手的时候，他却患病住院了。

四、来自长者的关怀

年轻时的段路明就像他那勤劳善良的父母一样，朴实厚道，不善言辞。但也许是长年节俭造成的营养不良，他的健康状况不是很好，甚至严重到需要入院治疗的地步。段路明这次患病，中国科学技术大学校医院为他做了全面检查，发现他所患疾病并不单一，还有其他各种并发病症，总之比较难治，颇为棘手，医生建议他最好是长期住院治疗。

照理说这时的段路明还不是郭光灿的正式学生，他们并非学校意义上的师生关系，但郭光灿对段路明那有可能恶化的健康状况不能坐视不管，毫不犹豫地伸出了有力的援手。其中的缘由，既有郭光灿简单朴素的爱才之心，也投射进了他自己少年时代的昔日情结。毕竟段路明与郭光灿一样，出身贫寒，极具才华，同时又勤奋好学，命运多舛。郭光灿绝不希望看到这样一棵优秀的苗子，因为健康问题而无缘在科学的道路上继续前行。虽然从学籍这类规则式的意义而言，段路明还不是郭光灿门下的研究生，但郭光灿感觉这是一个难得的人才，自己有义务也有责任在危难的时刻帮他一把。

于是，段路明的研究生学籍得以保留，下一步则是漫长的住院、治疗和休养过程。而尚未正式成为段路明导师的郭光灿，则开始践行他作为一名教师的另一种责任——对学生的爱护与关怀。

首先是日常生活上的直接关心。因为从医学角度来说，郭光灿开始还帮不上什么具体的忙，他只有竭尽全力为段路明送去一些物质上和精神上的温暖与慰藉。毕竟这是一个离家求学的孩子，孤独一人住在病房里，无论身心都会倍感不适。而郭光灿总感觉，段路明患病的原因主要是营养不够，再加上他过于努力用功，劳累过度，是以造成身体上的不适。所以，郭光灿每周都会给段路明送去一些营养品，包括鸡蛋、水果、牛奶等。段路明预备有一个电炉，可以自己做饭，偶尔改善一下伙食，于是郭光灿就有一个非常简单的愿望：让段路明至少每天都能吃上鸡蛋。

在后来的深入治疗过程中，郭光灿同样倾其全力帮助段路明。鉴于当时段路明的身体状况，主治医生提出了一个治疗方案：目前有一种特效药比较好，对段路明的康复意义十分巨大。不过，这种针剂的价格非常昂贵，而且根据学校制度规定需要完全自费，不要说普通学生，就连教师使用都无权报销。这一针针价格不菲的良药，本就困窘的段路明自己根本无力承担，这种高额医疗消费无疑会让原本就已捉襟见肘的段路明雪上加霜。于是郭光灿专门找到学校有关部门，提出一个特别申请，希望能够按照特殊情况来处理。最后学校商议并落实的特别政策是——这种针剂，学校可以负责出一半的费用。而另一半的费用，郭光灿决定由自己来出。

郭光灿这样毫无保留地帮助段路明，也是担心他年轻时病根不除可能会留下隐患，未来的整个人生都会受到不良影响。

在这里特别需要提及的是，在资助和关怀段路明这件事上，郭光灿的妻子赵兰英做得非常好。平心而论，一般在这种情况下，夫妻之间难免会产生一些不同意见，诸如“又不是你的学生”“是你的学生你也已经做到仁至义尽了”之类。但赵兰英不是这样，她是一个心地非常善良的人，不但对丈夫的所作所为毫无怨言，全力支持他的工作，而且每次都陪郭光灿一起去医院看望段路明，同时带去各种营养品，有时还为段路明做好饭送去。后来连校医院的医护人员都十分感动，感觉郭光灿夫妇真的是把段路明当成了自己的亲生孩子一样。

段路明前后大约住了一年的院，在这期间郭光灿始终将他认作自己的研究生，让他一边住院一边学习。当然段路明也没有让郭光灿失望，他每天都会在病房里刻苦读书。段路明床边的小桌上总是堆满了各种文献资料，他在安心养病的同时从来不忘全力用功。其他患者吃完饭有时会打牌娱乐，但段路明不为所动，不受影响，就静静地坐在那里专心读书。最后连护士看了都不禁摇头叹息，对郭光灿说：你这个学生实在太用功了。后来段路明每年都需要住院休养一段，经常在医院里面一待就是几个月，他同样也是在医院里学习、读书和写论文。当年在校医院的医护人员中盛传两件事，一件是段路明这名学生有多么用功，另一件则是他的老师郭光灿对他有多么好。

段路明就这样一边治病一边读研。

经过一段时间的治疗，段路明的身体有了相当明显的起色。这里面有休养的原因，有营养的原因，也有特效药的原因，更有郭光灿夫妇作为师长的一片深厚爱心。总之段路明的身体逐渐好转，健康地回到郭光灿的团队里，继续攻读他的博士学位。

但作为一个长者来说，郭光灿没有就此停止帮助段路明的脚步。他曾出钱让段路明到黄山去疗养，并出面向韩正甫借房给段路明暂住一年。郭光灿还考虑到段路明的身体恢复是一个长期的过程，单靠自己的关心恐怕远远不够，假如段路明能有一个比较稳定的家庭，一定更有益于他的身心健康。于是郭光灿当起了牵线红娘，托人帮段路明找了一个女友。

段路明与女友相识之后，两人都十分满意。开始那个女孩甚至还瞒着家人，怕因为段路明的身体问题而遭到家里的反对。但无论如何，两人相恋一段时间之后，段路明身上真的发生了巨大的变化。从段路明的气色上就能看出，他与以往相比已有了明显的不同，甚至连穿衣打扮都有所改变，整个就像是换了一个人似的。为此，郭光灿感到十分欣慰，毕竟恋人的关心会比老师更细心也更尽心。

后来段路明果然没有辜负郭光灿的期望，在事业上做出了巨大的成就。

段路明正式回来读研之后，在郭光灿的指导和安排下，将他的着眼点主要集中在了两个方面，而且这些研究一直延续到段路明毕业工作之后。这两个方面，一个是量子编码，一个是量子克隆。

五、从“纠错”到“避错”

首先郭光灿布置段路明研究量子编码。于是段路明一头扎进量子编码这一领域，来了一个全方位的考察与巡视。

不久，当段路明对量子密码做了一番全面透彻和深入细致的研究之后，最后做出了一个近乎霸道的豪爽判断：这一领域的所有问题，国外科学家都已经研究得相当深入了，主要问题都已经被人解决了，目前实在没有什么可做的了。

段路明的结论，颇有些当年开尔文勋爵宣称“物理学的大厦已经建成”的豪迈气魄。

那么事实呢？事实上看起来也的确如此。

其实早在20世纪80年代，物理学家就提出了“量子计算机”（quantum computer）的概念。简而言之，量子计算机是遵循量子力学规律进行高速数学和逻辑运算、存储及处理量子信息的计算机。当某一装置所处理和计算的是量子信息，其运行的是量子算法时，那么它就可以称为量子计算机。美国物理学家、1965年度诺贝尔物理学奖得主费曼在1981年指出，由于量子系统具有天然的并行处理能力，因而量子计算机很可能会大大超越传统的冯·诺依曼计算机。假如量子计算机真的问世，与经典计算机相比，它的运行速度会更快，处理信息的能力会更强，应用的范围也会更广。

但量子计算机真正想要实现，却有一个难以逾越的难关，那就是结果的输出问题。当一台计算机完成了所有的量子计算之后，在需要它输出结果的时候，就必然会涉及一个问题：一旦输出就会影响结果，或者说输出行为本身就会影响到结果——干涉必然导致变化，这是量子理论的基本原则。于是结果就变成了：量子计算机的原理没有任何问题，完全有能力进行任何运算，但是结果却根本无法输出。这就好比你有一个储值丰厚的银行账号，每天都有大量的现金收入，却一分钱也取不出来。

显然易见，一台只具有运算能力却无法输出结果的计算机，自然没有任何实用价值。

1994年，美国数学家、当时在贝尔实验室工作、现在是麻省理工学院教授的彼得·肖尔（Peter Shor）提出一个分解大质因数的高效量子算法，即所谓“肖尔算法”，它可以在计算过程中使有用信息相干相长，而无用的信息相干相消，最终从量子计算机运算结束的量子态中有效提取有用信息。该算法可以使量子计算机发挥它在解决因子分解问题上的能力，从而破解传统的网络加密算法。假如量子计算机真能研制出来，就意味着它可以凭借“肖尔算法”来破解任何密码。肖尔是在一次计算机大会上提出这一观点的，马上就引起了美国政府的关注，尤其是各种保密部门的重视，就是因为它能够破解密码。当然这仍属于纯粹的理论，目前无法真正做到实用。

理论上，量子计算被证实是可行的，但考虑到实际情况却遇到一个令人揪心的问题：实验环境会不可避免地引进“消相干”，使计算结果出现错误。在经典计算机理论当中，也出现过类似的问题，宏观环境会干扰运算环境，应该怎么处理？比如说在电子管时代，就出现过类似的问题——电子管不通代表 0，通电代表 1，可万一在某个时刻，一束来自宇宙的射线干扰了那个电子管，这个 0 就有可能变成 1，这样信息就出现了错误。遇到这种问题，是否能够解决？答案是可以采用一种编码纠错的方式解决。这种方法，同样可以移植到量子信息当中。

在量子信息理论当中，所谓编码，就是用多个物理量子比特来编一个量子逻辑比特的信息，比如用 5 个物理比特来编 1 个逻辑比特的信息。如果这一过程出现错误，就属于“少数人”的错误，可以采用“少数服从多数”的原则予以纠正，这也就是所谓的“纠错编码”。

现在纠错的原理已经清楚了，那么下一个问题就是：用多少个物理比特编一个逻辑比特才能让所有的错误都能得以纠正？

于是大家开始研究，最初的结论是 11 比特——只要用 11 比特来编，所有错误就都能得到纠正；后来又有人在深入研究之后，给出了 7 比特的结论——只要用 7 比特来编，所有错误就都能得到纠正；再后来又有人给出了一个极限结论——证明最少需要用 5 比特来编，而且不可能再少了。

正是基于量子信息理论的上述发展事实，段路明认为这类探索的确可以到此为止了——虽说这一结论多少有些悲观。

但郭光灿并不这样看。

郭光灿对科研有一种非常朴素的观点。他始终认为，在某个领域刚刚起步的时候，它正处于一种方兴未艾的上升阶段，一定会有很多问题都没有获得解决，一定是遍地黄金，俯拾皆是，手到擒来，这时候即便是一位“二流”的科学家，也有可能做出一流的贡献。但当这一学科相对成熟和完善之后，研究起来就不那么容易了，往往是一位一流的科学家也只能做出“二流”的成就。所以郭光灿信心十足地告诉段路明：相信我，不要停步。你继续好好挖下去，一定可以找到金矿。

在郭光灿的指导和启发下，段路明回过头来重新开始研究，最终果然找到了新的课题，而且完美地解决了。

原来，国外科学家在研究纠错编码的时候，都有一个默认的假定，那就是所有的量子比特都是独立消相干的，所以从 11 到 7 再到 5 的结论，都是基于这样一个假定。既然消相干导致出错，那么是否可以抵消消相干来避免出错？于是郭光灿和段路明重新开始思考：假如我们拿掉这个假定，使它们不再是独立消相干，而是互相有关联的消相干，也就是集体消相干，情况又会怎样？

最后发现，存在一个不会消相干的特殊量子态，将其称之为“无消相干子空间”，只在需要时再把会消相干的量子态编码到这个特殊环境中，就可以避免出错。或者换句话说，他们在研究集体消相干的过程中，发现了不会消相干的“相干保持态”，并基于此提出量子“避错编码”；或者说，寻找到一个特殊环境，令其消相干减弱，由此避免出错。

事实上，量子编码理论有三种不同的编码原理，即纠错、避错、防错。我们不妨打一个未必完全准确和恰当的比方：假如有一名学生经常犯错，但在犯错之后，教师可以指出并纠正之——这就相当于“纠错”；假如我们一开始就让这名学生置于一个学风优良的学校环境（子空间），也许就能够让他避免犯错——这就相当于“避错”；假如这名学生没有处于上述环境，但教师不停地予以监督，防止他犯错——这就相当于“防错”（俗称“看门狗效应”）。

1997 年，郭光灿和段路明将这篇题为“利用量子比特来配对保持量子计算中的相干性”（*Preserving Coherence in Quantum Computation by Pairing Quantum Bits*）的论文发表在《物理评论快报》（*Physical Review Letters*）上，立刻震惊了国际量子信息界。

《物理评论快报》是世界著名的物理学顶级学术周刊，主要刊发重要的物理研究成果。1893 年创办的《物理评论》是美国第一份物理学专业期刊，1899 年美国物理学会成立后于 1913 年接管了这份期刊。1958 年，《物理评论》中的“快报”专栏作为新期刊单独出版，成为世界上第一份快报类期刊，即《物理评论快报》。

郭光灿与段路明的这篇论文是国内学术界在量子信息领域的第一篇论文，影响非常之大，学界普遍认为这是一个全新的研究方向。只不过当时郭光灿团队没有条件进行相关实验，只能提出这一理论，但后来国外有人通过实验将结果演示了出来。

目前，“量子避错编码”原理已经成为三种不同的量子编码原理之一。

除了纠错编码和避错编码，郭光灿的科研团队还做了防错编码的相关研究。在这一点上，他们虽然不是最早开始研究的，但也在这一领域做出了比较重要的贡献。

六、“段-郭界限”

1996 年 7 月 5 日，一只没有经过传统生殖方式，而是通过体细胞直接培育出来的雌性绵羊，在英国科学家伊恩·威尔穆特（Ian Wilmut）的“催生”下问世，它被命名为多莉（Dolly）。

多莉的诞生，使得“克隆”（clone）这个词为公众所熟知。克隆本来是生物学上的词汇，原本的意思就是“无性繁殖”。其实有关生物克隆的研究，在生物界早已进行了多年，只不过这一次它冲出科学的藩篱，引发了一场社会上的轰动效应而已。

在信息学中，同样也有“克隆”的概念。简单说，把信息 A 复制成信息 B，这就是克隆，如同我们使用复印机复印资料一样。

换言之，只要你有一台精准的克隆机，就可以完美地克隆任何一样东西，甚至完全分不清克隆件与原件。所以在经典意义下，你可以克隆任何东西，而且不会破坏到原件。

对于经典信息理论来说，所谓克隆或者说复制，同样是不会破坏原件的。当你在用复印机复印一份资料的时候，只要工艺足够高超，复印件就可以无比清晰，堪比原件，但无论复印件与原件雷同到何种程度，哪怕是真假难辨，原件的面貌依旧，不会有丝毫损坏。

在制造假币的犯罪手法当中，有一种方法就是利用彩色复印机复印造假——假如复印出了假币，真币却因此被破坏掉，显然不会有犯罪分子干这种不赔不赚却要承担风险的傻事。

然而在复制量子信息的时候，情况就不那么简单了。

在量子力学当中，有一个“不可克隆定理”（No-Cloning Theorem），是指在量子力学中对任意一个未知的量子态进行完全相同的复制过程是不可实现的。也就是说，在量子力学中，不存在这样一个物理过程：实现对一个未知量子态的精确复制，使得每个复制态与初始量子态完全相同。

而该定理的推论指出：未知量子比特不可能精确复制，使得每个复制比特与初始量子比特相同。这条定理问世于 1982 年，也就是郭光灿在加拿大多伦多大学访学那一年。

不妨说得稍微通俗一点，就是说任何一条量子信息，都不可能被克隆得一模一样，或者干脆说，这条信息在经过克隆之后，一定会与原来的信息不一样。这里涉及一个“保真度”的概念，用这个概念来描述就是：在量子状态下，克隆的保真度不等于 1，或者说肯定小于 1。

这一定理是基于量子力学的基本原理提出的，所以不可能有问题，除非量子力学错了。这一定理的意义，就在于告诉我们，量子信息无法克隆。

可是，假如量子信息无法克隆，那么量子信息又如何提取呢？信息的提取，需要的就是完全准确。既不能违背这一定理，又要进行量子信息提取，应该如何是好？

这又成为国际量子信息领域的一个难题。

在郭光灿的指导和启发下，段路明进行了一番深入研究，终于提出“概率量子克隆”的概念。量子不可克隆定理禁止对完全未知量子态的确定性克隆，但并没有禁止以一定概率成功的克隆，这种克隆就被称为概率量子克隆。

既然不可克隆定理针对的是未知量子与单个量子，那么在大量量子存在的情况下，并不是每一个量子都无法克隆成功——要么完全成功，要么完全失败。而我们可以把那些不成功的部分丢弃，只保留对信息传递有意义的成功的部分。

那么，哪一部分会克隆成功？成功的概率最大是多少？或者说对于那些成功的克隆把握有多大？很显然，这个值肯定不大于 1，但究竟是多少呢？

在郭光灿与段路明的论文当中，他们将这个阈值计算了出来。经过一番严格的计算，证明这一界限不可能被突破，否则就会违背量子力学的基本理论。

1998 年，郭光灿和段路明将这篇题为“概率克隆和线性独立量子态的识别”（*Probabilistic Cloning and Identification of Linearly Independent Quantum States*）的论文发表在《物理评论快报》上，再次震惊了国际量子信息界。国外学界甚至将这一界限称之为“段-郭界限”。

于是，在量子克隆领域，这有如一句掷地有声的警言——“段-郭界限不可逾越”!

连续两年在《物理评论快报》上发表了两篇相当重要的文章，这种一年一篇的速度在国际学术界影响实在太大了。尤其是在此之前，量子信息界从未听说过这两个名不见经传的名字，现在突然石破天惊般地出现，让人既感神秘又十分好奇。

史砚华是马里兰大学巴尔的摩分校物理系终身教授，是该校量子光学实验室的创始人，也是国际上最早开展量子光学纠缠态实验研究的学者之一。史砚华回国时对郭光灿说，那两年在有关量子信息的国际会议上，几乎所有人在见到他时都会问他：你是从中国来的，这个 G. C. Guo 你认识吗？他回答说：我当然认识，我们是好朋友啊！接着对方就表现出十分惊讶的神态说：没想到中国人还能做出这么漂亮的工作，为什么我们当初就没有想到这一点？

其实在郭光灿看来，很多基础理论课题就是这样，也许问题本身并不是很难，但就是不容易被人想到；只要它一旦被人想到，就意味着可以被轻松地解决，而得到的结论也马上就会成为相当杰出的成果。这不禁让人想起爱因斯坦那句著名的话——“提出一个问题往往比解决一个问题更重要”，两种说法颇有异曲同工之妙。

同样的，由于当时郭光灿团队没有条件进行相关实验，所以还是由国外科学家通过实验证明了“段-郭界限”的存在。

目前提到的量子克隆，一般就是指两种——普适量子克隆（每次都能成功，但保真度都小于 1）和概率量子克隆（每次都能以一定概率克隆成功，只要成功，保真度就等于 1）。

量子避错编码与概率量子克隆，正是郭光灿团队在量子信息研究起步阶段最有影响的两项工作，这也是在量子信息领域中国发出的最早为国际学术界认同的声音。

七、一名同样聪明却贪玩的学生

段路明的桐城口音相当重，说话往往很少有人能够听懂，有人甚至戏言他的英语水平都比普通话水平要高一些。不过段路明后来的研究生同寝室友李传锋还是能大致听懂，毕竟两人住在一起，需要经常交流。

在段路明参加郭光灿团队的每周组会之后没多久，李传锋也开始参加这一组会，同时开始进组工作。

李传锋同样是一名相当优秀的学生，也是郭光灿非常看重的学生之一。他在大学本科时就与段路明同班，两人又同时来到郭光灿门下攻读研究生。李传锋十分聪明，但他与段路明最大的不同就是贪玩，远不如段路明那么刻苦用功。

曾有人为李传锋写过一篇介绍性的文章，题目就是《"玩"出来的青年物理学家——李传锋：小升初因贪玩未被录取》，文中提及他少年时代的贪玩，以及成年之后的贪玩。笔者对李传锋提及此事，他连连摇头说："那个就夸张了！"听李传锋的口气，笔者本以为是"文章描写得太夸张了"，其实他并没有那么贪玩，但李传锋再次连连摇头说："不是不是，是我自己玩得太夸张了。"言外之意，似乎是说那文章写得还不够"夸张"。

李传锋，1973 年生于山东莱芜，父亲是一名乡村医生，从师学习中医，后到医院从事化验和行政等工作，母亲则在家务农。李传锋在家排行老二，上面还有一个哥哥。

李传锋自幼便对这个世界充满了各种各样的好奇，诸如"星星为什么闪闪发亮""能不能把星星摘下来"之类的问题，经常会被他提出来。但李传锋的另一个特点则是贪玩，儿童时代家庭氛围的宽松也给了他疯玩的充分条件，所以他"不是上山捉鸟，就是下河摸鱼"。结果这么一玩，小学五年级（当时山东省的小学还是五年制）毕业时连初中都没能考上——当时国家还没有实行九年义务教育，小升初也是需要考试的。最后父母不得不托关系才让他坐进初中的教室，身份是令人尴尬的"插班生"。即便如此，朴实的父母还是相信李传锋一定会有出息，"一定能考上研究生"。其实李传锋的父母当时对"研究生"的概念并不十分清楚，只知道那是一个"最高的学位"，因为有邻家的孩子考上了研究生。他们坚信，自己的儿子一定也能获得这个"最高的学位"。

也许因为那时整个社会对科学尤其是物理学的无上推崇，也许是因为李传锋天生对那些未知和神秘的东西有强烈的探求之心，总之他在莱芜第四中学读书的时候，就非常喜欢物理，高三的时候更是打定主意——将来上大学一定要学习物理。

不过1990年李传锋参加高考的时候，中国科学技术大学在山东的境遇却颇有些尴尬——录取分数相当高，但在当地却远不如清华大学、北京大学更有名气。而且因为中国科学技术大学的学习氛围浓厚，学生学习拼命，还有“不要命的上科大”的传闻，所以并不是所有人都想报中国科学技术大学，也不是所有人都敢报中国科学技术大学。

那么，李传锋为什么会报中国科学技术大学呢？现在看来他的理由简直朴实得简单。当时的考生也是考前填报志愿，每个学校可以选填四个专业。李传锋发现，在所有的学校里，只有中国科学技术大学这所高校能数出至少四个物理专业来，于是便毅然报考了该校。李传锋报的志愿全都与物理相关：物理、近代物理，等等，总之他要确保自己一定能学习物理。至于第二志愿他就没太当回事了，基本上是随便报的，父母希望他不要离家太远，最好就在山东，所以他就填报了青岛的一些高等院校。

最后李传锋的高考成绩不错，远远超过500分，是全校第三四名。当年莱芜第四中学有一个考生考上了清华大学，有一个考生考上了北京大学，而李传锋是该校历史上第一个考上中国科学技术大学的。他考上了物理系，还有一名同学考上了化学系。

20世纪80年代到90年代，正是中国科学技术大学的鼎盛时期，当时这所高校在全国都是数一数二的厉害，学习氛围也极为浓厚，一度甚至被称为“中国的麻省理工”。李传锋考入中国科学技术大学这一年，报考该校的省级理科高考状元就多达16个。当时李传锋所在的班有四十多人，其中有两名省状元，7名保送生，仅这些优秀人才就占了将近1/4。李传锋看到周围都是佼佼者，开始的时候自己也比较努力。既然是“不要命的上科大”，于是李传锋也就“不要命”地拼命学习起来，经常在通宵教室里通宵达旦地学习，当然学累了也会浏览一下金庸和古龙的武侠小说——这点与他后来的导师郭光灿倒是十分相似。

像段路明一样，大二上光学课的时候，李传锋第一次认识了郭光灿。按照李传锋的回忆，郭光灿的课十分精彩，对学生的吸引力很大。讲课的时候，郭光灿“整个身体都会动起来”，而且上课时不仅讲授光学知识，还会旁征博引，涉猎很多相关内容，尤其是国际上科技前沿的成果。李传锋觉得这太有意思了，在心里就淡化了出国的打算，很想追随郭光灿继续学习深造。

在面临分流的时候，李传锋内心确实纠结了很久，一方面，他还是很想出国深造，这样也能到更广阔的世界去看一看；另一方面，让他犹豫不决的是出国后不一定能保证继续学习物理。李传锋通过对高年级师兄的调研，发现他们大部分人都转了专业，那时比较流行的选择是做电气工程专业（Double E），有些甚至跨界转行从事了金融工作。李传锋从中嗅出一种极为“危险”的味道，即便他还是通过物理专业的途径出国，但到国外后因生活所迫恐怕也不得不转行，可控性实在太差，还不如在国内深造，至少能确保继续学习物理。

李传锋实在是太爱物理了。

所有这些不打算出国的学生都开始研究校内的各种实验室，看哪里比较好，以便确定未来的求学方向。李传锋发现郭光灿这里虽然没有真正的实验室，但有一个研究小组，这一下唤起了李传锋的记忆，让他回想起郭光灿所讲的量子光学，回想起他所讲的“薛定谔的猫”之类的有趣故事，以及许许多多有意思的事情，随即便决定了自己的目标。李传锋比段路明稍晚一些进组，也是到郭光灿那里做的本科毕业论文。

不过在李传锋身上，用功与贪玩这两项特性，似乎总是交替变换着占据主导地位——某段时间感觉需要努力，他就会拼命学习；某段时间感觉不必太赶，他就会放心玩耍。

分流之后确定保研，李传锋几乎就没有了任何压力，也就没有了任何顾忌，玩起来就比较自由了。这时的李传锋一身轻松，压抑了许久的玩心顿时又滋生出来。

所以在大四那一年里，李传锋基本上就没怎么认真读书，成天跑到外面去打游戏。当年中国科学技术大学北门外的黄山路还不像如今这般宽阔，道路很窄，两边全都是吃的和玩的——众多的饭馆与游戏厅，俨然是娱乐一条街。于是李传锋便挨家挨户地打街机，“街霸”“三国”“台球”“死魂”……几乎玩遍了所有的游戏厅，也几乎打通了所有的游戏。多年之后说起这些，李传锋依旧颇有余味。

除了去游戏厅打游戏，还会去实验室打。当时实验室里只有两台电脑外加一台打印机——这台使用起来像锯木头一样发出噪声的打印机还经常坏，需要李传锋的师弟李立翔亲自动手修理，动手能力很强的李立翔毕业后去了华为公司。白天段路明和其他师兄师姐需要正常使用电脑，李传锋总不能占用公共的科研资源，所以他想要玩游戏就只能等到晚上。可晚上教学楼是要清楼的，23：00准时封门，于是李传锋就等到清楼闭门之后，从一层厕所的窗户翻进去。楼里空空荡荡，电脑随意使用，李传锋开始大玩特玩，一玩就是一个通宵，第二天开门之前再翻出去溜掉。

当时的游戏都比较简单，虽然已经有了彩色显示屏，但电脑主机还处于陈旧的386时代，粗糙的游戏像素还是早期那种256色的大颗粒，比较受欢迎的游戏也主要是“三国”“赛车”之类。但就是这些传统而简陋的游戏，却让李传锋痴迷得不行，往往一打就是一天一夜，真正是夜以继日。偶尔有学生上机来写作业的时候，李传锋只得恋恋不舍地抬屁股离开。

寒假期间李传锋没有回家，相对自由的时间更是让李传锋如鱼得水，他每天都在实验室里打游戏。而这一年，正好郭光灿的儿子郭涛也成天泡在实验室里，利用组里的计算机进行编程工作。

八、从游戏到科研

郭涛非常喜欢计算机。

1989年郭涛前往北京读书，学的是机械专业。其实按照郭涛本人的意愿，他更钟情于计算机科学，很想考到北京的计算机学院。但当时位于北京西三环的计算机学院没有学生宿舍，只能走读，于是只好作罢。

1993年大学毕业后，有一段时间郭涛没有比较稳定的工作，但仍痴迷于计算机和游戏。郭涛对计算机可谓达到痴迷的程度，曾在中国科学技术大学电子公告板（BBS）——瀚海星云上做过游戏版与黑客版两个版的版主。郭光灿甚至记得，郭涛无业在家的那段时间，整天窝在家里打游戏，晚上通宵玩游戏，白天睡大觉，假如有人有游戏方面的问题，郭涛还会通过电话传授技巧与经验。其实当初郭光灿稍微动用一下自己的关系，也许就能帮郭涛找到更好的归宿，甚至调入中国科学技术大学工作也不是很难的事情。但这与郭光灿平素的为人实在是大相径庭，所以郭光灿总觉得自己亏欠了郭涛很多。

身在高等学府工作的郭光灿和赵兰英自然希望郭涛继续考研深造。当时年轻的郭涛对未来的前途多少有些懵懂，但还是听命于父母的教诲开始复习备考。不过这次郭涛决定重拾少年时代对计算机专业的梦想，于是开始旁听中国科学技术大学的相关课程。用了一年左右的时间，考取了研究生的郭涛终于圆了自己的计算机专业之梦。

郭涛比李传锋大一岁，他的编程工作有很多就是编写游戏，但既然同在一个屋顶下，郭涛偶尔也会与李传锋一起打打游戏。郭涛感觉李传锋这个人相当不错，属于好哥们那一类——根据郭涛自己的描述，“能一起在实验室打一个通宵游戏的人关系都不会太差”。当时还有一名学生也经常与他们一起玩，有一次玩“赛车”游戏的时候，当屏幕上的车辆拐弯时，他也随之倾斜身体，不料过于投入摔下了椅子，这件事让郭涛和李传锋笑了整整一个星期。

大概是郭涛无意中说漏了嘴，郭光灿知道了李传锋在实验室里的所作所为，十分生气。郭光灿把李传锋叫过来，怒气冲冲地斥责道：你怎么成天玩游戏？你看看人家段路明，发了多少好文章！你的文章呢？李传锋毕竟对郭光灿十分尊敬，嘴上也不反驳，对于批评也都虚心接受，答应以后不再玩游戏。但作为一个玩心太重的年轻人，往往一出门就不是他了，该玩的时候还是照玩不误。

李传锋基本上是大四玩了一年，研一又玩了一年。因为之前学习比较努力，英语六级在本科期间早已通过，所以研究生英语课也可以免修，这就又多出来一块玩的时间和理由。以至于有些课程期末考试的时候，任课老师甚至觉得李传锋十分面生——肯定会面生，因为李传锋几乎就没来上过课。

正所谓“一分耕耘一分收获”，李传锋通宵达旦地打游戏也获得了巨大收获，他由此成为一名游戏高手，当然同时他的学业成绩也直线下滑。

研一时郭光灿亲自带李传锋他们的量子光学课，结果李传锋的这门课学得非常糟糕，最后考试的时候，他的卷面分也不过就是刚刚及格。郭光灿看到后不禁怒从心头起，痛批了李传锋一顿，几乎都要把他骂哭了：你看看你同班同学都是什么样的？你再看看段路明，都发了那么多文章了！你再看看李志远（第一年在中国科学技术大学读研，后在中国科学院物理研究所获得博士学位，现为中国科学院光物理重点实验室副主任），考试成绩都快接近满分了！人家九十多分，而你才六十多分！

郭光灿也是爱才心切，所以才怒其不争。

李传锋内心却不以为然，表面上依旧很横，心想自己不就是打个游戏嘛，以后不打不就完了吗？不都是玩嘛，玩科研咱也可以，不信我就玩一个给你看看。

回来之后，李传锋确实有所收心，真的开始认认真真学习、踏踏实实做科研了。

李传锋决定认真做科研之后，首先面临的问题就是：比较好的方向是什么？

最简单直接的方案自然是做量子光学领域的研究，但李传锋觉得这里的东西实在太老了，没有什么可做的了。而其他方向暂时又看不到能够出彩的地方。李传锋多少有些无所适从了。

这时有了一个契机。在 1994 年，“肖尔算法”出现了，玻色-爱因斯坦凝聚（BEC）也实现了。其时郭光灿正在澳大利亚开会，他非常敏锐地捕捉到，这两个方向非常有希望，是大有前途的研究方向，所以才有了郭光灿的布局——让段路明带着几个人去搞量子信息，让李传锋去做 BEC，结果李传锋很快就发表了论文。

但李传锋还是觉得自己不适合搞理论，而且 BEC 理论研究已经超过 70 年了，时间太久了，所以李传锋在 1999 年博士毕业留校后，提出想转做量子信息实验研究。郭光灿同意了李传锋的计划。

在郭光灿的指导下，李传锋带着几个学生边看文献边尝试搭建实验平台。这时李传锋又发现，黄运锋的动手能力相当强，“简直是天才”，于是实验室建好之后，李传锋干脆让黄运锋来做实验，自己则专攻“把理论转化成实验方案”的环节。按郭光灿的话说，李传锋“善于把深奥的理论问题化为简单的实验方案，然后用实验做出来”。后来在郭光灿的指导下，黄运锋的博士论文入选“全国优秀博士学位论文”。

李传锋不但贪玩，有时还会给郭光灿找麻烦，甚至还是不小的麻烦，让郭光灿在学术之外还不得不劳心费神。连李传锋自己都说：“我是郭老师最调皮也是让他最操心的学生。”有时候郭光灿会相当严厉地批评李传锋：我都气得快犯心脏病了，这样下去你就把自己毁了。有一段时间李传锋遭遇到工作和生活的各种不顺，心情多少有些沮丧，他甚至戏言：“以后我就在科大旁边开一个修理电脑的小铺好了”。郭光灿说：你怎么能这么想？郭光灿不断开导鼓励，直到李传锋重拾信心。

其实有一段时间李传锋没有出成果，也不仅仅是因为贪玩和打游戏，李传锋是一个理想主义者，总想把实验室全部建好之后再有所动作，所以很长一段时间里都处于准备期。从这一点上也可以看出，李传锋是一个追求完美的人。2007—2008 年，李传锋花了很多钱，还是没有成果，总是最后的临门一脚不行。郭光灿告诫他：你不能光建实验室，你要一边建设一边出成果。给了你那么多研究生，给了你那么多经费，还帮助你建了实验室，最终是要出成果的。再不出成果，我可就再不给你经费了。但李传锋有自己的想法，竟然与郭光灿辩论起来。郭光灿说：这件事你必须好好反思，否则从今以后我一分钱都不再给你。李传锋到底跟了郭光灿那么多年，顶撞说：我来实验室就说我要建实验室，你不给钱不支持我怎么建？不就是好文章吗？容易得很，我要是有了文章你就必须给我拨钱。郭光灿说：那等你有了好文章再说吧！据理力争之后，李传锋事后反思，这一段自己确实花了太多的钱，自己太追求做大做全，追求完美，过于理想，想要等到一切都具备之后再全面出击。但这种想法实在是太过幼稚，单靠一个实验室是挺不住的，要是没有郭光灿在背后的默默支持，他早就垮了。

李传锋想了两个晚上，两个晚上没有睡好觉，回来很快便投入工作当中，马上就发表了文章。他不工作则已，一投入工作就会格外拼命，和他当初玩游戏一样拼命。有一段时间，他工作起来连轴转，中午也不回家吃饭，晚饭也常常忘记吃，有时甚至由妻子将晚饭给他送到实验室，工作结束回到家往往都是 23：00 以后了。后来一篇篇文章地发表出来，取得了相当大的成就。只要想通了，李传锋的能量就不可小觑。

自 2009 年以来，李传锋小组首次观察到光的波粒叠加状态，否定了玻尔互补原理设定的传统界限；实验验证新形式的海森堡不确定原理；实验实现八光子纠缠态并完成八方量子通信复杂性实验研究；实验发现量子关联可以不被环境所破坏并验证关联的突变现象，观测到量子纠缠的突然死亡和再生现象；首次实现单光子偏振态的固态量子存储，99.9%的存储保真度创造世界最高水平……这些成果引起国内外量子信息科学界的关注。目前李传锋是国家杰出青年科学基金获得者、长江学者奖励计划特聘教授、中国青年科技奖获得者、中青年科技创新领军人才等，这些全都是他凭自己的本事和成果获得的。李传锋现在担任中国科学院量子信息重点实验室的常务副主任。

正如郭涛所言，李传锋为人非常好，培养人的能力也很强，他的学生也都一个个成才。在这点上，李传锋显然是继承了郭光灿的优良传统和作风，所以旗下队伍的成果也特别多。2018 年是李传锋的丰收之年，他和他的团队在《物理评论快报》和《自然》杂志子刊上连续发表了 11 篇高水平的论文。

如今，李传锋已培养了 26 名博士，目前还带有 31 名研究生。他指导的第一个博士研究生许金时（与郭光灿合作指导）的博士论文入选 2011 年“全国优秀博士学位论文”，还先后获得了国家优秀青年科学基金和杰出青年科学基金的资助。

李传锋对学生的要求非常简单，只要像他自己当年一样就行，那就是喜欢物理。

事实上，郭光灿对李传锋的关心与帮助，丝毫不亚于他对段路明的关心和帮助。在帮助学生的时候，郭光灿从来都尽心尽力，无私无悔，不求回报。

九、赵兰英患病

1995 年 1 月研究生入学考试结束之后，郭涛就利用这段时间在一家公司打工挣钱，勤工俭学。当年 9 月，郭涛正式开始读研。

然而就在郭涛读研期间，家里却发生了一场巨大的变故——母亲赵兰英病了。

赵兰英患病十分突然。按理说学校里每年都有例行体检，但还是没有检查出来。

1997 年 1 月底 2 月初，尚是冬天比较冷的时节，赵兰英突然觉得后背有些疼。郭涛建议她去检查一下，于是赵兰英就到校医院去挂了一个号。按照当时校医院的诊断，她可能患有胆囊炎，并给她开了一些药。赵兰英吃了一个星期左右的药，感觉没有什么明显效果，但也没有太过重视，结果就这么拖了下来。大概拖了两个月的光景，其间校医院也做过一些化验，但最终表示难以确诊。

3 月底 4 月初，赵兰英到安徽医科大学附属医院进一步检查。该院的医生经验丰富，都没有重新做化验，就凭着校医院开出的那些化验单，当场诊断为疑似胰腺癌。为了最终确认，医生还是让赵兰英下午再来做一些检查，诸如计算机断层扫描（CT）之类。

检查回来，郭涛就感觉有些不妙了。郭光灿听到消息后，开始也不甚了解，以为就是需要做手术和化疗等，并没有完全意识到问题的严重性。当天晚上，一家三口坐在那里商议筹划。郭光灿对郭涛说：现在咱们家的情况可能要有一些变化了，以前是你妈妈照顾我们，今后需要我们照顾她了。

接下来情势急转直下，赵兰英被确诊为胰腺癌，而且属于晚期。经过一番周折，最后赵兰英住进了安徽省立医院（后于2017年正式挂牌中国科学技术大学附属第一医院），躺在病床上等待做手术。其实在手术之前，三个人对赵兰英的病情都不算是特别清楚，也不知道癌细胞是否已经扩散，但亲戚们还是觉得有些紧张，北京那边的亲戚也全都过来了。但后来情势急转直下，按照医生比较悲观的说法，无论这个手术做不做，赵兰英恐怕都只能活三个月了。

住院之后一两周，赵兰英就上了手术台。事先医生与家属商谈时，也预备了两种不同的方案：假如癌细胞还没有扩散，能切除病灶就彻底切除；但是，万一癌细胞已经扩散了……就只有杀死那部分神经，以免患者在最后的日子里过于痛苦。

手术刚刚结束的时候，郭涛还是比较乐观的，按照医生的说法是病灶很难切除，但是杀了神经，手术的效果应该还好，为此郭光灿父子稍微松了一口气。但没过多久，通过病理切片分析，发现癌细胞已经扩散得相当厉害了。

到这个时候，剩下的就只有等待了。

在赵兰英弥留之际，郭光灿和郭涛能够做的，只有体贴相待，悉心照料。

为了让赵兰英吃得更可口一些，他们每天带饭到医院去。医院是可以订餐的，而且营养都能保证，但也许郭光灿父子觉得医院的膳食到底味道一般，或者说更想要多尽一些心意，所以还是自己预备饭送去。郭光灿本来不会做饭，这时也只能硬着头皮动手，更多的时候不得不请邻里或同事帮忙。有时候一大早，郭光灿先到超市里买一些配好的净菜，中午做好了送到医院给赵兰英吃。而在医院订的饭，午餐由郭涛吃，晚餐由郭光灿吃。

这个阶段，主要是郭光灿父子俩轮流看护，郭涛值白班，郭光灿值夜班。一般晚上到医院的时候，郭光灿会带一个盒饭给郭涛，让他吃了之后回家休息；第二天早晨，郭涛起来后再来医院替换父亲。周而复始，每天如是。他们到医院，除了送点可口的食物，主要就是陪着赵兰英说说话，缓解她一个人躺在病床上的寂寞。当时家里还没有手机，郭涛特意找朋友借了一部手机，以便赵兰英能和不在身边的亲友聊聊天。有时候赵兰英的同事也会过来看望，舒缓一下赵兰英的紧张之情和寂寞之感。后来北京的亲戚来了之后，大家则轮流过去帮忙照看，这才让郭光灿父子不再那么疲惫。

按照医生最初比较乐观的判断，赵兰英也肯定熬不到下一个春节，也就是说应该还有不到一年的时间。但谁都没有想到，她的病情发展得会那么快，刚到年中盛夏时节，也就是 7 月间，人就突然走了。事实上到最后的时候，赵兰英的身体都有些衰竭了。医生给她抽腹水的时候，眼看着腹部瘪了下去，郭涛见状把头扭到一边，实在不忍再看下去。这时的赵兰英进食都已经十分困难，几乎每天都是依靠打点滴来维持生命。

7 月 24 日赵兰英走的那天晚上，郭光灿和郭涛两人正在交班，郭光灿已经来了，但郭涛还没有离开。这时赵兰英的呼吸突然变得特别沉重起来，郭涛首先敏感地觉察到，熟睡中的母亲不再发出任何一点动静，似乎有些异常，他马上跑去喊医生。但等医生到来时人已经不行了，赵兰英就这样突然停止了呼吸。

其实赵兰英的离去，对她本人来说也算是一个解脱。因为直到最后时刻，赵兰英都不是十分了解自己真正的病情，而且也没有疼痛的痛苦。手术之后郭光灿父子没有对她说出实情，告诉她肿瘤是良性的，已经切除了。而赵兰英自己也能感觉到，手术前很疼而现在不疼了，所以心情好了很多。最后时分赵兰英只有作为患者本身的焦虑与痛苦，就这个意义来说她还是幸福的，这点让郭光灿父子感到还算欣慰。只不过到最后的时候，赵兰英整个人的身体都已经彻底衰竭了，这让亲人尤其是郭光灿父子看在眼里十分难受。

在郭涛的眼里，终年 55 岁的母亲赵兰英一辈子都是谨小慎微的人，而且心比较重，有时候也喜欢胡思乱想，考虑过多，所以在得病之后也会自己吓唬自己，有些过于压抑，所有这些对病情显然不利，也加速了她的离去。

那天天亮之后，赵兰英的小弟弟、郭涛的舅舅来值白班。本来别人都已经各自回家，这时一个电话又把他们找来，大家一起筹办后事。虽说早有思想准备，当初手术后就知道已经完全没有希望了，但回家后郭涛还是禁不住哭泣起来。赵兰英的几位娘家人没等到告别仪式就走了，因为心理上实在难以承受。

好在四姨、五姨走后，舅舅留了下来，此外还来了福建一些父系家族的亲戚，一起帮忙料理后事。他们在告别仪式后才分批逐渐离去，但仍有一些朋友和同事热心陪伴，这让郭涛的悲伤情绪多少有些缓解。假如只有郭光灿父子两人，他们一定会加倍地难受。郭涛记得，有一次他姨对他说了一句什么话，又引发了他的悲伤，他听罢再次大哭了一场。

在相当长一段时间里，郭光灿都十分怀念赵兰英。一起生活的时候，两人有时也会吵吵闹闹，但总的来说赵兰英非常善良，对家庭、对孩子以及对郭光灿家的亲友，全都尽心尽力，做得非常好。两人相伴这么久，一辈子吃苦，还没有来得及好好享受，赵兰英就这么匆匆离去了。虽说郭光灿出国回来之后，家里的生活条件稍微好了一些，但终究还是比较艰苦，直到郭光灿当选为院士之后，家境才算真正好转了起来，遗憾的是赵兰英没能赶上。

其实赵兰英对自己的病情未必真的一无所知。在病重的阶段她曾经对郭光灿的同事说：郭光灿这个人不会照顾自己，万一有一天我真的去了，你们一定要帮他再物色一位合适的人选。

十、遭遇坎坷

郭光灿一直是一个乐观坚强的人，但在这一段时间里，郭光灿也有一些不如意的表达。

这一段时间，恐怕是郭光灿最沮丧、最失意也是情绪最低落的时候。结发多年的妻子撒手离去，儿子没有工作也没有家庭，自己的工作和事业遭遇种种不顺……

1998 年，中国科学院计划从英国进口仪器，其时正在东方科学仪器进出口公司（现东方科仪控股集团有限公司）工作、郭光灿的大学班长赵立平为此来到安徽合肥出差，在中国科学技术大学见到了老同学郭光灿，两人在一起吃了一顿饭。据赵立平回忆，那时的郭光灿虽然已是学校理学院副院长，但还是遭遇到各种麻烦与不幸，从他嘴里道出不少心酸的事情：没有科研经费，没有相关支持，相濡以沫多年的结发妻子又突然离世……赵立平感觉郭光灿的情绪低落，十分沮丧。后来郭光灿自己也回忆说，那恐怕是他最为失落的一段日子。

2001 年，中国科学院量子信息重点实验室只有两三个实验平台，韩正甫刚正式调过来不久，周正威尚未毕业，同时又有一些师资暂时外流，真正的教师只有郭光灿和韩正甫，很多后来留在实验室的中坚力量这时还只是学生身份。8 月下旬，韩正甫正在筹备即将在黄山召开的量子信息国际研讨会，郭光灿很严肃地与他进行了一番交谈：现在我们这个实验室遇到了非常大的麻烦，就剩下我们两个人了，我们一定要坚持把这个实验室搞下去。

2001 年给郭光灿带来打击的还有一件事情，那就是他第一次申报院士未能当选，与院士这一最高学术称号失之交臂。

此时郭光灿身在福建老家的 87 岁高龄的母亲郑算，又因为不慎摔倒而导致全身瘫痪，从此生活不能自理。许多同事与学生都回忆道，以前很少见到郭光灿沮丧的样子，但那段时间大家能够明显感觉到他似乎老了好几岁，显然是受到了很大的打击。

仔细回想一下，其实郭光灿的科研之路本就历经坎坷。往前追溯，郭光灿大学毕业前就赶上"四清"运动，毕业后又赶上"文化大革命"。虽说"文化大革命"中他断续参与了一些科研项目，但满打满算也损失了至少 8 年的时光，耽误了大好的学术青春。在郭光灿看来，这 8 年本应是他创造力最好、最有思想的"黄金时代"，但对于学术上的无奈荒废，郭光灿并没有太多的抱怨和后悔。虽说他知道，假如没有"文化大革命"，自己的成就一定会比现在更高，但在他看来，社会如何发展是个人无力左右的，很多时候人是无法做出自己的选择的，正如人不能选择自己出生的家庭一样，同样人也不能选择自己所处的时代。生活在社会当中，无论碰到怎样的社会和时代的约束与限制，都必须去适应，绝非个人所能左右。

自从回国之后，虽说郭光灿立志从事科研工作，但却难获支持，无论是经费上的还是精神上的，都是如此。但如同"文化大革命"对郭光灿科研生涯的影响一样，这些也是郭光灿凭借个人力量无法解决的。在郭光灿看来，一个人只能在现有的环境条件下，如何最大化地、最有效地、以最佳状态来发挥自己的能力，找到可以努力的办法以及方向和道路。比如，当国家经济实力不强的时候如何做研究，后来资金相对充足了又该如何做研究。

所以郭光灿的心态很好。整体而言，郭光灿认为自己还是比较幸运的，毕竟他处在两个时代的交界期，还算是做到了与时代的脉搏同搏跳动。虽说失去了大好年华，但最终还是抓住了机会，赶上了这一拨浪潮。假如改革开放之后，郭光灿自己稍微松懈一些，缺乏科研意识，这辈子也就这么混过来了，正常工作，到点退休，含饴弄孙，颐养天年。

有一段时间，在郭光灿的周围也有不少人下海经商了。在当时的经济大潮下，国家也比较鼓励，学校里很多人都开了公司，但郭光灿没有选择这条道路。他深知自己就喜欢搞科研，不擅长搞经营，所以还是踏实做科研，哪怕最后贫穷也认了。

现在回头来看，郭光灿觉得自己选择的道路还是正确的，一直坚持科研也算有了一定的成绩，至少在业务上做得有声有色。

郭光灿在从事科研的道路上，还有一个特点，就是总是“少数派”，他选择的总是冷门。

郭光灿总是自认“少数派”。当初搞量子光学，后来搞量子信息，以及更晚时搞量子第二次革命，总是在选择颇为寂寥的冷门。后来郭光灿在明海主持的《科大物理60周年访谈录》中，详细解释过所谓“热门”与“冷门”的说法。

按照郭光灿自己的说法：假如你已经有了足够的经费，你准备搞什么？多数人就选热门专业，因为热门专业是国际上已经很红火的，会不断地出成果。你搞这些没有错，只要有能力走在前沿，就可以发表好文章，就绝对不会有问题，所以选择热门课题是很保险的，你做得出来做不出来取决于你的能力，有能力你就可以走到前沿去，没能力你也可以跟在人家后面修修补补，也能做出一些东西。如果你能力比较强，跟上他们最后超过他们也是有可能的，但毕竟源头是别人做的。但搞冷门的选择则是一种冒险，冒险在于你这个冷门可能选对也有可能选错，因为大家都还没证明它将来是否可能成为热门学科，它未来的生命力怎样也搞不清楚，所以这取决于研究人员的判断能力，也就是科学鉴赏力。

所以，沮丧与失落只是暂时的。过去之后，郭光灿重新抖擞精神，踏上征程。

十一、爱才之心

郭光灿对所有的学生都很好，对段路明和李传锋则是格外好。假如说郭光灿对段路明最为爱护，那么他对李传锋则最为操心。

段路明能够在量子信息领域取得巨大成绩，与导师郭光灿的指导和帮助自然密不可分。无论是专业上的指导还是生活上的帮助，郭光灿的一言一行都让段路明始终铭记在心。

曾经有一个暑假段路明回家的时候，郭光灿特意给了他一笔钱，让他回家带给父母，贴补家用。拿到这笔钱后，段路明的母亲十分感动，一直念叨着郭老师的好。在段路明即将博士毕业的时候，他的父母专程来过一次中国科学技术大学，段路明的父亲不爱说话，段路明的母亲朴实地对段路明下令道："以后你一定要什么都听郭老师的！"

段路明 1994 年开始读博士，本来直博应该是 5 年的时间，但功夫不负苦心人，由于格外勤奋与努力，他获得了如此之高的学术成就，所以郭光灿破例让他提前一年（也就是 1998 年）毕业。

段路明博士毕业之后留校任教，依然在郭光灿的科研团队里工作，不过半年就评上了副教授。学校本来解决不了段路明的住房问题，其时郭光灿尚在香港，为此专门写信给校领导，恳请领导一定要给段路明解决住房问题。他说这是一个人才，必须给予他足够的待遇，解除他的后顾之忧，你们不给他房子将来是要后悔的。于是在段路明留校半年之后，学校就分给他一套一室一厅的房子，就这样郭光灿还觉得这房子不够好，其实一般青年教师是很难有这种待遇的。郭光灿从来都是为了团队里的成员找学校，包括为后来一些引进人才的家眷解决工作问题等，但他从来没有为自己和家人要求过什么，这一点可以从郭涛那里得到佐证，他抱怨自己从来没有沾过父亲的光。

2000 年，段路明的博士学位论文《量子计算机中的消相干研究和量子编码》入选"全国优秀博士学位论文"。

全国优秀博士学位论文评选是在教育部和国务院学位委员会的直接

领导下，由教育部学位管理与研究生教育司组织开展的一项工作，其宗旨是：加强高层次创造性人才的培养工作，鼓励创新精神，提高我国研究生教育特别是博士生教育的质量。全国优秀博士学位论文评选是对博士培养质量进行监督和激励的一项重要举措，对培养和激励在学博士生的创新精神、促进我国博士生培养质量的提高具有积极的作用。

全国优秀博士学位论文评选俗称全国百篇优秀博士论文评选，其评选范围自然是每年全国所有博士点的所有博士学位论文，100 篇论文里，物理学科也就占到五六篇，竞争相当激烈。段路明的博士学位论文是物理学里的第一名，同时也是量子信息领域第一篇入选“全国优秀博士学位论文”的学位论文。而且就评选分数来说，段路明的论文高出第二名很多，毕竟当时能在《物理评论快报》上发表论文的学生很少，而段路明居然一下发表了两篇。为此，段路明还荣获了中国科学院“院长特别奖”。

2006 年，郭光灿的另一位博士生黄运锋的学位论文《量子纠缠态制备、操纵的实验研究》再次入选“全国优秀博士学位论文”。

全国优秀博士学位论文评选自 1999 年开始至 2013 年，郭光灿所带博士生的学位论文，包括提名奖在内，一共入选 5 篇，5 位获奖博士分别是段路明（2000 年）、黄运锋（2006 年）、孙方稳（2010 年）、许金时（2011 年）、龚明（2013 年）。这个数字在全国的博士生导师中排名第三。这里还要特别说明的是，第一名和第二名导师都属于医学专业，入选相对容易一些，毕竟在医学领域一切以疗效为准，只要医疗效果好就有希望能够评上。而在数理化领域，郭光灿是当之无愧的第一名。其他导师指导的博士学位论文，有入选三篇或四篇的，一般比较多的也就是入选两篇。

2001 年，年龄尚不足 29 岁的段路明成为博士生导师。后来，段路明去奥地利做了博士后。再后来，段路明在马里兰大学做了副教授，随后又做了教授。

一般来说，在国内读博士的中国“土”博士，想要在美国大学里当上“洋”教授，是非常困难的。因为国外同样也讲究人际关系，除非你在学术上极为出色，否则很难问津这个位置。所以很多学自然科学的人出国之后都改行了，那些学过物理的聪明脑子随便转到什么领域都可以，自然会转到更容易发展的领域，比如金融之类，一样获得了非凡的成就。但段路明矢志不渝，坚持学术，凭着自己难能可贵的出色成绩，终于修成正果。

如今，段路明已回国发展。

可以说，没有郭光灿，就很难有段路明后来的一切。想必段路明自己也永远不会忘记郭光灿对他的这段恩情。

郭光灿对段路明的关心与帮忙，完全是发自爱才之心与自我投射，自然不要求任何回报。在他看来，他帮助段路明，首先是基于一位长者对一名学子的正常情感，其次则是对自己早年求学生涯的一种投射。

郭光灿对李传锋同样很好。

有一段时间李传锋经济上比较窘迫。他 1999 年结婚，2005 年女儿出生，2004 年 10 月他的兄长不幸谢世，家里催他回去，一下子花了不少钱。回来之后，恰逢春节期间，李传锋到郭光灿家拜访，郭光灿随口问道：现在的孩子都要学点什么，你的女儿要不要学学钢琴？李传锋自认情商较低，说话也直接干脆，当即脱口而出：哪有钱啊！郭光灿听罢立刻拿出 1 万元来，算是给李传锋女儿的红包。李传锋见状马上推辞道：这哪好意思！但郭光灿坚持让李传锋收下，并且对他说：小孩子要有修养，这钱你必须拿走。

后来这个“情商低”的李传锋还真拿这笔钱去买了钢琴。但多年之后李传锋回想起来，那时孩子刚刚出生，根本就不需要钢琴，郭光灿那是在以一种特别的形式帮助李传锋。

十二、与诺贝尔奖相关

郭光灿的博士生郑仕标来自福建师范大学物理系，1989 年和 1995 年分别获得了学士和硕士学位，继而来到中国科学技术大学郭光灿门下攻读博士。在本硕期间，郑仕标应该没有在国外学术刊物上发表过一篇论文，可以说基本上还处于科研的入门起步阶段。但来到中国科学技术大学之后，在郭光灿的带领下，郑仕标很快步入正轨。郭光灿几乎是手把手地教他怎么做科研，郑仕标也十分认真和用功，阅读了大量文献，经常与郭光灿反复研讨，只用半年的时间就写出两篇论文。为此郑仕标提前半年毕业，此时他已写出了至少 10 篇论文，自上学期间到毕业后陆续发表。1997 年，郑仕标从中国科学技术大学物理系光学专业毕业，获得理学博士学位。毕业后郑仕标到福州大学物理与信息工程学院工作，2001 年破格晋升为教授，也是“长江学者”和国家杰出青年科学基金获得者。

郑仕标比较重要的一个研究工作，是他于2000年在《物理评论快报》上与郭光灿共同署名发表了论文《利用光腔制备两原子纠缠的方案》（*Efficient Scheme for Two-Atom Entanglement and Quantum Information Processing in Cavity QED*），探讨了利用现有技术可以制备的光腔来实现两个原子纠缠的方案。这属于一个理论上的方案，但也非常有影响。论文发表后大概两年，法国科学院院士塞尔日·阿罗什（Serge Haroche）采用了论文中所提出的“关于三个量子态操控和量子信息处理”的研究方案，成功地制备出两原子和三原子纠缠态。为此，塞尔日·阿罗什特意来信表示祝贺：我们按照你们的理论做出了原子纠缠态。这事实上是从实验上证明了这一理论的正确性。

值得一提的是，2012年塞尔日·阿罗什与美国科学家戴维·维因兰德（David J. Wineland）分享了当年的诺贝尔物理学奖。颁奖词称，两位获奖者的研究成果为量子理论研究提供了突破性的研究成果。具体地说，瑞典皇家科学院授予这两人奖项的原因是他们“突破性的试验方法使得测量和操纵单个量子系统成为可能”。这是量子信息领域最早获得的诺贝尔奖。

这一获奖信息让很多人再次想起了郭光灿与郑仕标那篇论文。曾与郭光灿同期在多伦多大学学习并获得博士学位的北京大学朱星教授打电话给郭光灿，半带戏谑地抱怨道：为什么他们搞实验的获奖，你们搞理论的却被遗忘了？语气中颇多不平。当然郭光灿知道，塞尔日·阿罗什得奖不仅仅是因为这一项研究，具体到这一点只是通过实验证明这个理论是正确的，后来在公开场合解读该项诺贝尔奖时郭光灿也做了类似的解释。但同领域的一位国际审稿人还是惊讶于郭光灿团队的这一成果，不无感慨地说：“我们怎么就没有想到？”而郭光灿则回应道：“我们中国人也是能够超过国际同行的。”

周宗权是李传锋小团队中的一名成员，他来自合肥工业大学，是一个很有意思的人，科研意识非常强。当初李传锋让学生在当时很火的中国科学技术大学BBS瀚海星云上发帖招揽人才，称自己组里想要招人，希望本科生踊跃参加。没想到合肥工业大学的“90后”周宗权跨校赶来。李传锋此举本来是为了培养本校本科生做研究生，但周宗权说我就很适合，我就喜欢做科研。李传锋只好说那你先待个半年看看吧，于是周宗权的本科毕业论文就是在这里做的。

但周宗权一进组，李传锋马上就发现了他的与众不同。暑假招进来，结果到了寒假他就阅读了不少文献，同时写出一个超过 20 页的综述，涉及量子点等许多内容，这让李传锋感到十分惊讶。他一问才知道，原来周宗权的姐姐和姐夫都在美国，姐姐就毕业于中国科学技术大学，所以周宗权早就受到过科研的相关熏陶。李传锋说，既然这样，你都这么厉害了，你还做什么量子点啊！干脆我给你单开一摊吧——固态存储。

郭光灿了解情况之后，也十分欣赏周宗权，感觉这是一个很好的机会，于是开始深度挖掘，为其申请国家自然科学基金重大科研仪器研制项目。但这个要靠周宗权或李传锋申请恐怕都会有一定的困难，于是郭光灿亲自出马。在申请的时候，郭光灿充分展现出自己的才能，如何把故事讲得更加动听——“怎样才能让光慢下来”，以此检验相对论和量子力学的相容性，把光子存起来，等等。结果第一轮申请就获通过，排在整个国家自然科学基金项目的第一名，申请到了 5600 万元的资金。回来之后，郭光灿二话没说，马上奖励给周宗权 10 万元。后来周宗权一直在这里读完博士，成为当时实验室最年轻的副教授。

十三、形形色色的学生

培养学生是郭光灿比较满意的一件事。郭光灿自 20 世纪 80 年代开始带研究生，也算是有不短的历史了。学生到郭光灿这里来，首先他会想办法让他对搞科研产生兴趣，同时他十分爱惜人才，尤其是那些家庭困难的、穷苦人家的、在艰苦条件下成长起来的孩子，郭光灿一向对他们格外关注。这里也许有一种同病相怜的心态，郭光灿从他们身上看到了少年时代的自己，是一种出于本能的关怀。郭光灿特别理解他们的困境，努力去了解他们最需要什么，尽可能地想办法帮助他们，不仅在学习和研究上，更多的是在人文和生活上给他们以关心。

对于那些在职读博的学生，郭光灿也给予了特别照顾。他知道他们都有工作，有家庭，既然在学业上不能放松，那么就尽量在生活上予以照顾。2000 年，叶柳已是安徽大学的教授，但依旧慕名投入郭光灿门下读博，被郭光灿戏称为“教授级博士”。对叶柳来说两校隔得也近，骑着自行车就过去了。叶柳于 2003 年获得博士学位，并继续留在中国科学技术大学从事博士后研究工作。林秀敏来自福建师范大学，是郭光灿在职博士的关门弟子。林秀敏 1965 年生，当时已近不惑之年，在学习的同时还有学校的教学任务，家里的孩子也舍不得她，才上小学五年级的女儿每天都要和她通电话，于是郭光灿就尽量照顾她的时间。林秀敏于 2005 年 6 月获得博士学位。来自湖南怀化学院的宋克慧对郭光灿的印象更深，他记得当年自己把郭光灿的那本《量子光学》都翻烂了，而且笔记记得十分认真，那种 100 页的硬皮本记了满满两大本。郭光灿看后不禁感叹道：“我还从没见过这么认真的学生。”宋克慧的论文也得到了郭光灿的悉心修改，7 天后就被《物理学报》接纳。宋克慧是那种过目不忘、思路清晰的人，有关郭光灿的很多细节他甚至能够记得具体日期。宋克慧于 2003 年 3 月获得博士学位，2006 年 8 月从中国科学院量子信息重点实验室博士后流动站出站。自 2013 年起，宋克慧担任怀化学院党委副书记和校长。

郭光灿对毕业多年的学生也依旧关注。李剑 1976 年生于江苏盐城，1994 年考入中国科学技术大学物理系，与黄运锋、段开敏同届。1998 年进组到郭光灿门下读博，2003 年底毕业获得博士学位。李剑开始在东南大学工作，手里缺少项目，科研进展不是十分顺利，正好这时比李剑小几岁的师妹王琴受聘于南京邮电大学，要做量子信息研究，于是郭光灿亲自给李剑打电话。李剑接到电话后，感到不好意思，认为自己辜负了导师的教诲，但郭光灿说你毕竟也做过相关研究，现在你在那边也没有条件做科研，不能浪费自己的才华，不如到王琴那里去，重新施展一番拳脚。

郭光灿帮助过的学生实在太多，很多小事他自己都不记得了，但对每一名学生来说，每一件小事都是大事。比如，学生家里有困难的，他可能会通过奖学金等方式提供帮助；有学生父亲要开刀动手术或者妻子要生孩子的，都会得到郭光灿的额外关心和问候。就连对那些素昧平生的中国科学技术大学学生，郭光灿也倾注了同样的关爱。有一年，应该是中国科学技术大学生物系的一名云南籍学生罹患白血病，其时学校并未组织相关捐款，但郭光灿还是与实验室同事一起进行了捐助。当时整个实验室共计捐款 20 000 元，其中就有郭光灿的 5000 元。类似的事情还有很多很多。

这么多年过去，凡是郭光灿教过的学生，都能记得他的教诲与关怀。

郭光灿的学生们在实验室里工作和生活，就像是在一个温暖的大家庭里。多年后李剑在帮他的学生做了点什么之后，学生自然要说“谢谢”，但李剑反倒觉得有些见外——“我们是一个大家庭啊，没有必要感谢啊！”而用史保森的话来评价：郭光灿就像一位忠厚长者。

李剑帮郭光灿带过的师弟似乎不少，孙方稳开始就是跟着他的。

孙方稳，1979 生于安徽合肥，1997 考入中国科学技术大学物理系。大三想要保研时，因为实验室的老师史保森是他的班主任，孙方稳又很想做光学研究，所以从自习室直接就走到老图书馆敲郭光灿的门。2001 年孙方稳正式进组时，李剑已经开始忙自己的事了，他就由郭光灿直接带，是郭光灿早年直接带的学生中最年轻的一个，所以有人戏称孙方稳为“郭光灿的关门弟子”。

孙方稳比较喜欢做实验，但刚开始时条件有限，所以直到 2005 年他才有了自己的实验室。当初孙方稳就坐在老图书馆里，与郭国平办公桌对着办公桌，一篇又一篇地读文献，定期向郭光灿做汇报。2004 年实验室搬到器材处之前，孙方稳还一篇论文都没有发表过，甚至不如他的师弟柳必恒。但郭光灿对他十分信任，相信他的想法一定能实现，给了他一笔经费筹建实验室。这个实验室从头到尾都是由孙方稳负责的，他和柳必恒一起具体操办，连每一颗螺丝钉都是他亲手买的。

孙方稳本来应该在 2006 年毕业，但郭光灿认为他手头的研究可以冲一下“全国优秀博士学位论文”评选，所以孙方稳拖到 2007 年与师弟柳必恒一起毕业，毕业论文果然被评为“全国优秀博士学位论文”。随后孙方稳到哥伦比亚大学做了两年博士后，2009 年经人才引进回到中国科学院量子信息重点实验室。

孙方稳的学术经历比较丰富，其间换过几次研究方向，现在主要做量子精密测量。但无论何时，郭光灿都全力支持他，他感觉郭光灿始终把学生当作自己的孩子一样。郭光灿经常说，你们年轻人才是最需要在科研上花钱的，所以在经费上从来都是一路绿灯。孙方稳感觉与郭光灿有两个层次的交流，某些时候是导师，某些时候又是同事，但无论哪一种双方都是平等的交流。正是基于郭光灿这种平等的学风，所以当实验室想要留学生的时候，大家都很愿意留下，并不在意当初实验室的条件艰苦。

对于那些隔着一辈的学生，郭光灿也同样十分关心。

邹长铃，1989 年 3 月生于湖北荆州，2004 年考入中国科学技术大学少年班。在决定自己的前途时，他听人说郭光灿的实验室不错，心里就有了进组的打算。他研究了一番实验室主页，没好意思直接找郭光灿，就联系了第二个人也就是韩正甫。韩正甫听了邹长铃的情况，说：那你就过来聊聊吧！结果邹长铃问：去哪里？韩正甫说：你想进组居然还不知道我们实验室在哪里。

邹长铃算是郭光灿与韩正甫一起带的博士生。即便如此，郭光灿依旧对邹长铃给予了足够的关注。读博之后邹长铃一度对前途感到有些迷茫，看着家乡左邻右舍的同龄人高中毕业就外出打工挣钱，自己现在却仍在读书，曾经让父母骄傲的他现在是否已经开始让父母脸上无光了？他心里颇有压力。为此，郭光灿与邹长铃进行了一次长谈，他指出，当初邹长铃的父母能送孩子出来读书，就说明他们的眼界与众不同，有着与普通人不一样的追求。郭光灿希望邹长铃眼界开阔一些，不要局限于一城一池的得失，只有这样才能最终取得成就。

类似的迷茫在邹长铃博士毕业时又出现一次。当时邹长铃联系了几家单位，待遇都不错，他不知道哪里更适合自己。于是邹长铃去请教郭光灿，郭光灿建议说：为什么不能留下来继续从事研究呢？邹长铃说他觉得自己未必合格，所以从来没有考虑过这个问题。但郭光灿的鼓励打消了邹长铃的疑虑，他最终留在了实验室里。

十四、解除后顾之忧

在郭光灿看来，对每一个学生都应该特别关心，他始终希望能给学生创造一个愉快而舒适的环境，因为只有这样，他们搞研究的时候才有可能做得更好，做得更舒心。所以，郭光灿既要尽可能为他们创造一个适于做科研的良好氛围，又要尽量为他们创造一个适于做科研的相对优越的生活环境。

郭光灿属于老一代科研工作者。那时无论工作还是科研，总是过分强调大公无私、公而忘私等精神，郭光灿也是如此践行的。但郭光灿认为，在如今这样一个市场经济时代，再简单地一味这样强调就不合适了。毕竟一名年轻的科研人员，在生活无着、没有居所、没钱恋爱结婚成家生子的时候，恐怕很难踏实地做好研究。

所以凡是有机会，郭光灿首先想到的就是提高学生的待遇。目前实验室的学生待遇在中国科学技术大学是第一流的，甚至可以说是最好的。在这种情况下，曾经还有个别学生想要到外面去做家教赚一点钱，郭光灿对此很不认可，他认为自己已经将学生的待遇提到一个高度了，已经足以让他们好好生活安定下来了，所以他们不应该再做其他的考虑。其实有些学生不是自己的钱不够花，他们来自贫困家庭，家里不但不能资助他们学习，他们还要把得到的补助寄回家里，所以才会经济紧张，还想外出打工贴补家用。

除了提高学生的待遇，郭光灿还要为他的团队成员极力争取利益。因为郭光灿知道，只有有了足够的经济支撑，只有让科研人员能过上体面像样的生活，他们才能后顾无忧地从事科研工作，所以郭光灿要精心安排这一切。周正威还记得，2002 年他刚结婚就分到了上百平方米的房子，结果后来才有了差不多面积新房的郭光灿还专门到周正威家借鉴装修经验。

周正威，1973 年生于河北石家庄，1992 年考入中国科学技术大学物理系，1996 年投入郭光灿门下读博，2001 年获得博士学位后留校任教。现为中国科学院量子信息重点实验室教授、物理学院副院长。说起来周正威与李传锋同岁，但当时农村的孩子上学早，所以周正威竟比李传锋低了两个年级。同样的，段开敏与张永生的生日只差一天，但张永生却比段开敏高了一个年级。周正威也是较早留在实验室的学生之一，为人友善谦逊，做事细致得体。

郭光灿的原则就是不断地提高学生和工作人员的生活待遇，至少要随着项目资金的到位做到水涨船高。

在各种津贴方面，郭光灿首先要照顾的是学生，其次要照顾的是刚留校的年轻教师。只要学校层面允许，郭光灿总是会把钱给到最高额，给到一个上限。毕竟工资条上的数额是非常低的，假如这些年轻的知识分子只靠基本工资，是无法过上相对体面的生活的，所以郭光灿会支持各种各样的项目申请，他觉得自己有义务操这个心，让大家能够轻轻松松地养家糊口。

在满足了基本需求之后，那就要根据工作表现来体现收入上的差异了，总之绩效已经提到了很高，只要好好干，一定会有足够的收入。假如还感觉钱不够花，那就只能怨自己的成绩不够好了。

现在实验室里年轻人的收入，主要由基本工资、岗位工资和绩效工资三项构成。前两项来自学校，最后一项则由实验室自己掌握。所以大家的绩效工资是不固定的，实验室制定了一个标准，从多少到多少，只要有钱就多发，所以郭光灿的手下总是能按照最高的标准来发。另外科研经费中还有一定比例的提成，这部分提成的分配由郭光灿做主，无论现在是什么职称，就根据这一年的表现来评定，所以这个数额也不固定。

假如发表论文，学校会奖励一点，但是比较少，主要还是靠实验室自己奖励。论文的第一作者会多一些，作为通讯作者的导师次之，剩下的由该研究团队平分，这些都由小团队自己来协商。

除了这些，有时候实验室还会有额外的奖金。

这样一年下来，很多人也能拿到几十万元的年薪，满足基本生活所需是没有问题了。所以在郭光灿的团队里，实验室里的青年教授基本上都能拿到比较高的年薪。而国家杰出青年科学基金获得者和优秀青年科学基金获得者拿得会更多一些。

有一次郭光灿问李传锋：你实话告诉我，你现在一年到底能拿到多少钱？李传锋想了想，说了一个数字。郭光灿听了点点头说道：那我就放心了。

有了这样的经济保证，科研人员工作起来就比较踏实了。目前中国科学技术大学附近的房价是每平方米一两万元，合肥比较高的房价也不过三万元，所以那些刚留下来的年轻人基本上都买了房，买了车，有些还把父母从家乡接来，甚至有些人的妻子干脆全职在家，相夫教子。总之，大家生活得都比较愉快，没有了后顾之忧。

尽管收入不错，但买房时的首付总还是一笔不小的支出，所以学生要买房的时候，郭光灿会尽自己所能借钱给他们，有不少学生都向郭光灿借过购房的首付款。

虽说衣食无忧，但郭光灿团队里的氛围依旧保持了原有的朴实。在郭光灿看来，科研人员搞科研，不能食不果腹衣不遮体，需要足够的物质保障。但在满足了基本要求之后，也不应该一味地追求物质回报，否则还不如去经商赚大钱，何苦继续搞科研？在这一点上，郭光灿的团队一直保持着这一优良传统。有一名国家杰出青年科学基金获得者，其妻子自己开公司，家庭收入比较高，妻子想要给他买一辆名牌汽车，但他摇头说，买了也不会开的，毕竟与自己所处的环境不符——一辆显眼的名牌汽车停在教学楼前，感觉气场不对。后来他妻子还委屈地对郭光灿说：他不让我买好车。

总之，郭光灿不但是一名科研带头人，还是一名基金申请者，为大家争取各种各样的基金。至于钱拿到手分下去之后，团队里各个机构的具体安排，比如怎么花钱，要做什么，如何培养学生，诸如此类，郭光灿一概不予过问，从不插手做具体的干涉，都是让小团队自己来决定。郭光灿说：你们不要什么事情都来问我，我只管营造这种良好的氛围，给你们帮力所能及的忙，具体事情还是要由你们自己来决策。

一般来说，学生在这里学习 5 年下来，都会特别感激郭光灿。他们事后回忆起来，都认为那是自己人生中最愉快的一段时光。那些留下来的人才，大部分都是实验室自己培养出来的，只要他符合留校的条件，就要留下来发挥更大的作用。

十五、团队精神

郭光灿的科研团队，是一个十分高效而和谐的团队。

郭光灿本人做事十分认真，这也影响了他的同事与学生。郭光灿的这种认真态度，甚至可以一直追溯到他上学的时候，这么多年来始终未变。李剑记得，2002 年秋天他随郭光灿在日本东京大学开会时，两人住在一个房间，晚上郭光灿非常认真地准备发言稿，仔细推敲英文发言稿的每一个细节和措辞。

在学生们面前，郭光灿为人随和，十分谦逊，甚至不耻下问。原来郭光灿的办公室里有一块白板，后来换成了玻璃板，他经常在上面写写画画，与学生和同事讨论问题，有时甚至会在吃工作餐时讨论工作，一种自由而民主的学术氛围始终弥漫于实验室中。偶尔在学生身上看到不满意的地方，郭光灿也不会马上指出，而是采用一种迂回的策略。有一次张永生在闲暇的时间里打游戏，正好被郭光灿看到了，当时他并没有说什么，几天之后，郭光灿打电话给张永生说：我觉得有一门课你还是可以选一下。

但在有些方面，郭光灿的要求却格外严格，比如在留用毕业生时，尤其是在早年间留人时，这些人大多数都是由郭光灿亲自考察的。

关于留人的标准，郭光灿有一套他自己的原则。

首先，这个人的人品必须要好，学风必须端正——这一点是毋庸置疑的。在郭光灿看来，假如从事科研工作的人人品不好，即使他有一定的业务能力，还是会把整个团队的风气带坏的。其次，这个人要对科研具有浓厚的兴趣。如果你搞科研只是为了糊口，那么终究是做不长久的。最后才是看这个人的能力，看一个人的研究能力如何，能否承担相应的科研工作。

自段路明开始（提前毕业），几乎每一年都有学生留下来，包括李传锋、周正威、张永生、黄运锋、郭国平……

但是，只要被选中的人一留下来，郭光灿就一定要让他享受到比较好的工作环境和生活待遇，不能让科研人员在从事科研工作的时候还有后顾之忧，还要为生计问题发愁。

不过，仅仅在生活上满足青年教师的需求还不够，还要将其布局在科技的最前沿领域，这样他才有可能很快做出最好的科研成果，每做一项工作都会有明显的成绩，发表出来的论文也才更有价值。在郭光灿看来，为什么从自己这个团队出来的优秀人才比较多？就是因为他们的工作在前沿领域确实具有极大的价值，所有的人都有成果，都有绩效。

郭光灿还特别指出，假如交给年轻人一个任务，就要对他彻底放心，就要完全相信他，这样才能让他具有更强的责任心。当然作为郭光灿来说，他也会在全力帮助年轻人，为他撑腰，为他“站台”。

在年轻人的论文上，很多人都会写上郭光灿的名字，因为这是郭光灿的团队，郭光灿要用自己的影响为年轻人来“站台”，让外界知道这是郭光灿的团队，这是一支可以信赖的团队。这是一种团队精神，这种团队精神十分重要，郭光灿的团队在各个分支领域都有研究项目，大家也经常会互相帮忙，所以整体上才上升得很快。

但在论文的署名上，郭光灿从来不当第一作者，也不当通讯作者。这一点很多人都感到奇怪，甚至包括许多国外同行也会感到不解，因为他们的惯例也是由导师来当通讯作者。毕竟学生的工作主要是导师思想的体现，导师现在关注什么问题希望学生解决，具体课题则由学生来做。但郭光灿坚持如此行事，他要让自己的每一个研究者知道，他们做任何研究都是为自己做的，而不是为导师或负责人做的。

在一些高校和研究机构里面，确实有很多导师与学生为此发生矛盾。但在郭光灿这里，从来没有发生过这种事情。郭光灿自己说，我已经是院士了，也获得过很多奖了，事实上已经在学术上获得了国家的最高认可，不再需要什么奖了。所以，每逢报奖郭光灿自己都不怎么热衷，不过学生要报的时候他依然会鼎力相助。

郭光灿所要做的，只是帮助，而不是“分享”。有时候必须以郭光灿本人的名义申报各种奖项的时候，他也总是把自己的名字放在最后一个。

每当学生或团队成员做出成绩时，郭光灿由衷地感到高兴。在郭光灿的学术秘书段开敏看来，郭光灿最大的特点，就是特别关心和爱护自己的学生，假如学生取得了一定的成就，郭光灿会比学生本人还开心。其实这不是段开敏一个人的看法，这似乎是郭光灿团队所有成员的共识。作为前辈，郭光灿打下了一片“江山”，而后辈们的成长与成就，自己同样也乐于分享——但这种分享，不是利益上的分享，而是精神上的愉悦。

在这样优良且和谐的环境与氛围下，自然人人都会主动地向上努力。郭光灿想要告诉大家的是，我们之间不是雇用与被雇用的关系，而是一个科学群体，一个科研人员的利益共同体。我是教师，是负责人，但我只起到一个带头的作用，大家之间的关系还是平等的。我们有着共同的目标，不是我利用你为我做什么，我只会给你提供更好的条件，尤其是尽量提供别处没有的条件。

这就是为什么有人会感到奇怪：郭光灿这里的人才为什么不会被轻易挖走，即使是许以高薪也不行？学校一些部门的优秀人才每年都有人被挖走，有些地方甚至以年薪上百万元的优厚待遇来挖。郭光灿团队里的很多人不过年薪几十万元，但没人会离开，有时连校领导都感到奇怪。其实原因很简单，因为郭光灿待人以善良，待人以真诚，有些人曾离开这个团队去做博士后，甚至还没做完就又跑了回来，感觉那里没法做，还是“老家”的氛围比较好。

郭光灿在学术界的巨大影响，给了这些年轻人一个巨大的舞台。按照郭光灿的说法，这就是俗话所说的“大树底下好乘凉”，他要为年轻人遮风挡雨。但还有一句俗话“大树底下不长草”，总是倚仗大树毕竟不是一个办法，年轻人必须自己动脑子，否则早晚有一天，大树老了枯了，你又该怎么办？所以必须培养人才，必须让人才尽快成长。

郭光灿认为，自己搞科研能出成果，主要得益于两点：一是找对自己的方向，二是善于培养人才。

在郭光灿看来，有些团队独当一面的人才是花大价钱“买”回来的，所以一来就是真正的人才。郭光灿的团队则不然，人才都是他一个个一点点亲手培养起来的，因而要花费更大的代价，也要付出更多的心血。

对此郭光灿有一个观点：中国为什么科研力量相对不足？就是因为自己培养的人才太少。郭光灿坚信，在我们自己的土地上也能培养出国际知名的优秀人才。他有这种自信，因为他自己就是这样一步步成长起来的。现在他的团队里已经培养出了很多堪称国际人才的人才，受到了国内外同行的普遍认可，将来一定会有更多这样的人才从这里走出。正所谓“外国的月亮未必就比中国的月亮圆，中国的月亮绝对不比外国的月亮差”。这就是郭光灿培养人才的理念。所以，他尽量营造一个良好的环境，真诚地对待每一个培养对象。

在郭光灿这种正确的培养思路下，他的团队中一茬茬的人才都在成长，现在已经有了 6 名国家杰出青年科学基金获得者和 13 名国家优秀青年科学基金获得者。未来这里的年轻人才，还会一代更比一代强。

十六、新的生活

在此期间，郭光灿身上还发生了一件事。

1997 年底，当年与郭光灿一同毕业留校的张贻升的妻子王月芳将学校电信服务部的张绪珍介绍给了郭光灿。

其实在此之前，一些热心的同事就一直在为郭光灿张罗个人的事情，但他都没有同意。一来是郭光灿还没有从赵兰英离去这件事中完全走出来，二来他也不想匆忙决定自己的人生大事。

但在 1998 年新春之际，事情出现了转机。

在此之前，王月芳就将张绪珍介绍给郭光灿，只是没有安排双方见面。但郭光灿对张绪珍已经有了一定的了解，他知道她是 1958 年出生于安徽省六安市霍山县，在家里排行老五，上有大哥、大姐、二姐、二哥，下面还有一个弟弟，等等。

据张绪珍回忆，那是 1998 年 1 月 28 日，记得这么清楚是因为那天是大年初一。当天张绪珍正在单位值班，这时来了一位男士，身穿黑色皮衣，态度和蔼，说是要找王月芳。

张绪珍告诉他王月芳不在，问是不是需要帮忙联系她。那位男士说不用，接着便与她攀谈起来，诸如工作、生活等，一直聊了很久。直到最后，那位男士临走时，张绪珍才想起来，问他要不要再帮忙联系王月芳，对方说不用，有事以后再说。

张绪珍并没有把这件小事放在心上，没想到下午王月芳的电话就追了过来，问她介绍的事情究竟怎样，她是否对那人满意。张绪珍说我又没有见到，何谈满意不满意。王月芳快人快语，说："上午不是来了吗？"张绪珍这才知道，上午的访客就是王月芳介绍的郭光灿，原来他暗中对自己进行了一番"考察"，只是张绪珍本人还蒙在鼓里。

这时张绪珍重新回忆了一下，觉得郭光灿这人确实不错，性情温和，待人友好。在大学里工作久了，张绪珍知道有些学者的性格难免古怪，但郭光灿却不是，他与普通人没有什么两样。这让她对郭光灿的第一印象不错。

通过介绍人的反馈，郭光灿对张绪珍也十分满意。于是两人开始接触，进一步加深了解。

一个星期之后，有一天郭光灿登门拜访时，居然把儿子郭涛也带来了。因为事先没打招呼，这让张绪珍有些手足无措。不过她也明白，这是郭光灿希望两人的事情能尽快获得孩子的认可。

其实郭光灿在和张绪珍交往之后，很快就为这事与郭涛进行了沟通。郭涛的意见是，这是你自己的事情，我不应该有意见。你该怎样就怎样，我相信你能处理好，不用考虑我。

那天的气氛还是十分融洽的。当时张绪珍的家里摆放着一副围棋，于是郭涛就与张绪珍手谈了一局，十分融洽。有时小小的细节往往会带来重大影响，事情正在朝好的方向发展。

本来事情就这样正常而有序地发展着，可这时又出了别的枝节。郭光灿工作非常繁忙，两人刚刚正式认识了一个月，郭光灿就要前往香港出差三个月。当时郭涛没有工作，一个人生活，郭光灿就托张绪珍帮他照顾郭涛，诸如吃饭之类。好在当时郭光灿住在67号楼，张绪珍住在45号楼，就隔着一个食堂，距离很近。

在张绪珍眼里，郭涛话不太多，对饮食也没有什么特别的要求。但细心的张绪珍还是发现，假如她做的饭菜不合郭涛的胃口，他就会吃得很少。于是张绪珍根据自己的观察与经验，不断调整郭涛的饮食，比如他喜欢吃卤菜，她就经常为他购买烹饪。

1998 年底，郭光灿与张绪珍登记结婚，正式走到了一起。

与张绪珍结婚之后，郭光灿曾带她回过一次老家。郭光灿年迈的母亲郑算端详着张绪珍，回想起当初赵兰英前来时的情景，以一种近乎朴素的思想悄悄对郭光灿说：唉，赵兰英的命不好，这个张绪珍命好。

言外之意，郭光灿与赵兰英一路走来同时却一路坎坷，赵兰英没有享到什么福就撒手人寰，现在郭光灿的境遇好了，赵兰英却没能看到，不禁令人唏嘘。

还有一件事需要提及。郭光灿的母亲郑算在瘫痪之后，郭光灿的二嫂杨明珠悉心照料了她整整 6 年。2007 年 2 月 3 日，距离当年春节还有不到半个月的时候，这位一生苦难、独自一人把郭家三兄弟拉扯成人的伟大母亲，在 93 岁高龄时离开了人世。郭光灿特意带上郭涛回到故乡，送别这位一生坚强而伟大的女性。

十七、“原天地之美，达万物之理”

作为一名学者，郭光灿是严谨的，但却不是那么“严肃”。在郭光灿孙女郭萱琦的眼里，郭光灿更是十分随和的人。其实很多接触过郭光灿的人都有同感，觉得他这个人很好接触，没有什么架子，在日常生活中与普通人没有什么两样。

段开敏，1975 年生于山东青岛，1999 年毕业于中国科学技术大学物理系。当时学校有一个政策，要在本科生中选人留校工作。段开敏本来已经找过系里另外一位老师，有了一定的意向，后来又听说郭光灿这里也需要人，而段开敏的班主任恰好是郭光灿的学术秘书叶淮，所以他也想到这边来看看。经叶淮引荐，段开敏与郭光灿见了面。

当时郭光灿团队的办公室还在老图书馆，段开敏来见郭光灿的时候，郭光灿对他说了不少勉励的话。一番交谈之后，段开敏感觉来郭光灿团队似乎是更佳选择，就选择了这里。

在段开敏看来，郭光灿其实并不擅长与人交流。传说中国科学技术大学有一位著名的“马路天使”，他的特点就是与谁都能聊得来，在马路上拉过来一个学生就能聊上几句——其实很多高校中都有这样性格外向爱聊天的老教师。但郭光灿不是，他平时不是很爱说话，却有一种情绪上的感染力，即使不说话也能让人感觉到。

但上课的时候则不同，按照很多学生的描述，郭光灿一旦走上讲台，立刻就会“从基态跃迁到激发态”。2002 年暑假，中国科学院量子信息重点实验室举办了一期光学夏令营，组织各个学校的硕士研究生培训研讨一两个星期，邀请各领域的专家前来授课，比如母国光（1931—2012，1991 年当选为中国科学院院士）、张杰（2003 年当选为中国科学院院士，后曾担任上海交通大学校长）、龚旗煌（中国光学学会理事长，北京大学常务副校长，2013 年当选为中国科学院院士）等著名科学家。大家也是“八仙过海”各显其能，比如中国科学院上海光学精密机械研究所的范滇元（1995 年当选为中国工程院院士，现任职于深圳大学）讲授强激光，郭光灿则亲自讲授量子光学，等等，段开敏也参与了其中一些服务工作。当时段开敏就听很多学生说：郭老师的人格感染力实在太强了，上课时思维完全被他牵引着，思路也能紧紧地跟着他，感觉一下子什么都搞懂了。但晚上回来一做题，好像又什么都不会了，还要再看半天书才能勉强做出来。宋克慧对此也有印象，说郭光灿讲课时总是津津有味，往往一张嘴就是“根据……我们很容易得到如下公式”，但宋克慧课后才发现，这个省略号一点也不容易，它其实代表着一个烦琐且漫长的推导过程。

郭光灿团队里的史保森戏称自己不算段路明和李传锋这样的“嫡系部队”。史保森，1970 年生人，祖籍山西汾阳，成长于甘肃的甘南藏族自治州，因为父母都在部队，就地复原后定居于此。史保森 1992 年本科毕业于西北师范大学，1995 年在合肥“科学岛”上的中国科学院安徽光学精密机械研究所获得硕士学位。他选择中国科学技术大学读博，就是因为郭光灿的一次演讲。那次郭光灿在台上口若悬河，激情四射，史保森在下面听得热血沸腾，血脉贲张。一下来史保森就找到郭光灿，要考他的博士研究生。但考试之后史保森担心自己的专业课考得不够理想，第二天面试时有些惴惴不安，郭光灿给了他一篇有关量子光学的综述，让他阅读后来谈看法。史保森应该在面试中表现得不错，最后获得了郭光灿的认可。史保森 1998 年获得博士学位并留校任教。

郭光灿在演讲时总是具有这样的鼓动力，但平时他却十分低调，毫不张扬。除了科研与管理之外，他喜欢读书，喜欢音乐，更喜欢思考。

郭光灿也会经常进行一些哲学思考。那不是关于物质与世界本质的哲学思考，而是有关科研与人生的哲学思考。郭光灿有时候也喜欢援引道家的一些道理，他觉得自己这是在按“道”走，摸到了“道”。

现在郭光灿的办公室分为内外两间，外间挂有一些他人赠送的条幅字画，诸如“宁静致远”“道法自然”以及一幅名为“大海的温情”的“惠安女”形象的国画。在内间，则是一幅“原天地之美，达万物之理”字画。该句取自《庄子》，意思是，通过对天地间美的认识和感受，去洞悉宇宙万物演化发展的规律道理。日本著名物理学家、1949 年度诺尔贝物理学奖获得者汤川秀树平生最喜欢的一部著作就是《庄子》，而在《庄子》当中他最喜欢的就是这句话，并将其作为自己的座右铭。汤川秀树的学生、著名物理学家坂田昌一在理解老师对这句话所给予的现代方法论含义时指出，其真髓是“以‘形的逻辑’为根据而把握‘物的逻辑’的方法论”。郭光灿喜爱此句，也是出于同样的原因。

十八、衣食住行

一般来说，郭光灿的生活很有规律。早晨 7：00 准时起床，早起第一件事就是在音乐声中梳头，以促进头部的血液循环。早餐后前往办公室，即便是星期六和星期日也是在办公室度过的。12：00 准时离开办公室，回家就餐。午餐后半小时的午休必不可少，即便是有客人来也雷打不动。下午一般 14：30 到办公室，18：00 准时离开。晚上吃饭的时候会看一会儿电视，其中看得比较多的频道是凤凰卫视资讯台和凤凰卫视电影台。为了方便看电视，郭光灿本来已经把电视摆在了餐厅，但感觉还是不够随意，后来干脆把饭菜从餐桌端到沙发前的茶几上，电视归位客厅，两人坐在沙发上边吃边看。22：30 到 23：00 睡觉。没有意外情况的话，一般都是这个作息时间安排。

郭光灿自上学期间养成的绝不迟到的好习惯一直延续至今。每次开会，与会者只要知道是郭光灿主持，都不敢迟到。但家里的事情，郭光灿却不那么在意，基本上管得比较少。新房子装修的时候，郭光灿舍不得花时间，张绪珍只好请她大哥来帮忙。张绪珍询问郭光灿的需求，以及材料和家具之类，郭光灿基本上是一问三不知，放心做了甩手掌柜。后来郭光灿干脆对张绪珍说，要不你先定好几样，最后我来从中选择拍板。按照张绪珍的说法，郭光灿一说起来就是：家里的这都是小事，实验室的那才是大事。

作为一名福建人，郭光灿三顿都要吃米饭和菜，不过他饭量不大，而且不喜欢喝粥。有时在细节之处，还是会显出他的家乡特色，比如吃花生的时候他就更喜欢福建的小花生，觉得那种山东的大花生不好吃。有意思的是，虽说郭光灿很瘦，也很注重养生，但却是一个地道的"肉食动物"——每餐必肉，无肉不欢。有时张绪珍没来得及准备肉菜，郭光灿就会开玩笑说："怎么又回到小康以前了？"郭光灿的孙女郭萱琦与爷爷一起吃饭时，发现郭光灿很喜欢吃海鲜，每次吃自助都要点生鱼片之类，只可惜现在因为身体问题不能吃得太多。

不过，郭光灿还是保持了一个自上学期间就坚持的习惯——不喜欢吃面食。按照张绪珍的说法，她与郭光灿结婚之后，家里几乎就没有吃过面。而在郭萱琦的记忆里，似乎也从没有见过郭光灿吃面。

2002 年，郭光灿与黄运锋一起到日本开会。只有他们两个人，所以这种情况下一般学生都会帮忙照顾老师，尤其是岁数比较大的老师。但那次黄运锋是第一次出国，没有什么经验，难免有些考虑不周的地方。比如吃饭的时候，郭光灿也不主动提什么要求，对黄运锋说"有什么就吃什么"，黄运锋随口说"那就吃面吧"，郭光灿说好，于是两人就去吃面，而且一吃就是好几天。

黄运锋，1977 年生于福建龙岩，1994 年考入中国科学技术大学物理系，1998 年来到郭光灿门下读博，2003 年获得博士学位。2006 年，黄运锋的学位论文《量子纠缠态制备、操纵的实验研究》入选"全国优秀博士学位论文"。

从大的地理概念来说黄运锋与郭光灿是同乡，但他的家乡属于山区，那里既吃米也吃面，只是不吃海鲜。而且据李剑讲，黄运锋在山西待过，特别爱吃刀削面，一吃就是三小碗，有时出去开会吃自助，别人什么都吃，只有黄运锋专门吃面。但黄运锋却不知道，郭光灿之前几乎从来不吃面，这次他居然让郭光灿连着吃了好几天的面！不过郭光灿倒是没觉得有什么，就这么默默地吃了好几天——好在还可以点海鲜面！

这件事过去很久之后，黄运锋才觉出不对，为此深感愧疚。

由于饮食习惯问题，郭光灿不太喜欢出国。国外的主食中面包居多，郭光灿不但感觉吃不饱，而且面包糖分高，他血糖高也不能多吃。

郭光灿在大学期间不抽烟，工作之后也不抽，甚至“文化大革命”期间在合肥最艰苦的日子里都没有抽过。但在加拿大访学期间，由于精神疲惫和高度紧张，他这才开始抽烟，不过也不是很多，但这个习惯还是保留到了回国。1983 年回国后，有一段时间郭光灿烟抽得很凶，再加上挑灯夜读，加班加点，精神紧张，烟瘾越来越大，最高时甚至一天抽两盒。在那段时间里，就连课间休息的几分钟，郭光灿都一定要出去抽一支烟。2001 年郭光灿因糖尿病住院，医生对他说血糖高对病情不利，建议他戒烟。郭光灿二话没说，第二天就开始戒烟，没有一丝犹豫。第三天到单位，有人拿出高档烟“诱惑”他，郭光灿一律不为所动，说不抽就不抽。有时张绪珍劝烟瘾很大的郭涛戒烟，以他父亲为榜样，但总不见效。郭光灿笑言：他怎么能和我比？言下之意颇有些责怪郭涛毅力不够的意思。事实上郭光灿的家教很严，郭涛印象中，自己抽的第一支烟是高中时代偷偷抽的，直到大学时代都不敢当着父亲的面抽烟。

结果现在整个实验室里，本来就只剩下郭国平和王涛两人还在抽烟。但如今王涛也戒了，只有郭国平还在一支接一支地“吞云吐雾”。

烟不抽了，但酒还照喝，但喝得不多。据张绪珍介绍，郭光灿现在每天晚上喝 30 毫升葡萄酒，严格执行，雷打不动。

有关烟酒本非什么大事，但从中可以看出郭光灿对于制度与规则的迷恋。一般人喝酒，喝也就喝了，没喝也就算了。但郭光灿不同，说戒烟就一支不抽，说喝酒就每天坚持。说一不二，令行禁止，仿佛有一个无形的制度立在那里。

原来郭光灿每天上下午坚持喝两小杯咖啡，几十年下来一直是这个习惯，后来因为血糖问题不再喝了，再后来他看到网上又为这事辟谣平反了，于是又解禁喝了起来。喝茶倒是从没间断，他比较喜欢喝红茶。

早在上中学的时候，郭光灿就喜欢各种运动。进了大学以后也是一样，喜欢各种球类运动，篮球排球都打，还是系排球队的队员，倒是没有涉足足球运动。但他留校工作之后，选择的运动方式就不再那么剧烈了，改打羽毛球。随着年龄的增长，郭光灿曾打过一段时间保龄球。在杨国桢做中国科学技术大学理学院院长期间，郭光灿他们一起办了卡，每周周六上午都要去打保龄球。合肥的保龄球场到底比北京便宜，5 元一局，打折时甚至 3 元一局，两个小时下来不过几十元，所以当时就有了“在保龄球水平上中科大理学院远高于中科院物理所”的说法。每逢此时，郭光灿总是十分兴奋，像个小孩，赶上好球时时而拍手欢呼时而吹起口哨。由于坚持锻炼，所以郭光灿的身体始终都很好，一直没有什么大毛病。近视也一直就是 300 度左右，只是随着年龄增长有了一些老花。岁数大了以后，郭光灿就什么球都不打了。现在郭光灿也没有什么其他的锻炼项目，主要的养生方式就是散步。

郭光灿早晨起来一般不散步，要说走路也就是走到实验室那段路，但晚饭后却一定要专门散步，每天都会绕着操场一圈圈地走个不停。每逢散步的时候，一定会戴上耳机。

郭光灿喜欢听音乐，这也许是因为少年时代深受二哥郑达能的影响。这种欣赏，往往不是正襟危坐地欣赏，而是各种闲暇时间的听力补充，随时随地，不分场合。在家里就用大型音响设备听，郭涛专门为郭光灿购置了高级音响，出门就是各种随身听。郭光灿散步的时候，耳朵上永远挂着一副耳机，别人看到都说“郭老师真时尚，像年轻人一样”。郭光灿的一个 iPod 听了五六年，后来又换成了用智能手机听。换手机的时候，郭光灿还特意嘱咐段开敏：我那些歌一定要帮我转移过来。毕竟那几百首歌曲，都是郭光灿一点点辛苦搜集来的。郭光灿欣赏的曲目比较杂，有古典的，也有流行的，什么类型都有。郭光灿甚至还让段开敏帮他找过葫芦丝的演奏曲，以及教堂里的宗教音乐。不过某一个时期郭光灿欣赏的曲目可能会相对稳定，比如韩红的《青藏高原》、刀郎的《孤独的牧羊人》，郭光灿都是一听就是半年。

2008 年张绪珍退休之后，除了照顾郭光灿的生活，自己的业余生活也十分丰富。她上了老年大学，学习舞蹈、时装、乐器等。张绪珍会弹扬琴，郭光灿说自己大学的时候学过一点，很想再学，甚至买了相关的学习光盘，于是张绪珍就在郭光灿生日的时候买了扬琴送给他，但最终因为工作太忙还是没有坚持学下去。张绪珍参加的合唱团演唱过一首《大漠之夜》，描绘了骆驼在沙漠中艰辛跋涉的场景，郭光灿听后十分感动，宛若身临其境，马上让张绪珍找来，一听就是一个月，因为他感觉那“就像我的事业”“如同那只孤独的骆驼一步步脚踏实地地走过来”。很显然，郭光灿喜欢并迷恋《青藏高原》《孤独的牧羊人》《大漠之夜》这类曲调的苍茫感，里面还是有一种对自己事业的深深投射。

不但听，还要唱。郭光灿喜欢唱歌，据学生林秀敏回忆，郭光灿能唱“南曲”和福建泉州的地方传统戏剧、国家级非物质文化遗产之一的“高甲戏”，还在师生联欢会上用闽南话为大家演唱过颇具特色的《爱拼才会赢》。有一次郭萱琦在郭光灿家里，也曾听到他在自己的房间里放声歌唱。

也许是喜欢走路的缘故，郭光灿很废鞋，日积月累，不是鞋底磨穿，就是鞋帮出问题。张绪珍给他买过不少鞋，各种牌子的都试过，但该坏还是坏。

在衣着方面，张绪珍开始时感觉郭光灿过去对于服饰不够讲究，后来她又发现，其实不是郭光灿不讲究，可能只是审美角度不同。刚认识郭光灿的时候，张绪珍打开郭光灿的衣柜，发现里面的衣服档次和质地都很不错，但外衣大多都是黑色和深色，衬衣则是清一色的白衬衫，条纹或格子衬衫从来都不会穿，郭光灿显然是保持了以往年代的简洁习惯。但相对年轻一些的张绪珍还是希望他能穿得更年轻一些。张绪珍认为，郭光灿的体形很好，属于那种标准的“衣服架子”，不穿好一点的衣服就“糟蹋”了。于是张绪珍特意带郭光灿到商场挑选和购买衣服、皮鞋，希望给他一个崭新的面貌。

每次郭光灿换了新衣服来到办公室，作为女性的叶淮都会细心地注意到，然后故意说道：“哎呀，郭老师又穿新衣服啦！”这时郭光灿往往会貌似抱怨地说：“小张非要给我买，买了又非要让我穿。”看似无可奈何，其实被夸赞了心里还是十分受用。

现在，只要是平常的非正式场合，郭光灿几乎总是穿不同款式的格子衬衫。

十九、郭涛结婚

1998 年，郭涛研究生毕业，进入计算机公司从事编程工作。其间也做过管理工作，也曾有过创业的想法与举动，有一段时间还身揣 5000 元远赴深圳发展。20 年来，郭涛做过不少工作，但按他自己的说法，一点儿都没沾到父亲的光，一路走来靠的全都是自己的关系。让子女独立发展，不去找关系或者说根本不会找关系，这就是郭光灿的性格。

2000 年郭涛从深圳回到合肥，与魏敏结婚。魏敏生于 1976 年，是合肥本地人，在妇幼保健医院化验科工作。

其实郭涛认识魏敏，也是通过实验室老师王涛介绍的。此前郭光灿与张绪珍两人正在相处，而郭涛却依旧单身一人，王涛不禁埋怨郭涛："你看你爸都比你快。"郭涛回答说："那没办法，他条件比我好。"大家听罢不禁哄笑。郭涛笑着反问说："我说的不对吗？"

郭涛这次回来，岳父大概怕郭涛婚后还想回深圳工作，于是在婚礼前一天拉着他到合肥某公司谋职。本来郭涛和魏敏两人没打算搞婚礼仪式，临到前一天晚上魏敏还和郭涛商量：不要大搞，两家人在一起吃一顿饭算了。结果魏敏 21：00 回到家，发现自家的亲戚全都来了，大家说不行，你是这一辈第一个结婚的，一定要好好闹一闹。于是郭涛第二天赶紧找人找车，匆忙安排仪式，并在吃饭的时候多招呼一些人，比如朋友、同事外加父亲的同事，临时召集了七八桌。轮到上去发表感言的时候，郭涛都已经晕了，根本不知道自己说了些什么。

与郭涛寥寥数语、语无伦次形成巨大反差的是，郭光灿讲话的时间却很长，而且意气风发，精神头比新郎官还要好。其实当时郭光灿刚从欧洲讲学归来，当天才下飞机，根本没做任何准备，但他即兴发挥，长篇大论，从科技讲到生活，从生活讲到未来。郭光灿心里一定十分高兴，因为在他看来儿子郭涛终于有了归宿。魏敏的同事后来对她说：第一次见到口才这么好的人。这么多年过去了，可能不记得当时都吃了什么菜，却永远都记得你公公讲的那些话。

魏敏本来觉得，尽管郭光灿已是教授级别，但肯定还是与那种年轻的典型"理工男"一样，应该没有什么生活情趣，而且未必好接触。但经过一段时间的了解，她发现郭光灿是一个对新鲜事物永远充满好奇心的人，属于那种十分活泼的"理工男"。而且郭光灿非常注重生活品质，喜欢听歌，喜欢读书。

郭光灿书读得很杂，所以魏敏口中的"读书"，不单指那些专业书。

郭光灿还经常阅读一些传统文化书籍，诸如《道德经》以及老庄的其他经典著作，甚至武侠小说。

2000 年，郭光灿去山西开会，当时没有高铁，还是传统的绿皮火车，与他同去的学生桂有珍惊讶地发现，郭光灿竟然读了一夜的武侠小说。桂有珍，1976 年生于安徽桐城，1999 年本科毕业于安徽师范大学，2004 年获得中国科学技术大学博士学位，现就职于中国科学院上海光学精密机械研究所。据李剑记忆所及，这次开会十分欢乐，会后大家一次吃饭时，实验室的研究生坐在一桌，服务员端上一盘饺子，年轻人狼吞虎咽地很快吃完了，结果服务员还以为没上，又给端来一盘。

尤其让魏敏惊讶的是，郭光灿这么大年纪了，居然还在学习吹葫芦丝。对此魏敏颇为感叹：虽说郭光灿年事已高，但还对生活保持着无比的热爱。

郭涛与魏敏在 2002 年 8 月 1 日有了女儿郭萱琦。本来这对年轻的父母给女儿起了一个十分奇怪的名字，后来才改为现在这个名字。从郭萱琦记事起，爷爷郭光灿就总是在外面出差，所以真正的近距离接触很少，倒是电话和微信联系比较多，比较密切的交往恐怕就是节假日。

郭光灿非常疼爱郭萱琦，从她小时候起，就会经常送她各种礼物，有笔这样的普通文具，也有飞机模型之类的工艺品。郭萱琦 6 岁那年，郭光灿特意买了一套唐三彩，说等郭萱琦长大以后送给她——郭光灿、郭涛和郭萱琦各差 30 岁，所以爷爷和孙女正好都属马。在郭光灿家的客厅里，也挂有一张气势磅礴的《八骏图》，那是周正威提议由各位同事和学生送给郭光灿的生日礼物。但唐三彩为什么要等郭萱琦长大了才送？因为郭萱琦小时候经常摔坏东西。

有一次郭光灿来郭涛家，那时候郭萱琦很小，正好在喝牛奶，结果一失手就把杯子打破了。郭光灿嘴上没有说什么，但郭涛能够明显看出他的担心——你可千万不要为这事打我孙女啊！郭涛心想：我怎么会呢，同时颇有腹诽——您是不是忘了我小时候您怎么打我了啊？

在郭萱琦看来，郭光灿是那种“不拘小节”的人，和他说话就是嘻嘻哈哈的感觉，即便年龄相差那么多，与他沟通起来也从没有什么代沟，无论什么新鲜事情都可以与他交流。郭光灿对郭萱琦也没有特别严格的要求，她刚上初中时成绩并不太好，但郭光灿从没有责备过她，从来都是鼓励。如今越长越像母亲的郭萱琦就读于合肥市第一中学国际部，未来的方向是直接参加国外高考，目前她的雅思成绩是7分，已经可以申请国外的大多数学校。郭萱琦家距学校大约10千米，每天早晨搭别人的车上学。国际部这边学习不是很紧，而且有充分的自由，可以单科结业，包括科学、电脑、戏剧、文学等。郭萱琦入学时成绩不算太好，但现在已经升到年级前五，很有点儿郭涛当年“大器晚成”的架势。郭萱琦计划学习心理学，这最初源于一件小事——有一次她曾目睹一名患有自闭症的小学同学无缘无故地殴打同学，这件事给她留下了极为深刻的印象。她认为自己学习了心理学就可以帮助和理解像这位同学一样的心理疾病患者。郭萱琦相信心理学是一门应用广泛的学科，其作用不仅限于心理健康的研究。目前她已收到英国曼彻斯特大学的录取通知书，2021年秋季即将前往攻读心理学学士学位。

郭萱琦的理工科成绩一直不错。她以前比较偏科，特别喜欢化学，初中时每次考试几乎都是满分，但对不感兴趣的科目成绩就有些差，不过总体而言理工科都还可以。在这种理工科的大背景之下，郭萱琦始终保留有一些艺术类爱好，比如画画和唱歌等。郭萱琦从小到大一直很喜欢画画，只是从来没有专门学过。小学放暑假的时候，郭萱琦经常往郭光灿的实验室跑，坐在那里一画就是一天。她书架上的书也很杂，有日本作家太宰治的书，还有她非常喜欢的爱尔兰诗人叶芝的诗集《当你老了》。此外郭萱琦还自学日语，没有任何功利目的，纯属爱好。对于这些爱好，郭涛夫妇时常表示反对，认为它们会影响郭萱琦的学习。初三时魏敏怕郭萱琦看太多“闲”书，把她的书全都藏了起来。但对于郭萱琦的这些爱好，郭光灿十分支持，鼓励她保持广泛的兴趣。不知道郭萱琦对艺术的钟爱，是否也来自爷爷郭光灿的基因。

郭萱琦小时候，郭光灿一家一直保持着每年家庭旅行一次的习惯。他们到过三峡，到过天柱山，还到过很多很多地方。在魏敏眼里，郭光灿十分开朗，非常随和，是一个很好相处的人。登天柱山的时候，郭光灿已年过花甲，依旧能自己登上山顶。爬山那天早晨，他一大早五六点就起来了，神采奕奕，一点儿也不像老年人，在整个爬山过程中也是妙语连珠。郭萱琦平时性格比较内向，但与爷爷郭光灿在一起时却非常开心，所以登山的时候她不是拉着父母，而是拉着爷爷在走。郭光灿家这种旅行方式，直到郭萱琦功课较重时才告一段落。

郭萱琦认为，郭光灿是一个十分正能量的人，比如中考前郭萱琦与他通电话，郭光灿就给予她各种鼓励，而且支持她的各种计划。在郭萱琦看来，郭光灿对孙女的教育理念就是：完全支持她自己的想法，并尽可能地予以帮助。

现在回想起来，郭萱琦觉得自己当初画的那些画都很幼稚，但从那时起，郭光灿就一直把它们贴在实验室里，一贴就是10年。直到郭萱琦上了高中，郭光灿有时还会问起：什么时候再给我画一些画？郭萱琦则经常想：真应该好好给爷爷再画一张才是。

第五章　开拓者　先行者　奠基人

一、把冷板凳坐热

自从20世纪80年代初期郭光灿选定量子光学作为自己的研究领域开始，他就认定这是一个非常有发展前途的方向。郭光灿带领研究生从量子光学领域到量子信息领域，发表了一系列具有国际影响的高水平论文，取得了令人瞩目的成就。

即便是郭光灿带领他的团队取得了如此巨大的成绩，但在很长一段时间里，郭光灿麾下的研究团队依旧没有什么研究经费，他只是一个“有人（研究生）无钱（项目和经费）”的教授。按照郭光灿自嘲的说法，自己多少年来一直都在坐冷板凳——量子光学阶段如是，量子信息阶段亦如是。从20世纪80年代一直到21世纪初，屁股底下的板凳从来就没有真正热过。

事实上在任何一个领域，开创性的工作往往就是如此，人们总是仰望最终登顶的人，但往往有意无意地忽略最初的拓荒者。假如不是后来郭光灿同样成绩斐然，又有谁会记得他曾经做过的那些开创性工作？

假如让郭光灿自己来评价，他会认为开创时期是最艰苦的。后面的发展再怎么困难，都不如这个阶段困难，这恐怕是他从事科研以来最困难的一段时间。因为当时几乎所有的人都不看好他的工作，更不用说给予项目与经费支持了。所以在郭光灿看来，自己的功绩主要还不是后来的长足发展，更重要的是此前的隐忍与坚持。

郭光灿走进量子光学和量子信息领域，最初都是基于一种兴趣驱动，并不特别追求最后的结果。郭光灿认为，一般来说搞科研大致有两种情况：一种是进入已经做得比较完善的领域，这样做相对保险一些，也更容易出成绩；另外一种则是选择一个冷门领域，但这样做必然会有一定的风险，甚至有可能一辈子都做不出什么成果来，但从另一个角度来说，则有可能取得非常惊人的成就。很多人选择了前面那条路，而郭光灿却选择了后面这条路。

据说有人曾对爱因斯坦提问说：有些科学家始终坚持研究那些比较困难的问题，因而成绩不大，但却因此发现了很多新的问题，对此您怎么看？爱因斯坦为此感叹道："我尊敬这种人。但我不能容忍这样的科学家，他拿出一块木板来，寻找最薄的地方，然后在容易钻透的地方钻许多孔。"事实上爱因斯坦本人就是这样一位科学家，其后半生一直致力于有关"统一场"的思考。而郭光灿，同样属于爱因斯坦所尊敬的这类科学家。

总之，即便在前述三篇刊发于《物理评论快报》、相当有分量和影响力的论文问世之后，郭光灿依然没能获得应有的支持。

这就是郭光灿从事量子信息研究初始阶段的残酷现实——遭遇冷板凳和不被理解倒还在其次，最关键的是没有任何经费。没有经费，就很多事情做不了，也就只能在理论的天地里进行推演运算，郭光灿似乎又回到了改革开放之初，又回到了那个只能搞理论研究的时代。

但此时的中国，毕竟与当年已大大不同。从国家层面来说，对科研经费的投入已经显著加大，科研人员开始有钱搞研究了，但具体到每一名科研人员、每一支科研团队，是否能够申请到这些钱，却不是那么简单。

其实早在量子光学阶段，郭光灿就缺乏足够的资金支持。1986 年 2 月 14 日，国务院批准成立国家自然科学基金委员会，对科研项目进行资金资助。当时郭光灿唯一的经费来源，也就来自此。郭光灿当时还只是副教授，想要申请基金显然不是那么容易，所以只能挂靠在职称更高的学者下面联合申请。当时中国科学院安徽光学精密机械研究所所长、研究员刘颂豪（1999 年当选为中国科学院院士）在中国科学技术大学做兼职教授，郭光灿就与他共同申请基金支持。过了几年，郭光灿逐渐开始独立申请，但一次也只能申请一个项目（后来变成了两个），结题后还要隔一年才能再申请。而且这笔经费金额不高，每次最多也就两三万元。当然，对于像郭光灿这样一个无处“化缘”的人来说，有个两三万元他就十分高兴了。用这些钱，郭光灿至少可以召开一次学术会议，筹办几场讨论会，在学术研究的意义上也算是勉强能够活下来。

那时窘迫到什么地步？科研经费没有，就是逢年过节想要给大家发点福利都拿不出来钱。大概是1997年或1998年的中秋节，研究团队也就每人发了几个梨勉强过节。

在获得固定资金来源之前，在相当一段长的时间里，郭光灿就是靠着这点基金东一榔头西一棒子零散地搞一些研究，做一点实验，主要是带领研究生做了一些有关量子光学的基础理论研究。在郭光灿看来，这些都属于低层次的修补性工作和简单的验证性实验。

但郭光灿心里十分清楚，仅仅这样是远远不够的，因为理论只有与实验相结合才具有真正的生命力。后来随着量子信息在国外的发展，他越来越看清了未来的趋势。这时他对量子信息的认识，已不仅仅是出于兴趣，而是看到了量子信息技术对国家发展的巨大用途，诸如量子密码、量子计算机这些技术，都具有无限的潜力，也有着很大的实际用处。

假如仅仅是出于个人兴趣，失败了也没有多大关系，但当这些研究发展涉及国家利益的时候，对这些实用性技术不做深入研究，国家就将会承担巨大的代价，面临巨大的损失。

在这种情况下，单靠理论研究自然远远不够，需要实打实地进行实验研究，研究实用性技术就必须做实验，只有实验才能真正发展量子信息技术。做实验的前提，就是需要有足够的经费。

这时的郭光灿已经明确意识到，自己手里必须有资金支持，否则根本做不了实验。理论固然重要，但最后理论研究出来，想要对国家真正有贡献，就必须做实验，必须有目的地部署能做实验的人。只有做了实验，做出器件，发展出具有实用性的技术，才会真正对国家有意义。

因为驱动的变化，促使郭光灿从事科研的个人动力发生了变化，心态自然也随之发生了变化。此时的郭光灿，已经不再仅仅是因为兴趣而做研究了，所以不管怎样，他一定要找到足够的经费支持。

当然郭光灿也明白，自己没有什么名气，人微言轻，不被重视，只好想尽方法去琢磨，看怎样才能申请到经费支持。但郭光灿想来想去，最后得出的结论却十分滑稽和无奈，那就是他发现自己很难申请到经费支持——因为当时几乎所有人都对量子信息持怀疑态度。

经费的短缺，让郭光灿仿佛回到了少年时代——空空如也没有盛米的饭碗被倒扣起来，吃了上顿没有下顿，躺在床上忍饥挨饿，手里没有一分多余的钱。总之，捉襟见肘的科研经费让他非常窘迫。

在那些年里，郭光灿在科研之余的另外一个重要工作，就是到处找钱。

二、非线性科学研究中心

现在中国科学技术大学东区的北门（东北门），位于学校老北门以北，门外紧邻黄山路。从这个新北门进来，左手的高楼是五教，因为是王璞子女捐献而建被命名为“王璞楼”。王璞楼楼南有一堵不高的砖墙，分隔开紧邻矮墙的陈旧住宅，这就是昔日的学校院墙，说起来应该也算文物，虽说年代不远、价值不高。中国科学技术大学的这片经典校园，也就是现在所谓的学校东区，应该是20世纪90年代后才扩到现在的规模，当时还拆掉了一些民房。沿着王璞楼与矮墙之间的窄路一直向东，就来到了中国科学院量子信息重点实验室（Key Laboratory of Quantum Information，CAS）——郭光灿研究团队所在的地方，团队的人都习惯称之为“中心”。

这栋楼被称为科研楼，形如一个“L”形，西边一半，也就是“L”一竖那部分基本上都是中国科学院量子信息重点实验室所在的地方，东边是中国科学技术大学网络信息中心和国家高性能计算中心（合肥）所在的地方。为了方便管理，实验室这一侧封闭管理，但电梯却在东侧那边，而且楼梯的台阶很高，每天早晨，年届耄耋的郭光灿都像其他所有师生一样，爬楼梯上三楼。这种体力消耗，就是年轻人都难免多喘几口气。

郭光灿团队在搬到这里之前，经历过许多曲折和坎坷。

早在郭光灿还是副教授的时候，1988年2月，数学家谷超豪（1926—2012，1980年当选为中国科学院院士，2009年度国家最高科学技术奖获得者）开始担任中国科学技术大学校长。上任不久，谷超豪就开始推动学校的非线性科学研究工作。

自20世纪60年代以来，由于计算机的广泛应用，以及由此发展起来的计算物理和实验数学等方法的利用，科学界开始认识到，世界在本质上是非线性的。要想深刻地理解自然界和人类社会各种现象的本质，必须研究相对复杂的非线性现象，并由此形成了贯穿多个科学领域的、旨在揭示和探讨复杂的非线性现象的非线性科学。

1989 年 11 月，中国科学技术大学非线性科学联合研究组正式成立，谷超豪担任组长，汪克林、李翊神、郭光灿担任副组长。同一年，谷超豪与郝柏林、郑哲敏等倡议在国家“攀登计划”中建立“非线性科学”项目。1991 年 8 月，在国家基础性研究重大关键项目首席科学家联席会上，谷超豪被国家科学技术委员会聘为“非线性科学”项目首席科学家。与此同时，中国科学技术大学开始申报“非线性科学”国家立项，并于 1992 年获得批准，使得这一研究参与到国家基础性研究重大关键项目“非线性科学”研究当中。1992 年 4 月，中国科学技术大学正式批准成立非线性科学联合研究中心，谷超豪担任该中心主任。1997—2001 年，郭光灿担任该中心副主任。当时另外两位副主任汪克林和李翊神年事已高，所以郭光灿承担了不少具体工作，包括中心的一些管理事务和一些活动的具体操办。

非线性科学联合研究中心本来并不是一个实体，只是综合了各个科研领域的一个团队，办公地点开始设在中国科学技术大学出版社的楼里（现应为学校行政楼）并与出版社共用该楼，大约在 1994 年搬到老图书馆西边的二层。但中心一直想要向实体化转化，需要一些管理人员。1997 年，郭光灿加入非线性科学联合研究中心时把原在物理系的叶淮推荐过来担任中心的学术秘书。自此，叶淮便开始了与郭光灿共事的整整 20 年时光，直到退休。

叶淮，1951 年生于江苏六合，有过不少工作经历，于 1988 年 2 月调入中国科学技术大学。此前物理系的秘书萧金贵与郭光灿接触较多，后来此类工作主要由叶淮来打理。中国科学院量子信息重点实验室成立时，叶淮则跟随郭光灿前来，负责实验室筹建以及此后的实验室管理，相当于实验室的“大管家”。郭光灿与叶淮的相识也颇具戏剧性：叶淮的儿子就读于中国科学技术大学少年班，做毕业论文时请郭光灿做指导老师，结果与常规的方式相反——这回是由儿子把母亲介绍过来。后来原本在非线性科学联合研究中心工作的金涛和王涛两位老师也跟随郭光灿来到中国科学院量子信息重点实验室。

谷超豪成立非线性科学联合研究中心的主要目的，是想通过多学科交叉来进行一些创新性研究，以带动相关理论和实验学科的发展，同时培植出一些新的学科方向和一批高层次人才。事实上，非线性科学联合研究中心搭建了一个比较好的平台，把不同学科的科研人员聚集在一起，经常开展研讨交流，使大家相互之间有所了解，让学科交叉得以顺利进行，对培育新的学科方向起到了重要的作用。

当时这里开展了非线性量子光学、非线性等离子体物理、非线性化学等学科的研究，相关的专家学者除了从事光学研究的郭光灿之外，还有从事等离子体物理研究的俞昌旋，从事理论物理研究的汪克林、闫沐霖、汪秉宏，从事化学研究的辛厚文，以及数学专业的李翊神。后来这些学者的研究也都获得了各种成果和奖励。

郭光灿在这里从事自量子光学基础上发展起来的量子信息研究，在“攀登计划”项目以及之后的“211 工程”项目“数学与非线性科学”的支持下，郭光灿的研究有了一定的起色和发展。这些项目后来还催生出两个中国科学院重点实验室，一个是郭光灿所在的量子信息重点实验室，一个是俞昌旋所在的基础等离子体物理重点实验室。这是后话。

1995 年 11 月，教育部“211 工程”项目启动。这应该是国家支持高等学校的第一笔资金，用于建设重点学科。1999 年 9 月，中国科学技术大学有 6 个项目作为重点学科上马，“非线性科学”立项成为项目之一，由郭光灿担任“非线性科学”项目的首席科学家。

郭光灿开始布局，具体操办，制定出一个详细的五年计划和目标，同时也完成了答辩等工作。这时非线性科学除了数学之外，另外三部分都需要实验支持，分别是以俞昌旋为课题组组长的等离子体物理，以辛厚文为课题组组长的非线性化学，以及郭光灿兼任课题组组长的非线性光学。项目资金是 2000 万元，其中一半作为实验资金。

项目五年结题，其间谷超豪已于 1993 年 8 月任期期满离职，但非线性科学的研究还是得以开花结果。就实验部分来说，无论是化学还是等离子体物理，都做得非常不错，后来等离子体物理课题组的俞昌旋于 2007 年当选为中国科学院院士，郭光灿负责的量子通信更是获得了专家组的交口称赞。

其时教育部派来专家组验收，专家组组长是复旦大学原校长、核物理学家杨福家（1991 年当选为中国科学院院士），副组长是南京大学从事天体物理研究的孙义燧（1997 年当选为中国科学院院士），他们工作起来非常认真，一个课题一个课题地听汇报、提问、参观、验收。进行到“非线性科学”项目时，自然由首席科学家郭光灿来汇报，专家们对郭光灿的量子信息研究非常感兴趣，因为他们从来没有听说过量子通信，感到既惊讶又佩服，认为这是一个相当有价值的工作。他们还问郭光灿：为什么这项工作做得这么好却放在最后汇报？但仔细一想也就明白了——毕竟郭光灿是首席科学家，出于谦让自然不好把自己课题组的成绩放在前面。

最后中国科学技术大学有两项成果被视为典型：一个是工程热物理系范维澄（2001 年当选为中国工程院院士）的火灾科学研究——后来发展为火灾科学国家重点实验室，另一个就是郭光灿的量子通信研究。

尽管在非线性科学联合研究中心中取得了一定的成就，但在申请各种项目和资金时，郭光灿依然还是屡屡碰壁。

三、碰壁“973”

郭光灿“碰”到的最大的一个“壁”，就是“973 计划”。

“973 计划”于 1997 年 3 月由时任国务院总理李鹏提出并由科技部组织实施，旨在解决国家战略需求中的重大科学问题，以及对人类认识世界将会起到重要作用的科学前沿问题。

郭光灿认定自己对量子信息的研究，完全符合“973 计划”的宗旨，因为“973 计划”就是要支持那些很有发展前景的科技领域的研究项目，自己团队的研究特别符合要求。项目资金一般比较雄厚，属于“大手笔”的资助。

此前郭光灿能够争取到或者想要争取到的资金资助，不但数额很小，而且过程相当艰苦。艰苦到什么程度？不妨随便举一个例子。

那是 1997 年底的事情。当时从中国银行传来消息，说可以给郭光灿一些经费资助。于是郭光灿便带上正在读博士研究生的史保森和无线电电子学系的教师朱冰，一起前往北京。当时朱冰也想做一些实验研究，正在与史保森合作。

那应该是在 11 月初，他们从合肥动身时天气还算暖和，穿一件衬衣外加一件夹克即可，没想到一到北京正赶上寒流来袭，气温陡降，突然间就变得奇冷无比，当时北京还没有供暖，第二天三个人就被冻得不行，浑身直打哆嗦。招待所也像是那种临时房，当时史保森读博士三年级，与朱冰合住在一个三人间里。郭光灿住的号称是一个单间，但那个所谓的单间连卫生间都没有，需要到公共水房去洗漱，大半夜还要冒着严寒去公共厕所上厕所。吃饭的时候，就去价格相对便宜的食堂，但当时食堂并不提供餐盘，需要自带餐具，没办法，三个人只好向别人借了饭碗，一人拎着一个借来的饭碗去食堂打饭，简直狼狈到了极点。

但郭光灿心态平和，依旧乐观。三个人挤上公交车，前往银行去做报告，推广量子信息，希望获得支持。联系郭光灿的是一个部门的主任，是他的大学同班同学，实际上是想要帮他一下，所以提出了一个 20 万元的资助可能。但当时那些量子信息项目，从实用角度看起来作用还是微乎其微，想要争取到这笔经费明显不太现实。郭光灿做报告时，银行请来一众网络专家前来评审，听完之后大家讨论一番，最终还是没有认可，所以这个仅有 20 万元的“缘”还是没有“化”到。

如此落魄的情况不止一次，也不全是为了筹集经费。应该是 1998 年，中国科学院半导体研究所所长郑厚植有事相商，请一些专家前来研讨，其中包括北京大学的院士、武汉物理与数学研究所所长等。当时郑厚植比较忙，就把开会时间定在了腊月二十九。郭光灿一个人住进中国科学院第一招待所，其时临近年关，很多服务员都回家过年了，晚上前台给郭光灿打电话，说又来了新客人，但目前客房服务缺少人手，问他是否介意与他人同住。郭光灿为人随和，表示同意，结果来人正是武汉物理与数学研究所的高克林（时任所长有事，高克林代替所长前来）。但住进来也没有饭吃，因为招待所人手紧张，餐饮部早已歇业，结果两位科研人员到处找不到饭吃，好不容易在外面找到一家还开着门的小面馆，就这么凑合着吃了一顿——这下郭光灿也不得不吃面了。开完会还有麻烦，因为那时郭光灿已很难买到回家的车票了，没法回家过年。郑厚植得知这一情况后说，没关系，我派司机送你到合肥。但郭光灿觉得不合适：送完我人家司机还怎么回家过年？于是婉拒。本来郭光灿已做好就在异乡过年的准备了，幸好后来买到了大年三十的车票，当晚得以回到合肥过年。

郭光灿“争取经费”这种说起来近乎可笑的“重要工作”，实际上却屡屡碰壁。

自1997年起，郭光灿就开始申请“973计划”项目。第一次填表申请的时候，郭光灿信心满满——既然“973计划”项目的着眼点是国家重大需求的基础研究，而量子通信计算、量子密码等项目的研究成果都是国家急需的，正好符合这一要求，肯定能够得到资助。

1997年，郭光灿带着充足的信心前去申请“973计划”项目。

然而，郭光灿失算了。

连续3年，1997年，1998年，1999年，郭光灿全都铩羽而归。

原因自然有很多。其中一个原因是郭光灿的申请往往从源头就被堵死。郭光灿的申请书需要通过中国科学院审批后才能送达科技部，但前两年申请送上去就杳无音讯，没了下文，据说有时候连讨论都不讨论。这也情有可原，毕竟当时很多专家都是搞经典通信或经典计算机研究的，对量子信息毫无了解，如堕五里雾中。在他们看来，经典信息还没有搞清楚，遑论什么量子信息。

而在叶淮看来，郭光灿这个人不会公关，除了科研上的真本事，全凭三寸不烂之舌试图说服评委，但往往很难达到目的。

结果就是，郭光灿连续申请三年，但连续三年都是乘兴而去，败兴而归。

其间还发生过这样一件事：部分不了解量子信息领域的老科学家甚至包括一些院士，对郭光灿搞的诸如量子纠缠这类东西提出强烈质疑。激烈者直斥这一研究的科学性，缓和者则强调相关理论至少没有实验支持。

接下来，郭光灿依旧像一个孤独而顽强的战士一样，执着地每年填写和递交着申请表格。

当然也不完全是石沉大海，1997年没有回音，但1998年和1999年还是获得了中国科学院的答辩资格。遇到这种机会，郭光灿自然是兴奋地前去答辩，结果却是被“狂批”一通，搞得他灰头土脸。好在还没有被完全“枪毙”，只是提出要求让他回去修改。

回到宾馆，郭光灿开始点灯熬油地仔细修改。当时的笔记本电脑不似如今这般轻便，郭光灿每次都背着一台笨重的手提电脑前去答辩。但修改后却被告知依然不行。说一千道一万，主要还是因为评审人员对量子信息领域不够了解。

不了解该领域是一方面，另外与学术界的某些习惯也有关系。有时往往是国际上比较热门的学科，国内学术界才会紧紧跟上，同时也会获得重大支持。但郭光灿尖锐地指出：“大家总觉得热门的东西才是前沿，事实上那只是当时的前沿而已。而我要做的，却是未来的前沿。”

其实在第一次失败之后，郭光灿就感到这样硬碰不是一个有效的方式，恐怕需要曲线迂回，也就是说，他觉得有必要对量子信息科学进行一番大力宣传。于是他决定迂回作战，从外围开始，先让大家更加了解量子信息，以此来推动量子信息在中国的发展。

首先需要广泛宣传，让大家都来了解量子信息科学，关注量子信息科学，尽一切努力让学术界了解、重视和参与量子信息的发展，最终才能支持量子信息科学。

宣传的第一步，自然是在专业期刊上发表文章，让更多的人至少先从文本上了解量子信息。郭光灿开始在《物理》杂志开设“量子信息讲座”专栏，连续发表了数篇文章，深入浅出地介绍量子信息科学，厘清了一系列基本概念——“量子计算机”“量子态的操纵和制备”“量子编码”“量子克隆和与量子复制”“量子隐形传态”等。后来中国很多大学老师和科研人员都是从这里第一次接触到量子信息的，这相当于一次最基本、最全面的科普。但这还不够，郭光灿还身体力行地去做各种报告和讲座，持续宣传。比如 1994 年，郭光灿就应南开大学教授葛墨林（2003 年与郭光灿同年当选为中国科学院院士）邀请，在南开大学举办的“量子力学前沿”会议上报告了量子密码的研究进展，引起了听众的极大兴趣。

1900 年 12 月 14 日，德国物理学家普朗克在柏林物理学会上提交了题为“论正常光谱的能量分布定律的理论”的论文，提出了著名的普朗克公式，并由此开创了量子世纪，所以这一天被视为量子物理学诞生的日子。2000 年 12 月 14 至 15 日，由中国科学院发起，中国科学院数理学部和中国物理学会主办，中国科学院物理研究所和理论物理研究所协办的纪念量子论创立一百周年学术报告会在北京隆重举行，会议邀请了周光召、彭桓武、冯端、何祚庥、杨国桢等院士做特邀学术报告，并安排了 6 个专题学术报告以及 1 个学术讨论会。众多专家学者齐聚一堂，回顾量子论的发展，纵论量子论对 20 世纪科技发展的巨大作用和对人类社会生产、生活和观念的深刻改变，探讨量子信息与量子计算机等高科技发展在21世纪可能展现的新魅力，以及对中国物理学发展乃至整个基础研究发展所产生的重要影响。14日下午第一场报告的报告人，就是郭光灿。

四、女儿、母亲与外祖母

其实郭光灿做的这些工作，相当于是在做高端科普。郭光灿很善于用通俗易懂的例子，来解释一些比较深奥的科学道理。郭光灿的学生林秀敏对导师的评价是：他能够把极为复杂的问题通俗化，让没有专业基础的人也能听懂。

一个时期以来，公众对于量子通信有着很多误解，比如有这样一种流传颇广的说法：量子纠缠能够实现超光速通信。这种说法，其实最初来自爱因斯坦-波多尔斯基-罗森佯谬（简称EPR佯谬）。

虽说爱因斯坦对量子力学的发展做出过十分重要的贡献，但他始终不喜欢量子世界的概率性，不认同以玻尔为首的哥本哈根学派对量子力学的诠释，其最著名的一句话就是“上帝不会掷骰子”。为此，爱因斯坦等人从量子力学原理出发推演出一个荒谬的结果，想要以此来证明量子力学是“不完备的”，这就是著名的EPR佯谬。

假设有一对处于纠缠态的电子对，那么它们的自旋方向应该相反，这是泡利不相容原理所要求的。现在把这对电子分开，置于A和B两点，中间隔着一段距离，比如几米或几千米，甚至是A点在地球，B点在月球。按照量子力学的预言，每个电子的自旋方向是不确定的，无论哪边都是一半概率正旋一半概率逆旋。但是，如果地球上的电子A被测量并发现其自旋为正，那么月球上的电子B即便不测量也能确定其自旋必定为逆，因为电子A和电子B的自旋总是相反的。由此可见，地球上的电子A未被测量时，月球上的电子B只有一半概率为逆；而地球上的电子A一旦被测量并发现自旋为正，那么月球上的电子B立刻以百分之百的概率处于自旋为逆的状态。换句话说，当我们知道电子A的状态时，马上就能知道电子B的状态，比如电子A是正旋，电子B肯定就是逆旋。

这本是爱因斯坦对量子力学的一个诘问：一旦地球上的电子A被测量，获得结果是正，月球上的电子B即刻自旋为逆，这个过程必然存在着信息的超光速传递，而根据相对论，这是不可能的。

量子力学对此的解释是，即便已经测量，地球上的电子A的自旋为正，而且与此同时，月球上的电子B的自旋即刻为逆——无论是否测量。其根源在于A与B总是存在相反的关联，但不存在任何瞬时传递的信息，所以不会发生信息的超光速传递。

为什么这么说呢？因为电子A没有被测量的话，月球上的人永远也不知道电子B的自旋是正是逆——尽管“是逆”这一事实貌似已经确定，但假如没有从地球上传来的消息，就无人能够知道A的自旋情况，而这个消息本身又无法超越光速，所以上述操作无法实现信息传递。假如“同时”对电子B进行测量的话，也不能保证与地球真正的“同时”，因为“相对论”告诉我们，这个所谓的“同时”只在光速传递的时候才有意义。

对于一般的学界人士，以上解释已经说得比较清楚了，但针对普通人，郭光灿更喜欢用一个比较生活化的鲜活比喻——女儿与母亲之间的关系来打比方。

远在遥远他乡的女儿，经过漫长的十月怀胎，一经生产，其本人就成为母亲，而其母则自动升格为外祖母——无论这一消息是否传递，事实都已经构成。原因在于母女之间固有的身份关联，女儿成为母亲的瞬间就必然导致自己的母亲变为外祖母。至于之后是通过即时的电话传递还是八百里快骑的传统传递，信息本身都不可能超过光速。

一件十分有意思的事情是，早期郭光灿的科普工作，是告诉大家什么是量子科学。后来量子科学在国内开始兴起时，他又不得不做另一种科普，那就是厘清概念，去伪存真。

比如，过去大家对量子科学不了解，不理解，视若畏途，但量子科学在国内刚起步之后，“忽如一夜春风来”，满大街都充斥了“量子”，大有量子之风铺天盖地之势。就连中国科学技术大学东区的西门外，都有一大堆名字里嵌有“量子”字样的门脸店铺，反正“量子”这一概念又没有版权，谁都可以拿来赶个时髦。这些应景式的起名无伤大雅，但另外一些“量子”跟风就值得警惕了。郭光灿在文章里曾专门提道：目前，网络上就在流传什么“量子肥料”“量子水”等忽悠人的词，将来还可能出现“量子炸弹”“量子导弹”……这些忽悠大众的名词将本来应是光辉纯洁的学术领域炒作得乌烟瘴气，真假不分，鱼目混珠。

在2019年春节那一期《开讲啦》节目当中，郭光灿还提到一个更加荒唐可笑的故事——所谓的“量子针灸”：这种“高级”疗法，号称只要给母亲扎上一针，女儿的病就能好了，并称之为“母女纠缠”！郭光灿认为：其实，人们只要搞懂量子比特的本质，就可以戳穿假量子的骗局。

在《开讲啦》节目中，郭光灿还通俗易懂地解释了有关“薛定谔的猫”的问题，讲解了上述有关外祖母的比喻，批驳了所谓“瞬间传物”的伪量子技术，讽刺了社会中纷纷涌现的诸多“量子”产品，随后还回答了现场观众的一些问题。整个过程可谓深入浅出，妙趣横生。

在郭光灿的带动下，他的学生们也同样善于做科普，当然方式与风格各有不同。李传锋有一种形象化的本领，能够用十分生动形象的语言描述记忆中的精彩画面，但仅限于生活，一旦谈及学术他就必然要拿起笔来在玻璃板上写写画画，有时他在外面做科普大家也反映不够通俗。为此，郭光灿特意开导李传锋说：你不能只用嘴讲，而要用心讲。与李传锋不同的是，张永生做科普的能力极强，他可以用最通俗易懂的寥寥数语，就对外行解释清楚有关量子科学的诸多概念与现象。

张永生，1975年生于山东滕州。1993年考入中国科学技术大学物理系。自从1997年保研来到郭光灿门下读博士后，其间只在国外访学过一年，除此之外一直都在实验室。张永生不但对科学有一种深刻的理解力，还具有十分卓越的记忆力，所以他能够凭借超凡脱俗的记忆力和出色的解释本领，讲述有关历史细节与知识概念。张永生对科学事件和科学争议的评价一向理性客观，中肯公允。张永生曾对郭光灿说过：有时我真想到中学里去做一名历史老师。李剑倒是希望有机会张永生能编一部中国科学院量子信息重点实验室的纪年史。

五、致信钱学森

仅仅做这些科普工作，宣传的力度还是不够大。郭光灿认为，还应该举办一次“香山会议”。

“香山会议”是指科学界著名的香山科学会议。香山科学会议由科技部（原国家科学技术委员会）发起，在科技部和中国科学院的共同支持下于 1993 年正式创办，会议以基础研究的科学前沿问题与我国重大工程技术领域中的科学问题为会议主题。

会议宗旨：创造宽松学术交流环境，弘扬学术民主风气，面向科学前沿，面向未来，促进学科交叉与融合，推进整体综合性研究，启迪创新思维，促进知识创新。

会议主题：基础研究的科学前沿问题与我国重大工程技术领域中的科学问题。

会议侧重：探讨科学前沿、展望未来发展趋势、讨论最新突破性进展、交流新的学术思想和新方法、分析新学科的生长点以及交叉学科的新问题。

任何科学家或技术专家都可按香山科学会议的宗旨和要求提出举办会议的申请或建议。

由此可见，香山科学会议是一个非常优质的平台，讨论的都是重大的学术项目。

1998 年，郭光灿计划组织一次有关量子信息科学的香山科学会议。他为此开始起草申请报告。郭光灿深知自己默默无名，需要找一位德高望重的科学家来担任大会主席，或者说来帮他“镇场子”。但这时他遇到一个问题：请谁来做这次香山科学会议的大会主席？

郭光灿首先想到的是“两弹一星”元勋钱学森。于是在 1998 年 3 月，郭光灿直接给钱学森写了信。

郭光灿在给钱学森的信中，谈及量子信息科学的重要性，谈及在这一领域中国要与国外进行竞争就必须抢占先机，希望能像当初搞“两弹一星”一样得到同样的支持。

此前郭光灿与钱学森毫无交集，郭光灿此举可谓十分冒昧。没想到，钱学森不但很认真地读了信，而且很认真地回了信。怀化学院校长宋克慧在来郭光灿门下读博士之前先在中国科学技术大学做过访问学者，正是他从学校传达室为郭光灿取回了那封印有“国防科工委办公室”字样的牛皮纸信封的挂号信。

钱学森在回信中这样写道：

郭光灿教授：

您近日来信及所附材料都收到。我很同意您说的我国应统一组织全国力量攻克量子信息系统的技术问题。但此事关系到国家大事，必须由国务院领导来找人办；当年“两弹一星”就是周恩来总理亲自领导的。但那时是计划经济时代，而现在是社会主义的市场经济时代，时代不同了，老一套方法是行不通的。我国在80年代初攻大规模集成电路就遇到这一难题；当然九届人大一次会议刚刚选任了新的国务院领导，也可能情况不同了，我但愿如此。

来信说要我去主持你们申报的“量子通信和量子计算”香山科学会议，这我很不敢当！但我现在已行动不便，已不能参加任何会议了。未能从命，请恕！

我很感谢您的来信和寄来的材料！

此致

敬礼！

钱学森

1998.3.20

钱学森去世之后，在国防工业出版社于2008年出版的《钱学森书信选》中，就收录了他给郭光灿的这封回信。

多年以后回忆起来，郭光灿说自己当年也是初生牛犊，年轻斗胆，根本不了解其中的种种掌故，甚至连钱学森生病这样的事情都毫不知情，更不知道钱学森这时已经坐在轮椅上了，否则怎么会贸然请他老人家出山呢！

不过后来郭光灿还是从侧面了解到，钱学森批给国防科技大学30万元，要求他们调研量子计算机事宜。郭光灿估计，这件事与自己的那封信也许有很大的关系。

郭光灿只得作罢，又开始找第二位科学前辈，这次他找到了王大珩。

王大珩是光学界的泰斗，主要做光学材料研究，诸如光学器件和光学仪器等。其时王大珩正好到中国科学技术大学访问，于是郭光灿登门拜访，同时向他介绍了量子信息这一新兴学科的意义。王大珩虽然不搞物理理论研究，而且一直只搞经典光学，但他非常理解相关的理论研究。王大珩说这件事非常好，我们中国人必须在新的领域发出这种声音。在郭光灿看来，这就显示出大科学家和老科学家的一种胸怀——虽然我不做这方面研究，但我看准了就一定支持。

于是，郭光灿恳请王大珩做这届香山科学会议的大会主席，由郭光灿来做主题报告。王大珩当即便一口答应了下来。

就在这时，郭光灿得到了一个十分重要的信息。

六、“贵人相助”之一

1997 年，49 岁的美籍华裔物理学家朱棣文因“发明了用激光冷却和俘获原子的方法”而荣获诺贝尔物理学奖。朱棣文在美国影响很大，2008—2012 年，他还曾担任过美国能源部部长一职。

在诺贝尔奖颁奖典礼上，朱棣文邀请了一些科技界人士出席，时任中国科学院院长路甬祥（1991 年当选为中国科学院院士，1994 年当选为中国工程院院士）也在其中。朱棣文在演讲中谈到自己的研究成果可以如何加以利用，其中一项就是可以研制量子计算机。当时在座的路甬祥应该是第一次听到量子计算机这一概念，回来就向别人询问：什么是量子计算机？国内有谁在搞量子计算机？有人告诉他说：中国科学技术大学的郭光灿在搞量子信息方面的研究。但是当时说完也就过去了，并没有下文。

然而这件事却被郭光灿知道了。那是一个十分偶然的机会。中国科学院武汉物理与数学研究所所长叶朝辉（2001 年当选为中国科学院院士）在遇到郭光灿时，无意中提到了这件事。郭光灿获悉后，觉得这是一个千载难逢的机会，马上给从未谋面的路甬祥写了一封信。

在信中，郭光灿反映了量子通信和量子计算的发展情况以及他的一些意见，介绍说自己正在做与量子计算机相关的研究，同时也介绍了这些技术的实际用途，希望能够获得中国科学院的大力支持和关注。这应该是 1998 年 5 月底 6 月初的事情。

路甬祥接到信后，量子计算机的概念再次浮现在他的眼前。他对此十分重视，立刻将此信批给中国科学院高技术研究与发展局，责成该局为此调研。该局局长桂文庄同样是一个雷厉风行的人，当天就带着高技术研究与发展局技术科学处（后改为重点实验室处）处长邢如云坐飞机来到合肥。其实就在两个月前的 4 月 5 日，桂文庄还曾到中国科学技术大学调研过有关高技术研究方面的情况，走访了校内许多部门，只是那时他还不认识郭光灿。

风尘仆仆的桂文庄和邢如云在中国科学技术大学招待所入住后，马上打电话给郭光灿办公室，通知郭光灿过来谈谈。本来郭光灿正在香港访学，从学术秘书叶淮那里得知此事之后，立刻买机票飞回合肥。后来有人说，也就是郭光灿会做这种事，遇到一点机会就一定要抓住。的确，当时的郭光灿会抓住一切机会，会争取一切可能，以期实现自己的梦想，前面讲过的那个为 20 万元艰苦“化缘”的故事可以佐证。

不过，当年对中国科学院各机构、各部门毫不了解的一介书生郭光灿，根本都不知道这个桂文庄是何许人也。

桂文庄此行的目的，是希望对量子通信和量子计算方面的情况做一个比较深入的了解，同时了解一下郭光灿的工作情况，看能否在今后的工作计划中有所部署。但见面之后，桂文庄并没有提到路甬祥的批示，只是问郭光灿：你现在在做什么研究？

郭光灿便开始自我介绍。涉及专业领域，郭光灿自然十分熟悉，口若悬河地侃侃而谈。他先是对量子物理的一些基本概念、量子通信和量子计算发展情况做了比较详细的介绍，特别是对有关量子的叠加原理、量子计算机的优势和发展前景、肖尔量子算法和对密码安全的影响、量子纠缠和隐形传态、EPR 佯谬、贝尔不等式和对量子非局域性的验证、量子不可克隆定理和他们首创的量子概率克隆原理、量子通信不可窃听的安全性质和对保密通信的重大意义等问题做了极为详尽的介绍。他从量子信息谈到量子密码，再谈到量子计算机，几乎遍历整个量子信息领域，自然也谈到了这一研究对我国未来发展的重大意义和作用。

他们整整谈了一天，桂文庄很认真地倾听和记录。对于量子领域研究他并不十分熟悉，对于量子信息也只是稍有涉猎，但作为一名具有技术背景的管理人员，基于他本人深厚的学术背景，听到郭光灿的这些介绍还是让他心潮澎湃。

桂文庄的专业背景是计算数学，他与郭光灿年龄相仿，只比郭光灿小三岁。他是“文化大革命”后第一批研究生，1978 年开始在中国科学院计算中心读研，1981 年获硕士学位，旋即赴美国马里兰大学数学系攻读博士学位，1985 年学成归国后在计算中心做研究工作。桂文庄的研究方向主要是有限元方法、并行计算、科学计算软件，他本人从事过并行算法的研究，深知并行计算对高性能计算机发展的极端重要性，而量子计算机本质上就是并行的。桂文庄于 1992 年调入中国科学院技术科学局（高技术研究与发展局的前身）后，主要负责的也是信息科学技术领域的工作，基于对量子通信的初步了解，他知道这是一个非常值得重视的研究方向，对经济、社会和国家安全有着很重要的意义。

1997 年桂文庄开始担任高技术研究与发展局局长，直至 2005 年年底退休。当时高技术研究与发展局负责的高技术领域有 42 个研究所，包括 46 个国家和院重点实验室，主要科研领域包括信息技术、半导体与微电子、光电工程、先进制造、新型材料、化学工程、先进能源、空间科学与技术等，其中，高性能计算和信息安全是中国科学院高技术研究的重点领域。

从郭光灿的介绍中，桂文庄马上敏锐地洞悉到其中的重要性和利害关系，感觉这方面的研究对未来计算机的发展和信息安全意义重大，关系到国家重大利益，的确是信息技术领域十分重要的前沿方向，他对郭光灿的工作意义有了进一步认同。通过交谈，桂文庄也了解到郭光灿是国内最早开展量子信息研究的学者之一，已经做出了在国际上有影响的出色工作。郭光灿渊博的学识、严谨的治学精神、谦虚谨慎的态度，以及培养人才的热心和科学报国的热情，深深打动了桂文庄，桂文庄深感高技术研究与发展局应该有力支持郭光灿的研究工作。

最后桂文庄告诉郭光灿，你介绍得非常全面，院里会重视你的工作。我们明天一早就要回北京，你随后把有关材料传真过来。

这是桂文庄第一次亲自到合肥来听郭光灿的汇报，后来郭光灿才知道桂文庄此行其实源于路甬祥的批示。自此，郭光灿的人生轨道与桂文庄有了交集，当然之后还有更多的交集。

桂文庄有职务，也有经费，最关键的是他听懂了郭光灿的介绍，所以他才会向郭光灿索要材料，才会想办法来支持他。

回京之后，桂文庄向院领导进行了汇报，高技术研究与发展局也开始对郭光灿的工作给予了较多关注，他们不但邀请郭光灿作为专家参加中国科学院信息领域的规划讨论，还帮助他争取国家项目。

1998 年春夏之交的普通一天，即将成为郭光灿未来科研发展的一个重要转折点。

七、香山会议

1998年6月18日，第98次香山科学会议正式开幕，主题是“量子通信与量子计算”，会议在四位执行主席，即王大珩院士、唐孝威院士、马俊如教授和郭光灿教授的主持下，就量子通信与量子计算的研究现状、关键问题、发展方向以及未来的对策等进行了广泛和深入的交流与讨论。

在会议上，郭光灿做了题为“量子通信的评述与展望”的主题评述报告，首先阐明了量子信息在信息科学中的重要地位和意义。郭光灿认为，世纪之交正是信息科学从经典跨越到量子的时刻，量子通信和量子计算既是一个前沿性的，更是一个应用性的基础研究课题。估计在不久的将来，量子器件如量子存储单元及各种量子门就会取得突破性进展。通过由量子器件研制开始发展到设计出量子保密通信体系，再到建造量子计算机整机，最终在实用化和产品化上取得实质性进展。我国若能在这个关键性时机投入力量，很有可能做出自己的贡献，并在国际上占有一席之地，那么在下个世纪就有可能改变目前我国信息科学落后的状况。更为重要的是，这将会大大增强我国的综合国力，掌握将来建立自己的量子通信与量子计算机产业的关键性技术，防止将会出现的我国各项国家机密被外国量子计算所破译的危险。一言以蔽之，量子通信和量子计算前景辉煌。

这一次香山科学会议组织得非常成功。郭光灿所做的报告给与会者留下了极为深刻的印象。

从当时的会议名单上，我们可以看到一些熟悉的名字：段路明、张天才、吴令安、高克林以及当时还是博士研究生的史保森和潘建伟，其中也有几个人做了发言。桂文庄与邢如云也专程赶来参会。

当时在台下听讲的还有张焘教授。张焘是中国科学院科技政策局的一位处长，负责组织香山科学会议，已经组织和操办过5年了。张焘注意到，量子信息这个领域很新，也对郭光灿的这个报告印象深刻，其时张焘正在筹备香山科学会议五周年纪念会，故而将郭光灿列为大会报告人中的一个。

3个月后，这次纪念会自然也在香山召开，与会者是来自科技部、教育部、中国科学院等的各级领导和著名科学家。大会一共安排了18场报告，前面 17 位报告人全都是院士，最后才是当时名不见经传的郭光灿。

在讲台上，郭光灿向大家介绍了量子信息科学。演讲中，郭光灿充分发挥了自己卓越的演讲口才，旁征博引，让整个报告妙趣横生。他讲到爱因斯坦与波尔有关量子力学的争吵，讲到神奇的“薛定谔的猫”，讲到量子信息的发展历史和巨大作用。在座的很多人都没有听说过，感觉十分新鲜，令人耳目一新。

当时坐在台下听讲的人当中，有一个人格外兴奋，他就是时任中国科学院副院长白春礼（1997 年当选为中国科学院院士）。当时白春礼并不熟悉郭光灿，马上向旁边的人询问，这才对郭光灿有所了解。

报告结束之后，白春礼特意在会场门口等待，邀请郭光灿一起吃饭，以便可以同桌讨论。吃饭的时候，白春礼对郭光灿说：你讲的这个量子信息，就属于中国科学院要支持的“知识创新工程”的范围，所以我们应该大力支持你。郭光灿听了自然十分高兴。

白春礼表示愿意支持郭光灿，但他同时希望郭光灿能到北京工作。

当时中国科学院有一个信息安全国家重点实验室，据称在相关评估中已被亮了黄牌。这种实验室五年一评审，或者合格，或者不合格也就意味着亮黄牌；遭遇黄牌，就等于还有一年的时间整改，再次评审不合格就会亮红牌彻底停掉。白春礼希望郭光灿过去参与相关工作，他一定会给予大力支持。

对此郭光灿只能婉言谢绝。郭光灿考虑到，做量子信息研究需要一支队伍，信息安全国家重点实验室原本并不搞量子信息，他一个人去了，近乎孤家寡人，又没有得力的助手，无法继续从事量子信息研究，中国科学技术大学毕竟是自己经营多年的地盘，便于施展身手，适合深入研究。

尽管这一次郭光灿没能获得真正有效的支持，但他还是十分高兴，毕竟这个报告起到了一定的效果，最起码打动了中国科学院的领导层。至少不再像过去那样，谁都听不懂，谁都听不进去，现在多少已经受到了一点关注。

但高兴过后，现实问题是依旧拿不到经费支持，无论怎样做宣传还是没有用。申请“973 计划”项目的命运也是一样，申报了多少次，终究还是未能获得通过。

1998 年 7 月底，中国科学院高技术研究与发展局召开信息领域“973

计划”项目研讨会，将郭光灿的项目纳入高技术研究与发展局向科技部推荐的“973 计划”项目当中，遗憾的是，这次申请在科技部评审中依然没有通过。好在 1998 年 10 月 20 日高技术研究与发展局局务会研究“知识创新工程”的重点领域时，其中第 29 项是“量子工程与信息技术”，将郭光灿的研究方向列为该局战略高技术重点之一。

八、5 万元救急

偏巧在这一年，郭光灿手头的两个国家自然科学基金项目都已到期，按照规定需要隔一年才能再次申请下一个项目，所以郭光灿手头一分钱都没有了，颇有一种等米下锅的感觉，郭光灿再次濒临中学时代断顿的窘境。

无奈之下，郭光灿想起了曾到中国科学技术大学调研的桂文庄。抱着“病急乱投医”的试试看心理，郭光灿给桂文庄写了一封信，希望他能先支持一点经费。

接到郭光灿求援的信件，桂文庄却很为难。当时高技术研究与发展局的经费有限，而且经费使用有十分严格的程序和范围，必须首先在高技术研究与发展局制订的计划范围之内，对于临时申请的探索性基础研究项目，局里实在没有合适的支持渠道。但同时桂文庄心里也清楚，郭光灿的研究确实十分重要，他的工作也确实非常出色，于是桂文庄慎重地向主管院领导请示，在当时高技术研究与发展局的能力范围之内，从局长基金中拨给郭光灿一笔特别支持经费。

但是，只有 5 万元。

5 万元也行吧，郭光灿心想，至少能先救个急。于是桂文庄让一位处长与郭光灿具体对接，寄来一大堆表格，郭光灿迅速填写完成之后，拿到了 5 万元的经费资助。

这 5 万元，是郭光灿自从事科研以来，第一次从中国科学院获得的经费资助。

后来郭光灿才知道，这 5 万元在当时相当于国家自然科学基金对一个普通项目较强的支持力度（对比一下此前郭光灿的隔年获得的两三万元），也是高技术研究与发展局当时极少的一次以局长基金的名义进行的资助。其实本来高技术研究与发展局支持的都是一些经过反复研讨论证的相对重大的项目，一般每个项目怎么也有几十万元到几百万元的支持，这一次真的是对郭光灿特别破例了。

5 万元自然是杯水车薪，很快就用完了，真是“救得了急却救不了穷”，这种临时救急式的一次性拨款显然不足以支持郭光灿团队的持续研究。郭光灿的研究工作属于前沿基础科学的长线研究工作，真要继续开展广泛研究，就需要有相对稳定的项目经费支持。

1998 年 12 月 12 日，郭光灿给路甬祥院长和严义埙副院长、白春礼副院长写信，题为“关于开展量子通信和量子计算研究的报告”。信中提到，“有关量子通信和量子计算的研究，我曾向院领导反映过，也得到了院领导的关注和支持”（这里应该是指郭光灿此前给路甬祥院长写的那封信）。郭光灿指出，这个领域在国际上的发展异常迅速，美国、日本以及欧洲国家均已将此作为国家目标进行支持，而在我国还是科学家的个体行为，所以目前形势极为严峻。郭光灿在信中阐述了量子计算和量子通信的重大意义，其事关国家安全重大利害关系，指出量子通信在理论上和技术上已有大量突破，量子密码将可能是最接近实用的技术。此外，郭光灿还介绍了自己团队的工作和国内研究的形势，呼吁中国科学院将这一研究纳入“知识创新工程”信息技术创新基地建设中给予支持，提出将他的团队纳入高技术研究与发展局在“知识创新工程”中建设的北京信息技术创新基地。

对于这封信，12 月 20 日路甬祥院长再次批示给主管高技术研究与发展局的严义埙副院长研究处理。根据严义埙的指示，桂文庄在研究后于 12 月 22 日写了一个意见：明确提出建议中国科学技术大学建立一个这方面的开放实验室进行稳定支持，还应积极组织申请国家自然科学基金重大项目或“973 计划”项目，中国科学院也可以给以适当支持。

桂文庄的这一建议得到路甬祥的同意并指示注意组织落实。于是，桂文庄马上建议郭光灿团队组建一个重点实验室，并争取进入中国科学院院重点实验室序列。重点实验室可获得一笔固定的年度研究经费，可以由实验室自行支配，这特别适合对前沿性、探索性基础研究的稳定支持。这一意见得到了路甬祥和严义埙的同意。

12 月 29 日，主管重点实验室的综合计划局局长李志刚批示：“同意文庄局长意见，可先在科大建一个校级开放实验室，如有必要也可以用创新经费予以支持，待条件成熟后再一并纳入院开放实验室序列。”这里所谓的开放实验室就是后来统一定名的重点实验室。

这是中国科学院建设重点实验室的政策——要建设一个中国科学院重点实验室，首先要建立一个本单位的重点实验室，而且要运行至少两年以上，再经过院评审通过，方能成为院里的重点实验室。

桂文庄联系了郭光灿，并与中国科学技术大学的校领导进行沟通，桂文庄告诉郭光灿说：即便给了你项目，你还是解决不了这个学科长期发展的问题，所以你需要想一个更长远的办法。其实你应该搞一个实验室，有一个实验室才更容易获得持续稳定的项目和经费支持。

郭光灿思考之后，觉得桂文庄说的十分有道理，自己不能局限在改革开放之初搞纯理论研究的思路里，必须上马实验室。

所以从 1998 年底开始，郭光灿就着手筹备建立这个实验室。

九、中国科学院量子信息重点实验室

1999 年，郭光灿在中国科学技术大学里面以学校的名义建起了一个重点实验室——中国科学技术大学量子通信与量子计算开放实验室，由他担任实验室主任。实验室设在物理系，归学校科研处管理。

有了实验室的名义之后，郭光灿马上开始招兵买马。

物理系的明海教授很早就开始建实验室，郭光灿特地向他取经，包括如何建设、如何选人等。其时郭光灿尚在香港做访问学者，所以还要请明海帮忙订货，比如购买钛宝石激光器等。

直到这时，郭光灿的团队才购买了第二台 386 电脑，此前那台老旧的电脑，到这时已经默默工作了 15 个年头——这两台电脑，也就是李传锋提到的自己经常用来打游戏的电脑。当年，即便是有了电脑，网络也不给力，那时互联网技术刚进入中国没多久，下载个资料不过每秒几十 K 的速度，下载一篇论文都需要好几分钟。所以给国外刊物发送论文还要通过传统信件，在信封里装入打印稿和光盘，仅单程送达就需要不少的时间。

不管怎么说，郭光灿的实验室总算是建起来了。1999 年 5 月 24 日桂文庄再次来到中国科学技术大学郭光灿团队了解工作进展时，当时一位校领导表示“量子信息实验室已经是学校的一个独立建制单位”。而这时叶淮也已来到了实验室工作，说起来是学术秘书，其实是身兼数职，既要管项目，还要管财务，与此同时，非线性科学联合研究中心那边的教学秘书她也还在做，忙得不亦乐乎。叶淮是一位做事干净利落的女性，雷厉风行，果断负责，有一次清华大学的李师群到新疆出差，叶淮有事需要联系他，便一路追到新疆。后来李师群不禁对叶淮感叹：“我现在就缺一个像你这样的人。”

实验室建起来之后，正赶上中国科学院的评估。

1997 年，在对科研体制改革实践和深入研究的基础上，中国科学院向中共中央、国务院提出了由中国科学院进行知识创新试点、推进国家创新体系建设的意见。1998 年初，中共中央、国务院批准中国科学院实施“知识创新工程”试点，中国科学院党组确定了“面向国家战略需求，面向世界科学前沿，加强原始科学创新，加强关键技术创新与系统集成，攀登世界科技高峰，为我国经济建设、国家安全和社会可持续发展不断作出基础性、战略性、前瞻性的重大创新贡献”的新时期办院方针，进一步深化改革。经过一段准备，1998 年 6 月“知识创新工程”试点工作正式启动，中国科学院大约 1/3 的研究所经过学科结构调整和运行机制改革都进入试点工程，经费得到了较大幅度的提高。

但这时尚未进入“知识创新工程”试点的大部分研究所都有一些国家级和院级重点实验室，它们并没有得到实际的支持。考虑到这些重点实验室大都是各所的科研骨干队伍，承担着重要的科研任务，中国科学院决定通过评审，将这些重点实验室纳入“知识创新工程”给予支持。于是在 1999 年正式启动了这项工作，高技术研究与发展局在当年 6 月左右开展了这项工作。通过评审对实验室进行分档，对评审合格的实验室分为“优秀”“良好”“合格”三个档次，分别给予不同力度的经费支持。同时还让已运行两年以上的所级重点实验室也参加这一评选，给予同样的支持。

在信息科学领域，所有的国家重点实验室、中国科学院重点实验室都放在一起参评。照理说，郭光灿刚刚建起的这个实验室还只是中国科学技术大学的重点实验室，而且成立才不到一年，与上述实验室还差着级别，本来没有资格参评，但桂文庄认为郭光灿团队表现优异，经研究并请示主管院领导，阐述了这个实验室的重要意义，让郭光灿这个新建的实验室破格获得了参评“知识创新工程”试点的资格。

郭光灿自然十分高兴，认真准备，欣然参评。最后评选下来，这个新生的实验室表现得格外优秀，居然获得了信息领域第一名的好成绩。

参评并成功的好处是什么？好处是看得见摸得着的——每年都有经费支持，而且是连续拨款三年。当时中国科学院的支持力度分为三个档次，每年支持经费如下——一类350万元，二类250万元，三类也超过了100万元，当然不合格的就没有经费支持。郭光灿的实验室获得了第一名，自然属于一类（事实上一类的名额不超过总名额的20%），获得了每年350万元的支持。这下郭光灿真是高兴得不得了。

这笔经费，对郭光灿团队和实验室的发展起到了至关重要的作用。

2001年，“中国科学技术大学量子信息重点实验室”由中国科学院正式批准为院重点实验室，随之更名为“中国科学院中国科学技术大学量子信息重点实验室”。2005年，中国科学院又下文将实验室更名为“中国科学院量子信息重点实验室”。事实上，这是当时国内第一个同时也是唯一一个量子信息重点实验室。实验室现在属于双重领导，业务方面归中国科学院领导，各种项目和资金直接给到实验室，归口在学校科研处；但行政与教学则归中国科学技术大学物理学院，人员编制和工资等也在物理学院。

中国科学院院重点实验室每五年要组织评估，根据评估结果调整支持的经费力度。郭光灿这一实验室连续被评为优秀实验室，两次位列第一，得到了中国科学院对院重点实验室最高等级的支持。郭光灿领衔的国家自然科学基金委创新研究群体也以名列前茅的成绩被持续支持到第三期。

之后，桂文庄每年都要去中国科学技术大学郭光灿那里了解工作进展，在创新项目计划中也对郭光灿的实验室进行了支持。因为每个项目都取得了优异的成绩，所以郭光灿团队陆续几次得到了高技术研究与发展局创新项目经费的支持。

回忆这段往事时，郭光灿颇为感慨，既感慨于桂文庄敏锐的洞察力和慧眼识珠，又感慨于桂文庄的判断与决策能力。其实以前郭光灿也向中国科学院的其他管理人员多次介绍过自己的研究，但全都石沉大海，因为他们没有直接的决策权，获得信息之后需要回去组织专家调研。而许多专家又都来自传统经典领域，对量子信息不甚了解，使得这些刚有苗头的支持惨遭夭折。其实在桂文庄之前也有人来中国科学技术大学调研过，他在听取了郭光灿的介绍之后也十分兴奋，希望能有所作为，但在回去听过专家的意见之后，就又没了下文。这就让郭光灿的各种申请陷入一个怪圈，而且似乎永远无法走出这个怪圈。但桂文庄则不同，他不但有判断力，同时有决策权，只要他想清了其中的道理，马上就能给予相当实际的支持。

从这个意义上来看，按照郭光灿自己的说法，桂文庄是郭光灿学术研究道路上的第一位贵人，这是一位来自管理领域的贵人。

而在桂文庄看来，高技术研究与发展局和他本人对郭光灿的工作给予了不断的支持，一是因为郭光灿的工作符合中国科学院战略高技术研究发展的目标要求；二是因为郭光灿团队持续不断地产生出优秀的成果，成为中国科学院高技术领域成果的亮点；三是因为郭光灿本人十分优秀，他有着热忱的拳拳报国之心、严谨求实的科研作风和治学精神、不断创新和努力拼搏的工作态度，以及奖掖后进的教育理念，并团结和带领一批优秀的年轻人取得优异成绩。这些都是桂文庄在工作中逐步深入了解和认识的，对郭光灿团队的持续支持也是在这样的基础上不断进行的，而桂文庄本人与郭光灿的友谊也是这样不断加深的。桂文庄坦承，在对郭光灿的支持中，他本人对郭光灿研究工作的理解甚至一定程度的偏好固然是一个因素，但更重要的是郭光灿的研究工作符合科学技术发展的大趋势，符合中国科学院高技术领域发展的理念和目标。郭光灿则用出色的工作成绩赢得了足够的理解和尊重，不但获得了桂文庄的认可和支持，后来也得到了包括院长路甬祥、副院长严义埙以及2000年以后负责中国科学院高技术领域的副院长江绵恒等院领导的重视和支持。

后来郭光灿一直与桂文庄保持着良好的关系，直到桂文庄退休之后仍经常联系，双方有时会讨论一些问题，有时会随便拉拉家常，两人之间一直保持着一种纯粹的学术友谊。

十、实验

获得经费支持之后，郭光灿便开始筹备各种实验，进行实验室的布局。

那么，第一个实验做什么？

这个实验首先应该相对容易。毕竟才刚刚起步，资金不多，不能太大手笔；其次，要对国家有实际意义，而且要在短时间内得到能够看得见的具体成果。按照张永生的评价，郭光灿一向是“大处着眼，小处着手”。

符合上述两个条件的，就是量子密码。以此作为突破口，无论对于现在还是将来，都将最为有利。

所以，郭光灿团队在量子信息领域的最早一个实验开始于1999年左右。当时郭光灿就敏锐地感觉到，量子密码做出来之后，会有很大的实际用途，一定会被格外重视，继而自然会有源源不断的经费投入。这样滚雪球般地一点点增加经费，对于科研项目的持续性是十分重要的。

实验确定了，实验的人选呢？当前的实验室，面临一个人才严重短缺的问题。

早年郭光灿的学生，大多都是搞量子信息理论研究的，基本上没有擅长实验的人。当然就是他们想要做实验，郭光灿手里也没有经费，所以有关实验的人才可以说几乎没有。于是郭光灿回过头去，从那些已经毕业的学生当中寻找，这就找到了韩正甫。

韩正甫始终对实验比较感兴趣，但他1990年毕业时，郭光灿这里却没有实验条件，只能忍痛割爱。当时从事火灾研究的范维澄要建一个实验室，正好需要一个科研摄像的实验人才，于是早在韩正甫操办量子光学专业委员会成立事宜之前，他与范维澄就在物理系楼的门口商定——毕业后就去范维澄那里报道。遗憾的是，当年范维澄没获得学校的留人指标，于是韩正甫只好再找工作，这才找到中国科学技术大学的国家同步辐射实验室，偏巧那里正好急需人才，于是韩正甫便在那里一干就是10年，从1990年秋干到了2000年春。

在国家同步辐射实验室，韩正甫的研究工作暂时没有大的突破，因为他在那里一时也没有明确的目标和方向，工作内容也比较零散杂乱，所以韩正甫的实验技能虽好，但暂时没有取得重大成果，他深感英雄无用武之地。

郭光灿恰恰看重了韩正甫的实验技能和实验经历，希望把他调过来，再由他负责组织起一支学生队伍，开始着手量子密码的实验。于是1999年3月，郭光灿与韩正甫两人达成共识，瞄准量子信息领域努力。自1999年下半年开始，韩正甫就已经有一半时间在郭光灿的实验室从事科研工作了。

郭光灿果然没有看错，后来韩正甫及其团队所做的实验非常成功。

2001 年，韩正甫带领团队建立起光纤量子密钥传输的第一条线路，自中国科学技术大学西区到东区，总长 6400 米，传输成功。虽然这个距离不算太远，却具有相当重要的意义，因为这是在实际应用环境中传输，能够真正传给大家看，而不是局限于实验室里的特殊条件来传。事实上在实验室内，韩正甫团队做过 15 千米距离的实验，当时韩正甫还不是博士生导师，但桂有珍的具体工作都是由他来指导的，所以桂有珍的博士论文就是关于这次实验。在实验室里光纤是像线圈一样一圈圈盘起来的，而实际传输则需要把线直接拉过去，这次实验仅拉线的工费就花了 1 万元。

这是国内第一条真正通过光纤进行传输的量子密码，意义相当重大。为此韩正甫他们还自己加工了 10 千米的光纤。当然其中也存在不少问题，诸如稳定性不够，但毕竟还是传输成功了——至少有一个光子传过去了。

在此之前还有一个小插曲：当时中国科学院对郭光灿的量子信息研究已经十分重视，2001 年主管副院长江绵恒要到合肥“科学岛”视察，提前两周通知中国科学院量子信息重点实验室 4 月 11 日上午要来观摩这个实验。于是，韩正甫带领学生开始精心准备。当时郭光灿分配给韩正甫两名学生，一个是莫小范，一个是桂有珍。莫小范整整熬了两天两夜，但直到江绵恒来视察的时候，实验依旧没有成功。韩正甫感觉很不好意思，对江绵恒汇报说：实在对不起，实验没有成功。江绵恒十分通情达理，很内行地说：做科研就是这样，领导来了就做不好，领导一走马上就好。结果第二天，实验果然成功了。

因为莫小范熬夜太久，所以实验一结束他就睡着了，一睡就是二三十个小时，醒来后还有些浑浑噩噩，一直问别人今天是几号。桂有珍可能也是因为疲惫而有些神情恍惚，走在合肥高科技广场时，正好一脚在台阶上一脚在台阶下时，突然就被经过的一辆小汽车压到了脚。

尽管没能亲眼看到实验，但江绵恒还是给了郭光灿很大的支持。在去开座谈会的路上，江绵恒问郭光灿现在还需要什么支持，郭光灿回答说还是需要经费。江绵恒说：那我们院里可以通过创新项目来支持你，你具体需要多少？郭光灿想了想说至少 1000 万元吧！所以当时两人就达成了一个口头协议：由中国科学院支持郭光灿 1200 万元的科研经费。

等到报项目和具体接洽时，院里说创新项目最多只能提供 1000 万元的经费，所以最后郭光灿团队拿到的是 990 万元。

不管怎么说，第一次实验就能成功，这自然让郭光灿十分高兴。

十一、来自“有关部门”的关注

早在郭光灿从事量子密码研究之初，部队有关部门就已经开始关注他的研究，但不好直接出面，而是进行了侧面了解，辗转通过其他学校的人前来参观访问，以便深入了解具体情况。

韩正甫的这次试验成功之后，《安徽日报》上发了一则消息。部队由此得知郭光灿的实验进展，于是有关部门打电话邀请郭光灿过去访问交流。

郭光灿请来桂文庄，一起前往汇报。在那里，郭光灿做了一个报告，详细介绍了量子密码的情况，以及其与传统密码的区别。事实上，传统密码都是靠数学加密，量子密码则是靠物理加密。尽管量子密码目前的发展还处于比较初级的阶段，但毕竟有了实验，今后会对我国科技发展具有重大意义，尤其是在国防科技方面具有重大意义。

讲座结束之后，部队有关人员十分客气，称赞郭光灿的工作非常重要，具有重要意义，是今后密码工作的一个转折点。但是后来郭光灿才知道，其实当时听报告的人大多数并不认可郭光灿的工作。这也可以理解，因为他们都是学数学出身，对于密码工作的认识完全囿于传统。

但不管怎样，郭光灿自此与部队挂上了钩。

从此以后郭光灿开始与部队有了十多年的交往，很多部门都曾与他合作。至今郭光灿仍是空军的技术顾问，在评审部队科技方面的领军人才时也是专家组成员。郭光灿当选为中国科学院院士之后，还为部队里的科研人员做过导师。毕竟量子密码如果成功，对于国防的意义无比重大。

尽管如此，从中国科学院划拨给郭光灿的经费，依旧是每年350万元，还是十分有限。

幸运的是，“973计划”项目的申请虽然屡战屡败，但好在郭光灿执着一意，屡败屡战。与此同时，国际上有关量子信息的研究也开始风起云涌，尽人皆知。到了2000年，在郭光灿第四次申请“973计划”项目的时候，科技部终于通知郭光灿前去答辩。郭光灿倍感欣慰，因为以前可是连到科技部答辩的机会都没有。

当时中国科学院向上力推了两个人，一位是郭光灿，一位是郑厚植。当时郑厚植已于1995年当选为中国科学院院士，从事半导体研究，排名远在郭光灿之前很多。郭光灿为此忐忑不安，没有把握，很担心自己重蹈覆辙。毕竟要应对50位以上的评委，而这些评委大部分还都是院士。那次是韩正甫与清华大学的李师群陪同郭光灿一起前往答辩的，两人同样也是心中没底。当时答辩甚至还要自备投影仪，段开敏负责了这项工作。

没想到答辩之后，郭光灿获得的评价非常高。

第一个提问者是周光召。作为评审组组长，周光召十分认可、特别支持这个项目，认为其非常重要，如果成功应该属于诺贝尔奖量级的科研项目。

第二个提问者是汪成为（1994年当选为中国工程院院士）。他是中国工程院信息学部院士，是分管信息领域评审的负责人，也对郭光灿表现出非常支持的态度，他说自己经常关注郭光灿的文章。

这两位评委发表意见之后，似乎无形中说服了其他很多评委，大家也都跟着表示赞同。郭光灿的答辩很顺利地便通过了。

提到汪成为，他也是对郭光灿始终支持的一位科学家。2004年，国防部希望支持原始创新的科研项目，就设立了一个“奇思妙想”项目（后来改为“探索”项目），凡是有益于国防事业的项目，即便暂时不能成功，也能获得一定的支持。这种开放的思路，对于科技创新是很有意义的。第一届郭光灿不知道，第二届应该就是他从汪成为这里知道的，所以郭光灿团队计划申请。当时郭光灿让韩正甫撰写申请书，韩正甫记得自己写得很简单，不过两三页的篇幅，结果郭光灿顺利通过了答辩。郭光灿的预期是申请2000万元的项目经费，但答辩之后专家组组长找到郭光灿，告诉他答辩的效果非常好，我们一定会大力支持，但是一般这种项目，我们最多只能给到500万元经费，所以很为难。这也情有可原，因为最初的项目指南中开列的数额范围就是200万—500万元。郭光灿心想500万就500万吧，500万也比没有强，所以点头答应。后来汪成为在一次开会时遇到郭光灿，还感到十分抱歉，解释说这种项目最高只能给到500万元。

结果这笔经费用得十分有效，也取得了阶段性的成果。2007年郭光灿又申请了部队的“973计划”项目（这回超过了2000万元）等，也都是由此开端。

这次郭光灿拿到了中国量子信息领域的第一个“973计划”项目。具体的好处就是一下子获得了2500万元的经费支持。

但是现在郭光灿心大了，已非昔日那个捉襟见肘的郭光灿了，他一听钱数就有些着急。因为这次他申请的资金是5000万元，现在只有一半2500万元，打了一个对折，很多事情就有可能做不了。郭光灿去询问缘由，结果一位负责的处长为难地对郭光灿说：郭老师，这已经很不错了。别人一般都是2000万元，副部长说您这个很有希望，才特别给您加了500万元。

郭光灿听罢还是有些别扭，感觉没能实现自己的预期，怏怏不快，怅然而归。

但郭光灿回到学校之后，听说中国科学技术大学还有一个项目也审批通过了，那就是从事火灾科学研究的专家范维澄的项目，但他才拿到了1000万元。

这2500万元，是郭光灿自从事科研以来第一次从国家层面获得的经费资助。从这一刻起，郭光灿的路就彻底打开了，再也不会为科研经费发愁了。

十二、老图书馆

桂文庄建议郭光灿筹建实验室并予以经费资助时，郭光灿的手里并没有真正的“场地”。最初郭光灿简陋的实验室就设在物理系楼三楼的301室，里外两间共计约36平方米。起初郭光灿并没有自己独立的办公室，后来才在二层厕所对面腾出一间不足10平方米的房间作为办公室。郭光灿在这里可以搞一点零星的理论研究，但终究还是做不了实验。韩正甫做实验时一直借用301室对面的一个房间，江绵恒就是在这个地方观摩了那次没有成功的实验。

现在郭光灿要做实验，就需要筹建真正的实验室，而学校没有现成的地方，就把老图书馆西边的一层楼拨给了郭光灿——非线性科学联合研究中心的实验室一直就设在老图书馆这里。既然要做实验，所有的房间就都需要重新分割和装修，也带有一定的临时性质。桂文庄去调研考察的时候，发现实验室的门口就是一个厕所，气味非常难闻，实验环境与条件可想而知。这应该是2000年左右的事情。

在图书馆既然属于临时“凑合”，条件自然可想而知。郭光灿的团队一直在图书馆条件很差的场地里坚持从事量子信息的科研工作，最差时到了连平台都没有地方放的程度，最后长 2 米、宽 1.2 米的平台就只好直接摆在大厅里，下面的支架歪了还要自己来调整。桂文庄来中国科学技术大学时，看到学校里因为“知识创新工程”而翻建的许多新实验室，颇为感慨地说：中国科学技术大学里做得最好的就是郭光灿，但实验条件最差的也是郭光灿，学校应该想办法为他解决。所以每次来中国科学技术大学，桂文庄都会向校领导提出改善实验室条件的意见。

在桂文庄的关心和支持之下，中国科学院拨款为郭光灿团队建造实验室，学校也开始考虑切实可行的方案。其时中国科学技术大学新图书馆已在建设当中，同时学校开始为郭光灿团队设计并建设新楼。计划兴建的新楼位于大礼堂南面，也就是现在的近代物理楼。当时中国科学技术大学一些院系比较分散，近代物理系（四系）尚在西区，学校希望进行一下整合，把近代物理系移至东区。所以建楼的时候，说好这座楼是近代物理系和中国科学院量子信息重点实验室共用，一二层全归中国科学院量子信息重点实验室使用，这两层韩正甫完全是按照实验室所需设计和布置的，三层及以上属于近代物理系。

2001 年，科技部要建一个量子信息国家重点实验室，并且发布了相关消息，基本上已确定在山西大学。中国科学院有关领导知道之后，感觉郭光灿这里做得也非常好，所以希望科技部能有所考虑，院相关人员与郭光灿等人一起来到科技部，希望争取到一个机会。

但当时科技部恐怕有其他考虑，因为山西大学在地方上很不容易，希望在政策上有所倾斜。虽说郭光灿觉得这个理由显然不够充分，但也就不再争了。后来，山西大学的实验室被批准为量子光学与光量子器件国家重点实验室，这是后话。

不过，科技部副部长程津培（2001 年 11 月当选为中国科学院院士）接着对郭光灿他们说：倒是可以考虑在中国科学技术大学建一个国家实验室，眼下的几家研究单位，再加上郭光灿的量子信息实验室，联合起来搞一个国家实验室。

所谓国家实验室，比较官方的说法是：根据国家重大战略需求，在新兴前沿交叉领域和具有我国特色与优势的领域，依托国家科研院所和研究型大学建设的学科综合交叉的实验室。国家实验室是以国家现代化建设和社会发展的重大需求为导向，开展基础研究、竞争前沿高技术研究和社会公益研究，积极承担国家重大科研任务的国家级科研机构。而国家重点实验室一般是指单一学科的科研机构。

消息传回中国科学技术大学，学校自然十分兴奋。本来只是希望申请一个国家重点实验室，现在居然获得建一个国家实验室的机会——一般要有几个国家重点实验室才能建起一个国家实验室。而当时中国科学技术大学只有火灾科学国家重点实验室，还与上述那些学科没有任何关系，所以这无异于天上掉馅饼的大好事。于是，中国科学技术大学开始筹建合肥微尺度物质科学国家实验室。

本来郭光灿认为，这个微尺度物质科学与自己的研究关系不是很大，所以有些犹豫，对是否加入没有考虑清楚，但学校认为，国家实验室的缘起是郭光灿国家重点实验室的申请，没有这一部分工作，国家实验室有可能就批不下来。于是郭光灿顾全学校利益，同意加入进来，韩正甫是国家实验室筹备组的四个核心成员之一。

为了筹建合肥微尺度物质科学国家实验室，当时学校开始动工建设一座高达 18 层的理化大楼，同时向郭光灿承诺，一定在新盖的理化大楼里给他足够的空间。

既然如此，原来说好共用的那座新楼竣工之后，校领导特意找郭光灿商量，希望他能让出新楼。当时郭光灿是理学院常务副院长，明海的爱人汪晓莲身在近代物理系，同时是理学院党委书记。汪晓莲对明海说：郭光灿这个人大局观念很强，很为学校考虑。如果他坚持不同意让出新楼，其实学校也没有办法，因为此时郭光灿十分迫切地需要实验场地。最后新楼全给了近代物理系使用。但因为原本的设计是一部分用于做量子信息实验，所以还需要重新设计和装修。

十三、心胸

郭光灿申请“973 计划”项目之路，历经 4 年的努力和艰辛，可谓一路坎坷，着实不易。幸而这一申请在 2000 年终于如愿以偿，通过审批。这与高技术研究与发展局的支持也是分不开的。

这是郭光灿第一次拿到国家层面的经费支持，现在他可以运筹帷幄排兵布局了。

2001 年，郭光灿受聘为国家“973 计划”项目——“量子通信与量子信息技术”首席科学家。2002 年，以郭光灿为学术带头人、以中国科学院量子信息重点实验室为依托的研究群体被批准为国家自然科学基金委员会创新研究群体。

照理说这时的郭光灿可以大展宏图了，毕竟他的团队是国内第一个瞄准量子信息领域的团体，所以从这方面来说，无论郭光灿团队的理论基础还是实验条件，在国内都居于领先地位。因为当时别人都没有做，但郭光灿这边做了，而且坚持了近十年，也发表了很多在国际上有影响的成果，尤其是在《物理评论快报》上发表了 3 篇有分量的论文，此时的郭光灿团队已经在国内占有领先和主流地位。

但郭光灿拿到经费后想到的第一件事却不是自己的队伍，而是整个量子信息科学研究领域。

按理说这笔资金，从头到尾都是郭光灿申请的，完全可以自行支配。一般来说，“973 计划”项目的惯例也是如此。但郭光灿却认为，一定要组织起一支有力的队伍来。因为在量子信息领域，这应该是一个大范围的研究工作，有竞争也要有合作，单靠一个单位孤军奋战、单打独斗是不会有太大发展的，需要更多的人参与进来，需要把整个领域的人都带动起来，一起在这一领域里做出贡献，共同进步，这样才能对国家更加有利。

于是，郭光灿把那些原来有一些研究基础的单位、希望参与的单位以及有可能参与的单位全都团结进来。除了山西大学彭堃墀那里，还有北京大学、清华大学、中国科学院各研究所——物理研究所、半导体研究所、上海光学精密机械研究所、武汉物理与数学研究所……洋洋洒洒总共 16 家单位，8 个课题，超过 50 位研究人员，可以说几乎汇聚了当时国内所有可能在该领域开展研究的队伍。这些单位，都是当时在量子信息领域有一点基础的单位，组织起来之后，就是我国第一支相对完善的队伍。研究方向也从单一的量子密码，拓展到量子计算机、量子通信、量子网络等诸多领域。

这支队伍被分成很多小组，覆盖面非常之广。虽说当时有些队伍还没有做过切实可行的研究，但有了这个项目，有了这笔经费，就可以督促他们继续做下去。虽然郭光灿团队的研究工作也需要很多钱，而且他们在当时又是国内做得最好的，在国际上非常有影响力，但郭光灿还是将这些项目课题分给了多家单位，大家一起协作，这充分显示出了他宽广的心胸。

最后，整个项目的 8 个课题，郭光灿团队只占了两个，其他课题都分给了兄弟单位。整个项目历时 5 年，结题时成果明显，可谓成绩斐然，广受好评，为我国量子信息科学的研究开拓出一个崭新的局面。作为量子信息首席科学家，郭光灿本人先后完成的两项“973 计划”项目，结题后均被评为优秀，并被评为科技部基础研究的代表性成果。

第一个“973 计划”项目，不仅取得了一系列优异的科研成果，同时建立起若干个成熟的科研基地，很多实验室也纷纷建起来了，而且让大家明确了目标，凝聚了队伍，最重要的是在整个科研过程中培养了人才，造就了人才，锻炼出一支具有开拓精神和创新能力的科研队伍。在该项目组成员中先后产生了 5 位院士、9 位“973 计划”首席科学家——这恐怕是郭光灿对中国量子信息科学最大的贡献之一。

其中有两位中国科学技术大学的年轻科学家特别值得一提。

一位是潘建伟。他当时刚从国外毕业回国，郭光灿让他担任一个课题组的组长，所以潘建伟回国后拿到的第一笔经费，就是来自郭光灿申请到的这个“973 计划”项目。

另一位是杜江峰。杜江峰早年是中国科学技术大学少年班的学生，后留校任教。当时他手头没有项目，香山科学会议之后对量子信息科学表现出极大的兴趣，与郭光灿进行了非常诚恳的交流，后来两人也多有交流。于是郭光灿将他放到武汉课题组，虽然他不是课题组组长，但郭光灿要求课题组组长保证他有足够的研究经费。后来杜江峰果然也做出了一番成绩。

在郭光灿看来，当时两个年轻人都做得非常好，后来潘建伟和杜江峰各挑一摊，独立研究，先后于 2011 年和 2015 年当选为中国科学院院士。

现在中国科学技术大学在量子信息科学领域从事相关研究的共有三摊。按照清华大学朱邦芬教授（2003 年当选为中国科学院院士）所说：中国科学技术大学搞量子的是“GDP”——这本是一个戏称，即 G（郭光灿）、D（杜江峰）、P（潘建伟）三个姓氏拼音的字头组合，不过这种说法后来也曾见诸报端。

十四、院士摇篮

2003年，对于郭光灿和他的团队，对于中国科学院量子信息重点实验室来说，是一个相当重要的年份。

2003年，以三篇论文以及其他一些论文为主题的“量子信息技术的基础研究”项目荣获国内量子信息领域第一个国家自然科学奖二等奖，获奖者包括郭光灿、段路明、郑仕标、周正威、张永生。同年，郭光灿荣获何梁何利基金科学与技术进步奖。

最重要的是，2003年11月，郭光灿当选为中国科学院院士。

对于那一天发生的事情，孙方稳印象很深。当时学校食堂还不提供餐盘，他与柳必恒拿着饭盆前去吃饭，从老图书馆出来正走在东边的路上，郭光灿从他们身后风风火火地走过来，对他们说了一句话：“我上院士了。”

这一消息让整个团队为之振奋。

值得一提的是，6年后的2009年10月23日，郭光灿当选为发展中国家科学院（TWAS）院士。发展中国家科学院原称第三世界科学院，其院士从第三世界国家的科学院、大学和研究机构以及发达国家的科学组织中选举产生，当选的院士均在各自的科学领域对第三世界国家的科学发展做出过杰出贡献。截至2020年底，发展中国家科学院共有来自104个国家和地区的院士超过1300名，其中中国就有超过200名院士当选。

事实上，在这支“973计划”项目的队伍当中，先后有4名课题组组长当选为中国科学院院士，分别是郭光灿、彭堃墀、孙昌璞和潘建伟，外加不是课题组组长的杜江峰，总共出了5位院士。迄今，还没有哪个“973计划”项目能培养出这么多的院士。此外，在这支队伍中还有至少9名年轻学术骨干，后来也都作为首席科学家承担了科技部的“973计划”项目，这与当年郭光灿的精心部署和缜密布局有着极大的关系。

毫不夸张地说，这一“973计划”项目的实施，是后来中国量子信息科学蓬勃发展并在国际学术界占有一席之地的一个重要转折点。

“这支队伍将在以后发挥非常重要的作用。”2013年郭光灿在接受《中国科学报》采访时回忆说，“如果当时就我们一支队伍，别人都不发展，那也不会是现在这种局面。我现在很高兴看到我国在这个领域的蓬勃发展。”

2001年还有一件事值得一提——郭光灿在黄山组织召开了一次量子信息国际研讨会。这是中国量子信息领域召开的第一次国际会议。会议在黄山市的红塔大酒店举行。

这次会议主要是为了加强国际交流，让中国科研人员了解世界上量子信息前沿研究的情况。单就参会者来说，此次会议可谓盛况空前。从当时留下的合影来看，后来许多从事量子信息研究的科研人员都在其中，前排就座的国际专家包括量子信息界的首领人物贝内特、以其名字命名“格罗弗算法”的美籍印度人格罗弗（L. K. Grover）、马里兰大学的史砚华，彭堃墀和郭光灿则分坐前排左右。这是一次地道的国际会议，除了上述来自美国的嘉宾，还有来自奥地利的佐勒（Peter Zoller）和布拉特（Rainer Blatt），以及来自德国的拉塞尔（Ernst M. Rasel）等一大批国际著名科学家。特别值得一提的是，前排就座的还有来自英国的鲁道夫（Terry Rudolph）——这位正在读博士的小帅哥显然比他那学究般的祖父、著名量子物理学家薛定谔长得更加帅气可爱，颇受与会年轻女性的喜欢。

很多中国量子信息研究的专家也都在场，包括陈国良（2003年当选为中国科学院院士，后曾担任中国科学技术大学软件学院院长）、吴令安、谭维翰（中国科学院上海光学精密机械研究所研究员）、龙桂鲁（清华大学物理系教授）、陈平形（后为国防科技大学理学院教授）以及谢常德。郭光灿的很多学生也都在场，包括史保森、黄运锋、薛鹏、桂有珍、郭国平、韩永建、叶柳、孙方稳、曹卓良（后任合肥师范学院副院长），还有实验室的学术秘书段开敏和老师王涛。韩正甫筹办了会议，但似乎没有出现在照片上，而孙方稳当时还没有报到甚至不算正式的博士研究生。

照片上除了“GDP”里的“G”，还有“D”和“P”——位于后排最右侧的杜江峰，以及当时尚是学生、被邀请做大会秘书长的潘建伟。

十五、继续实验

中国科学院每年有350万元经费资助，加上“973计划”项目的经费，郭光灿手里渐渐宽裕了起来。

虽说自己的团队已经取得了不少成果，但郭光灿并不是特别满意，而这依旧涉及郭光灿对科研目的性的理解和认识。虽说他们在实验室里已经取得了不错的成果，外界也逐渐开始重视，但郭光灿对此并不满足，因为实验室的结果必须在实际运用中得到检验才具有意义。

2001年，在中国科学技术大学东西校区之间往返6400米光纤上实现国内首次光纤量子密钥分配，演示了量子密码的基本原理。这时量子密码技术已经具备了高度可靠的安全性，是国际上的热点研究项目。但量子密码技术同样也有问题，最大的问题就是稳定性比较差。

单是在实验室里传输还马马虎虎，比如实验可以选择在晚上做，这样干扰比较少，但同样也显示出其稳定性很差，只要在旁边稍微敲一下实验台，传输马上就会受到影响。而这样的效果，拿到实际应用当中根本没有任何价值。毕竟实验室中的实验只是对基本原理的验证成功，但要解决实际应用所遇到的问题还需要有很长一段路要走。

当时在国际上，普遍能达到的室内传输距离为100千米左右（瑞士、日本、美国等，往返方案），最远122千米（英国，单向传输方案）；实际通信光路中已经实现67千米（从瑞士洛桑到日内瓦的湖底光缆，往返方案）。但存在的问题是：单向传输方案的系统稳定性很差，很难应用到实际通信光路上，室内的最长稳定时间只能有一两个小时，且无法采用自动跟踪；往返传输方案具有非常好的稳定性，但背向散射问题无法解决，导致传输效率很低，特别是远程通信问题更加严重，更严重的是其安全性存在隐患。是以往返式方案逐渐被多数课题组所放弃。

所以，郭光灿团队要解决的第一个问题就是稳定性。

那么如何来确保稳定性呢？郭光灿团队研究出一个可靠的方案来，发明了“法拉第-迈克尔逊”干涉仪结构，可以自适应补偿光纤信道中的偏振干扰，在国际上首次解决了长距离单向量子密钥分配过程的稳定性问题。这是一种具有非常好的单向传输稳定性的量子密钥分配实验方案，他们利用该方案，实现了150千米的室内量子密钥分配实验。

有了这个突破以后，他们先是完成了实验室内的实验过程，然后便开始转移到真正的室外，可以真刀真枪地干起来了。

2004年，郭光灿团队开始了这一实验，实现了从北京（望京）经河北（香河）到天津（宝坻）的量子密钥保密通信实验。他们利用的就是中国网通公司的实际通信光缆，这是一条从联通租用的通用光纤，也就是现有的商用光纤——这样的实验才算靠谱，总不能为了搞量子密码专门搞一条新的光纤，那就没有实际意义了。实际光缆长为125千米，系统的长期误码率低于6%。在该系统的量子密钥分配基础上，实现了动态图像的加密传输，图像刷新率可达20帧/秒，基本满足了网上保密视频会议的要求。最终这个实验证明郭光灿团队的稳定方案非常好，是当时国际公开报道的野外最长距离实用光纤量子密码系统。假如没有技术上的重大突破，他们是不敢做这个实验的。

这是国际上首次实现的城际之间的量子通信实验。这一实验的意义，证明了该保密通信系统可以实现单向、长期稳定的量子密钥分配，首次解决了国际上一直悬而未决的长期稳定性和安全性的统一问题，解决了量子密码技术由实验室走向实际应用的重要难题，使我国量子保密通信在国家信息安全中的实用化方面迈出了关键的一步。这一成果在国际光学权威杂志《光学快报》刊登报道，并入选2005年的中国十大科技新闻。中国科学院原院长、中国科学技术协会时任主席周光召也亲自观摩了这一实验。

该系统中的关键技术不但申请了国内专利，同时申请了国际专利，包括美国、欧洲和日本专利。为此发明的新干涉仪，用在密码里面非常稳定，迄今仍是国内外所有方案中最稳定的。这显然是一个重大突破。

第二个突破，是解决了量子密钥分配网络的关键——如何实现量子信号路由的问题。上述光纤是点对点的，但针对光纤网络如何做密码呢？有很多的终点，需要量子信号能到达终端的任何一点，这就涉及一个路由的问题。光纤网络上实现量子保密通信的最大难点，就是现有光纤路由器无法做到量子信息不被破坏又能自动实现光子的寻址。

路由，就相当于一种引导——光子想到哪里去，就自动往哪里走。对于经典路由器来说，是完全可以测量的，但量子传输时却无法测量，因为一旦测量就意味着干扰出现。为此，郭光灿团队发明了一种新型的利用波长寻址的路由器方案，解决了这一问题。

2007年，郭光灿团队实现了四端口量子密钥分配网络。当时美国已经在波士顿附近做过一个三端口的实验，但三端口很难称之为网。郭光灿团队利用他们自己发明的四端口量子路由器，在北京网通公司商用通信网络上完成了四用户量子密码通信网络的测试运行，具体地说就是，从望京发出三个光子，通过路由器，自动分为三路——三套密码，三套秘钥，三个不同的图像。彼此之间，网端上任何两点都可以通过这个路由器，解决了网络保密通信问题。这一项突破，从技术上来说非常重要。这意味着郭光灿团队在国际上首次发明了网络量子密钥传输的关键性部件——量子路由器，并研制成功四端口网络量子密钥传输系统，成功实现了四用户之间的密钥分配。这一网络是中国第一个也是全世界第二个现场运行的量子保密通信网络，是国际公开报道的唯一无须可信中继、可同时任意互通的量子密码通信网络。同时，该网络还首次在实际线路中使用了诱骗态技术，确保了网络通信的安全。这一实验的成功，不仅标志着量子保密通信技术从点对点方式向网络化迈出了关键性的一步，也为量子网络的发展奠定了基础。该系统作为重要成果参加总装备部“十五”成果展，受到部队的高度评价。韩正甫记得，当时为了介绍量子密码，他还专门做了一个小动画——一只企鹅背着一个包，里面装着密码！

需要说明的是，上述两项成果，团队都有自己独立的产权专利，而非借鉴国外的现有成果。

这是郭光灿获得资金资助后做的一个相当重要的实验——中国科学技术大学东西区 6400 米实验是从室内走向室外，而这次则是从专用光纤走向商用光纤。而且这一实验属于完全独立的工作——技术是自己的，核心是自己的，包括元器件基本上也都是自己生产的，所以别人根本“卡不了你的脖子”，可以立于不败之地。任何系统，只有像这样拥有了核心技术，才有可能做出实际性的贡献。

解决了这两个问题之后，在网络上做量子密码，先搞密钥，再做经典通信加密，网络上的保密通信基本上就比较靠谱了。再往下走，就是追求效果更好的细节，比如提高速率，一秒钟产生多少密钥，等等。

2007 年 10 月 26 日，《物理评论快报》发表了郭光灿团队在量子信息领域的最新研究成果。

同年，郭光灿荣获安徽省重大科技成就奖。

十六、城域网

安全性，取决于密钥产生的速率。比如，传送文本或图像，所要求的速率相对比较低；但传送视频，信息量太大，就需要提高速率，一秒钟多少比特，想要密钥与它一样多就很难。

所以后面就需要提高速率。密钥出来了，也要能在光纤网上运行。但目前还不能实际应用，因为需要高速的密钥，追求性能上的提高。现在可以提高到 100 千米，所有的文本、声音、照片都能传输，一次一密；100 千米以上暂时就不行了。

事实上量子通信有两个条件：第一是速率，密钥产生的速率要与传送明文的速率一样，最高要求就是视频传送；第二是密钥传送的安全性，假如能被人偷自然还是不安全。

从理论上说，量子密码传输是绝对安全的，理想条件下是偷不了的，因为偷的行为就意味着干扰，就会被发现，所以量子密码传输完全可以确认没有人在窃听。但是实际使用中目前还达不到这种效果。

毕竟，在实际系统中是永远无法达到理想状态的。比如理想状态探测器的效率是 100%，但现在所有的单光子探测器都无法达到，那么这就会产生漏洞；理想状态下的光子没有损耗，这同样也不可能达到，实际上所有的实用光纤都会产生损耗。由上可知，在这种情况下，需要保证的是实际系统是否安全。有些系统理论上看起来十分安全，但在应用中却漏洞百出，那就没有实际意义了。当然所有的密码体系都不能保证足够的安全，这就要求物理体系必须保证安全，也就是不会受到攻击，或者说得更具体一些，就是必须找到所有的漏洞。于是，这就变成一个“攻”与“守”的问题。

在这方面，郭光灿的研究团队会自己找出各种“攻”的方法，直到无论怎样都“攻”不下来才算能够使用。而通过这些攻击找到实际系统的各种安全性问题之后，就要研究如何防守的问题。所谓“守”的工作，就是要进行“修”的工作，弥补一切可能的漏洞。

事实上所有的密码体系都会有漏洞，郭光灿团队不但“攻”自己的系统，也尝试着“攻”过别人的系统，包括国外的一些系统，攻过之后就会写论文发表，描述相关漏洞以及可能的解决办法。

现在，郭光灿敢于信心十足地宣称：我们做的 100 千米范围的城域网，遍历所有你能想到的手段来“攻”，我们都有十足的把握可“守”。

为什么现在的传输范围要限定在 100 千米呢？这是为了追求比特率。假如不追求一次一密，那么 200 千米甚至 300 千米也都能传。但随着距离增加，光纤的损耗将十分严重，那么多光子一个个地传过去，真正最后到达终点的，可能只有几个，而这样就做不了有用的密码。从实验上来看，确实有光子被传过去了，但实际上却没有任何效果。就算做一些技术上的改进，但光纤的损耗最终还是会导致这种传输有一个极限距离——所有的光子都在传送的过程中被吸收掉了，一个光子都过不去。

所以，目前能够做到的，就是 100 千米比特率能一次一密；再远的距离，要么传不过去，要么比特率比较低，做不到一次一密。

那么在超过这个距离之后，量子密码就无能为力了吗？不。仍旧有办法。这就需要一个关键器件——量子中继。

在经典信息传送中，同样也有中继的概念。比如普通的光信号，传到一定程度之后，就会面临衰减，脉冲变形，因而信息损耗，这时可以通过中继站，将衰减重新放大，将改变的波形予以恢复……这样一站站地接力下去，就可以完成信息传送。

上述所说的中继是指经典中继，对量子信息来说虽不可用，但思想是差不多的，只不过现在需要的是量子中继。当光纤传送的光子快“死”了时，量子中继开始工作，转化，接力，赋予它新的生命。也就是说，假如能够研制出切实可行的量子中继，就能把这种半路中断的信息传送接续起来，就能够 100 千米再 100 千米地自然扩充下去。

理论上，量子中继是可以研制成功的，但到现在为止，全世界还没有人能够做出来，因为实在太难了。目前面临的主要问题有两个：一是存储量子信息需要有实用化的专门存储器，二是传送量子信息需要高速确定性纠缠光源。

就目前来说，量子存储器尚无进展，而纠缠光源现在也只能在实验室里实现。目前的纠缠实际上是所谓的概率纠缠，事先并不知道哪一对纠缠。比如打若干个脉冲，并不是每对都纠缠，也许 10 万次甚至 100 万次才会出现一对纠缠。那么又如何知道哪对纠缠呢？在实验室有一种测量纠缠的装置，可以检测出纠缠的起作用不纠缠的不起作用，累计下来纠缠的现象就出来了，就可以写论文了，描述和分析纠缠会产生什么现象云云。但这个代价是要等很多次，在实验室里演示纠缠现象还行，实际应用起来却不行，因为在传送信息的时候总不能这样无休止地等下去，必须每次都有确定的纠缠，每一束光都要产生一对纠缠，这样才能进入实用范畴。

对于目前的量子信息领域，上述两点都是需要攻克的难题。这两个难题不攻克，量子中继就做不出来；量子中继做不出来，最终的结果就是远程量子通信暂时无法真正实现。

郭光灿团队从1998年到1999年一路做下来，基本上在一个城域网里面——哪怕是很多条路——都能保证这两点：比特率，可以做到一次一密；实际系统，可以保证无法被攻破。这样一来，这个密码就算是可以实用了。

之后的工作，就是工程技术性的了。比如再进行集成化，再进行各种小型化，再考虑降低成本，总之所有实际需要都要在工程上予以完成。从实验室研究成功到最后实际应用，有很多问题需要一个一个地细致地解决。这正是郭光灿在科研中的追求——真正的实用性。

十七、“四合院”

2002年，中国科学技术大学18层的理化大楼正式竣工，但郭光灿却没能得到预期的足够房间，还是不能满足他的实验需要，因此最终没有搬进去，也就没有参加这个微尺度物质科学国家实验室，还是回到中国科学院重点实验室的状态。

原有的承诺没有兑现，中国科学院自然希望学校为郭光灿团队建造新的实验楼，也就是现在实验室所在的科研楼。此时郭光灿团队已经越做越大，老图书馆那点地方显然远远不够。偏巧在此期间还发生了一件事：老图书馆当时的条件确实比较差，尤其是让桂文庄印象很深的那个厕所，结果一位来自捷克的年轻访问学者的女友，居然被那个厕所呛人的气味熏晕了！

科研楼没有完工之前，作为一种临时过渡，学校需要为郭光灿团队暂时安排地方，于是学校便将原来器材处的楼暂时拨给郭光灿使用。这是一座三层楼，位置就在现在大礼堂的西边，本来是集中采购时期的器材处仓库，后来各单位自行采购后基本废弃不用，准备拆除，韩正甫发现后说正好可以给我们临时用上几年。这座小楼在他们搬走后被刷成白色，所以俗称“小白楼”。

2005年春天搬家过来。从老图书馆搬过来的时候，很大程度上靠的就是肩挑人扛，采用的是最原始的搬运作业。但一座楼的地方还是不够，他们就自己又盖上了横竖两排平房，与原来的小楼构成一个“U”字形，然后在“U”字的顶部加装了大门，形成一个小院，俗称“四合院”。如今那些平房连同那座楼房都已被全都拆掉，在原来的位置上建起一座高大的环境与资源楼。

搬过来之后，实验室的实验部分才算真正做起来，原来在图书馆不过两三个平台，现在至少有了 10 个平台。

最艰苦的时候，郭光灿团队甚至考虑过其他出路，比如整体转到其他院校。当时很多学校都与郭光灿联系过，特别是南开大学和南京大学。经过全盘考虑，郭光灿感觉南京大学是不错的选择，毕竟离合肥也比较近。对方的校领导也曾来具体接洽，甚至谈到了提供一座办公楼和很多经费的具体问题。整个程序都走到了最后一步，这时郭光灿召开了一个骨干会，让大家回去与家人商量。最终商量的结果，有一小半人的家人比较犹豫，不愿离开合肥。郭光灿说：那我们就说好，以后再也不提此事。

就这样“临时”和“凑合”了多年之后，学校终于开始着手建设现在这座科研楼。

这座科研楼以及王璞楼所在的地方，原来都在中国科学技术大学老北门外，是一片比较混乱的棚户区。合肥市进行拆除整理之后，这块地就归了中国科学技术大学。科研楼建好之后，拨给了郭光灿团队大半扇。

2007 年春节之后，中国科学院量子信息重点实验室正式整体搬迁过来，条件算是比以前好了许多。那时实验室的成员刚刚超过 20 人，所以平均每个人的办公面积超过了 400 平方米，一下子宽敞了很多。但随着后续的发展与扩员，现在这里已经拥挤了许多。

因为各种光学实验需要隔震，所以所有的实验都在一层做，那里的面积大概有 1200 平方米。但是后来各种实验纷纷上马，实验场地还是不够。届时李传锋正承担国家自然科学基金重大科研仪器研制项目，需要一个长达 150 米的实验场地，没有场地根本无法如期完成。郭光灿有些急了，甚至都考虑在楼下扩建地下室来搞实验了。他对新任校长万立骏（2009 年当选为中国科学院院士）说：“干脆我在大楼下面挖一下做实验好了。”万立骏曾担任中国科学院化学研究所所长，他说：那怎么行？原来我在化学研究所就这样做过，根本不可行。但万立骏也考虑到了郭光灿的实际困难，对他说：现在正式盖房需要审批，来不及，要不再给你盖一些简易平房吧！就这样，这位新任校长帮助郭光灿解决了一个大难题，确保重大科研仪器研制项目如期完成。2017年郭国平接受一项项目时又盖过一次简易房，这次是在楼前的东边。

尽管是简易房，但至少暂时解决了实验场地问题。搬进去之后很多实验正式开启，有些实验要在一定的时间里做完。当时也是加班加点，有一名学生，放假之前测量数据的工作没有做完，打算在寒假继续进行，当时已面临春节，父母催他赶快回家。但他知道，只要现在一回家，再回来很多数据就要重测，于是他说服了父母，同意他留在合肥过年，同时继续测量数据。实验期间，校长万立骏与继任校长包信和（2009年当选为中国科学院院士）都十分关心，经常过来看看，询问郭光灿还有什么需要。

所以，郭光灿的很多实验工作，很大一部分都是在这些简易房里进行的，很多当年的学生至今仍然记得。

虽说经历了这一系列风风雨雨，艰难挫折不断，但郭光灿的科研团队最终还是顽强地生存下来并成长起来。

十八、量子政务网

在中国科学技术大学东区东北方向大约5000米的地方，有一片繁华的商业区，那是合肥市庐阳区淮河路步行街。步行街中段208号，就是晚清重臣李鸿章的故居。

李鸿章是清末洋务运动的主要领导人之一，曾担任直隶总督兼北洋大臣，成为影响清廷军政外交各方面的关键人物。19世纪60年代，李鸿章主办洋务，修铁路，通电报，创办近代军用和民用企业，建立北洋水师，培养新式人才，揭开了中国近代化的序幕。1872年，李鸿章以“官督商办”的方式创立了轮船招商局，这是中国第一家民营轮船公司，也是中国近代最大的民用企业，后来远不限于轮船运输业务。李鸿章又先后创办了一系列涉及矿业、铁路、纺织等行业的民用企业，在经营方针上也逐渐由官督商办转向官商合办，客观上促进了中国资本主义的发展，成为中国近代化开始的显著标志。

其中很重要的一项内容，则是李鸿章对中国电信事业的影响与支持。

起初外国公司要在中国开设电报业务，朝野一片惊慌，因为当时的电报还是有线电报，国人担心电线“深入地下”会影响“地脉”。李鸿章自然不信这种歪理邪说，但他也不愿意中国的电信事业落到洋人手里。

1879年，轮船招商局架设天津大沽口码头至天津城内紫竹林栈房的电缆线。1880年，李鸿章奏设中国第一家电报局——天津电报局。

其实李鸿章最初也不是为了真正的民用，而是为了自己在军事与商务信息联络上更加方便，但此举客观上还是促进了中国电信行业的革命与发展。

现在，另外一场电信行业的革命正在李鸿章的故乡悄悄地拉开帷幕。

2009年5月，由中国科学院量子信息重点实验室郭光灿和韩正甫领导的团队，在芜湖市建成了世界上第一个量子政务网，并投入试运行。这是国际上首次将量子保密通信技术与电子政务这一实际应用相结合。量子政务网以量子保密通信手段提高电子政务的数据在传输和认证等方面的安全性，使其达到量子安全的级别。

当年9月，首期芜湖量子政务网建成投入使用。这一量子政务网连接了市科学技术局、招商局、经贸委、总工会和质监局等市政机关以及芜湖市电信大楼8个用户，各个单位之间可以实现保密声音、保密文件和保密动态图像的绝对安全通信，也可用其来召开绝对安全的量子视频政务会议。当时芜湖市政府与各个局之间的文件都通过这个网络传送，效果非常好。

该网络融合了国际上现有的三种主流组网技术，首次设计出具有多层次、旨在满足不同用户需求的多功能量子保密通信网络。通过该网络可以完成任意两点之间的无条件安全保密通信，不仅可以实现声音、文件和动态图像的保密通信，还能满足通信量巨大的视频保密会议和大量公文保密传输的需求。这一成果使中国具有全部核心知识产权的单向量子保密通信方案和设备，以及量子保密通信网络核心组网技术真正在实际工作中得以应用，标志着中国量子保密通信基础研究的成果已经开始向产业化转化，并成为量子技术新产业的生长点。

从北京（望京）经河北（香河）到天津（宝坻）的那次实验，只是使用了普通的商用光纤，仍是尚未进入实用的验证性实验；但这一次，则是实实在在地真正应用了。

为此，郭光灿的团队在《安徽日报》上发表了有关量子政务网的消息，结果马上被嗅觉灵敏的美国人捕捉到。他们看到之后非常重视，洛斯•阿拉莫斯国家实验室的理查德·休斯马上邀请韩正甫到美国的光学工程大会做报告。10 月底发的电子邮件，韩正甫第二年 6 月赴会。在这次大会上，韩正甫第一次感受到中国人在学术上受到美国人的如此尊敬与重视，很多美国人纷纷向他请教和咨询，都想知道芜湖的量子政务网究竟是如何进入实用的。

在韩正甫眼中，郭光灿学风严谨，目光独到，是当前中国特别需要的学者。在韩正甫看来，除了郭光灿之外，杨国桢和许祖彦两位院士也都是这样的人。

韩正甫是一位从事量子领域研究多年的认真踏实的科研工作者，同时也是郭光灿团队的成果转化企业——安徽问天量子科技股份有限公司的负责人。韩正甫参与过很多项重大科研项目——有关卫星量子信息传输的最初论证与实验，京沪之间量子通信网络的最初论证与实验，韩正甫都是肇始参与者，甚至有些项目中的名字、图纸都是他亲口所起和亲手所绘。不过后续的成功与否，以及种种问题，就不是韩正甫所能决定的了。

总而言之，郭光灿团队的量子密码传输就做到了这个地步，目前还在继续提高。

郭光灿团队做量子密码研究，追求的是能够一步步解决实际应用中所碰到的问题。踏踏实实，一步一个脚印，不追求那种有轰动效应的报道，驱动郭光灿团队科研的也不仅仅是发表论文。在郭光灿看来，在相关原理方面发表几篇文章后，只有做到实际应用才具有真正的意义。

郭光灿是国内最早从事量子密码技术研究的，他从 1999 年开始搞量子密码，至今已经搞了 20 多年。其实密码还是最简单的量子信息技术，只是利用一个光子的性质而已，但就是这么简单的技术都要搞上 20 年，其他研究的困难程度就可想而知了。这个量子密码传输技术是第一个可能接近应用的，随后他们则继续搞集成化，把复杂的工序简化下来，继而再降低成本，总之还有一系列的事情。

所以说，量子信息技术具有很强的优点，也具有很大的潜力，只是很多理论现在还没有能做到真正应用，几乎没有任何一个产品可以做到。目前很多技术都可以在实验室里进行，但一旦进入应用领域就都变得不现实，所以社会上很多打着“量子”旗号的商品，都不过是在炒作而已。而这个量子保密通信，是真正可实用的，只是有范围要求。

在量子密码传输之后，郭光灿团队也进行过一些相关研究，但更多的都属于演示性的，诸如量子传感、量子计算、量子存储等，在那时都处于实验室阶段，距离拿出真正的产品还有一段不短的路程。

十九、大手笔的布局

有了经费之后，郭光灿的着眼点就不仅仅是做一些零敲碎打的实验，而是开始整个量子信息领域的布局。

第一个实验是量子密码技术，是依靠光子也就是靠光来完成的，但在郭光灿看来，这不是主流也不应该成为主流，他还要考虑更具实际意义的东西。

比如量子纠缠。量子纠缠是量子信息最重要的资源，郭光灿以量子纠缠网络为目标，布局量子纠缠的研究，包括研制量子纠缠光源、量子存储、量子通道和量子节点等单元器件，以及如何实现这些不同物理体系之间量子比特的转换和传输，以期最终实现各种类型的量子互联网络。

量子存储器是量子信息领域的核心器件之一，是量子纠缠网络、分布式量子计算和长程量子通信的必需元件，而实现光子偏振态的固态量子存储器是国际学术界一大难题。郭光灿团队率先取得突破性进展，于2012年首次实现了单光子偏振态的固态量子存储器，保真度刷新了世界纪录。研究成果发表在美国《物理评论快报》上，并被美国物理学会网站“物理概要”栏目作为亮点报道。这是后话。

量子信息领域最重要的应该是量子计算，也就是研究出真正可以使用的通用量子计算机。

事实上，别的技术都是可以替代的，但量子计算是不可替代的。量子计算机将远远超过传统的电子计算机，一旦研制成功，对整个科技进程来说将是一个颠覆性的技术。

研制量子计算机，单靠量子光学就不够了，必须靠固体物理，依靠固体物理的技术来做量子芯片。郭光灿认为固态量子信息具有强大的生命力，未来将成为量子信息学科发展的主流。

但当时，郭光灿团队中的人，基本上都是搞量子光学研究的，所以他需要一个人。这时，郭光灿就要发现这个人。而这个人，也确实出现了。

郭国平，1977年生于江西南昌，他的经历复杂而奇特。1996考入中国科学技术大学时，郭国平进入的是外语系。因为对外交工作格外迷恋，他原本的志愿是北京的外交学院，这就需要通过英语口语考试，结果他考了全省第一。

郭国平也是高考后填报志愿，考虑到自己的分数以及外交学院计划招生的名额（男女各一名），他担心自己不能如愿，于是服从分配来到中国科学技术大学。既然有口语考试的优异成绩，就被分到外语系（十八系），其实郭国平当年的分数可以让他进入中国科学技术大学任何一个系。这时的郭国平对大学带有一种理想而憧憬的想象——在草地上弹弹吉他，读读书，自己想学点什么就学点什么。以他的性格，从来没有想到自己要去学物理。其实就连学理科也不完全如他所愿，郭国平当年所在中学并非很好的学校，但他是历史课代表，迷恋历史、政治之类的课程。郭国平高考时选择理科，是因为物理成绩不错的他被老师要求参加过一次物理竞赛，结果获得了省一等奖。老师对他说，这样你更应该学理科，这一竞赛奖励可以为高考成绩加分10分。

既然是科技英语，就与物理系学生一起上课。结果郭国平发现物理系的学生比他学英语还用功，捧着字典一天两页地背单词，他感到有些迷茫，不知道自己今后的出路如何——物理系学生的外语与他一样好甚至比他还好，同时他们还有一门专业技能。

好在中国科学技术大学有一种绵延至今的自由气氛，允许学生自由转系，所以半年不到，郭国平就转到了物理系——这半年大概还有一半的时间是在办理转系事宜。就在这短短的半年，他还做过外语系学生会的学习部部长。

进了物理系，郭国平依旧懵懂。他不喜欢读小说，也不喜欢玩游戏——他说是因为自己不喜欢别人设计好规则的东西。当时只有班主任而没有辅导员，所以郭国平的迷茫也无人倾诉，只有向高年级师兄寻求帮助。这时他偶然遇到比自己大两届的1994级师兄、学习成绩优异的李剑。

李剑向郭国平推荐了自己所在的中国科学院量子信息重点实验室——“你跟我来听组会好了”。所以，郭国平大二快结束时就进了组，比同级的韩永建要早很多，甚至比高一级的薛鹏还早。

刚来听组会的时候，郭国平觉得毫无兴趣，甚至会在组会上睡觉，他大三时还选修过管理科学系（十六系）双学位，但后来放弃了学位。研一时看到友邦保险资助考北美精算师，只要考过就能报销（每门的考试费要上千元），郭国平就试着考过两门，但因为第三门要到香港去考这才作罢，不过即便是靠这两门的考试成绩，郭国平也有资格进保险公司工作了。郭国平还差点儿去考了律师证。

但参加组会多了，郭国平慢慢就开始有了兴趣，听懂后也不是那么复杂，于是他开始跟着郭光灿和李传锋做科研（当时带郭国平的是李传峰），也开始陆续发表论文。郭国平在2000年获得了“求是研究生奖学金”，当年颁奖的是华裔物理学家、1957年度诺贝尔物理学奖得主杨振宁。

2004年，郭国平的博士毕业论文是量子保密通信，毕业论文荣获中国科学院优秀博士学位论文奖，同时还荣获了中国科学院“院长特别奖”，导师郭光灿则获得中国科学院“优秀导师奖”。凭借这些成绩，郭国平得以留校做了副教授。按照郭国平戏谑式的说法：2004年9月留校文件下来，2005年2月他先拿到了工作证，6月才拿到学位证。但其实从2003年起，郭国平对于量子保密通信就失去了兴趣，因为在他看来再往下发展就是工程化的问题，与自己所理解的物理有了一定的距离。

早在1998年，就有一篇有关半导体量子点与量子计算理论方案的文章问世，随后美国的哈佛大学、威斯康星大学以及荷兰的代尔夫特理工大学都做了实验予以确认，认为这一方案确有可行性。郭国平对此很感兴趣，写信过去希望了解相关情况。郭光灿曾问过郭国平到底想要做什么，郭国平回答说其实自己也不知道。郭国平觉得那时的自己，就是有一颗不安分的心。于是郭光灿答应资助他出国访学，可惜三所大学都没有回音，郭国平想要自带“干粮”前往学习的愿望都未能实现。

但郭国平还是想要出去看看，郭光灿说那你就出去看看。当时史保森正在日本电气股份有限公司（NEC），在他的帮助和联系下，2004年2月实验室全额资助郭国平前往NEC在筑波的中央研究院。但没过多久，郭国平又没了兴趣，因为史保森在这里做的是光学研究，有人在搞半导体电子点，但也不是郭国平想象的那种全电控方式，郭国平感到不满足，但又不甘寂寞，于是就各个组到处乱串，这里看看那里看看，弄得人家把电话直接打到中国科学技术大学郭光灿这里说：“你派来的到底是一个学生，还是一个‘间谍’？”

郭国平原计划在日本待满一年，NEC 每月还给他一些资助，结果郭国平全都放弃，7 月就回国了，接着就是留校工作等。

但是郭国平对未来的前途，依旧迷茫。

二十、从“二手货”开始

回国后郭国平继续研读文献，钻研学习，寻找方向。事实上郭国平对固体物理产生了浓厚的兴趣，希望不再研究量子光学，改搞凝聚态物理研究。郭光灿听了之后，心里十分高兴，因为他心目中的布局就是如此，就是要做量子计算机，正苦于没有这方面的人才。于是，郭光灿让郭国平去听相关的课程，去补固体物理的基础课。在这段时间里，郭国平极大充实了自己的固体物理知识。毕业留校后，他就有意开始研究量子芯片。

这时国际上对量子计算机的研究还处于一种比较朦胧的状态，郭光灿敏锐地判断依靠固态最有希望。所谓固态无外乎两种，即超导体和半导体。郭光灿团队不做超导研究，因为当时国内已经有很多家高校和科研院所在做相关研究，诸如中国科学院物理研究所、南京大学，等等，他们的超导研究都实力雄厚，底子也都比较强，所以郭光灿倾向于做半导体研究。

方向定下来之后，又面临一个具体如何选题的问题。怎么选？选什么？做什么？这里又有一个比较有代表性的故事。

1998 年，在美国普林斯顿大学工作的 59 岁美籍华裔科学家崔琦、哥伦比亚大学的霍斯特·路德维希·施特默（Horst Ludwig Störmer）与斯坦福大学的劳克林（Laughlin）三人因共同“发现了电子量子流体现象，一种新形态的量子流体，其中有带分数电荷的激发态”而获得诺贝尔物理学奖。

崔琦并不研究量子计算机，而是做其他领域的研究。但他的学生却有在相关领域工作的，比如美国加利福尼亚大学洛杉矶分校的姜弘文就是他的博士后。

2004 年，为了布局固态量子信息新方向，郭光灿通过俄勒冈大学的校友王海林，共同邀请国际上做半导体研究的 6 位中青年华人研究人员前来中国科学技术大学研讨，其中就有姜弘文——后来他与郭国平有着将近 20 年的科研合作；还有一位谢心澄（2015 年当选为中国科学院院士），1982

届中国科学技术大学校友，当年也是通过 CUSPEA 计划出国的，后来回国到中国科学院物理研究所工作，现任国家自然科学基金委员会副主任。

2004 年 12 月下旬期间，郭光灿出路费请这些专家前来中国科学技术大学，在实验室里关起门来，内部研讨了整整一个星期。大家做报告，提方向，发表对这一领域的看法，看看还有什么研究工作可以做，以决定团队今后的研究方向。对于郭光灿团队来说，这是一种请教，一种咨询，一种对未来的务虚性规划与设计。

经过一番认真的研究与论证，最后郭光灿决定做量子芯片。利用半导体，用二维电子气来做电控的量子芯片。这也更加坚定了郭国平的决心，一定要走全电控量子点的道路。

当时国际上很少有人做这一项目，做得最好的就是美籍华裔科学家崔琦。会上研讨的专家也提醒说，要做这一领域的研究，从材料到加工再到测量，门槛都极高，恐怕难度相当大。

还有一个极为关键的问题，那就是前期需要的投入巨大。比如相关研究需要用到液氦，液氦在当时的价格为每升将近 200 元，真要实验一天就需要消耗 30 升以上，之前预冷也要消耗一两百升，也就是说，一次实验至少就要花费 10 万元。但实验一旦停下，再启动的花费则更多，所以最好的办法就是常年不停，维持低温。可这样一来，单是液氦的费用每年就至少需要 100 万元。即便是在美国从事相关研究，也需要有一个非常稳定的支持，遑论当时的中国？

但郭光灿却很支持郭国平。既然你想做，我就咬牙支持你。既然有一定的门槛，郭光灿说："那我们就先从测量开始。""一年 200 万元我们来出。"

可以想象郭国平开始时遭遇到了多么大的困难。首先，他们根本拿不到做二维电子气的材料，好在崔琦有很多学生在国外做教授，他们手里有材料。当他们自己已经研究得差不多了，文章也都发表了，不再用这些材料了，就提供给郭光灿这边。不过这些东西坏了自己却没法修，只好再送回美国去修，而这一修就是三个月。总之，姜弘文他们帮忙提供样品，郭国平他们学习测量，锻炼自己的测量技术，同时进行相关研究。虽说有些东西国外已经做得差不多了，没有什么新东西可做的了，但他们可以先做练习，可以学习前人的经验。

郭国平从最初步、最基本的学起。在起步阶段，花500万元买了一些十分简陋的仪器，郭国平与学生一起读文献甚至一起研究说明书，接着便亦步亦趋地开始做相关研究。

这几年郭国平一直很艰苦，同时也有压力，因为两三年里难出相关论文。好在他得到了各方面的支持，比如拿到国家自然科学基金的一个青年项目，获得了40万元的支持。这种青年项目的资助额一般只有10万元，但国家自然科学基金委员会认为这个项目比较新颖，所以特批了40万元。不过郭国平第二年再申请时则没能成功，于是他第三年再申请……但靠这点支持显然很难活下去，还是要靠郭光灿的大力扶持。总之，郭国平每年花费一两百万元，逐渐开始有了起色。

二十一、借款800万元

但长此以往，终究还是不行，以这样的效率进行下去，研究是根本搞不起来的。无论如何也要搞一个加工车间，也就是要筹建固态量子信息的实验室及微纳加工平台，将团队的研究视野从单一的光学扩展到量子点、电子等多种物理体系。只有自己能设计和制造这种芯片，能够反复测试，才能找到合适的方案，才能继续做科研。所以郭光灿认为，必须独立搞一套加工车间，哪怕是很小的和简陋的，只能做一点简单的纳米加工，但必须是能用的、全面的、各个工序都有的微纳加工平台。

要搞加工车间，最关键的问题是经费。郭光灿想方设法，把能筹集到的所有经费都投入了进去，也算是孤注一掷。即便如此，依然还是有很大的缺口。于是郭光灿开口向学校借钱。郭光灿为此向学校借款两次——第一次借300万元，第二次借500万元，先后借了800万元。在这一点上学校还是不错的，敢于借钱给郭光灿，当然这也是因为郭光灿的“借德”很好，以前借钱总是按期还款，有足够的信誉保证。

但是，区区800万元还是不足以搞一个微纳加工平台，据说有些机构用了足足2亿元，相比之下这点钱实在不算什么。

所以郭光灿还要继续购买二手货。恰巧这时赶上美国爆发金融危机，美国一些高校把闲置不用的旧仪器稍微修理一下拿出来卖。郭光灿就托美国的教授购买这些二手货。所以当时，实验室里的这类仪器，五台里有四台是二手货。当然购买二手货也有风险，要担责任。

虽说这些仪器多少有些陈旧简陋，但只要能运转起来就行。手里有了仪器，郭光灿就派学生去中国科学院苏州纳米技术与纳米仿生研究所去学习，一学就是几个月甚至半年，提高研究生的操控能力，学完回来后就能自己动手制片、设计和加工了。随后再进行测试，看性能如何，不符合要求就再设计，如此反复。这样一来，效率果然提高，进展快了许多。这都是发生在 2006 年的事情。

郭国平也非常努力和尽心。因为液氦价格昂贵，所以他就让实验 24 小时连续进行，始终保持低温——人员两班倒，机器永不停，这样至少节省了一半的成本。

郭国平就是凭借这些二手材料，迈出了他们研究进程的第一步。学会了基本技能之后，再学习更多的东西——设计样品、制造样品，等等。郭国平还做出了中国第一个量子霍尔效应的实验——迄今至少已有 4 个诺贝尔奖与这一效应有关，包括崔琦所获的那次诺贝尔奖。

但这 800 万元却一直还不上。因为名义上的借款人是郭国平，所以学校财务就开始每月从郭国平的工资里扣除 500 元。郭国平说你就是扣款扣到我死也扣不完啊。其实学校这只是暂扣，想起到一种提醒作用，让郭国平重视起来。

总之，经过三年多的系统调研，2006 年郭光灿确定以半导体量子点为切入点，正式开始做半导体量子芯片研究。当时国内其他许多科研机构，或者认为太难选择不做，或者投了不少经费却没有做出来，但郭光灿感觉这个方向是正确的，尽管自己的团队在这一领域不算内行，但他还是坚持要做下去。

而在光学领域，郭光灿继续再开辟第二个领域，也就是量子纠缠。为此，郭光灿团队购买了很多仪器设备，做了大量的量子光学实验。

同时，郭光灿还要再开辟第三个领域，也就是冷原子系统。

有了这三个大的方向，再加上量子传感器，提高精度，布局就比较全面了。在量子通信领域的各个分支都有了相应的布局，在“973 计划”项目的支持下都有可能获得长足的发展。

当然，其中最难的就是量子计算机，关键点就是郭国平手里的量子芯片。

不管怎么说，经过了几年的时间，郭国平的研究就这样一点点艰难地积累了下来。郭光灿团队本来是搞光学研究的，结果现在也开始懂得半导体了。所以在这个原来的光学实验室里，反而做出了许多超导和低温现象的实验。

当初郭国平刚留校时，总是对郭光灿抱怨：我们没有钱，所以很多研究都没法开展。郭光灿则劝他不要着急，有些事情现在暂时是拿不到钱，比如你现在和国家说要搞量子计算机，肯定不可能被接受，因为大家都心存疑问；但是你可以先干起来，慢慢地早晚会有机会拿到经费——只要你自己相信这是一个正确的方向。

结果机会果然让郭光灿等到了。5 年以后，固态量子信息成为国际学术界广为关注的研究热点，并引起国内主管部门的重视。

科技部原来的“973 计划”项目，一个项目也就 2000 万元到 3000 万元。现在有钱了，搞出一个新项目，也就是“超级 973”项目，专门投给那些非常有价值的项目，而投资力度是原来“973 计划”项目的 3 到 5 倍。

这自然是一个绝好的机会，后来郭光灿团队也获得了这个机会。但这一机会的获得，与一个人有着极为重要的关系，他就是闵乃本。

当时郭光灿是量子调控专家组的成员，而该专家组的组长是南京大学的闵乃本院士。闵乃本得知科技部要搞“超级 973”项目的消息时，郭光灿正在郑州做报告，他马上给郭光灿打电话，要他迅速前往北京会合。

这里需要详细介绍一下闵乃本，以及“量子调控”四个重大基础科学研究计划的来龙去脉。

二十二、“贵人相助”之二

2018 年 9 月 16 日，闵乃本在江苏南京去世，其时郭光灿正在北京出席会议，听闻之后马上乘飞机前往南京，午夜时分才到达。郭光灿急赴南京，是为了第二天早晨向闵乃本进行遗体告别。

在郭光灿看来，在自己的科研生涯中曾遇到过两次贵人相助。假如说桂文庄在管理方面对他的帮助最大，那么闵乃本则在学术方面对他的支持最多。闵乃本应该算是他科研生命中的第二个贵人。

闵乃本是晶体物理学家，1991 年当选为中国科学院院士。2013 年 12

月20日，国际编号为199953号的小行星被命名为“闵乃本星”。闵乃本是九三学社社员，是九三学社第九届中央委员会常委，第十届、第十一届中央委员会副主席。

闵乃本从事凝聚态物理学研究，郭光灿从事光学研究，本来两人全无交集，他们的相识纯属偶然。2000年，郭光灿申请“973计划”项目的答辩顺利通过之后，他刚从会场出来，有人就从后面追上来，自报家门说自己是南京大学闵乃本。闵乃本表示，他对郭光灿的题目特别感兴趣，将来有合适的机会一定要相互合作。

郭光灿和闵乃本就这样认识了，但当时说完也就结束了，两人暂时没有找到“合适的机会”合作。

两个人真正互相深入了解是在2002年。

2002年，国家中长期规划启动，科技部召开国家中长期科学和技术发展规划研讨会，邀请一些专家起草方案。郭光灿是专家之一，被分在第14课题组。该组组长是时任北京大学校长、物理学家陈佳洱院士，作为副组长的闵乃本则负责具体工作。

在那次研讨会上，郭光灿专门做了一个报告，给闵乃本留下了极为深刻的印象。当时郭光灿提出，基础研究也应该有重大计划，这样国家可以加大投入。

闵乃本听罢眼睛一亮，认为这一提议非常好，应该把它搞成一个重大专项，做一个长达15年的长期规划，为此闵乃本提出一个项目——量子调控。郭光灿也眼睛一亮，因为本来国家很难对基础课题拨款投资，而搞一个“量子调控”重大专项，就有利于国家加大投入。

——“量子调控”这一项目的最初提出，就是从这里开始的。

为了筹备这一规划，需要起草各种文件，于是闵乃本把郭光灿留下来，由他完成相关材料的撰写。文件起草地点是位于北京顺义天竺空港经济开发区的北京国家会计学院，地点十分偏僻，靠近首都机场。郭光灿刚一进门，就看到时任总理朱镕基那令人振聋发聩的题词——不做假账。

郭光灿在这里整整被“关”了一个月。大家一起讨论，学习相关政策，起草相关文件。最终，郭光灿起草完成了以发展后摩尔时代新技术为目标的“量子调控”基础研究专项计划。

当时闵乃本对郭光灿交代了任务——你就负责起草“量子调控”重大

专项的材料。闵乃本的意思是，怎么把量子调控的概念说清楚，尤其是如何能向国家领导人说明白，这是非常重要的。只有这样，这一项目才能获得长期的支持。

于是，郭光灿开始写材料。在“项目的必要性”中，郭光灿描述了“量子调控”的项目背景、项目意义以及国内外发展趋势。郭光灿这样写道：

> 开拓新一代技术是历史赋予的使命。现代技术支撑着全球知识经济的飞速发展。我国虽已成为制造大国，但大部分关键技术受制于国外，具有独立知识产权的高新技术所占份额甚低，这种状况与我国全面建成小康社会和实现中华民族伟大复兴的宏伟目标极不相称。诚然我们必须加快现代技术发展的步伐，提高我国的竞争能力，但是现代技术的世界格局基本确立，即便我们跟着现代技术的潮流向前发展，也难于在整体上超越国际先进水平，与西方强国水平上的差距甚至有可能越来越大。
>
> 当世界进入知识经济时代，我国尚未完成实现工业化的任务。为了迅速跟上世界发展的潮流，我们开辟了新型工业化的道路，有力地推动着国家经济的发展。新型工业化必须以高技术为基石，但我国目前落后的科学技术现状明显地制约着新工业化的进程。因此，当前摆在我们面前的一个紧迫任务是，如何闯出一条新的发展路子，开拓新一代技术，彻底摆脱我们在现代技术发展上长期被动的局面，实现真正的跨越式发展。本专项正是着眼于这种历史使命而提出来的。
>
> 摩尔时代的终结为开拓新技术创造了难得的机遇。微电子技术是现代文明社会的重要台柱。众所周知，按摩尔定律发展的微电子造就了 IT 产业几十年的辉煌。然而，由于量子效应和热耗散的影响，即使微电子的加工尺寸能达到 30 纳米以下，人们也会完全失去按传统方式控制电子的能力。这表明，摩尔时代必将告终。那么，什么是摩尔后时代的新技术呢？这便成为全世界战略竞争的焦点，也为我国科技复兴提供了一次难得的战略机遇。在现代技术发展的历史上，我们曾丧失掉若干极重要的发展机遇，导致在其后的战略竞争中始终处于下风。这次我们必须从探索研究阶段开始就牢牢地把握住机遇，争取先机，控制制高点，开拓出新一代技术，为中华民族自立于世界之林

做出贡献。

量子调控孕育着新一代技术。现代技术建立在量子力学基础之上，例如，构成20世纪高科技的重要基石的微电子和激光都是直接应用到量子力学原理而发现的。但现代技术的发展仅仅是量子力学的简单应用而已，其本质仍然属经典调控技术。建立在量子力学单电子近似的能带理论基础上的晶体管只是用电势来调控电子流；基于量子力学受激辐射理论的激光束，在应用上仍然是对经典光束实施各种经典的调控；信息技术虽然使用了许多量子器件，但其本质是建立在以0或1作为比特单元的布尔代数之上的经典信息。总之，现代技术是一种经典调控技术，它仅运用到浅显的量子现象。尽管如此，这些初等量子效应已经为人类社会造就了半个世纪的前所未有的昌盛和繁荣。然后，随着科学和技术的深入发展，更深刻的量子现象和效应将构成这种基于经典调控的现代技术难于逾越的障碍，换句话讲，现代技术正在迅速地达到其物理极限，人类文明社会的持续发展必然要依仗着更高层次的新一代技术的出现。量子调控应用到更深奥更奇妙的量子效应，它孕育着新一代技术，将在未来世纪中发挥出难于估量的影响。

在“初步方案”中，在谈到组织实施方式、人才队伍和计划安排时，郭光灿设计得更为具体：

量子调控技术的研究为我国在未来的新一代技术抢占制高点提供了难得的机遇，但也是一次严峻挑战。后摩尔时代的新一代技术已成为世界各国共同关注的焦点，虽然机会均等，但我国目前并不是与他们站在同一起跑线上。无论是科研基地建设、技术积累还是人才资源，我们都落后于西方强国。面对这样的现实，我们必须采取强有力的措施才有可能实现量子调控技术的战略目标。

将本专项列入国家发展战略规划，弘扬“两弹一星”的精神，组织和集成全国优势科技力量，投入充足经费，在资源上提供充分保证。

在科技条件平台与基础设施建设规划中为本专项实施提供必要的条件，将建立量子调控技术平台列为重大建设项目。该项目可依托在现有的国家实验室、国家重点实验室、研究型大学中的实验室，并通过网络成立统一的研究中心。

实行有效的专项管理机制，既要强调统一规划管理，又要为科学家提供能发挥其潜力的学术氛围和环境。

最后，郭光灿郑重地提出了经费需求——

2006—2010年：38亿元；2010—2020年：50亿元。

二十三、后摩尔时代

对于这一项目的必要性，郭光灿描述得可谓激情澎湃，让人读后激动不已。

特别值得注意的是，为了能让各级领导有一个更为直观的认识，郭光灿率先提出了一个新概念——后摩尔时代新技术。

摩尔定律是由英特尔（Intel）创始人之一的戈登·摩尔（Gordon Moore）提出来的一个观测性规律：当价格不变时，集成电路上可容纳的元器件数目，每隔18至24个月就会增加一倍，性能也将随之提升一倍。这一定律揭示了信息技术进步的迅疾速度。

但郭光灿却提出，随着传统的冯·诺依曼式计算机的高速发展，现在摩尔定律已接近失效，至少已走入一个瓶颈期。那么在今后的时间里，将由什么规则来取代摩尔定律？在郭光灿看来，我们的时代，已经走入了后摩尔时代。

方案全部起草完之后，细心的闵乃本把起草的方案留了一份。此后郭光灿就与闵乃本一起，经常去找负责重大专项的负责人汇报相关情况。对方看了之后十分感慨：你们从事基础研究，却能搞出一个专项来，本身就很不容易。

先是进行内部讨论，时任科技部主管副部长程津培前来听取汇报。在郭光灿做了详细汇报之后，对方提出这样一个问题：其他重大专项的最后出口，都有一个看得见摸得着的东西，比如大飞机、载人航天、探月工程，或者"核高基"（即核心电子器件、高端通用芯片及基础软件产品），十几个专项的最后出口都有具体的东西。而你这个项目，最后的出口是什么？

郭光灿回答说：我们这个项目的最后出口，就是营造基础研究的土壤。

不错，这就是这一项目最大的出口——营造产生高技术研发的土壤，其意义将十分重大。

随后便是一层层地向上汇报，而各级领导们也都听进去了。

“量子调控”重大专项的申请最终获批，“重大专项”改称“重大基础科学研究计划”。在《国家中长期科学和技术发展规划纲要（2006—2020年）》中将“量子调控研究”列为四个重大基础科学研究计划之一。这一计划的实施有力推动了我国物理、化学、材料等学科基础研究的飞速发展。由于“量子调控”给予量子信息技术以稳定的研究支持，我国量子科学领域做出了一系列创新性研究成果，并在某些方面已经处于国际领先地位，特别是基于量子物理的新型量子保密通信技术已逐步迈向实用化产业化。

于是，“量子调控”项目专家组成立，闵乃本是专家组组长，郭光灿是专家组成员。

“量子调控”重大基础科学研究计划结题之后，中央电视台专门详细介绍了这件事的来龙去脉，并直接使用了郭光灿提出的这一新概念——后摩尔时代新技术。

在郭光灿看来，当摩尔时代结束之后，究竟应该以什么为重要标志？

量子计算机。

而这，就是“量子调控”重大基础科学研究计划对国家的重要且深远的意义。

自此，郭光灿与闵乃本两人之间建立起一种相互信任的深厚友谊，他们互相了解，互通信息，互相帮助。

按照闵乃本的说法，假如当时没有郭光灿的这个报告，他就没有胆量提出“量子调控”这个重大专项，因为最后交出去的东西把握不大。而有了郭光灿的量子信息研究基础，他才敢于提出“量子调控”这一重大专项。

如上所述，最终“量子调控”没有冠以“重大专项”的名目，毕竟专项还是需要一个有形的出口，所以最后称之为“重大基础科学研究计划。”

“重大基础科学研究计划”是指那些没有实际产物但却具有重要意义的科学研究项目，诸如生殖、干细胞、地球变暖等——在物理学中，则是量子调控和纳米技术（第 13 课题组所提）。

当然所谓“重大基础科学研究计划”，后来不仅是搞量子通信，而是把国内整个基础研究平台搭建起来，内容非常之多，包括物理、化学、材料……每年增加经费30%，仪器设备也很多，都得益于“量子调控”的最初肇始。在这十几年里，这些学科的研究水平都获得了迅速提高，许多领域已跻身于世界前列。

回顾这段历史，郭光灿感慨万千。他认为这一成功很大程度上要归功于闵乃本，是在他的领导之下完成的。本来郭光灿与闵乃本没有任何私人关系，闵乃本就是看中了郭光灿这个人，相信他，欣赏他，才愿意帮助他。

其实回想当年，桂文庄的所作所为，也是基于这样一种原因。

而且在闵乃本的心中，有一种大局意识，即一旦看准了正确方向，虽说与对方无亲无故，也会给予他充分的信任，而不是考虑这样做是把机会送给了外人，毕竟本单位、本部门与自己关系更近。一般人要是心胸没有那么开阔，就不会如闵乃本那般行事。闵乃本是一位心胸宽广的科学家，他感觉到支持郭光灿会对国家有利，就会无私地帮助他，完全是出于一片公心。

当然，后来郭光灿与南京大学的关系也十分密切，互相帮忙，互相支持。但无论如何，最初这一步，却是闵乃本迈出的。

郭光灿很高兴自己参与起草了“量子调控”这一项目，尤其是后来这一项目对推动整个国家的基础科学研究十分有益，而且这也更有利于郭光灿对于量子信息研究的进一步布局。

在一个微观世界里面，应该如何进行操控？按照郭光灿的需求，应该出现非常独特的现象和应用。郭光灿看到了量子信息的优点，所以在这一领域的布局就非常早。当别人都没有看清的时候，郭光灿就开始着手布局，哪怕是当时还没有钱，借钱也要冒险，最终还是获得了成功。

二十四、量子芯片与量子计算

回到2011年。郭光灿来到北京之后，与闵乃本就“超级973”项目的问题开会商议，与会的还有科技部的三位处长。“超级973”可以搞什么项目？经过一番研讨，郭光灿提出可以搞半导体量子芯片。几个人当场拍板，要求郭光灿回去起草，不过一两个星期之后就要交稿。

在郭光灿和闵乃本看来，搞科学研究，除了发表一些论文，还应该留下来一些更实在的有意义的东西。比如量子芯片，我们就应该做，作为一个大国，尤其是作为一个想要在世界科技领域占有一席之地的大国，我们不能有这种残缺和遗憾。

借助于超前的布局和多年的研究积累，2011 年郭光灿团队承担了科技部“固态量子芯片”这一“超级 973”项目，肩负起参与未来量子芯片国际竞争的重任。

这个“超级 973”项目开始的时候，因为延续了部分原有“973 计划”项目的内容，所以仍由原来的负责人邹旭波教授担任首席科学家。但两年之后，郭光灿还是倾向于由年轻人来担任首席科学家，所以力荐郭国平负责这一项目。

当时的郭国平还不到 35 岁，职称也还只是副教授，但郭光灿却力排众议，坚持举荐他担任“固态量子芯片”这一“超级 973”项目的首席科学家。事实上“固态量子芯片”这一专有名词组合，就是由郭国平提出于这一项目。不过开始的时候，科技部并不认可郭国平这个资历不足的年轻人，还是希望由郭光灿本人亲自担任首席科学家，但郭光灿力排众议，据理力争，一定要让年轻人上。郭光灿说：请你们相信我，量子计算机这个项目，不是一代人就能完成的事情，需要一代又一代人地接力进行。即便现在由我来牵头，过一段还是要换上年轻人，不如索性开始就放手让他们去干，这样他们可以摸得更熟，干得更快，做得更好。而且请你们放心——做好了，主要成绩是他的；真要做不好，还是由我来担责。最后科技部听取了郭光灿的建议，破例同意了这一人选。

郭国平到科技部答辩的时候，评委的级别都很高，都是一些德高望重的老科学家，在场的中国科学技术大学校领导也是在答辩之前才知道这件事的。当时就有一位老科学家向郭国平指出：这件事情非常之难，你要做就一定要下定决心。由于郭光灿的鼎力支持，答辩最终得以通过。据说最后大家讨论的结论就是：虽说这件事有很多困难，但这个“愣头青”愿意去做，我们就应该支持让他去做。

郭国平从这件事中感觉到，那些老科学家在判断事情的时候，更多的还是从国家的需要出发，而不是从一个简单的能否近期出成果的标准来衡量，也没有特别在意具体科研工作者的职称与资历。

郭光灿团队申请下来这一“超级 973”项目之后，学校自然非常高兴，重奖实验室 1000 万元。不过学校也没有忘记郭国平还欠着学校 800 万元，所以先要扣除这笔钱，当然暂扣郭国平的工资也发还了。

总之郭国平担任起首席科学家，这一点让他昔日的同窗都感到十分羡慕——这么年轻就担任了首席科学家。

2015 年这一上亿元规模的“超级 973”项目顺利结题，郭国平果然做出了很大的成绩，而且凝聚和培养了一支研究队伍，掌握和开发了量子芯片研究的基本技能与方法，搭建了量子芯片的研发基础平台。可以说，郭光灿的布点相当成功。

曾经有南京大学的兄弟团队来中国科学院量子信息重点实验室取经，郭国平无私地倾囊相授，甚至开列了所需的仪器名单。对方很关心投入的问题，郭国平说应该在 5000 万元以上，但他认为这不是最重要的问题，而是“三五年内你不要想着能发出一篇论文”。

所以在这点上郭国平非常感激郭光灿，因为在自求学到担任首席科学家的整个过程中，郭光灿给了他极大的自由，同时也给了他极大的宽容与支持。郭光灿在容忍他的同时，也善于启发和引导他。在郭国平看来，郭光灿未必对所有事情都十分了解，但在对大事的判断上，在对科研学术价值的认知上，郭光灿却极为敏锐。郭国平坦承，其实自己也一样，在有些问题上未必胜过自己的学生，但他认为这恰恰是一种进步，只有学生“青出于蓝而胜于蓝”，才是社会发展的必然趋势。而在很多事情上，郭光灿身先士卒、以身作则的作风，也给了郭国平极大的影响。所以郭国平现在也在身体力行，比如在学生两班倒做实验的时候，尤其是在节假日的时候，郭国平一定会亲自参加到值班当中。在选择研究项目时，他也一定要选那些困难的来做，选择困难的项目往往就是选择重要的项目，既然是国家急需的任务，就不要在意一时一地的得失。

郭国平不仅感恩郭光灿，同时对中国科学技术大学、对整个学术界也怀有感恩之心。2012 年评国家优秀青年科学基金、2016 年评国家杰出青年科学基金、2015 年评“青年长江学者”，他都非常顺利，他认为这与学校的宽容环境以及学术界的基本公正与良知密不可开。

郭国平不但延续了郭光灿的学术风格，同时也实践着郭光灿的家国情怀。学生毕业时，郭国平会送每人一张光盘，里面是学生所有的周报，记录下他求学时的滴滴点点。学生毕业时，郭国平会半戏谑地调侃：假如哪天你发财了，捐 500 万元给我买一台制冷机，我的实验室就以你的名字来命名。但接下来的毕业寄语就显得有些悲壮了——郭国平以退伍军人的一句话来勉励大家：“若有战，召必回。”假如一天，我这里有机会助你实现梦想，而所作所为又与国家的需求完全相符，那么你有什么理由不回来？

如今量子计算已是国际科学界竞争的焦点，但郭光灿团队却早在2006年就开始了相关工作，当时同类研究在国际上凤毛麟角，在国内更不必说，几乎为零，但郭光灿看准了，就敢于冒险，敢于投钱，同时敢于起用年轻人。

2016年，郭光灿团队已成功研发出了半导体量子芯片和量子存储。量子芯片就相当于未来量子计算机的“大脑”，可实现量子计算机的逻辑运算和信息处理，量子存储则有助于实现超远距离量子态传输。由此而实现的量子计算是基于量子效应的新型计算方式，所以量子计算机具有极大超越经典计算机的并行计算能力。

2018年，郭光灿团队在半导体量子芯片研制方面再获新进展，创新性地制备了半导体六量子点芯片，在国际上首次实现了半导体体系中的三量子比特逻辑门操控，向未来研制集成化半导体量子芯片迈出了坚实的一步。

开发与现代半导体工艺兼容的半导体全电控量子芯片，是当前量子计算机研制的重要方向之一。在郭光灿的指导与带领下，郭国平小组长期致力于半导体量子芯片研发，这次成功实现了世界上首个基于半导体量子点体系的三电荷量子比特逻辑门，进一步提升了量子计算的效率，为可扩展、可集成化半导体量子芯片的研制奠定了坚实基础。

2020年9月12日，郭光灿团队的成果转化企业、郭国平担任首席科学家的合肥本源量子计算科技有限责任公司（以下简称本源量子公司）宣布：正式上线自主研发的超导量子计算云平台“悟源”，面向全球用户提供真实的量子计算服务。“悟源”搭载的6比特超导量子芯片“夸父”，其保真度、相干时间等各项技术指标均达到国际先进水平。“悟源”是能够脱离实验室环境、稳定运行的超导量子计算系统，也是国内率先实现工程化、走向实际应用的量子计算机。

针对这一重大成果，郭光灿在发布会上指出：

今天所发布的成果中，最重要的就是6比特超导量子计算机的平台上线。这个平台是一个实实在在的量子处理器。因为这个处理器是按照量子力学的规律运行的，我们叫量子器件，所以我们叫量子计算平台。平台是可以让全世界的人通过互联网来使用、感受量子计算的威力的。想尝尝到底量子计算什么味道，都可以上线来用。所以这是非常初步的，但非常重要的一步。

不过，现在这个平台还没有办法帮你算你所需要的问题，没法解决大的问题，因为它只有6个量子比特，现在还谈不上有多大用处。但是它是地地道道的量子计算，确实是我们国家第一个在线的、可以让大家操作的一个平台。

当然它不是现在国际最高水平，国际最高水平是什么？2016年IBM公司就做出了5个量子比特的在线平台，那是国际上第一个。现在已经发展到20至50个量子比特。IBM第一步是5个，我们现在做到6个，就相当于国外三四年前的水平。所以，我们不是国际上最好的，但是，是国内第一家做成在线的平台。

从更高的角度看，6个量子比特太少了，好像还很初步。没有关系，就像小孩学走路，开始走路总是晃晃悠悠，不像样，但是以后他一定会腾飞、会健步如飞。

本源量子也是刚刚走入量子计算，我们希望他们很快能够健步如飞，能够做得更快，最后能够超越到世界的前列。所以今天非常高兴本源量子能够发布国内第一台在线的超导量子计算平台。

目前，本源量子公司正在研发下一代24比特超导量子芯片与量子计算机控制系统，预计将于2021年底推出60比特的“悟源”超导量子计算机。

最后，不妨抄录一下本源量子公司所坚守的文化宗旨——“国之所需，我之所向，唯本为源”。

二十五、布局完成

截至此时，郭光灿在量子信息领域的研究，基本上已布局完整。

也就是说，这时在量子信息的各大主要方向，郭光灿团队都有自己的实验室和研究方向，每一个方向都可以做到这一方向的最前沿课题——不是简单地做，而是一定要追到最前沿。郭光灿心中真正的目的，就是要追到全世界的最前沿。当然有些也没有做，毕竟有所为有所不为，比如超导研究郭光灿团队就没有做，而半导体他们就做了。

事实上可以认为，郭光灿所率领的中国科学院量子信息重点实验室是全世界最全面也是最系统的量子信息研究机构。这首先要得益于郭光灿非常早的超前布局，从事相关研究的时间比较长。早在量子信息科学的生长初期，郭光灿就对它的发展态势琢磨得十分清楚，这才有了他先于他人的超前布局。等到这一领域逐渐发展起来之后，郭光灿团队自然就会比别人发展得更早一些更快一些。郭光灿的做事方式是：看好方向，事半功倍，所以大多数都非常成功。可以说，这就是郭光灿在科研领域取得成功的一个重要原因——根据发展趋势提早布局，特别是对国家有重大影响和贡献的新领域，郭光灿会予以格外关注。

几年下来，经过这种慢慢积累，人员也培养出来了，仪器设备也置办齐全了，相辅相成。每做完一个课题的研究，就有比较高水平的论文发表，持续不断地出成果，工作的价值和意义就显现了出来。无论量子密码还是量子计算机，或者是整个发展中的关键器件，郭光灿团队都没有放弃攻关。

说到量子计算机，就要谈到存储器。以前所有的存储器都采用冷原子，把一大堆原子用约束激光来冷却，再操控原子。这样做效果也不错，性能指标也都能达到，但整体而言还是不够稳定，毕竟是气体，而且设备非常庞大。郭光灿很早就提出能否采用固体，把量子信息存到固体里面，需要时再拿出来，就像存储东西一样。毕竟固体会小一些，量子计算机芯片就应该是固体的，应该开了一个固态量子存储器的研究方向。

正当此时，周宗权来到了李传锋这里，而李传锋就让他开了固态存储这一摊。2019 年时，5 年的工作要结题了，周宗权这边确实做出了很大成绩。固态存储器与冷原子之类的体系不同，因为固态的优点很多也很明显，比如尺寸比较小，线宽比较宽，所有的指标都显示出固态的优点会更大。目前在所有指标里面，郭光灿团队的三个指标都做到了国际最好。他们可以在一个固体存储器里存储 100 个光子，一个个地存进去，再一个个地拿出来，清清楚楚。每个光子的一个自由度就可以存储 1 比特的信息，而一个光子具有很多自由度，现在他们让三个不同自由度（频率、时间、轨道角动量）都由单个光子携带，同时存在存储器里，获得的就是维数相乘的存储量，所以存储量非常之大，显示出非常明显的优势。一个光子的轨道角动量可以存储到 51 维，是目前最多的维度。此外还有保真度，即要保证存进去的光子不能变“坏”，否则其信息就会出现误差，目前他们的保真度可以达到 99.99%，是世界上保真度最高的固态存储器。

现在郭光灿团队正在攻克另一个指标，也就是存储时间的问题。这是一个相当大的难题，目前的存储时间一般只能到微秒级或者毫秒级，能够到秒一级就相当持久了。而固态的存储时间非常长，澳大利亚有一个小组，与郭光灿团队的方案一样，相干时间能达到 6 小时，但存储时间却远远小于这个时间。所以，首先需要把相干时间延长，才有可能把存储时间延长。

目前郭光灿团队的成果能够达到 5 小时（相干时间），但手头的仪器装置已到了极限，所以郭光灿希望在拿到经费之后，更新各种实验装置，相信之后这个时间可以超过 10 小时，甚至达到几天。

特别值得一提的是量子存储器的容量问题。经典存储器一般以比特为单位，现在的经典存储器可以达到 TB（2^{40}B）的量级。经典存储器一个存储单元只存储 1 比特，所以存储器的容量实际上就是经典存储单元的个数。量子存储器由于量子相干性的特点，它的一个存储单元可以一次性存储 n 个量子比特，也就是 n 个模式。近期研究表明，固态量子存储器的存储容量可达 100 比特——这个容量已经远大于地球上所有经典存储器之和。

假如存储时间能达到几分钟或者几小时，就可以做出一个相应的量子优盘来，并不需要通过光纤把量子信息传送出去，只要把一个个光子存进固态存储器，再把整个存储器通过传统的交通工具（如火车、飞机等）运送，也就是通过经典方式运送，就可以送达目的地，再取出其中的信息。这就是量子优盘。两个量子优盘纠缠了，量子信息就可以存在两个存储器的关联中，单看一个是无法获得信息的。在传送过程中，即便有人拿到了它，或者它丢失了，都不会导致信息泄露。只有两边同时操作，信息才能被准确地传递过去。这样就不必用光纤把一个个光子传过去，而是采用经典方式传递量子信息，其优点就是无须复杂装置，但保密性非常好。这是一种革命性的量子通信方案，因为它原则上可以实现对量子纠缠物体的经典搬运。量子通信将不再依赖光纤布网，任何经典交通工具能到达的地方，量子优盘携带量子纠缠就能到达。这将是一种高灵活性且相对低成本的点对点量子通信方式，可以在身份认证、签名、量子密码、量子信息共享等各个领域取得广泛的应用。

这一点原来国外没有人做，但现在国际上也开始重视了，全球有超过30家团队在齐头并进，竞争非常激烈，所以郭光灿有很强烈的紧迫感，认为我们的速度也必须加快。目前实验室的短距离演示已经成功，可以通过轨道运送，还能保持住各种特性，下一步就是时间继续延长。这显然是一个正确的方向，起码是新的生长点，其中关键器件是目标。再之后进行小型化等，总之距实用还有一段距离。

布局完成之后，郭光灿的团队就不断研究出各种成果，有些也许没有那么轰动，但毕竟如雨后春笋一般，在各个分支领域遍地开花，全都是具有国际一流水平的成果。

以下抄录一些有关中国科学院量子信息重点实验室的正规官方表述：

> 目前中国科学院量子信息重点实验室的总体目标是：以国家重大需求和学科发展趋势为驱动，长期从事量子通信与量子计算的理论与实验研究。实验室以研制量子计算机、量子模拟器、量子存储器、实用化的量子密码技术等为目标，开展基础研究和应用基础研究，力争在量子信息领域的国际竞争中做出重要贡献，成为国际上有重要影响的科研基地，做出了一系列国际一流水平的原始创新科研成果，并在解决国家重大需求上发挥不可替代的作用。
>
> 中国科学院量子信息重点实验室定位于开展量子物理和量子信息领域的基础研究，力求在第二次量子革命中做出贡献。在量子信息方面，研究相关量子器件的新原理和新方法；在量子物理方面，深入探索新的量子现象和规律，为揭示量子世界奥秘做出贡献。未来五年，实验室将聚焦于量子物理和量子信息领域的基础研究，争取在第二次量子革命中做出独特的贡献：在量子信息领域，研究相关量子器件的新原理和新方法；在量子物理领域，深入探索新的量子现象和规律。
>
> 中国科学院量子信息重点实验室充分发挥多学科交叉的优势，理论研究与实验研究相结合，基础研究与应用研究相结合，科学研究与

人才培养相结合，在量子光学和量子信息领域不断做出国际水平的成果，培养和造就年轻的学术带头人，建成我国量子信息科学的创新研究基地。

中国科学院量子信息重点实验室曾承担的主要科研项目包括：科技部“973”项目“量子通信与量子信息技术”；科技部“量子调控”重大科学研究计划项目“量子通信与量子计算的物理实现”；作为首席承担国家“973”计划导向性项目“固体量子芯片研究”；等等。

目前，实验室下设固态量子计算、量子纠缠网络、量子集成光学芯片、量子密码与量子器件和量子理论5个研究组。

二十六、人才接力

郭光灿的科研路程可谓坎坷而曲折。他不是名门之下的研究生，没有导师可以做支撑；贫苦出身，没有广泛的关系与人脉……与郭光灿关系好的帮助者，都是出于一种公心，都是出于对他人品与学术水平的欣赏。桂文庄是这样，闵乃本是这样，还有许许多多人都是这样。

中央政治局委员、中央组织部部长陈希于2011—2013年担任中国科学技术协会常务副主席、书记处第一书记，2012年7月25—27日，陈希到安徽调研科技创新和科普产业发展的相关问题，专门到中国科学技术大学考察了中国科学院量子信息重点实验室等研究机构，并特意看望了郭光灿。其实此前郭光灿与陈希并无交往，交谈时郭光灿还询问陈希为什么会来看他。陈希回答说：我经常看到您的一些消息，对您这样的老科学家非常尊重，所以想来看看您。郭光灿这才知道，原来陈希来拜访完全是出于对他的尊重。陈希还专门带来一大束鲜花送给郭光灿，后来两人手捧鲜花的照片出现在中国科学技术协会的主页上面。

有时候感觉，郭光灿就像山间蜿蜒的小溪，一路上都在寻找各种适合的道路，一点点弯弯曲曲地流淌过来；或者就像从石头缝里钻出来的脆弱植物，先天没有特别的营养，但依旧顽强地挣扎着生长出来，并逐渐发展壮大，开花结果。

这也许就是中国某个阶段很多知识分子的命运。在这点上郭光灿坦承，自己是幸运的，因为无论如何他靠着自己顽强的生命力走了出来，也有很多人与他经历相似，但事业却半途而废。

郭光灿在实验室刚刚建立的时候，手头没有经费，所以只能去搞理论研究，而无力搞实验。假如当初他就有足够的经费，自然会理论和实验同步进行。因为他知道，自己研究的这些理论都有很大的实际用途，只有做出实验才能体现出这些理论的真正价值，理论只有与实验相结合才能焕发出巨大的生命力，才能对国家真正有用。

后来国内很多年轻人，所走的基本上就是与郭光灿相似的路线。开始很多人都是搞理论的，现在也纷纷开始搞实验，理论与实验并行。而这些曾经搞理论的人，搞起实验来得心应手，因为他的理论功底比较好，看问题更具有物理内涵，做出来的实验也就更有价值。

这些年郭光灿在从事科研工作之外，最主要的工作就是培养人才。通过这些人才，把量子信息各个领域有生命力的、能做到的方向都予以布局，所以在每一个方向都拥有一些国际一流的成果，这不能不说是郭光灿多年来苦心经营的结果。现在中国科学院量子信息重点实验室的研究人员已超过 50 名，与当初只有郭光灿一个老师带学生的窘况完全不同。这些研究人员，包括技术人员和管理人员，包括从中产生出的 6 名国家杰出青年科学基金获得者和 13 名国家优秀青年科学基金获得者，全都是团队自己培养出来的，而不是从国外引进的。

郭光灿看人，不是单纯机械地看他眼下的科研成果，而是看他对科研的态度。比如，郭国平当时还没有特别显著的成绩，但郭光灿一直就很看好他，并从 2006 年开始支持他，前四五年间都是纯粹的投入，几乎没有产出。但一旦机会来了，马上就把他推上去。其实郭光灿自己亲自上阵，半路再换郭国平也可以，但他却一开始就将重任交给年轻人，锻炼他们的能力，一切由年轻人来负责，但大事他会帮助年轻人把关，郭光灿相信，这样年轻人就一定能够迅速成长。

郭光灿对郭国平如此，对李传锋、对韩正甫、对所有能够独当一面的年轻人，都是如此。郭光灿总是能看出这些年轻人内在的潜力，以及他们良好的人品和严肃的学风。事实证明，郭光灿所看中的这些人，后来全都取得了巨大的成功。

在培养学生方面，郭光灿始终以身作则，希望年轻教师心中要有理想，要有对科学的不懈追求，同时也要有对中华民族伟大复兴的历史担当。正是基于这几点，郭光灿也要求这些学生对他们的学生，不管对方的水平如何，都应该认真培养，悉心教诲。作为学生来说，肯定会有各种个体差异；但作为教师来说，你一定要尽自己的全力去培养他。物理学是一门非常重要的基础学科，学好物理可以做好很多事情，比如技术、工程，甚至可以从事经济工作和社会工作。学生时代学习物理学，最重要的不是掌握知识，而是理解其中的内涵，领会其中的精髓，这种思维方式会影响他的整个人生。

在郭光灿看来，现在国内既不缺人才，也不缺资金，科研的机会更是到处都是，但有很多年轻的科研人员，缺乏真正的科学精神，缺乏一种实事求是的科学态度。比如在科研工作中，动辄就是超过了国外多少多少，看起来让大家非常自豪，但这样说多了之后，难免让国家产生误判，于国于民毫无裨益。所以郭光灿不但自己坚守底线，而且教育和告诫团队中的科研人员不要好大喜功。他说太大的环境我无能为力，但管好自己的团队和自己的实验室还是可以做到的，多年来郭光灿一直在营造一个良好而健康的科研环境和学术氛围。作为一个科研团队，中国科学院量子信息重点实验室自然也会对外宣传，但宣传绝对不是广告，毕竟广告带有一定的商业色彩。郭光灿心底有一种家国情怀，所以他对过分的宣传颇为不屑，至于说有别人宣传过头并获得巨大声誉和利益的，郭光灿也告诫团队成员不要眼红，可喜的是团队中的年轻人也都能按照他的这个要求去做。郭光灿认为，这就是我们这些年来能够立于不败之地的根本所在。

郭光灿经常对学生们说，你们要提高自己的学术品位。现在我们的设备很好，各种技术都有了，努力程度也足够，如果你还不能取得突破性的成果，要问问自己对问题的研究是否透彻？是否抓住了问题的本质？随着研究成果越丰富，自己的科学品位也会随之不断上升，一定要努力提高学术品位。李传锋对郭光灿这番话的理解是：要多看文献，多分析思考，更加深入地进行研究。

二十七、交换笑脸的“柴郡猫”

郭光灿在量子信息科学的各个分支领域都已布局完成，手下的年轻人各挑一摊，他本来可以安心享福了。但郭光灿并没有止步于此，他依旧在思考有关量子信息科学的基本理论问题。

在郭光灿看来，量子科学领域最神奇的地方就在于，其中有很多你不懂的地方——有些东西刚一学完，你会觉得自己懂了很多；但仔细一想，就会发现又有了很多新的不懂的东西。所以说，量子科学会永远推着你向前探索。

所以，在始终重视实验的同时，郭光灿从来没有放松对量子科学理论基础的研究。

量子信息是量子物理与信息科学相融合的产物，而量子信息的发展反过来深化了人们对量子世界更深刻的理解。郭光灿认为，尽管量子力学诞生的这一个世纪，开拓了诸如激光、半导体、核能等基于量子特性的新技术，促进了人类社会的繁荣昌盛，但人们对量子世界本源却依然认识不清。量子力学诞生后的第二个百年，由于量子信息的发展，人类迈进到“量子调控新纪元”，一方面将开拓量子密码、量子通信、量子计算、量子模拟、量子传感等新技术，另一方面将有望揭开量子世界的神秘面纱。为此，郭光灿开始布局研究量子力学基本问题的新方向，期望取得新的突破。

2003 年，郭光灿的实验室应用纠缠光源首次在实验上否定了上下文无关的隐变量理论的存在，有力地支持了量子力学的正确性。因为长期以来，量子力学基本原理是否完备一直是学术界争论的焦点，实验已证实贝尔不等式可以违背，否定类空的隐变量理论的存在，但与上下文无关的隐变量是否存在？他们首次在实验上给出了否定的证据。

2011 年，郭光灿团队验证了新形式的海森堡不确定原理。论文发表在当年 10 月的《自然-物理》上，“自然 • 中国”网站在“研究亮点”栏目中对该成果进行了介绍，此理论被称为新形式的海森堡不确定原理。该成果将有助于人们更加深刻地理解量子力学的本质特征，同时对量子密钥传输的安全性证明也有着十分重要的意义，并有望在相干量子控制等工程学中获得应用。

还是 2011 年，郭光灿团队还通过实验首次发现量子关联可以不被环境破坏，发表在《自然-通讯》创刊号上。量子体系的关联包括经典关联和量子关联，量子关联又包括纠缠和非纠缠两类。该团队在实验上首次发现，在消相干环境下，总关联虽然不断衰减，但存在特殊拐点，即开始时经典关联衰减而量子关联保持不变，到拐点之后，经典关联保持不变而量子关联开始衰减。更有趣的是，即使纠缠衰减，量子关联也可以保持不变。这一发现引起国际学术界的极大兴趣，有学者在理论上论证了这个效应，许多学者采用不同体系验证了这个现象。

2012 年，郭光灿团队首次实现了量子惠勒延迟选择实验，制备出了粒子和波的叠加状态，首次在实验上否定了玻尔的互补原理。研究成果作为封面文章发表在当年 9 月的《自然-光子学》上，英国著名量子物理学家阿德索（Gerardo Adesso）教授和吉罗拉米（Davide Girolami）教授在同期杂志的“新闻与观察”栏目，以“波-粒叠加”为题撰文评述了这一研究成果。《自然-物理》杂志也以“选择的问题”为题在“研究亮点”栏目报道了该成果。

光子同其他微观粒子一样具有波粒二象性，玻尔的互补原理认为在实验上只能观测到波动性和粒子性这两种对立属性中的任意一个，同一个实验中不会同时观察到这两种属性。但上述实验研究首次观察到光子处于“非波非粒，亦波亦粒”的状态。《波-粒叠加》一文高度评价了这项工作：“量子惠勒延迟选择实验的实现挑战互补原理设定的传统界限，在一个实验装置中展示光子可以在波动和粒子两种行为之间相干地振荡”。《选择的问题》一文则评价该成果“重新定义了波粒二象性的概念”。2013 年 1 月著名的科学杂志《新科学家》以“量子影子：物质奥秘的更深理解”为题，以封面故事文章的形式专门报道本项成果，并制作了科普宣传动画。

柴郡猫（Cheshire cat）本是一个虚构角色，它出自英国作家刘易斯·卡罗尔（Lewis Carroll）的童话《爱丽丝漫游奇境记》。柴郡猫拥有凭空出现或消失的能力，但它消失之后其笑容依旧会挂在空中。2020 年，郭光灿团队首次利用双光子系统，展示出两只“量子柴郡猫”交换笑脸这一独特的量子效应。

时间进入 2021 年，郭光灿团队再创新高，在量子存储和量子中继领域取得了重大突破和进展。李传锋、周宗权研究组将相干光的存储时间提升至 1 小时，大幅度刷新了 2013 年德国团队保持了 8 年的光存储 1 分钟的世界纪录，向实现量子优盘迈出了重要的一步，也许在不远的将来我们就能使用上真正的量子优盘。该成果于 2021 年 4 月 22 日发表在国际知名学术期刊《自然-通讯》。随后李传锋、周宗权研究组利用固态量子存储器和外置纠缠光源，首次实现两个吸收型量子存储器之间的可预报量子纠缠，演示了多模式量子中继。这一成果为量子中继的发展研究开创了一个可行的方向，为实用化高速量子网络的构建打下了坚实的基础。该成果于2021年6月2日23：00在线发表在国际著名学术期刊《自然》上。

二十八、无尽的追求

如今郭光灿的团队在国际量子领域已经属于第一梯队，可以与国外同行并驾齐驱，在有些方面甚至还能超越别人，已经是一支相当有战斗力的队伍了。

郭光灿毕竟岁数大了，已届耄耋之年，不再亲自冲锋陷阵，一切放手让年轻人去干。但郭光灿并没有休息，因为他的脚步停不下来。不再亲身参与一线工作，并不意味着他也停止了思考。郭光灿退到了后场，在原来的主战场旁边，又打开了第三道门——利用量子信息技术来研究量子世界的奥秘。

在一生科研的整个旅程中，郭光灿似乎总是处于“少数派”的境地。第一次是量子光学，第二次是量子信息，现在郭光灿走到了自己科研中的第三次“少数派”时代，也就是有关第二次量子革命。

郭光灿指出，量子科学领域即将迎来第二次革命。

在量子科学领域，第一次量子革命是量子力学的诞生，经历了从量子力学诞生到量子信息诞生这一段漫长的时间。在这次革命中，不但建起了量子力学大厦，而且科学家将量子力学视为一种有效的工具，利用相关技术，研制出了激光、半导体以及电脑等工具。但针对量子力学的基本问题却争论不休，至今没有定论，例如，量子世界为什么会具有不确定性和非局域性的特征等，很多问题至今仍然搞不清楚。事实上，自量子力学诞生以来，直到量子信息兴起并长足发展，争论和探索就一直没有停止过。爱因斯坦与玻尔两人生前一直争论不休，目前看起来，似乎是玻尔赢了，但爱因斯坦也未必就彻底输掉，至少他没有服气。多年以来，两个不同的学派似乎是在做一种妥协与权衡，就如同“搁置争议，共同开发”一般，那么在没有确定结论之前，大家就看量子力学能做些什么，如何把它做大做好；也就是说，暂时只是依靠量子力学的理论来做事情，至于为什么会这样，目前还是不清楚，也先不必搞清楚。

但是这种不清楚，不可能永远不清楚下去，所以才需要第二次量子革命。只有解决了这些根本性的问题，才能把人类对自然界的认识提高到一个崭新的高度。

自创立以来，量子信息科学提供了很多解决问题的新概念和新工具，使人们能够了解量子世界的神奇奥秘。而第二次量子革命，就不仅是要解决做什么的问题了。郭光灿自然把眼光瞄准到了这里，他希望能够提供出新的概念，开发出更多新的量子工具，以此来揭开量子世界真正的奥秘。关于这些问题，目前国际上也有人在做相关研究，但也不是主流，在国内就更不是主流。然而郭光灿却认为，这其中一定有名堂，一定大有前途，他的团队现在就开始着手相关研究，全都是以前没有做过的。在郭光灿看来，以前我们使用的是经典工具，所以很多问题难以解决；假如掌握了有力的量子科学工具，就有可能探索到量子世界的真正奥秘，就有可能出现全新的发现，只有使用“量子钥匙”，才能打开量子世界的大门。所以团队不仅要做量子器件，还要了解其中的深层原因，了解量子世界为什么会这样，这就是我们真正要追求的东西，这就是量子第二次革命的重要内容。2011 年 9 月，郭光灿主持由中国科学院学部主办的第二次科学与技术前沿论坛“量子信息”会议，并在会上率先提出“运用量子技术探索量子世界的奥秘”，同时身体力行，致力于此。团队现在有很多时间都是在做这项工作，诸如对“薛定谔猫”的种种解读，等等。虽说问题不能马上得以解决，但确实是在逐步深入。为此，郭光灿已经牵头召开了三届会议，每两年召开一次，专门讨论这些“形而上”的问题。

在郭光灿看来，这就是第二次量子革命与第一次量子革命不同的地方。可以认为第一次量子革命是“知其然”，第二次量子革命还要“知其所以然”。至于说第二次量子革命究竟会走到一个什么样的地步，什么时候会最终完成，郭光灿坦言：这些我也不清楚。但我相信，这是量子科学发展的一个新方向，这个方向将对整个科学乃至整个世界产生十分重大的影响，将让我们对自然界的认识提高到一个崭新的水平，这就是我们现在所追求的，我也希望有更多的人能够与我们一起来追求。

2015 年 5 月，郭光灿在安徽合肥发起举办了首届“量子力学二次革命”论坛。

2018 年 10 月至 2019 年 7 月，郭光灿在《物理》杂志上发表了一系列有关量子科学的短文，再次系统地阐述了有关量子科学的方方面面，深入浅出地介绍了有关量子科学的种种问题，即著名的“量子十问”。这些文章分别为：《量子究竟是什么？》《“爱因斯坦幽灵”能用来实现超光速通信吗？》《量子技术能将人“瞬间”转移到别的星球上吗？》《“薛定谔猫”为什么会自然死亡？》《量子密码就是量子通信吗？》《量子计算，这可是一个颠覆性的新技术》《量子模拟到底是啥？》《量子也有存储U盘？》《量子传感刷新测量技术极限》《第二次量子革命究竟要干什么？》。

在“量子十问”的最后一问《第二次量子革命究竟要干什么？》当中，郭光灿如此写道：

> 量子力学是人类迄今最成功的理论，此理论衍生出诸如激光（光通信、互联网）、半导体（电脑、手机……）、核能等，是造福于人类一个世纪的先进技术。但自量子论诞生一百多年来，科学家关于量子世界的奥秘却一直争论不休，迄今仍不知其答案。
>
> 量子力学的第一个百年（第一次革命）人们主要只做一件事，求解薛定谔方程，并取得辉煌成果，研制成功激光、晶体管等新型器件，将人类社会引进繁荣的信息时代。这一百年，人们只能问量子力学能让我们“做什么”，而不去问“为什么”。
>
> 量子信息的诞生打破了这个沉寂的僵局，因为量子信息领域涌现出许多新的物理概念，例如纠缠、量子关联、非局域性……同时研发出新的实验方法和工具，提供研究量子世界奥秘的新工具，点燃了量子力学的第二次革命。国际著名刊物《自然-物理》2014年发表编辑部纪念贝尔定理五十周年的评论，指出将揭开“量子谜团”！
>
> 那么第二次量子革命究竟要干什么，这里有两件事要做——其一是继续“做什么”；其二是追问“为什么”。
>
> 第一次量子革命只是基于量子力学的原理开发出新型的经典器件（激光、半导体、电脑、手机……）造福于人类，这些器件遵从经典物理规律。
>
> 第二次量子革命则是直接开发基于量子特性本身的量子器件，这些器件遵从量子力学规律，它以量子态（量子比特）为单元，信息的产生、传输、存储、处理、操控等全都基于量子力学规律，是地道的

量子器件，称为量子信息技术。其信息功能远远超越相应的经典器件，能突破现有信息技术的物理极限，在信息处理速度、信息安全、信息容量、信息检测等方面将发挥极大的作用，这种崭新的技术将给人类社会带来翻天覆地的变化。

目前正在开发的主要量子信息器件和技术，有量子计算、量子密码、量子网络、量子模拟、量子传感等，这些量子器件和技术的物理基础直接应用到量子世界的特性，如量子态叠加性，量子非局域性，量子不可克隆性等。第二次量子革命"做什么"就是开发基于量子特性的量子器件，促使人类从经典技术跨越到量子技术的新时代。

二十九、尚未建成的物理学大厦

但郭光灿更关注的是，是第二次量子革命所要做的另一件事，即追问"为什么"。这主要聚焦于两个方面：一个是量子世界的奥秘，一个是量子世界与经典世界的兼容。当前科学界关注的热点问题主要有以下几个方面：量子世界与经典世界的界限问题（即"薛定谔猫"佯谬）、量子测量问题、隐变量和非局域问题、量子力学与因果律、量子力学与相对论的融合。

对于"薛定谔猫"引发的不确定关系，对于 EPR 佯谬，郭光灿认为其中都有相当深刻的物理，虽然用目前的技术可以解释，但很多问题还是没有从根本上得到解决。

假如你与郭光灿交谈，会发现他经常会使用"物理"这个词，他的学生和同事也同样喜欢使用这个词。而在如上的叙述中，这个词在句中的含义似乎不那么符合汉语语法规则，事实上在他们的语义中它仿佛具有一种形容词性，一种可以理解的含义应该是"更具有物理性"。即便如此，它在句中的含义依旧不够清晰。

按照张永生的解释，其实这个词在不同的叙述当中也许具有不同的对比性含义。比如，在与工程技术相提并论时，这个"物理"的含义就是"物理学理论"；在与哲学相提并论时，这个"物理"的含义就更加注重现象而非更为玄虚的东西；但更多的时候，这个"物理"也许是相对于"数学"解释的一种物理思考。综上所述，郭光灿在使用"物理"这个概念的时候，似乎更偏重后者，但也兼顾其他。

回到这种更“物理”的思考，这种东西似乎是郭光灿一生孜孜以求地深究并试图揭示的东西。李传锋认为，他自己自幼所追求的，其实就是对物质世界这种神秘性的揭示，不过在他看来，自己的追求还是没有郭光灿那么“凶狠”。李传锋始终觉得，郭光灿骨子里是一位真正的物理学家。

事实上，对于量子科学领域的一些经典理论，郭光灿一直抱有一定的怀疑态度。他像爱因斯坦一样，希望在所谓“上帝掷骰子”的表面现象之下，还有一个更底层的理论支撑——他确实期望是这样，虽说至今尚无定论。他认为量子力学应该有一个范围，它不可能解释万事万物。但现在的主流观点认为量子力学就是最底层的理论，可以解释万事万物，事实上也有一些人像郭光灿一样并不这么认为。

李传锋有一次与郭光灿探讨，认为通过消相干的方法，测量问题已经彻底解决了，但郭光灿马上指出：没有解决，随机性并没有解决。郭光灿一直希望对随机性有一个明确的解释，他认为这有可能是第二次量子革命的一个突破。

2013 年春节的时候，李传锋到郭光灿家拜年，闲谈中，郭光灿拿出三本量子力学著作，与李传锋讨论起相关话题来，讨论起李传锋所做的实验。

上述所提到的“2012 年，郭光灿团队首次实现了量子惠勒延迟选择实验，制备出了粒子和波的叠加状态”，实际上就是李传锋在简易房里所做的那个 150 米实验，通过量子存储检验量子力学，实现从微观到宏观的实验现象。事实上用通俗的话来说，就相当于是说在实验中同时看到了光子的波动性和粒子性，首次观察到光子处于“非波非粒，亦波亦粒”的状态。在这次实验之后，南京大学电子科学与工程学院院长施毅告诉郭光灿，他们的量子物理课本来要讲玻尔的互补原理，但现在也要把有关这一实验的文章拿出来一起讲。

此时此刻，郭光灿拍着那三本书对李传锋说：量子力学传统理论也无法解释这个实验。李传锋回应道：我希望能把玻尔的理论扩展一下，把实验结论包含进去。郭光灿对此说法却不以为然，他告诉李传锋说：玻尔才不会像你这么想，你这样说玻尔是会生气的，你应该有魄力把玻尔的理论推翻。

在郭光灿看来，要么是波，要么是粒子，一定还能揭示出更深层的东西。郭光灿对于量子力量理论的完备性始终存在怀疑，但他暂时也没有找到答案。李传锋感觉郭光灿对量子科学的思考非常深刻，不像他自己，发表完文章之后就不再继续思考，会把精力转移到下一个实验的设计中；但郭光灿则不然，他会继续深入思考——这个实验究竟揭示了什么，说明了什么，有哪些结果比事先预想的更深刻。

王琴也认为，郭光灿对于哥本哈根学派的理论解释不是十分满意，他认为应该有一个更完美的解释，在概率性下面应该有更深层的道理。比如，真空里有什么？纠缠从哪里来？郭光灿对塌缩理论也不是十分满意。

假如粗略整理一下郭光灿的思想，不妨做如下一番表述。

郭光灿认为，哥本哈根学派对量子力学的传统诠释是建立在“局域实证论”理念之上的，依然企图将量子世界纳入经典物理框架中予以诠释，而这肯定是有缺陷的。当然对理论的诠释与理论本身是两回事，即使哥本哈根诠释有问题，依旧不能动摇量子力学的正确性。

另一方面，我们说量子力学所有的理论预言都被实验证实，这个理论是人类迄今最为成功的理论，但这并不意味着量子力学可以解释所有物理现象，量子测量的波包塌缩、“薛定谔猫”如何死亡等，这些在量子力学框架内无法给出正确的答案。郭光灿认为这源于“物理学大厦尚未建成”。

大自然为了让人类揭开其奥秘，提供了若干宝贵的“秘钥”，诸如引力常数 G、普朗克常数 h、光速 c 等。其中，普朗克常数 h 是标记“量子特性”的关键参数，量子力学适用于处理 h 接近 1（$h\sim1$）的物理现象，经典物理适用于 h 接近 0（$h\sim0$）的物理现象，而位于两者之间那一区间（$0<h<1$）的物理现象却无法处理。物理学必须解决好这个问题，才能声称“物理学大厦的真正建成”。因此，必须探索“量子世界与经典世界”界面处发生的物理现象与机制，才能解释适用于整个物理世界（$0\leqslant h\leqslant1$）所有的物理现象。

郭光灿关注的另一个物理问题是量子世界的两个基本特征，即量子不确定性和量子非局域性，它们究竟源于何处？“万物源于真空”，郭光灿认为只有揭开量子真空的本质，才能最终回答这一问题。

如今，郭光灿每天都在思考，每天都在继续寻找答案。

尾声　未完的结局

假如给我 90 分钟一部电影的时间，我可以把郭光灿的一生拍得十分精彩；但假如只给我 30 秒钟的时长，那么我会这样拍摄它：

一个孤独的少年，从海边的雾霭中逐渐显现出来，赤脚走在泉州百崎的乡间小路上。在他的身边，有他的母亲郑算，有他的兄长郭辉煌和郭辉钦，有他的族人郭秋其……

渐渐地，他的身旁有了更多的人：郭其顺、郭廷祥、郭良枝……

少年继续走着，走到泉州的街头，他的周围换成了别人：王德辉、黄则兴、王建成……

再后来，这位少年成长为青年，走在位于北京的中国科学技术大学的校园里，他的周围再次换成别人：赵立平、朱敏慧、单焕炎、许子明……

再后来，这位青年走向中年，走在位于安徽合肥的中国科学技术大学的校园里，他的周围再次换人：桂文庄、闵乃本、杨国桢……

他就这样一直走着，一直走着，他的周围也一直在变换着人群：段路明、李传锋、韩正甫、周正威、张永生、黄运锋、郭国平……

最终，他走出中国，走向世界，走进充满神奇的量子世界……

他，就是郭光灿。

假如你仔细读完这部传记，假如你由此产生兴趣想去寻找和了解更多有关传主郭光灿的资料与故事，那么你就会得到这样一个深刻的印象——

中国量子光学和量子信息科学的开拓者、先行者与奠基人的形象，开始在你的眼前逐渐清晰起来。

郭光灿是中国量子光学和量子信息领域当之无愧的鼻祖，他不但亲手开创与奠基，而且持续不懈地关注与钻研，探寻其中的奥秘，揭示内里的真相。中国量子科学能够走到今天，郭光灿敏锐而独到的眼光起到了不可忽视的影响和作用。

无论是对郭光灿点点滴滴的详尽记述，还是对郭光灿治学为人的高度概括，应该都包括在这部传记的字里行间了。但是在这里，还是有必要对郭光灿做一个更为全面的总体评价。

与郭光灿接触，让人在不同的阶段有着不同的感受，或者可以说存在着三重境界。

在近距离接触他之前，感觉他是一位院士，是具有中国最高学术称号的科学家，似乎与普通人距离很远，对普通人来说这是一个过于高大上的概念，似乎他不食人间烟火，人们只能远观仰视。

但在有所接触之后你就会发现，他也是一个普通人，同样也有喜怒哀乐，同样也有性格与脾气，甚至还会有普通人身上的各种缺点。这时你就会发现，他就是一个普通人，一个再普通不过的普通人。

继续深入接触之后你又会发现，他与普通人还是有着很多明显的不同；在他身上，还是有着许多常人难以企及的素养——无论是面对问题时的敏锐程度，还是判断事物时的准确水平，都非常人所能及。而这，才是他更为显著的本质特点。

比如同样是家国情怀，普通人对于爱国的表达，也许是一种热情奔放的方式；郭光灿的表达则不尽相同，他会通过更为宽阔和理性的视野，从科学发展的角度，以认真踏实从事科研的方式，完成自己对祖国的这种深厚感情。比如同样是面对祖国科技相对落后的状况，有人也许只会捶胸顿足抱怨连天；而郭光灿的做法却更为现实和具体，他会思考如何在最短的时间里以最好的方式赶超，逐渐改变这种落后面貌。

郭光灿是一位治学严谨、学风端正的严肃学者，在学术研究中一丝不苟，踏踏实实，对于成绩从不过分吹嘘，同时希望他的学生与同事也都保持一颗平常心。郭光灿自然也有其个人化的情绪，但作为一位学者，他具有令人尊重的道德规范和行为准则，具有严格苛刻的学术底线与良知，具有一颗善意而公正的心。

就学术领域而言，郭光灿并非无所不知，对于量子科学研究也不可能做到什么都懂、面面俱到。但他对于问题的把握却总是相当敏锐而准确，是科研领域真正的领路人和学术鉴赏家。

郭光灿知人善任，能够充分调动团队成员的积极性。在郭光灿团队中，每个人都有着自己鲜明的性格特点，各不相同，相距甚远。但郭光灿却有能力把他们紧密地团结在自己周围，各取其长，循循善诱，让他们一个个都能独当一面，在各自的领域做出卓越非凡的贡献。

郭光灿的学生和同事李传锋、韩正甫、周正威、张永生、黄运锋、郭国平等人，以及很多熟悉和了解郭光灿的人，都以不同的语言方式，表达了上述近乎相同的意思。

事实上，笔者在书写郭光灿生平的同时，也在无意中描绘出了这些与郭光灿如影随形的科研工作者形象，等同于塑造出一组优秀科学家的群像。郭光灿，与他的同窗好友，与他的学生同事，与他不同时期的合作者，以及千千万万的科研工作者，千千万万的诚实劳动者，以一种凝聚合力的形式，为我们的民族，为我们的国家，为我们的人类文明，贡献出了自己的力量。

郭光灿一路走来，历经坎坷，在很长一段时间里，他都像一位高擎着火炬的孤独勇士。有几次，那微弱的火苗险些熄灭，但这位勇士依旧小心呵护，执着一意，不屈不挠，顽强地高举着它继续前行。最终这位勇士的心血没有白费，如今昔日的星星之火已燃成燎原的熊熊烈火，绽放出璀璨耀眼的无限光芒。

是的，郭光灿本人，以及他那些志同道合的同志，一方面是为国为民做出无数奉献的著名科学家，一方面又是芸芸众生中极为普通的劳动者。这部传记所依据的材料，除了少量的官方文件之外，大多数来自这些人的个体记忆。但正是这些无数个普通的个体记忆，构成了我们民族与国家的恢宏历史。正是千千万万像郭光灿这样个体的不懈努力，编织出我们民族的纵横经纬，构成了我们国家的牢固基石，铸建起我们人类文明的宏伟大厦。

主要参考文献

重修《百崎郭氏回族宗谱》编委会. 2000. 百崎郭氏回族宗谱.

韩荣典. 2009. 中国科学技术大学物理五十年. 合肥：中国科学技术大学出版社.

《黄钟大吕》编委会. 2012. 黄钟大吕——福建省泉州第五中学（省立晋中）建校 110 周年纪念.

附录一　郭光灿个人概况

一、年谱

1942 年

12 月 9 日，出生于福建省惠安县白奇村（现改为泉州市台商投资区百崎回族自治乡白奇村）。

1955—1958 年

1955 年 9 月—1958 年 8 月，泉州五中初中部。

1958—1960 年

1958 年 9 月—1960 年 8 月，保送至泉州五中高中部，并被选入理工试点班。

1960—1965 年

1960 年 9 月—1965 年 8 月，北京，中国科学技术大学无线电电子学系电真空专业。

1965 年

9 月，留校工作至今。其间，1964 年—1965 年 5 月，先后在北京顺义县沿河公社和张喜庄公社参加两期“四清”运动工作队。1965 年 5 月返校，后经历“文化大革命”。

1970—1971 年

随学校下迁合肥。先同本专业 1964 级本科生到淮南造纸厂参加“清理思想政治”活动，后临时调至学校教改组工作。其间，1971 年曾陪同校领导参加“文化大革命”后的第一次全国教育工作会议，参加复课招生等工作。

1972 年

中国科学技术大学电真空专业取消，合并到物理系激光专业。

1978 年

“文化大革命”后自选第一个科研项目“氮分子激光器及其应用”荣获“全国科学大会奖”。

1981—1983 年

经教育部公派出国的选拔考试后，作为访问学者被选送到加拿大多伦多大学物理系从事量子光学研究。其间，1983 年 8 月，参加在美国罗切斯特大学召开的第五届量子光学国际会议。

1983 年

9 月，回国在中国科学技术大学物理系从事科研与教学工作。

1984 年

8 月，发起并主持第一届全国量子光学学术会议。开设国内第一门“量子光学”研究生课程，并先后在山西大学和吉林大学等主讲该课程。

1985 年

晋升为中国科学技术大学副教授。

1986 年

作为主教练主持中国科学技术大学 CUSPEA 培训工作。这届全国录取的 73 名考生中，中国科学技术大学有 33 名入选，且前十名中占第一、第二、第四等 7 个名额。

1988 年

晋升为教授。

1988—1992 年

担任中国科学技术大学物理系副主任。

1989 年

被国务院学位委员会评为博士生导师。

1992 年

4 月，学校成立非线性科学联合研究中心，时任校长谷超豪为中心主任，郭光灿为常务副主任。

1994—1997 年

由数、理、化、天、地、生 8 个系组成的理学院成立，郭光灿担任第一届副院长。

1998—2000 年

任第二届理学院副院长。

1998 年

6 月 18—21 日，组织申报并主持“量子通信与量子计算”香山科学会议，并受邀在其后召开的香山科学会议五周年纪念会上做特邀报告。

1999 年

中国科学技术大学量子通信与量子计算（中国科学院）开放实验室成立，郭光灿任实验室主任。

1999 年

9 月，担任学校“211 工程”项目“非线性科学”首席科学家。

2000—2004 年

理学院实体化，包括数学系、物理系、近代物理系、天文与应用物理系等，任常务副院长（即执行院长）。

2001 年

中国科学院正式批准成立中国科学院量子信息重点实验室，担任实验室主任。

2001 年

7 月，受邀到香港浸会大学访问讲学两个月。

2001 年

9 月，在黄山组织召开了中国第一次量子信息国际研讨会。

2001 年

担任科技部“973 计划”项目“量子通信与量子信息技术”首席科学家，后来该项目成员有 5 位被评为中国科学院院士，包括郭光灿、彭堃墀、孙昌璞、潘建伟和杜江峰。

2002 年

担任国家自然科学基金委员会量子信息领域第一个创新研究群体首席科学家。

2002 年

5 月，在台湾“中央大学”、台湾大学、台湾大叶大学、彰化师范大学、成功大学等高校做了多场学术报告。

2002 年

8 月，应邀参加了在日本举办的亚洲量子信息年会，并做了大会特邀报告。

2002—2004 年

参加《国家中长期科学和技术发展规划纲要（2006—2020 年）》专家研讨会，在闵乃本教授领导下，起草并上报“量子调控研究计划”建议书。最终被国务院采纳并启动了“量子调控”的重大专项基础研究项目。

2003 年

被评为中国科学院信息技术科学部院士。

2006 年

9 月，在北京主持召开了第一次在中国主办的亚洲量子信息年会，与会专家包括国际著名学者。

2009 年

被评为发展中国家（第三世界）科学院院士。

2009 年

9 月，主持召开量子输运与量子计算前沿国际学术交流会。

2009 年 11 月—2016 年 3 月

任第六届教育部科学技术委员会委员。

2011 年

9 月，在北京主持召开了由中国科学院学部主办的第二次科学与技术前沿论坛“量子信息”会议。

2012 年

6 月，在北京主持召开了“固态量子计算”论坛。

2015 年

5 月，在合肥主持召开了首届“量子力学第二次革命”论坛。

2016 年

10 月，在合肥主持召开了由中国科学院学部主办的第 59 次科学与技术前沿论坛“量子计算”会议。

2019 年

5 月，自中国科学技术大学退休，仍担任中国科学院量子信息重点实验室主任，继续从事各种科研工作。

二、荣获主要奖项

1. 2003 年，国家自然科学奖二等奖（“量子信息技术的基础研究”）；2020 年，国家自然科学奖二等奖（“基于量子信息技术研究量子物理基本问题”）

2. 2003 年，何梁何利基金科学与技术进步奖

3. 2002 年，中国科学院自然科学奖二等奖（“量子信息的基础研究”）

4. 2002 年，人事部、中国科学院颁发的“中国科学院先进工作者”称号

5. 2001 年，教育部授予“全国优秀教师”称号

6. 2013 年，教育部高等学校科学研究优秀成果奖技术发明奖一等奖《量子密码通信的关键技术》

7. 2014 年，教育部自然科学奖一等奖（“基于量子信息技术的量子物理基本问题实验研究”）

8. 2006 年，中国人民解放军总装备部装备预先研究先进个人（2001—2005 年）

9. 2011 年，中国人民解放军总装备部装备预先研究先进个人（2006—2010 年）

10. 2007 年，安徽省重大科技成就奖

11. 2006 年，安徽省科学技术奖一等奖（“量子通信的理论与实验研究”）

12. 2014 年，安徽省科学技术奖一等奖（“基于量子纠缠技术的量子物理实验研究”）

13. 2018 年，安徽省科学技术奖一等奖（“半导体栅型量子点的相干

调控研究”）

14. 2020年，安徽省科学技术奖一等奖（“面向高容量高速量子通信的基础研究”）

15. 1999年山西省科技进步奖一等奖（《压缩态光场的实验与理论研究》）

16. 1999—2013年，教育部、国务院学位办“全国优秀博士论文指导教师”称号。获奖研究生：2000年段路明、2006年黄运锋、2010年孙方稳、2011年许金时、2013年龚明

17. 2013年中央电视台“CCTV年度科技创新人物”

18. 2008年，科技部“973计划”项目《量子通信与量子信息技术》突出成绩荣誉证明

三、主要社会兼职

协会兼职

1. 中国光学学会理事长
2. 中国物理学会常务理事
3. 中国物理学会量子光学专业委员会主任
4. 中国密码学会量子密码专业委员会主任

高校兼职

1. 北京大学双聘院士
2. 电子科技大学前沿基础学院名誉院长，双聘院士
3. 福建师范大学物理与能源学院名誉院长，双聘院士
4. 华南师范大学双聘院士
5. 南京邮电大学双聘院士
6. 哈尔滨理工大学双聘院士
7. 南昌大学双聘院士

附录二　郭光灿团队主要科研成果

一、量子物理及量子信息物理基础

1. 首创量子避错编码，已为实验所证实，成为一类重要的量子编码原理。

Physical Review Letters，79，1953（1997）

2. 首创量子概率克隆原理，被称为“段-郭概率克隆机”，其最大的克隆效率被称为“段-郭界限”。

Physical Review Letters，80，4999（1998）

3. 提出采用腔量子电动力学产生两个原子的最大纠缠态的理论方案。该方案为2012年物理诺贝尔奖得主塞尔日·阿罗什在实验上实现。

Physical Review Letters，85，2392（2000）

4. 在国际上首次实现普适量子克隆，保真度达到理论最高值5/6。

Physical Review A，64，012315（2001）

5. 在国际上首次完成四方量子通信复杂度的实验，使用95.35%的高纯度四光子纠缠态，成功率为81.54，远大于50%的经典极限。

Physical Review A，74，052311（2006）

6. 首次证明量子信道的私密容量不可加性的国际难题，使量子信道三种容量不可加性的三部曲得以完成，完美地否定“量子信道容量具有可加性”的猜想。

Physical Review Letters，103，120501（2009）

7. 实验验证两类基本噪声信道上量子纠缠的演化规律，为更好地利用量子纠缠资源奠定基础。

Physical Review Letters，103，240502（2009）

8. 实验上首次观察到量子纠缠突然死亡一段时间后又重新复活这一奇异现象。

Physical Review Letters，104，100502（2010）

9. 国际上首次开展关联动力学的实验研究，发现某类态的量子关联能在消相干环境中不被破坏，称之为量子关联无消相干子空间，并在实验上推翻了著名学者林德布拉德（Lindblad）于 1973 年提出的猜想，即每个量子态中经典关联占总关联的一半以上。

Nature Communications，1，7（2010）

10. 首次在实验上通过测量纠缠粒子 B 可以同时精确获得另一个纠缠粒子 A 的两个不对易力学量，违背了经典的海森堡不确定原理，同时验证了纠缠粒子对 AB 必须服从的新形式的海森堡不确定原理。

Nature Physics，7，752（2011）

11. 成功制备出八光子纠缠态，刷新了当时多光子纠缠制备与操作数目的世界纪录。

Nature Communications，2，546（2011）

12. 实验上实现对开放量子系统环境的调控，观察到从马尔可夫到非马尔可夫的突变现象。

Nature Physics，7，931（2011）

13. 发明设计量子分束器，国际上首次在实验上观察到单光子的波动与粒子的叠加态，该成果是“量子论”诞生以来第一次在实验上否定了哥本哈根学派的互补原理，在国际学术界引起很大反响。

Nature Photonics，6，600（2012）

14. 实验上观测到经典噪声中量子关联恢复现象，使得在无反作用的经典环境中对量子关联资源的调控成为可能。

Nature Communications，4，2851（2013）

15. 理论上研究冷原子气体中超导态的拓扑相变，找到有限动量配对的超导态具有拓扑性质，并可能存在费米点，为寻找马约拉纳费米子提供新的方案。

Nature Communications，4，2710（2013）

16. 理论上预言并刻画了超冷费米气体中可能有种同时具有非零配对质心动量及非平庸拓扑性质的新奇配对超流相。

Nature Communications，4，2711（2013）

17. 在实验上实现了“非此即彼”框架下的EPR导引的实验验证，揭示了量子力学中一类新的非局域特性。

Physical Review Letters，113，140402（2014）

18. 理论上预言并刻画了一种同时由局域序参量及非局域拓扑不变量表征的新奇拓扑辐射相。

Physical Review Letters，115，045303（2015）

19. 采用固态量子存储器首次实现在毫米尺度下量子相干性的验证实验，证实可用来判断量子与经典界限的盖格特-盖尔（Leggett-Garg，LG）不等式被违背，为最终解决“薛定谔猫”佯谬并确定量子与经典界限迈出坚实一步。

Physical Review Letters，115，113002（2015）

20. 在具有吸引相互作用的双分量玻色爱因斯坦凝聚体中引入自旋轨道耦合，首次在理论上预言了三维自由空间中也会存在稳定的孤子。

Physical Review Letters，115，253902（2015）

21. 成功制备出世界上最高保真度（88.4%）的六光子GHZ（Greenberger-Horne-Zeilinger）态，并首次验证了六光子GHZ（即“非此即彼”型）非局域性。

Physical Review Letters，115，260402（2015）

22. 在国际上首次实验实现了单向量子导引（one-way EPR Steering），定量揭示了一类非对称性的量子非局域性。

Physical Review Letters，116，160404（2016）

23. 首次在硅光子集成芯片上利用硅纳米波导本征模式作为量子信息编码的新维度，实现了单光子态和量子纠缠态在偏振、路径、波导模式等不同自由度之间的相干转换，其干涉可见度均超过90%，为集成量子光学芯片上光子多自由度的操作和转换提供了重要实验依据。

Nature Communications，7，11985（2016）

24. 制备出保真度高达 97.5%的两光子三维纠缠态，首次用其来实验检验了无相容性漏洞（compatibility Loophole）的 KS（Kochen-Specker）量子互文性（compatibility），支持了量子力学的预言。

Physical Review Letters，117，170403（2016）

25. 首次在实验上利用量子互文性产生出量子非局域性，并首次开展无自由意志漏洞的非局域性检验实验。

Physical Review Letters，117，220402（2016）

26. 在单个光学微腔中利用相位锁定的技术，提出了产生双轴自旋压缩态的新方案。

Physical Review Letters，118，083604（2017）

27. 理论上提出可用作直观高效的量子导引充要判据，在实验上展示了随着量子态参数的变化，可实现从双方互相导引区域到单向导引区域再到互相都不能导引区域的变化。

Physical Review Letters，118，140404（2017）

28. 首次实验实现动力学演化过程的特征谱测量，并用来探测演化的非马尔科夫性。

Physical Review Letters，120，060406（2018）

29. 首次实验证实了量子力学中强于二值关联的存在，否定有关“万物源于量子比特”的断言。实验上将三维纠缠的两个光子分发到两个相距 8 米的实验中，观测到对二值理论预言的明显违背，违背量超过了 8 个标准差。

Physical Review Letters，120，180402（2018）

30. 理论上提出基于时间复用的新型量子行走方案，实验上实现了以 94.5%的高保真度演示基于可预报单光子的 50 步量子行走，并首次直接测量具有手征对称性的体拓扑不变量。

Physical Review Letters，120，26051（2018）

31. 制备保真度为 98%的四维纠缠态，成功识别了 5 类贝尔态，实验演示了量子密集编码，将量子密集编码的信道容量记录提升到了 2.09，超过了两维纠缠能达到的理论极限 2。

Science Advances，4，eaat 9304（2018）

32. 提出量子相干性与量子关联之间的循环转化方法，并在光子系统中实验验证了该方案：初始 A 粒子的相干性有 86%被转化为 A 和 B 的量子关联，然后此量子关联再次转化成 A 粒子的相干性，其相干性为初始时相干性的 80%。

Physical Review Letters，121，050401（2018）

33. 首次实验验证量子导引椭球，加深了人们对量子导引这一类非局域性的理解。

Physical Review Letters，122，070402（2019）

34. 利用玻姆动量概率分布来量化杨氏双缝中“which-way”测量对光子动量产生的扰动，首次实验观测到非局域的动量传递，验证了光子动量改变量与干涉条纹可见度之间的量化关系。

Science Advances，5，eaav 9547（2019）

35. 采用高保真度三维纠缠态，首次实验观测到测量设备无关的高维量子导引，并用其产生私密量子随机数，每纠缠对可得到 1.106 比特私密量子随机数，超出了利用两维纠缠态达到的理论极限（每对纠缠 1 比特）。

Physical Review Letters，123，170402（2019）

36. 将机器学习技术应用于研究量子力学基础问题，首次实验实现了基于机器学习算法的多重非经典关联的同时分类，以大于 90%的高匹配度同时识别量子纠缠、量子导引和贝尔非局域性等不同的量子关联属性。

Physical Review Letters，123，190401（2019）

37. 首次提出并实验验证量子行走中纠缠鲁棒性在不同拓扑相下存在显著差异，并以此进一步实现了拓扑相及其相变的探测。

Optica，7，53（2020）

38. 通过构造光学量子开关，实现了两个信道两种连接顺序的相干叠加，保真度达到 97%以上，实现了经典信息和量子信息的高保度传输，实验结果均优于标准量子香农理论模型（即传输路径不相干叠加）的结果。

Physical Review Letters，124，030502（2020）

39. 基于量子纠缠测量技术在量子定向任务中量子纠缠测量技术比局域测量具有更高信息提取效率。

Physical Review Letters，124，060502（2020）

40. “柴郡猫”是童话世界中有奇异特性的猫：它的本体可以凭空消

失，但笑容仍挂在空中。首次利用双光子系统展示了两只“量子柴郡猫”交换笑脸这一独特的量子效应。

Nature Communications，11，3006（2020）

41. 首次设计并实验实现了一种特殊的“退相并擦除”（dephrasure）量子信道，并在该量子信道中首次验证了量子相干信息的不可加性。

Physical Review Letters，125，060502（2020）

42. 首次实验上制备高保真度（0.933）32 维量子纠缠态，其维度数创造了时下世界最高水平。

Physical Review Letters，125，090503（2020）

43. 建立并实验验证绝热开放系统的量子热力学一般公式。

npj Quantum Information Volume 6，Article number：73（2020）

44. 利用六光子系统实验实现了高效的高维量子隐形传态

Physical Review Letters，125，230501（2020）

45. 揭示了复数作为一种量子资源在局部量子态区分中有着不可替代的作用，研究了该种资源的度量方式以及在各种量子操作下的转化问题，理论上完全解决了复数大小的鲁棒性度量问题、单比特量子态在自由操作下的转化问题，以及任意纯态在自由操作下的相互转化概率问题，并且利用参量下转换制备的双光子纠缠态实验验证了复数在量子力学中的重要作用。

Physical Review Letters，126，090401（2021）

Physical Review A，103，032401（2021）

46. 实验实现了光量子信息的掩蔽，成功地将量子信息隐藏到非局域的量子纠缠态中。

Physical Review Letters，126，170505（2021）

二、量子密码

1. 发明“法拉第-迈克尔逊”干涉仪（国际专利），在商用光纤上实现从北京到天津 125 千米量子密钥分配，为当时国际上传输距离最远的量子保密通信实验。

Optics Letters，30，2632（2005）

2. 和瑞典皇家理工学院微电子与应用物理系量子电子与量子光学小组合作，在国际上首次完成了采用标记单光子源的诱骗态量子密码实验，大大提高了安全密钥产生率和安全传输距离。

Physical Review Letters，100，090501（2008）

3. 发明“量子路由器”（国际专利），2007 年在北京商用光纤上实现 50 千米范围内四用户的城域量子通信网络，完成了世界上首个无中转、任意互通的量子密码通信网络。

IEEE Photonics Technology Letters，21，575（2009）

4. 2009 年 5 月，首次在芜湖搭建了量子政务网并成功进行了试运行，可在 8 个政府工作单位间实现声音、文件和图片的保密安全通信，可用来召开安全的量子视频政务会议。

Chinese Science Bulletin，Vol. 54，No.17，2995，2009

5. 在国际上首次实现了无须参考系校准的测量设备无关型量子密钥分发（QKD）实验系统，显著增强了系统的实际安全性和工作稳定性。

Physical Review Letters，115，160502（2015）

6. 完成了国际上最长安全传输距离（90 千米）的环回差分相位（RRDPS）协议实用化量子密钥分配实验，验证了这一新型协议的实用化潜力。

Nature Photonics，9，832（2015）

7. 在国际上首次实现了环境鲁棒型测量设备无关量子密钥分发（MDI-QKD）实验系统，解决了该系统在复杂环境下的实用化问题，增强了实际安全性与运行效率。

Optica，4，001016（2017）

8. 在国际上首次实现了分组脉冲数最小、安全距离最长的环回差分相位量子密钥分发（RRDPS）协议，在 30 千米光纤信道上实现了免误码检测的密钥分发，若结合信道扰动参数，安全距离则可达到 140 千米。

Nature Communications，9，457（2018）

9. 针对量子密钥分发系统中单光子探测器实际特性展开研究，提出了包含后脉冲效的系统优化模型，并利用雪崩过渡区非线性特性实现量子黑客攻击，为 QKD 的实际安全分析和测评提供了新的思路和分析手段。

Physical Review Applied，10，064062（2018）

10. 设计并实验验证了一种保真度和稳定性优良的高维量子密钥分配，平均误码率仅为0.6%，实现了1.849比特/脉冲（理论极限为2）的高筛后安全密钥率。

Physical Review Applied，11，024070（2019）

11. 理论上提出了免相位后选择的双场量子密钥分发协议，可显著降低双场孪生场类协议实现的难度。基于此协议，突破了双光场制备和位道相位补偿的困难，在300千米光纤上首次完成实现高密钥生成率2000比特/秒，是线性界的3倍。

Physical Review Applied，11，034053（2019）（理论）

Physical Review X，9，021046（2019）（实验）

12. 首次实现公里级三维轨道角动量的纠缠分发，分发后的量子态通过广义贝尔不等式验证，得到3个标准偏差的不等式违背，验证了量子态的高维非局域性。

Optica，7，232（2020）

三、量子计算

1. 提出采用无消相干子空间实现可扩展容错量子计算的方案。

Physical Review Letters，93，010501（2004）

2. 在国际上首次在实验上实现局域受控非门的量子远程隐形传送，非局域受控门的保真度达0.86。

Physical Review Letters，93，240501（2004）

3. 提出利用超导腔作为数据总线耦合多个半导体双量子点，可实现大规模量子计算的理论方案。

Physical Review Letters，101，230501（2008）

4. 发现在Ge/Si纳米上的半导量子点具有很强的自旋-轨道耦合效应，利用此效应实现在百纳秒以内用电极操控电子自旋向上变向下，从而实现量子信息的高速处理。

Nano Letters，10，2956（2010）

5. 在国际上首次制备出石墨烯量子点附近有单电子晶体管结构，并用之来做测量装置读出量子点上的电子状态。

Physical Review Letters，97，2113（2010）

6. 研制了半导体量子点单量子比特门的制备，并演示了当时国际上最快速的皮秒量级单比特超快普适电控量子逻辑门，高于国际上报道的同类器件两个量级。

Nature Communications，4，1401（2013）

7. 利用标准半导体微纳加工工艺设计制备了多种半导体强耦合电控量子点结构，使量子比特间的耦合强度超过 100 微电子伏特，最终实现了两个电荷量子比特的受控非门，操控最短在 200 皮秒内完成。

Nature Communications，6，7681（2015）

8. 成功实现了石墨烯量子点量子比特和超导微波腔量子数据总线的耦合，首次测定了石墨烯量子比特的相位相干时间及其奇特的四重周期性，并首次在国际上实现了两个石墨烯量子比特的长控耦合。

Physical Review Letters，115，126804（2015）

Nano Letters，15，6620（2015）

9. 首次在砷化镓半导体量子芯片上研究成功新型的量子比特编码，可同时实现快速操控和长相干时间。

Physical Review Letters，116，086801（2016）

10. 深入探索二维层状过渡金属族化合物应用于半导体量子芯片的可能性，在实验上首次在半导体柔性二维材料体系中实现了全电子调控的量子点器件。

Science Advances，3，e1701699（2017）

11. 设计并制备了半导体六量子点芯片，在实验上实现了三量子比特的 Toffoli 门操作，这是国际上首个在半导体量子点体系中实现的三量子比特逻辑门。

Physical Review Applied，9，02405（2018）

12. 在研究两个石墨烯纳米谐振器的模式耦合过程中，创造性地引入第三个谐振器作为声子腔模，成功地实现了非近邻的模式耦合，通过简单地调节模频率可以实现非近邻耦合强度从弱耦合到强耦合的连续变化。

Nature Communications，9，383（2018）

13. 围绕纳米谐振中的声子模式操控，设计制备了三个石墨烯纳米谐振子串联耦器件，实现了以中间谐振子作为传递媒介，两端非近邻谐振子声子模式之间的可调强耦合，耦合强度和品质因数相比以往分别提高一个量级和两个量级，协同系数达到107，比国际报道的高出数个量级。

Proceedings of the National Academy of Sciences of the United States of America，117，5582（2020）

14. 在国际上首次发现了硅基自旋量子比特弛豫的强各向异性，通过改变外加磁场与晶片晶向的相对方向，可以将自旋量子比特寿命提高两个数量级以上。

Physical Review Letters，124，257701（2020）

四、量子模拟

1. 多铁性材料 RMn_2O_5 的第一性原理模拟，获得该类材料的相图，与实验完全符合。

Physical Review Letters，103，257201（2009）

2. 理论上提出了一种新型的麦克斯韦妖式的量子算法冷却，并在光学系统中利用量子模拟技术演示了这种量子冷却的工作原理。

Nature Photonics，8，113（2014）

3. 研制成功光学量子模拟器，首次在纯量子模型中证实描述相变过程的 KZ（Kibble-Zurek）理论的绝热-脉冲近似成立。该工作为 Zurek 等人编入在庆祝 Kibble 80 岁生日而撰写的关于 KZ 理论的综述性文章里。

Physical Review Letters，112，035701（2014）

4. 理论上设计出一种特殊的一维级联简并光腔系统，通过对腔中具有轨道角动量自由度的光子进行探测，可以有效地模拟二维拓扑物理的各种现象。

Nature Communications，6，7704（2015）

5. 实验上研制出非局域量子模拟器，并模拟宇称-时间（parity-time，PT）对称世界中的超光速现象，该成果揭示出一个有趣问题：自然界若存在有符合 PT 对称演化的量子系统，则意味着可能进行超光速通信；若自然界不允许超光速通信，则意味着 PT 对称理论无法描述物理实在。

Nature Photonics，10，642（2016）

6. 利用线性光子量子模拟器首次实验揭示了马约拉纳费米子的非阿贝尔量子统计特性，并进一步演示了编码到马约拉纳零模的量子信息对局域噪声的免疫特性，为实现拓扑量子计算提供了一种有效的途径。

Nature Communications，7，13194（2016）

7. 理论上提出在单个简并腔系统中模拟拓扑物理的新方案。

Physical Review Letters，118，083603（2017）

8. 理论上提出通过调控简并光腔中的轨道角动量光子可以实现全光量子存储器和滤波器，为光学人工维度的应用开创了一条新的道路。

Nature Communications，8，16097（2017）

9. 理论上提出了一种在冷原子系统中模拟磁单极场的新方案，从而为在冷原子系统中研究曲面上的量子霍尔效应及寻找新的奇异态提供了理论指导。

Physical Review Letters，120，130402（2018）

10. 成功研制出光子频率和相位均可调控的量子模拟器，通过编程控制即可实现任意的相位消相干过程。

Nature Communications，9，3453（2018）

11. 利用自主研制的光学量子模拟器研究马约拉纳零模的非阿贝尔交换特性，实现了具有拓扑特性的非阿贝尔几何相位，并演示了拓扑量子计算的普适量子门操作。

Science Advances，4，eaat 6533（2018）

12. 实验上实现了基于里得堡原子的多体自组织模拟，观察到冷原子系统中非平衡相变现象，相比于传统方法其频率分辨率提高了两个数量级，测出了完整的相图，同时观测了临界点附近的动力学行为。

Physical Review X，10，021023（2020）

13. 在国际上首次实现了循环式 PT 对称量子模拟器的构造，并基于该模拟器观测到量子态在 PT 对称系统中的动态演化行为，为深入研究非厄米量子物理提供了有效的实验平台。

Physical Review Letters，124，230402（2020）

五、量子测量和量子传感

1. 在国际上首次利用量子统计测量技术实现了不受传统光学散射极限限制的相邻发光物体的测量和分辨，其精度达到纳米量级。

Physical Review Letters，110，153901（2013）

2. 开发出新型的弱测量技术，首次利用廉价的商用发光二极管白光源实现时间延迟的高精度测量，精度达到阿秒量级。

Physical Review Letters，111，033604（2013）

3. 实验实现了量子态可恢复的新型量子测量，并验证了量子测量过程中信息提取与量子态恢复之间的转化等式关系，从信息提取的角度加深对海森堡不确定性关系的理解。

Physical Review X，4，021043（2014）

4. 在量子集成芯片上实现了单个表面等离子激光的量子干涉，其干涉可见度达到当时国际最高水平：95.7%。

Physical Review Applied，2，014004，2014

5. 实验上利用光学超分辨成像技术实现了对单个自旋态的纳米量级空间分辨率测量和操控，其成像精度达 4.1 纳米。

Light：Science & Applications，4，230（2015）

6. 将弱测量技术与能量循环技术相结合，实验上首次实现了超越经典测量精度极限的能量循环型弱测量，使测量信号强度提高到标准弱测量信号强度的 2.4 倍的同时，其测量精度能达到经典测量精度极限的 1.5 倍。

Physical Review Letters，117，230801（2016）

7. 基于鲁棒性和物理量直接观测的思想，实验上实现了光子偏振的量子相干性的两种定量测量方案。

Physical Review Letters，118，020403（2017）

8. 设计并实现了一种全新的量子弱测量方法，实验上实现了海森堡极限精度的单光子克尔效应测量，这是国际上首个在实际测量任务中达到海森堡极限精度（1/0.16N），测量精度达到了 10^{-10} 弧度，比经典方法测量提高了两个量级。

Nature Communications，9，93（2018）

9. 优化量子弱测量方法，把探针光子的利用率从16%提升到83%，首次逼近了最优海森堡极限（1/N），单光子克尔效度的测量精度提高近一个量级，达到 9.5×10^{-11} 弧度。

Physical Review Letters，121，060506（2018）

10. 理论上提出基于光子量子行走的确定性集体测量方法，并在实验上实现了当下国际上最高效的量子态层析测量，至少将层析效率提高50%，而且效率提高幅度随着量子态的纯度以及量子系统拷贝数增加而增加。

Nature Communications，9，1414（2018）

11. 首次建立了双折射干涉仪的量子理论模型，揭示了光子在双折射干涉仪中的干涉行为，并在实验上得到完美的验证。

Physical Review Letters，120，263601（2018）

12. 在测量设备不可信条件下实验获知了未知量子纠缠态保真度信息，首次在国际上实现了量子纠缠态的自检验。

Physical Review Letters，121，240402（2018）

13. 在光子系统中首次演示使用集体测量（collective measurement）减少热力学中量子投影测量的反作用（back action），对量子热力学的研究有重要意义。

Science Advances，5，eaav 4944（2019）

14. 首次把纠缠态的非局域性和Bell基测量定量地联系起来，实现了纠缠交换过程中Bell测量的自检验，保真度达到0.87，这是国际上首个针对Bell基测量的检测的原理验证实验。

Physical Review Letters，122，090402（2019）

15. 通过在量子测量中引入纠缠探针，首次实现了非局域可观测量的冯·诺依曼（von Neumann）测量，并用来实验验证复合系统中某些情况下乘法规则的失效。

Physical Review Letters，122，100405（2019）

16. 结合螺旋相衬技术，利用准相位匹配和频过程实现了红外图像到可见图像的上对换边缘增强成像，并且通过调控相位匹配实现了图像的视场增强。

Physical Review Applied，11，044013（2019）

17. 基于局域不确性关系的违背和局域噪声层析，构造出噪声适应的纠缠目击方法，在光学系统中成功进行噪声条件下纠缠态的探测。

Physical Review Letters，122，220401（2019）

18. 在一般非对易信道参数测量中，通过量子控制主动调控非对易的量子信道，在国际上首次以海森堡精度实现一般非对易信道参数的测量。

Physical Review Letters，123，040501（2019）

19. 利用机器学习算法，在现场可编程门阵列（FPGA）上同时实现了离子量子比特的快速、高保真度读取，在总时间 170 微秒内对 $^{171}Yb^{+}$ 离子读取保真度大于 99.5%。

Physical Review Applied，12，014038（2019）

20. 提出解决提取多体系统非局域可观测量的弱值难题的方法，首次在实验上实现多体纠缠系统波函数的直接测量，为量子物理基本问题的研究带来新的思路，并对量子信息技术的发展起到重要推动作用。

Physical Review Letters，123，150402（2019）

21. 实验实现了对金属纳米线结构所携带的光场态密度偏振、电流及其产生的磁场等多个物理量的非破坏性测量，空间分辨力达 50 纳米，探索精准度超过了 96%。

Physical Review Applied，12，044039（2019）

22. 在线性光学系统中实验验证了纠缠态的相干性对横向噪声的适应性，并进一步验证在横向噪声中纠缠态探针的量子测量精度仍可超越标准量子极限，有助于设计更高效的抗噪声方案。

Physical Review Letters，123，180504（2019）

23. 采用真空光镊实现了全光学的单个皮克量级微纳粒子质量和位置的高精度测量，测量结果的相对不确度分别可达到 1%和 2.2%。

Physical Review Letters，124，223603（2020）

24. 在量子磁力仪同时测量磁场矢量三个分量的平行纠缠方案中，找到了平衡不同参数测量间的最小制衡方法，首次找到同时测量磁场矢量三分量的最终理论精度极限。

Physical Review Letters，125，020501（2020）

25. 构造了一种新的纠缠态测量方法，可以快速检验出实际制备的多体纠缠态相对于目标纠缠态的保真度，测量精度达到海森堡极限，更重要的是该方法所需测试样本数不会随纠缠态规范增大而增加。

Physical Review Letters，125，030506（2020）

26. 首次在光学系统实验中适用纠缠集体测量将量子比特热力学系统中投影测量的反作用降至最小。

Physical Review Letters 125，210401（2020）

27. 利用高品质偏振纠缠源和高效介质超表面，实现了待测图像状态在正常模式和边缘探测模式远程的开关切换，并且证实了在弱光照明下，纠缠光子照明相对于直接单光子照明具有更高信噪比。

Science Advances，Vol. 6，No. 51，eabc 4385（2020）

28. 在量子精密测量实验中，完全消除了量子比特演化过程中三个待测参数之间的精度制衡，同时实现三个参数达到海森堡极限精度的测量，测量精度比经典方法提高了 13.27dB。

Science Advances, Vol. 7, no. 1, eabd2986 (2021)

六、量子器件及材料

1. 首次得到“原子-分子暗态”的精确表达式，为超冷分子制备提供了更好的理论依据。

Physical Review Letters，101，010401（2008）

2. 采用第一性原理计算，发现 InAs/InP 量子点可用作确定性纠缠光源的新型量子点材料，且其光波波长恰为光纤通信波长 1.55 微米。

Physical Review Letters，101，157405（2008）

3. 研究量子点激光精细结构，找到该结构在外压下的变化规律，对选择合适量子点来实现确定性纠缠光源有重要指导意义。

Physical Review Letters，106，227401（2011）

4. 采用第一性原理模拟并澄清 CuO 高临界温度的机制，结果与实验相吻合。

Physical Review Letters，108，187205（2012）

5. 发明“三明治”型的结构，研制成功光子偏振量子比特的固态量子存储器，其保真度达 99.9%，为国际上最高值。

Physical Review Letters，108，190505（2012）

6. 在国际上首次实现了携带轨道角动量、具有空间结构的单光子脉冲在冷原子系统中的存储与释放。麻省理工学院（MIT）的“技术评论”（Technology Review）网站称之为“世界上第一个可以存储单光子空间结构的量子存储器”。

Nature Communications，4，2527（2013）

7. 首次在介质微腔内实现基于布里渊散射声学声子的光信息存储，存储寿命可达十几微秒。

Nature Communications，6，6193（2015）

8. 在国际上首次实现了光子轨道角动量纠缠的量子存储，进一步证明了基于高维量子中继器实现远距离大信息量的量子信息传输的可行性。

Physical Review Letters，114，050502（2015）

9. 利用拉曼存储协议在国际上首次实现了光子偏振纠缠态以及由光子偏振和路径不同自由度组成的混合纠缠态的量子存储。

Nature Photonics，9，332（2015）

10. 基于量子点双激发的级联过程，理论上提出实现可扩展的量子点纠缠光源方案，可构建新型的量子中继。

Physical Review Letters，115，067401（2015）

11. 首次在固态系统中实现对三维量子纠缠态的量子存储，保真度达99.1%，存储带宽达1GHz，存储效率为20%，并验证该存储器具有高达51维量子态的存储能力。

Physical Review Letters，115，070502（2015）

12. 在国际上首次实现量子点与固态量子存储器两种不同的固态系统之间的对接，并且实现了100个时间模式的多模式量子存储，模式数创造了世界最高水平。

Nature Communications，6，8652（2015）

13. 首次在回音壁模式微腔内观测到基于腔光力体系的非对易光学特性，并用来研制出全光控制的非互易微腔器件。

Nature Photonics，10，657（2016）

14. 在国际上首次实现轨道角动量（OAM）单光子、OAM纠缠光以及OMA与偏振组成的混合纠缠光子的频率上转换，并证明了在频率变换过程中单光子的量子相干性和光子对的纠缠特性均保持不变。

Physical Review Letters，117，103601（2016）

15. 实现在两个冷原子系统存储单元之间存在 7 维 OAM 纠缠，以及建立了自旋波波矢和 OAM 两个自由度之间的 2 ⊗ 3 超纠缠。

Light：Science & Applications，5，e16157（2016）

Nature Communications，7，13514（2016）

16. 首次利用回音壁模式微腔中腔光力的非互易特性，实现了全光控制的非互易多功能光子器件，并首次实现集成光学定向放大器。

Nature Communications，9，1797（2018）

17. 成功研制出多自由度并行复用的固态量子存储器，在国际上首次实现跨越 3 个自由度的复用量子存储：2 个时间模式×2 个频率模式×3 个空间模式，总模式数达 12 个。

Nature Communications，9，3407（2018）

18. 采用飞秒激光微加工技术研制出可集成的固体量子存储器，演示了原子频率梳（AFC）以及低噪声回波恢复（ROSE）两种光量子存储方案，保真度分别超过 99%和 97%，工作最低温度可达到 0.1 开，信噪比相比于国际上使用 4 开温度提升了 20 倍，电子自旋数寿命和相干寿命分别达到 15 秒和 2 毫秒，核自旋的布居数寿命和相干寿命分别达到 10 分钟和 40 毫秒，这四个指标相对 4K 下均提升超过一个数量级。

Physical Review Applied，13，024080（2020）

19. 在国际上首次实现了碳化硅中氮-空位（NV）色心的室温相干操纵，并且实现了单个 NV 色心的可控制色和光探测磁共振谱的探测，这种色心的发光光长在通信波段，在量子通信和量子网络中具有重要用途。

Physical Review Letters，124，223601（2020）

20. 设计制备了与互补金属氧化物半导体（CMOS）产线工艺兼容的悬浮单空穴硅晶体管器件，该器件同时也可作为超高频纳米机电谐振器工作。

Advanced Materials，32，2020205625（2020）

21. 针对源无关量子随机数系统中测量设备的实际特性展开研究，提出了测量端由于探测器后脉冲、探测效率不匹配、探测器对光源分布敏感等特性所带来的安全性问题，并给出了相应的解决方案。

npj Quantum Information，Volume 6，Article Number：100（2020）

22. 在国际上首次实现了按需式读取的可集成固态量子存储器，存储保真度达到 99.3%。

Physical Review Letters，125，260504（2020）

23. 首次实现了 PT 对称增强型量子传感器，其灵敏度比传统量子传感器提高了 8.86 倍。

Physical Review Letters，125，240506（2020）

24. 制备出高品质的超纠缠源，首次实现了 11 千米的远距离量子纠缠纯化，纯化效率比此前国际最好水平提升了 6000 多倍。

Physical Review Letters，126，010503（2021）

25. 利用室温下的原子系统实现了超越磁光效应的百兆赫兹带宽单光子非互易传输。

Science Advances，Vol. 7，no. 12，eabe8924（2021）

26. 首次利用回音壁模式微腔中多模相互作用，通过几何相位控制在单个微腔内构建了人工规范场，包括合成磁场和合成电场。

Physical Review Letters，126，123603（2021）

27. 在集成光子芯片上实现了基于微腔简并模式的高效光子频率转换，并进一步探究了微腔内的级联非线性光学效应，实现跨波段的频率转换和放大。

Physical Review Letters，126，133601（2021）

28. 将相干光的存储时间提升至 1 小时，大幅度刷新了 2013 年德国团队光存储 1 分钟的世界纪录，向实现量子 U 盘迈出重要一步。

Nature Communications，Vol. 12，Article number：2381（2021）

29. 在原子系综中实现了 51.5dB 的非互易隔离，并且首次探讨了非互易器件中量子噪声问题，证明了该新的全光非互易效应不会引入额外的量子噪声。

Nature Communications，Vol. 12，Article number：2389（2021）

30. 在光力混合系统中通过级联光子-声子耦合实现了对于光力相互作用的耗散调控，并增强了光力体系的冷却效果。

Physical Review Letters，126，163604（2021）

31. 在碳化硅色心体系中首次实现了反斯托克斯激发的固态自旋体系的相干操控。

Nature Communications，Vol. 12，Article number：3223（2021）

32. 利用固态量子存储器和外置纠缠光源，首次实现两个吸收型量子存储器之间的可预报量子纠缠，演示了多模式量子中继。

Nature，Vol. 594，41-45（2021）

（附录资料由中国科学院量子信息重点实验室提供）

后　　记

我本打算将这部传记命名为《光灿人生》，因为我觉得这个名字，能够更加诗意地体现郭光灿的成长与成功历程。这几年我追随郭光灿工作、生活以及科研足迹的过程，宛如同时在追溯我们国家与民族的历史——命运多舛，励精图治，发奋进取，问鼎成功。

太多的故事与情感，都已记述和抒发到了传记正文当中，不再一一赘述。在这里不妨将我三年来的创作感受简述一番，真要全部倾诉出来恐怕也有千言万语。

最初的牵线搭桥人是中国科普作家协会科普教育专业委员会副主任兼秘书长、安徽教育出版社编审杨多文。杨多文是中国科学技术大学校友，他以前对郭光灿就有所了解，与我更是有过多年的出版合作。杨多文非常清楚，这种全方位描述科学家的作品，需要作者既具有一定的理工科背景，又具有足够的文学创作能力，二者得兼往往很不容易。此前我主要从事科幻创作，但近年来采访过不少科学家，也有一批相关作品问世，所以他感觉我最适合这一工作。

2017 年盛夏，我到中国科学技术大学拜访了郭光灿。我们对一些基本话题进行了初步沟通，彼此都感觉十分顺畅。尽管是第一次见面，但我能明显地感觉到，郭光灿是一位充满睿智与心怀善意的长者，没有架子，易于交往，时时处处都在为别人着想。

于是，这一工作就此顺利展开。我开始搜集资料，充电学习，同时四处采访，动笔创作。我与郭光灿约定：三年为期，全书计划共计 30 万字。

这些年我走访了北京、福建尤其是安徽等很多地方，采访了包括郭光灿小学同学、中学同学、大学同学、家人、朋友、学生、同事、同行等很多人，积累下大量的采访笔记和录音。我全方位地深入挖掘郭光灿生命中的方方面面，同时也在见证自中华人民共和国成立前后到改革开放之初再到如今新世纪的漫长历史。

其间创作的酸甜苦辣无须多说，但凡有过创作经历的人自然都会懂得。尽管与郭光灿和其他采访者的交流毫无障碍，意味着把各种可能的麻烦减少到了最低，但创作本身还是需要耗费大量的时间与极大的精力。我同时还有其他很多创作任务，尽管已推掉不少，但依旧很难做到全身心投入。传记与小说创作又完全不同，小说尤其是科幻小说尽可以天马行空，而传记却要确保每一个字都真实可信——我对自己的要求还格外严格，甚至连史料没有记述的场景都不肯做虚构处理。经过一番权衡与思考，我决定采用一种近乎“白描”的方式来创作这部传记，与其堆砌种种浮夸的形容词，不如老老实实地平铺直叙，我希望在这种貌似平淡中彰显郭光灿的学识底蕴与人格力量。此外我在采访与创作之余还要做大量功课，无论是郭光灿还是其他人，只要随口说出一个人名或专业名词，我都要回去查阅海量的资料，彻底搞清其中的来龙去脉。不谦虚地说，现在我对量子信息科学完全可以做一点通俗性的科普。在修改整个稿件的时候，我的思绪往往会在一个晚上跟随以往的叙述走过数十年时光，有时写到深夜时分，由于投入过度，进入梦乡后依旧在追随传主的足迹，纠结着顽强地继续讲述他的故事。在整部传记即将截稿之时，又遭遇了全球性的新型冠状病毒肺炎疫情，好在这时我的采访工作已近尾声，正好安坐书房梳理此前的资料。一直在家坚守防疫抗疫的我，待国内疫情稍缓后第一次出京就去了安徽合肥，以便为这部传记做一个完美的收尾。

在整个采访过程中，除了郭光灿本人，他所介绍的昔日同窗和当今同事也都非常配合，抽出宝贵时间接受我的叨扰，有时一聊就是很久，甚至经常是两三次。在采访中，我发现他那些同样取得了优秀成绩的学生也各有特色，思考角度不同，谈话方式各异，个人性格鲜明，这又让我对科技工作者有了一个更为鲜活且直观的近距离了解与认识。

除了在传记中反复言说的家国情怀与科研洞察力，我个人对郭光灿最大的直观感受，就是他对人的充分信任，其实这一点他的学生早已反复谈及。

我的创作方式与很多作家不同，哪怕是一篇短文我也不喜欢从头写到尾，更愿意将所有资料堆积起来，然后摊开来一点点处理。我曾就这一点做过一个比喻：有人的写作方式是织布型——今天织三米，明天织五米，每天都可以告诉你他的工作进度；但我不行，我自命是雕塑型——先把一团材料堆在这里，然后一点点细化，今天能看出头部概貌，明天能看到五官显现，但是不到最后一刻，永远无法界定工作完成到了什么程度，永远不知道最终的成品是什么模样。

郭光灿并不知道我的这个特点，但他给了我充分的信任。三年约期，两年半过去，虽然我一直在辛勤创作，也一直持续对他采访，但我一个字都没有交给他，他也未就此事问过我一个字。这种给作者以充分自由的状态，让我创作起来十分愉快。

总之，经过三年多的努力，现在我终于可以将这部传记呈现在读者面前了。创作完成时我曾对郭光灿有些遗憾地表示：假如这一工作开始于十年之前，也许我们可以进行得更为从容，最终的成品也许更加完美。而现在，由于时间等客观因素影响，同时也因为我的水平与能力有限，尽管我已尽了最大努力，但这部传记还是难免存在这样或那样的瑕疵，总觉得愧对郭光灿的信任。但我可以肯定的是，即便我交出的这份答卷未必成绩优秀，但至少能算合格。

在本书的创作过程中，得到了很多人的大力支持与帮助，我已尽量在正文中以不同的方式表达了这种感激之情，在此恕不一一列举。无论如何，谢谢你们！

最后的愿望，自然是希望读者能够喜欢这部传记。但这一点真的还在其次，更希望读者能够借助这本书，真正了解郭光灿，真正了解中国量子光学与量子信息科学的创始和发展，真正了解中国知识分子为我们的国家与民族所做出的不懈努力与无私奉献。

星　河

2021年3月于北京